普通高等教育"十三五"经济与管理类专业核心课程规划教材

ERP原理与应用（第二版）

主　编　陈光会

副主编　刁力卓　赵艳　徐阳　苏兵

西安交通大学出版社
XI'AN JIAOTONG UNIVERSITY PRESS

国家一级出版社
全国百佳图书出版单位

内容提要

本书侧重于企业资源计划（ERP）基本业务过程和原理的介绍，在此基础上对 ERP 所蕴含的管理思想进行分析与解剖，并辅以案例、实例、习题及线上知识拓展等方式帮助读者加深对 ERP 基本理论与核心理念的理解，进而更快、更好地提升应用 ERP 为企业服务的能力。

本书还介绍了 ERP 实施流程，从立项分析、软件选型、ERP 知识培训等前期准备到 ERP 实施运行维护、实施效果评估，并用项目管理理念阐释了 ERP 实施的流程，以增加其实用性和可操作性。

本书可作为高等院校信息管理与信息系统、物流管理、电子商务、市场营销及其他经管类专业的 ERP 教材，也可供企事业单位信息管理人员和咨询顾问、IT 业的信息技术管理人员、管理决策人员等学习与参考。

图书在版编目(CIP)数据

ERP 原理与应用 / 陈光会主编. —2 版. — 西安：西安
交通大学出版社，2020.8
ISBN 978 - 7 - 5693 - 0068 - 0

Ⅰ. ①E… Ⅱ. ①陈… Ⅲ. ①企业管理-计算机管理系统-
教材 Ⅳ. ①F272.7

中国版本图书馆 CIP 数据核字(2020)第 141051 号

书　　名	ERP 原理与应用(第二版)	
主　　编	陈光会	
责任编辑	李逢国	
责任校对	祝翠华	

出版发行　西安交通大学出版社
　　　　　（西安市兴庆南路 1 号　邮政编码 710048）
网　　址　http://www.xjtupress.com
电　　话　(029)82668357　82667874(发行中心)
　　　　　(029)82668315(总编办)
传　　真　(029)82668280
印　　刷　陕西奇彩印务有限责任公司

开　　本　720mm×1000mm　1/16　**印张** 21.5　**字数** 537 千字
版次印次　2020 年 8 月第 1 版　　2020 年 8 月第 1 次印刷
书　　号　ISBN 978 - 7 - 5693 - 0068 - 0
定　　价　59.80 元

前 言 Preface

企业资源计划(enterprise resource planning,ERP)体现了当今世界上最先进的企业管理理论,并提供了企业信息化集成的最佳方案。它将企业的物流、资金流和信息流统一起来进行管理,对企业所拥有的人力、资金、材料、设备、方法(生产技术)、信息和时间等各项资源进行综合平衡和充分考虑,最大限度地利用企业现有资源取得更大效益。

在 ERP 普及时代,企业信息化的关键在于拥有一大批既懂技术又懂管理的 ERP 应用人才,因此,ERP 课程已成为经济管理类各专业、各层次学生学习的重要内容。如何帮助学生快速理解 ERP 的基本原理和核心思想,明确 ERP 领域关注的热点问题,成为 ERP 教学实践研究及本教材编写中所要解决的主要问题。

本书第 1 版出版后,得到了多所高校师生的大力支持和广泛使用,同时广大读者也提出了许多宝贵意见,在此表示深深的感谢。针对大家提出的建议,根据时代的需求,我们对教材进行了修订。修订后的第 2 版从管理及信息化角度全面阐述了 ERP 基础理论知识,将管理思想和理念、信息技术应用与工业工程的方法融合起来,着重阐述如何通过 ERP 提供的信息来改进企业管理工作,解决制造业普遍存在的管理问题,希望读者能在实践中有所体会。

本书内容分为 5 篇:第 1 篇是 ERP 源起与发展,用 2 章的篇幅为读者介绍 ERP 的应用背景、国内外应用现状,引出 ERP 的概念及发展历程,同时介绍了目前国内外市场的主流 ERP 产品。第 2 篇介绍了 ERP 理论基础,从 ERP 原理的角度用 3 章篇幅做了详尽的分析和阐述,包括需求管理、计划管理、能力计划。第 3 篇介绍了 ERP 运行保障,包括销售管理、采购管理、库存管理、财务管理。第 4 篇介绍了企业如何做好 ERP 项目实施,主要介绍 ERP 实施流程及立项分析、ERP 选型与培训、ERP 实施项目管理、ERP 实施效用评估。第 5 篇为附录。其中第 2 篇、第 3 篇是 ERP 的核心,是本书的重点。

本书在每章开头配有引导案例导入阅读;在文中,视需要加入相关概念的引申讨论、知识点拓展;在每章最后配有习题和案例分析。书中的二维码,链接了概念的延伸、知识的拓展、行业最新资讯及企业应用案例、技术的发展等内容,以期全方位丰富内容,加深读者对相关知识的理解及掌握,开拓读者的视野,方便读者及时把握社会动态。

综上所述,本书具有以下特点:

（1）逻辑连贯。按照企业业务过程和逻辑思维过程编排章节顺序，再用图表加以说明。

（2）选材合理。用各行业最新的案例辅助说明各章内容，深入浅出，通俗易懂，使枯燥的学习更加生动。

（3）可操作性强。能够站在用户的角度阐释 ERP 管理思想和业务流程，书中操作部分均以用友 ERP-U872 为蓝本，便于大家学习和操作。

（4）内容全面。本书内容包括对 ERP 知识的应用背景介绍、原理分析、案例分析、实施方法指导等，能够让读者全面了解 ERP 的理论知识。

本书充分考虑学生的学习特点和就业需要，本着实用、好学、易做的原则进行编写，按照循序渐近、由浅入深、理论与实践相结合的规律出发，每章有理论知识、例题、案例、习题、知识拓展等内容，全书理论与实践操作环环紧扣，既便于教师教学，又便于学生学习。

本书得到了西安工业大学校级规划教材建设资金和陕西高等教育教学改革研究项目"新文科下经管类应用型创新人才'二融三跨四协'培养模式研究与实践"（编号：19BY074）资助，在此谨表衷心的感谢。本书从引用的参考文献中受到了很多启发，一并对所有作者深表谢意。

由于写作时间仓促、作者理论水平、实践经验所限，书中难免存在不当和疏漏之处，敬请读者批评指正。

编　者

2020 年 7 月

目 录 Contents

第 1 篇 ERP 源起与发展

第2篇 ERP 理论基础

第 3 篇　ERP 运行保障

第4篇 ERP实施

第5篇 附 录

第 1 篇　ERP 源起与发展

第1章 绪 论

本章要点

教学目标

通过本章的学习,在了解企业的管理需求的基础上理解 ERP 的提出背景及在企业应用的先决条件,掌握 ERP 的概念及蕴含的管理思想,了解 ERP 在企业的应用价值及在国内企业的应用历程。

教学要求

知识要点	能力要求	相关知识
ERP 的提出	(1)了解企业的管理需求 (2)理解 ERP 在企业应用的先决条件 (3)熟悉企业的类型	企业管理需求 企业的类型
ERP 的概念	(1)掌握 Gartner Group 对 ERP 的定义 (2)理解 APICS 及其他对 ERP 的定义 (3)理解 ERP 的内涵	ERP 的概念 ERP 的内涵
ERP 的管理思想	(1)掌握供应链管理思想 (2)掌握计划与控制的核心思想 (3)理解精益生产、敏捷制造、同步工程在 ERP 的体现	供应链管理 精益生产 敏捷制造 同步工程
ERP 的应用	(1)掌握 ERP 软件与管理思想的关系 (2)熟悉 ERP 在中国的应用历程 (3)理解 ERP 的价值 (4)熟悉国内外主流 ERP 软件	ERP 软件与管理思想的关系 ERP 的应用历程

引 例

请客吃饭与 ERP

一天中午,丈夫在外给家里打电话:"亲爱的老婆,晚上我想带几个同事回家吃饭可以吗?" (订货意向)

妻子:"当然可以,来几个人,几点来,想吃什么菜?"

丈夫:"6 个人,我们 7 点左右回来,准备些酒、烤鸭、番茄炒蛋、凉菜、蛋花汤……你看可以吗?"(商务沟通)

妻子:"没问题,我会准备好的。"(订单确认)

妻子记录下需要做的菜单(MPS),具体要准备的东西:鸭、酒、番茄、鸡蛋、调料…… (BOM),发现需要:1 只鸭子,5 瓶酒,8 个鸡蛋……(BOM 展开),炒蛋需要 6 个鸡蛋,蛋花汤需要 2 个鸡蛋(共用物料)。

打开冰箱一看(库房),只剩下 2 个鸡蛋(缺料)。

来到自由市场,妻子:"请问鸡蛋怎么卖?"(采购询价)

小贩:"1 个 1.5 元,半打 6 元,1 打 11 元。"

妻子:"我只需要 6 个,但这次买 1 打。"(经济批量采购)

妻子:"这有一个坏的,换一个。"(验收、退料、换料)

回到家中,准备洗菜、切菜、炒菜……(工艺线路),厨房中有燃气灶、微波炉、电饭煲…… (工作中心)。

妻子发现拔鸭毛最费时间(瓶颈工序,关键工艺路线),用微波炉自己做烤鸭可能来不及(产能不足),于是在餐厅里买现成的(产品委外)。下午 4 点,接到儿子的电话:"妈妈,晚上几个同学想来家里吃饭,你帮忙准备一下。"(紧急订单)

"好的,你们想吃什么,爸爸晚上也有客人,你愿意和他们一起吃吗?"

"菜你看着办吧,但一定要有番茄炒鸡蛋,我们不和大人一起吃,6:30 左右回来。"(不能并单处理)

"好的,肯定让你们满意。"(订单确定)

"鸡蛋又不够了,打电话叫小贩送来。"(紧急采购)

6:30,一切准备就绪,可烤鸭还没送来,急忙打电话询问:"我是李太太,怎么订的烤鸭还不送来?"(采购委外单跟催)

"不好意思,送货的人已经走了,可能是堵车吧,马上就会到的。"

门铃响了。

"李太太,这是您要的烤鸭。请在单上签一个字。"(验收、入库、转应付账款)

6:45,女儿的电话:"妈妈,我想现在带几个朋友回家吃饭可以吗?"(又是紧急订购意向,要求现货)

"不行呀,女儿,今天妈妈已经需要准备两桌饭了,时间实在是来不及,真的非常抱歉,下次早点说,一定给你们准备好。"(这就是 ERP 的使用局限,要有稳定的外部环境,要有一个起码的提前期)……

送走了所有客人,疲惫的妻子坐在沙发上对丈夫说:"亲爱的,现在咱们家请客的频率非常高,应该要买些厨房用品了(设备采购),最好能再雇个小保姆(连人力资源也有缺口了)。

丈夫:"家里你做主,需要什么你就去办吧。"(通过审核)

妻子:"还有,最近家里花销太大,用你的私房钱来补贴一下,好吗?"(最后就是应收货款的催要)

现在还有人不理解 ERP 吗? 记住,每一个合格的家庭主妇都是生产厂长的有力竞争者。

资料来源:http://bbs.tianya.cn/post-54-522014-1.shtml

1.1　ERP 的提出背景

企业资源计划(enterprise resource planning,ERP)代表了知识经济时代应用最广泛、最有效的企业管理思想和方法,蕴含了许多先进的管理思想。企业是管理的核心主体,因此企业的管理需求是 ERP 产生、发展及应用的主要动因。

1.1.1　企业管理概述

ERP 是企业进行管理的一种手段和方法,因此,ERP 的引入必须建立在一定的企业管理理念基础之上。

1. 企业管理概念

企业管理的基本含义是企业管理人员遵循客观经济规律,按照科学管理原理,对企业生产经营活动过程以及各种经营要素进行的计划、组织和控制,以实现企业经营目标的实践活动总称。企业管理包含以下要点:

(1)管理主体。企业是由管理者来管理的。管理者是管理的主体,他们包括高层管理者、中层管理者和基层管理者。从人与人之间的关系来说,上级是管理者,下级是被管理者;从人与物或与资金的关系来说,人是管理者,物或资金是被管理者。管理主体只能是人。

(2)管理客体。管理客体是管理对象,它包括企业的生产经营活动的全过程以及生产经营活动的全部要素。

(3)管理职能。管理活动是管理者通过计划、组织、指挥、协调、激励、控制等一系列的管理职能进行的,管理者必须正确地运用这些管理职能,才能高效率、高效益地完成管理任务,实现管理目标。

(4)管理目的。管理只是达到经营目标的手段和方法。管理目的就是使企业资源得到优化配置和合理利用,与社会需要和市场需求紧密结合起来,实现最佳的社会效益和经济效益。

(5)管理依据。管理依据是客观经济规律和科学管理原理。管理活动是管理者的主观行为,要使主观行为符合客观实际,防止主观主义、官僚主义,防止瞎指挥,就必须遵循客观经济规律,按照科学管理原理的要求去做。

2. 企业管理任务

企业管理是为了实现企业的目标。为了实现企业的目标,企业管理必须完成如下任务:

(1)努力提高企业经济效益,实现利润最大化。企业是经济组织,它开展经营活动的目的就是实现价值增值,实现更多的利润。企业生产的产品或提供的服务只有满足社会需要,得到广大消费者的青睐,企业的产品才能顺利地销售出去,企业才能扩大再生产,从而实现良好的经济效益,取得更多的利润,实现良性循环。

(2)充分调动员工的积极性,发挥员工的聪明才智。企业管理要以人为本,充分调动员工的积极性,不断提高员工素质,为员工创造良好的工作环境和生活环境,让员工的聪明才智得到最大限度的发挥。

(3)塑造良好的企业形象,为国家和社会承担责任。企业是社会的组成部分,其经营行为必然会对社会产生影响。企业在经营活动中必须把经济效益与社会效益统一起来,多做有益于社会的事,如向社会提供优质产品、照章纳税、履行合同、防治污染、保护环境等。企业绝不能做损害国家利益、社会公众利益和消费者利益的事情,如偷税漏税、欺行霸市、走私诈骗、生产销售假冒伪劣商品、污染环境等。只有树立良好的企业形象,企业才能得到政府、社会公众和广大消费者的支持和信赖,才能顺利发展。

1.1.2 企业的类型

企业生产过程千差万别,不同的企业有不同的生产流程,ERP 会根据企业类型的不同提供不同的解决方案,本节主要介绍工业企业的生产类型。

生产类型就是以生产专业化特征为标志划分的生产种类。划分生产类型的目的是从众多的企业中找出生产组织的共同特点。不同行业有其不同的特点,从生产过程组织的角度分析,有时同行业之间也存在着生产组织过程的差别,而且还可能会大于不同行业之间的差别,而不同行业之间的生产过程组织也可能存在着共同的特点。这些特点具体表现在设备与工艺、生产规模、专业化程度、产品的结构等方面。ERP 很重要的一个任务就是从种类繁多的不同行业中,分析研究其生产组织过程的特点,探索其规律性,把所有行业按照其生产的特点与共同点归纳为几种生产类型,以便开发匹配的系统。

1. 从生产工艺角度分类

从生产工艺角度来看,企业的生产类型分为两大类:工艺过程离散的离散型生产和工艺过程连续的连续型生产。

1)离散型生产

离散型生产是指产品在结构上是可拆分的,产品是由零件或元件组成的。如汽车产品等机械设备,以及电子设备的生产均属于此类。

2)连续型生产

连续(流程)型生产是指企业在生产过程中,原材料从一投入就顺序地经过各个工作地点,直至产品产出。其工艺过程是不可停顿的,产品在物理结构上也是不可分的,如冶炼、造纸、化工等行业等均属于此类型。

在离散型生产中,通常可有多种增加企业生产能力的方法。例如,雇佣更多的工人,购买或租赁更多的机器,或把某些作业转给外部供应商。与此不同的是,流程型生产必须在固定能力的限制下工作。除了建立另外的工厂,一个流程型生产企业几乎没有办法来增加能力。

离散型生产企业所使用的原材料和采购件具有准确、配套和一致的规格。而连续型生产企业则经常使用自然资源作为原材料,所使用的物料可能覆盖一个相当宽的规格范围,难以控制成分的一致性,对于食品和饮料行业更是如此,具体如表1-1所示。

表 1-1 某物料的物理单位和效能单位

	效能/%	物理单位/kg	效能单位/kg
批号 A	20	1000	200
批号 B	25	1000	250

注:效能单位是效能百分比与物理单位量的乘积。

在表 1-1 中,同一种物料批号 A 和批号 B 的物理单位同样多,但是批号 B 的效能单位却比批号 A 多 50kg。如果一个配方要求 100 个效能单位的物料,那么,仓库保管员可以提供 500 个物理单位的批号 A 物料,也可以提供 400 个物理单位的批号 B 物料。于是,连续型生产企业的库存分配逻辑必须考虑每批物料的效能,并告诉仓库保管员应当发放多少物理单位。

2. 从生产组织角度分类

从生产组织方式或制造环境的角度,企业可以分为以下几种生产类型:面向库存生产(make to stock,MTS)、面向订单生产(make to order,MTO)、面向订单装配(assemble to order,ATO)、面向订单设计(engineer to order,ETO)。其中面向库存生产仅适用于标准化产品,其他生产方式既适合标准化产品,也适合定制化产品,详细内容将在第 3 章讲述。生产方式的变化反映了物料供应需要预知实际需求的程度,不同的生产方式具有不同的交货提前期,有时在一个企业里同时可以存在多种生产方式。

1.1.3 企业的管理需求

20 世纪 90 年代,由于经济全球化和市场国际化的发展趋势,制造业所面临的竞争更趋激烈。无论是连续型生产还是离散型生产,无论是单件生产、多品种小批量生产、少品种重复生产,还是标准产品大量生产,制造业内部管理都可能遇到以下一些问题:企业可能拥有卓越的销售人员推销产品,但是生产线上的工人却没有办法如期交货;车间管理人员抱怨说采购部门没有及时供应他们所需的原料,但采购部门的效率过高,仓库里囤积的某些物料数年都用不完,积压导致的物料报废数额惊人,并且仓库库位饱和,资金周转很慢;许多公司要用 6~13 个星期的时间,才能计算出所需要的物料数量,所以订货周期只能为 6~13 个星期;订货单和采购单上的日期和缺料单上的日期都不相同,没有一个是确定的;财务部门不信赖仓库部门的数据,不以它来计算制造成本……

不可否认,以上这些情况在国内企业中不同程度地存在。作为社会的经济基础,企业,尤其是制造业企业,其生产、管理都必须从粗放向集约转变,而信息化,则是实现该转变的重要手段。要"坚持信息化带动工业化,以工业化促进信息化,走出一条科技含量高、经济效益好、资源消耗低、环境污染少、人力资源优势得到充分发挥的新型工业化路子"。

企业传统的经营战略是以企业自身为中心的。企业的组织形式是按职能划分的层次结构;企业的管理方式着眼于纵向的控制和优化;企业的生产过程是由产品驱动的,并按标准产品组织生产流程;对于企业的大部分职能部门而言,客户都被视为外部对象,除了销售和客户服务部门之外的其他部门都不直接与客户打交道;在影响客户购买的因素中,价格是第一位的,其次是质量和交货期,于是,企业的生产目标依次为成本、质量、交货期。

以客户为中心的经营战略则要求企业的组织为动态的、可组合的弹性结构;企业的管理着眼于按客户需求形成的增值链的横向优化;客户和供应商被集成在增值链中,成为企业受控对象的一部分;在影响客户购买的因素中,交货期是第一位的,企业的生产目标也转为交货期、质量和成本。

实施以客户为中心的经营战略就要对客户需求迅速做出响应,并在最短的时间内向客户交付高质量和低成本的产品。这就要求企业能够根据客户需求迅速重组业务流程,消除业务流程中非增值的无效活动,变顺序作业为并行作业,在所有业务环节中追求高效率和及时响应,尽可能采用现代技术手段,快速完成整个业务流程。这就是基于时间的含义。而基于时间的作业方式的真正实现又必须扩大企业的控制范围,面向整个供应链,把从供应商到客户的全部环节都集成起来。显然,这种需求变化是传统的管理所难以满足的,而必须转向以客户为中心、基于时间、面向整个供应链为基本特点的 ERP 软件进行管理。这就是 ERP 产生的客观需求背景。而面向对象的技术、计算机辅助软件工程以及开放的客户机/服务器计算环境又为实现这种转变提供了技术基础。

综上所述,企业是在不断发展和变化的。为了适应市场环境的变化,企业的管理需求也要不断进行调整和变化,这种调整和变化是推动 ERP 产生、发展的原动力,也是企业引入 ERP 的重要原因。

1. 外部竞争的需要

一个企业的生存与发展要受到各方面的影响,首先是外部环境的影响。企业经营的外部环境是指对企业经营活动产生影响作用的各种外部条件,如有关的法律环境、金融环境以及宏观经济环境、产业环境等。一般来说,企业的外部经营环境不为企业所控制,但对企业经营的重要影响不亚于流水之于游鱼。

20 世纪 90 年代以来,随着技术变革的加速,企业经营的外部环境发生了很大的变化,尤其是技术环境。全球化信息网络和全球化市场逐步形成,围绕新产品的市场竞争也日趋激烈。技术进步和需求多样化使得产品寿命不断缩短,企业面临着产品研发、交货期缩短、成本压缩和服务改进的压力,要求企业对不断变化的市场做出快速反应,源源不断地开发出满足用户需求的个性化定制产品去占领市场以赢得竞争,市场竞争也主要围绕新产品竞争而展开。这种状况延续到了 21 世纪。总体上,外部环境呈现出以下几个方面的特点。

1)信息大爆炸产生的数据愈来愈多

大量信息的产生和通信技术的发展,迫使企业把工作重心从如何迅速获得信息转到如何准确地过滤和有效利用各种信息。随着互联网技术和社会媒体技术的飞速发展,互联网上的数据连年翻番,海量的数据已经无法通过传统的工具处理。在这样一个大数据时代,如何有效地获取、分析和利用大数据,进行数字化转型和数字化决策,关系到企业的生存和发展。

2)技术进步越来越快

随着电子技术的迅猛发展,产品更新迭代的速度在加快,尤其是电子产品如计算机、手机等。新技术、新工艺、新产品的不断涌现,一方面使得企业获取新的竞争手段,另一方面也使得企业面临更大的挑战,企业必须不断地开发新产品以满足顾客新的消费需求,同时要面临竞争对手在新产品开发上的竞争。

3)高新技术的应用越来越多

全球信息化的快速发展,地球显得越来越小,企业正在互通的世界中竞争,很容易获取所需要的各种技术信息。高新技术的发展推动了社会的进步,但参与竞争的企业也越来越多。同时,企业的竞争已经不仅是国内市场的竞争,而且是国际市场的竞争。以计算机及其他高科技为基础的高新技术在企业中的应用,是当今社会的主要特色之一。例如,计算机辅助设计、计算机辅助制造、柔性制造系统、自动存储和拣出系统、自动条码识别系统等,在世界各国尤其是工业发达国家的生产和服务中得到广泛应用。高新技术的应用不仅仅节省了人力,降低了劳动成本,更重要的是提高了产品和服务质量,降低了废品和材料损耗,缩短了对用户需求的响应时间。也就是说,企业可以在短时间内把新产品或服务推向市场,赢得时间上的优势。

4)市场和劳务竞争全球化愈演愈烈

企业在建立全球化市场的同时也在全球范围内造就了更多的竞争者。发达国家认为发展中国家需要订单和产品,而许多发展中国家却坚持认为自己更需要新技术,希望也能成为国际市场上的供应商。同时,商品市场的国际化也创造了一个国际化的劳动力市场。

5)产品研制开发的难度越来越大

越来越多的企业认识到新产品开发对企业创造收益的重要性,因此许多企业不惜重金投入,但是资金利用率和投入产出比却往往不尽如人意。原因之一是,产品研制开发的难度越来越大,特别是那些大型、结构复杂、技术含量高的产品,在研制中一般都需要各种先进的设计技术、制造技术、质量保证技术等,涉及多学科交叉。

6)可持续发展的要求越来越迫切

目前,人类在许多资源方面的消耗都在迅速接近地球的极限,臭氧层空洞危害、热带雨林快速消失、全球变暖、酸雨频发、核废料处置、能源储备、可耕地减少,一个又一个的生态与环境保护问题摆在人们面前,维持生态平衡和环境保护的呼声越来越高。在全球制造和国际化经营趋势越来越明显的今天,各国政府将环保问题纳入发展战略,相继制定出各种各样的政策法规,以约束企业的经营行为。21世纪以来,发展中国家进入到工业化时代或后工业化时代,对自然资源的消耗处于上升期,如何在全球范围内减少自然资源的消耗成为全人类能否继续生存和持续发展的大问题。一位销售经理曾说:"过去生产经理常问我该生产什么,现在是我问他能生产什么。"原材料、技术工人、能源、淡水资源、资金及其他资源越来越少,各种资源的短缺对企业的生产形成很大的制约,而且这种影响在将来会越加严重。在市场需求变化莫测、制造资源日益短缺的情况下,如何取得长久的经济效益,是企业制定发展战略时不得不考虑的问题。

7)用户的要求越来越苛刻

随着时代的发展,消费者的价值观发生了显著变化,要求和期望越来越高,需求结构普遍向高层次发展,这主要体现在:①对产品的品种、规格、颜色、数量呈现多样化、个性化要求,而且这种多样化要求具有很大的不确定性。②对产品的功能、质量和可靠性的要求日益提高,而且这种要求的提高又是以不同用户的满意程度为尺度的,产生了判别标准的不确定性。③要求企业满足个性化需求,同时产品的价格又像大批量生产的那样低廉。新时代背景下,企业发现最好的产品不是他们为用户设计的,而是他们和用户一起设计的。

因此,在处理与外部环境的关系时,企业的基本方针应在不断变化的环境中根据新的情况随时修订企业的经营策略与实施方案,在变化的环境中求得生存和发展,做到"适者生存"。这就要求企业积极、主动地快速适应外部环境的变化,甚至事前预测各种环境的变化,以动制动,以变制变,抢占企业经营之先机。只有这样,企业才能在激烈的市场竞争中拥有并维持其竞争优势,超越"生存"的初级层次,至"发展"之最高境界。

企业经营对外部环境变化的快速反应、积极适应,还要求企业具有一定的信息管理水平。只有这样,管理人员才能通过及时、准确的信息反馈,制定相应对策,谋求企业更大的发展。

2. 时代变革的需要

一个企业的生存与发展还要受时代变革的影响。现代中国已从"短缺经济"转变为"过剩经济",从"生产"导向转变为"客户"导向,从"大规模生产"到"按订单定制",从"标准化"转变为"个性化",从"成本优势"转变为"创新优势",从"地域经济"转变为"全球经济",从"多元化"到建立"核心竞争力",从"传统管理"到"信息化管理"。这是社会需求和技术发展的必然,也是信息技术革命所带来的经济和社会的发展。这种发展反过来也要求企业经营管理的策略迅速发生改变,经营导向由传统追求"大鱼吃小鱼"转化为追求"快鱼吃慢鱼",组织形态也由传统的"基于功能的组织"体系转向"基于流程的组织"重组,目的在于追求"一体化的运作管理",通过整体效能的综合调优,提高企业的整体效益。

中国工业化进程滞后于西方发达国家,国内企业的管理一方面需要锐意变革和创新,另一方面又不可以简单地照搬或者跟从。结合中国的国情推行管理是中国企业跟踪产业发展趋势、迅速培养应变能力和综合竞争力、实现跨越式发展的基本途径。要推进以信息化带动工业化进程的基础和核心是推广信息化在广大企业中的应用。企业要适应时代的变革,必须有一套基础信息管理软件。实践证明,ERP 的理论、方法和应用,是迎合并顺应产业趋势、迅速提升竞争力的有效方法。

3. 企业内部管理的需要

面对外部环境和时代变革的要求,企业内部的管理也发生着巨大的变化,具体表现在五个方面。

1)产品生命周期变得愈来愈短

21 世纪正处于社会化大生产和商品供应丰富和过剩的时代,伴随着消费者的需求日益多样化和个性化,企业的产品开发能力也在不断提高。目前,国内外新产品开发的周期大大缩短。产品生产周期缩短、更新换代速度加快,使得产品在市场上存留的时间大大缩短了,给企业造成的压力也越来越大。当今的计算机、手机及数码产品,上市不久就会过时,苹果和三星手机的新产品开发周期在 1 年以内,ZARA 的新产品开发周期只要 3 周左右,就连消费者都有些应接不暇。虽然,在企业中流行着"销售一代、生产一代、研发一代、构思一代"的说法,然而这毕竟需要投入大量的资源,一般的企业会力不从心,许多企业后续产品开发跟不上。而产品落伍之时,也就是企业倒闭之日。

2)顾客多样化需求使得企业生产方式发生变化

20 世纪 90 年代以后,消费者对产品质量和服务质量的要求越来越高。消费者希望企业按照自身偏好要求定制产品或服务,这些变化导致产品生产方式发生革命性变化。传统的标准化生产方式是"一对多"的关系,即企业开发一种产品,通过规模化生产方式,去满足不同消费者的需求。然而,在产品过剩的时代,这种模式已不再能使企业获取持续竞争优势,企业需要拥有根据消费者的需求特点去开发定制化产品或服务的能力,即所谓"一对一"的定制化服务(customized service)。企业为了能在新的竞争环境下继续获取竞争优势,纷纷转变生产管理模式,从大量生产(mass production)向定制化大量生产(mass customization)转变,这也对企业从获取个性化订单到柔性化生产以及到商品的快速交付等方面提出了较高的要求。目前,柔性化定制生产模式广泛应用在汽车、纺织、电子和家具等领域,对中国制造的创新发展、提质增效都起到了积极的促进作用。据报道,2016 年 3 月 3 日,特斯拉 Model 3 在洛杉矶正式发布,同时开始接受预订。短短几天,Model 3 的订单量就达到了 32.5 万台。对于特斯拉来说,可以按照订单来组织生产而不必担心库存积压问题。

知识拓展 1-1　索菲亚的柔性化定制生产模式

3)企业管理观念从短期理性型转向长期战略型

企业之间的竞争已从低层次的产品营销性竞争发展到高层次的全局性战略竞争。企业的发展与应用是与一定的经济环境、社会环境相关联的,社会环境的变化导致企业组织形式的变化,企业组织形式的变化又会引起企业管理观念发生变化,最终导致企业管理的目的、内容、方法相应地发生变化,进而从短期理性型转向长期战略型。

4)企业管理方式从职能式管理转向集成式管理

工业社会占主导地位的管理模式是职能式管理,即依靠严明的纪律、赏罚分明来进行管理。随着信息社会的来临,一方面强调"人本主义",管理倾向于柔性化;另一方面,柔性管理也是与信息社会崭新的生产制造方式——"柔性制造系统"的生产方式相伴而生的。信息社会的标志性特征之一,就是知识和信息在生产中的应用,产生了许多诸如计算机辅助设计、计算机辅助制造系统、企业资源计划等一系列技术。这些高新技术的进一步集成,导致了企业管理方式向集成式管理转变,企业管理的模式由"刚性化"向"柔性化"转化。

5)企业组织模式从纵向层次结构转向横向网络结构

在全球市场的激烈竞争中,企业面对的是一个变化迅速且难以预测的市场,而传统的生产与经营模式难以对市场做出迅速反应。为了摆脱这种困境,企业要采取先进的制造技术和管理方法,如计算机辅助设计、柔性制造系统、准时制、制造资源计划、全面质量管理等。为了实施这些战略,企业要投入大量的资源,以此作为企业增加利润和市场份额的下一步行动。

4.企业自身对信息的需求

我们再从不同层面看一下企业在不同时期对信息的需求类型和对信息的质量是什么样的。企业对信息的需求类型和对信息的质量要求随企业所处生命周期的不同阶段而有所不同,三者是紧密联系的。也就是说,随着企业由创业、发展到成熟,再到进一步壮大,对信息类型和信息质量的要求越来越多,也越来越高。

1)创业期的信息需求

在创业期,企业的重点目标是求得生存,先求生存再有发展。此时,真实的内部管理是企业最需要的信息。

2)整合期的信息需求

在整合(发展)期,企业的重点目标是求得成长、追求快速发展,此时,企业对外部的信息有了更多的要求。信息的充分性变得重要起来,例如由于规模的扩张,异地分公司、子公司上传的财务及其他业务信息对集团企业的经营发展变得非常重要。

3)规范期的信息需求

在规范(成熟)期,企业追求稳定、持久、均衡的发展,力求增强企业的竞争优势,此时要求企业能对及时信息做出快速反应。除了内部、外部等客观信息外,主观信息也举足轻重,如采购员对供应商的主观评价。

1.1.4 企业发展面临的困境

1. 企业发展带来的麻烦

企业处于生命周期的创业期时,企业经营者对企业的方方面面都是清清楚楚的,如客户是谁,供应商是谁,产品是如何构成的,客户还欠企业多少钱,企业欠供应商多少钱,每卖出一个产品能赚多少钱等。后来当这个企业发展到了百人以上,销售区域也扩大到若干地方时,企业经营者发现他再也记不住这些数据了,于是他成立了财务部门专门管理财务数据,成立销售部门专门管理销售数据,成立生产部门专门管理生产数据,成立供应部门专门管理采购数据。此时他对企业的掌握在很大程度上依赖于部门的汇报,而部门间的责任与协调则要依赖数百种单据。再后来该企业发展到上千人,市场扩大到若干省甚至国外。此时,由于规模的扩大,部门经理都无法记住本部门的数据,更不用说企业经营者了。于是有了更进一步的专业化要求,部门中又再分出子部门,所有管理人员之间的责任与协调要通过数千种单据来进行。规模化和专业化的演进结果给企业带来了一个负面的影响,那就是管理的分散化,特别在手工管理状态下,无论企业的专业化管理做得有多到位,企业的数据始终分散在数千种单据中。很少有企业能够每天对这些单据进行汇总统计,而几乎每一个企业的管理者又总是想在最短的时间内掌握企业的各种动态。此时,除了信息化管理之外,还有什么更好的解决方法呢?如果把规模化、专业化过程中的初始状态称为一种自然的集中管理的话,那么,ERP的意义就在于使企业在规模化和专业化之后,借助计算机系统回归到了集中管理。

2. 数据带来的烦恼

企业经营者在经营过程中经常需要了解各种数据,比如想了解产成品库存是多少?首先想到的是要找到成品库主管,成品库主管会告诉他目前仓库里的产成品数。此时也许企业经营者想通过财务证实一下,于是又找到财务主管,财务主管立刻翻了账本后告诉他目前的产成品数,结果企业经营者发现这个数怎么比仓库管理者的数要大一些。带着一些怀疑,企业经营者又想到销售主管肯定知道产成品数,于是又找到了销售主管,结果销售主管告诉他的数量又比财务主管的还要大。这就是数据给企业经营者带来的烦恼,如果常常有类似的情况发生,那么可以肯定,企业经营者需要一个ERP来帮助其进行企业管理。其实,仓库主管、财务主管、销售主管都没有错,也许他们都是尽职尽责的优秀下属。仓库主管告诉企业经营者的是目前仓库里实实在在地有多少产成品。财务主管告诉企业经营者的是目前账面上真实的产成品数,这个数之所以比仓库里的数大一些,是由于一部分发出产成品还没有登账,也许是还没有开票,仍然作为产成品库存在账面上。而销售主管给企业经营者的数又更大了一些,则是由于销售主管掌握的是所有没有收到款的产成品,包括在库的、发出没开发票的、开了发票没收款的。显然这样的三个数据所反映的并不是同一种状态,在考虑到时间因素的情况下,手工管理都存在滞后,加之这些状态每时每刻都随企业的经营过程而改变。于是企业经营者的烦恼就变成了"永远也搞不清楚产成品到底有多少"。ERP通过实时管理和财务业务同步管理来解除类似的烦恼,所以说,如果有这样的烦恼,那么企业经营者就需要ERP来帮助其进行企业管理了。

3. 决策时的困惑

在没有进行信息化管理的企业中,企业领导通常都是通过汇报这种方式来了解和掌握企业经营情况的。这种汇报方式的最大弊端在于很容易掩盖存在的隐患,因为人在本能的促使下，下级对上级汇报时总是报喜不报忧。当然，企业经营者或许有足够的能力对下级汇报的情况做出较为客观的判断，或许也有足够的魄力更换那些夸大成绩、隐瞒问题的下属。但是，这样做以后，企业经营者发现仍然不能完全消除困惑。例如，财务主管来汇报产品成本核算问题，结果发现在企业经营者认为很赚钱的某个产品上，其成本居然比售价还要高一些，这样的产品还能继续销售吗？财务主管告诉企业经营者，他们是严格按照确定的成本核算办法计算出来的，应该不会有什么错。那么，难道是基本判断出错了吗？其实谁都没错，当企业生产的品种到了几十个甚至上百个的时候，手工管理已经很难将成本精确地核算到每一种产品，甚至每一批产品上去了。特别是不能针对每一种、每一批产品准确计算其变动成本。在算粗账的情况下，能使用的最好手段就是将各种不明确的费用进行分摊，这种分摊的办法无疑抹杀了各产品对企业的贡献，所以就很容易出现看起来很赚钱的产品，其成本却居高不下。在手工管理的条件下，类似的困惑也许还会出现在生产管理和采购管理中。如果企业经营者在企业经营中时常会出现一些类似的困惑，那么他应该要选择 ERP 来帮助其消除这些困惑。ERP 的精细化管理将最大限度地为企业经营者释困解惑。

4. 企业扩张面临管理瓶颈

在国内，企业总数以千万计，然而销售额超过 5000 万元的还不到 20 万家。所谓船小好掉头，纵观商海，销售额小于 2000 万元的中小型公司往往比营业额上亿元的公司更加运作自如。但是，每一个企业管理者也都非常清醒，在波涛汹涌的商海中大船一定比小船更经得起风浪，也更能够赚得更多的利润，所以尽快扩展企业规模几乎是每一个经营者的追求。然而，在企业实现 2000 万到上亿元销售额的成长中，一定会面临一道特殊的门槛，这个门槛就是一次系统的管理变革，它是企业成长中必然遇到的管理瓶颈。企业由几名创业者管理转变为需要若干部门管理和控制，由几张简单的单据记录管理过程转变成需要数百种单据才能完成，这就需要更加规范的管理结构和程序以及更加专业的技能。这是一个不容忽视的挑战，许多企业就因为没有很好地过渡，只能在风浪中迷茫徘徊，更甚者则在风云变幻的商海中翻了船。因此，如果经营者的企业已经有明确的扩展迹象，他就应该尽早考虑采用信息化管理来帮助企业尽快实行规范化和专业化的管理。ERP 是一种信息化管理工具，当企业经营者使用它时，就会迫使他的企业管理逐步进入规范化和专业化。

针对以上问题，企业可以利用先进的管理方法、通信技术、计算机工具，建立有效的计划与控制系统，并把这些环节准确协调控制，这就是 ERP。

1.2 ERP 的概念

ERP 是一个内涵和外延都相当丰富的概念，蕴涵着众多的管理思想和信息技术应用成果，是当今世界企业经营与管理技术进步的代表，是有史以来最复杂的信息系统。ERP 是企业资源计划(enterprise resource planning)的英文缩写，其概念是由美国著名计算机技术咨询和评估集团高德纳咨询公司(Gartner Group)于 1990 年初作为新一代制造资源计划 MRP Ⅱ (manufacturing resources planning)的下一代而提出的，其内涵主要是"打破企业的四壁，把信息集成的范围扩大到企业的上下游，管理整个供应链，实现供应链制造"。

1.2.1　Gartner Group 对 ERP 的定义

为了确切说明什么是 ERP,还得从 Gartner Group 最初定义 ERP 开始讲起,以便把握 ERP 的实质,了解 ERP 的功能要求,厘清当前众多信息化应用系统同 ERP 的关系。

1. 提出背景

1990 年 4 月 12 日,Gartner Group 发表了由 L. Wylie 署名的研究报告"ERP:A Vision of the Next-Generation MRP Ⅱ"。这份研究报告虽然只有 2 页,但却具有非常前瞻性的精辟设想,第一次提出了 ERP 的概念。报告对 ERP 的定义是用"功能"和"技术"两个核查表(check list)来表达的,核查表如图 1-1 所示。在功能核查表中指出:ERP 的核心标志是实现两个集成,即内部集成与外部集成。

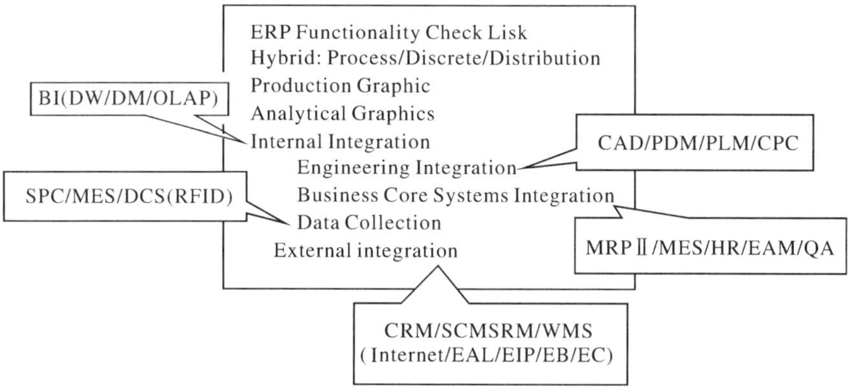

图 1-1　ERP 定义的功能核查表

1)内部集成(internal integration)

内部集成包括三个主要方面,即实现产品研发、核心业务和数据采集三方面信息的集成。很明显,这已超出了 MRP Ⅱ 的范围。

2)外部集成(external integration)

外部集成主要是打破企业的四面墙,实现企业与供应链上所有合作伙伴共享信息的集成。

综上可以总结出,ERP 不但要实现企业内部管理的信息化,而且要跨出企业和上下游合作伙伴,实现信息集成,最终目的是实现"全面管理供应链"(focus on managing the entire supply chain),可以说 ERP 和供应链管理是不可分的。

2. 补充完善

之后,Gartner Group 又陆续发表了一系列的分析和研究报告。例如,J. Borelli 署名的 *ERP Functionality*,E. Keller 署名的"Making the jump from MRP Ⅱ to ERP"以及多次对各 ERP 主流产品的技术与功能的分析评价报告等。当时所有这些研究报告都归于计算机集成制造(computer integration manufacturing,CIM)类别中,说明 ERP 本来是一种用于制造业(尤其是机械制造类型的制造业)的信息化管理系统。

1990 年 5 月,ERP 的概念已经逐渐成熟,Gartner Group 做了一个以"ERP:Quantifying the Vision"为题的会议报告,用了 26 页的篇幅讨论了 5 个重点议题:①是什么促使了 ERP 的发展? ②如何区别 ERP 和 MRP Ⅱ? ③计算机技术对 ERP 的作用是什么? ④ERP 具有哪些功能? ⑤用户应如何采用 ERP?

这份报告详尽地阐述了 ERP 的理念和 1993 年以后的 3~5 年内可能实现的程度(用概率百分数表示),深刻阐明了 ERP 的实质和定义,是 ERP 发展的一个重要里程碑。

3. 影响

功能核查表的第一条要求 ERP 要能适应离散、流程和分销配送不同的类型,也就是说要囊括各种类型的制造业;接下来提出 ERP 要能采用图解方法处理和分析各种经营生产问题。

1)决策分析的功能

ERP 不再是简单的事务处理,而要突出整体决策分析的功能。在这个设想指导下,陆续出现了数据仓库(data warehouse,DW)、数据挖掘技术(data mining,DM)和在线分析处理(on-line analytical processing,OLAP)以及业务智能(business intelligence,BI)等应用系统。

2)产品研发集成

内部集成中同产品研发集成方面,ERP 在成组技术(group technology,GT)、计算机辅助设计(computer added design,CAD)和计算机辅助工艺设计(computer added process planning,CAP)基础上陆续发展了产品数据管理(product data management,PDM)、产品生命周期管理(product lifecycle management,PLM)以及电子商务支持下的协同产品商务(collaborative product commerce,CPC)。

3)核心业务集成

内部集成中同核心业务集成方面,ERP 在 MRP Ⅱ 的基础上发展了制造执行系统(manufactuning execution system,MES)、人力资源管理(human resource,HR)、企业资产管理(enterpnse asset management,EAM)及办公自动化(office automation,OA)等。

4)数据采集

内部集成中数据采集方面,除了质量管理的统计过程控制(statistical process control,SPC)和结合流程控制的分布控制系统(distributed control system,DCS)等外,在条形码基础上发展了射频识别技术(radio frequency identification,RFID)。

5)外部集成

在外部集成方面,ERP 开发了客户关系管理(customer relationship managemen,CRM)、供应链管理(supply chain management,SCM)、供应商关系管理(supplier relationship management,SRM)、供应链例外事件管理(supply chain event management,SCEM)以及仓库管理系统(warehouse management system,WMS)等。

知识拓展 1-2　高德纳咨询公司简介

1.2.2　APICS 对 ERP 的定义

1995 年 9 月,美国生产与库存管理协会(American Production and Inventory Control Society,APICS)发布的《APICS 字典》(第 8 版)中首次定义了 ERP 功能,它与 Gartner Group 的提法大致相同,只是更强调了以财务为中心。1996 年,APICS 召开学术研讨会,对 ERP 的

内涵进行了讨论,提出以下几点:

① ERP 是 MRPⅡ 的增强形式。

② ERP 强调了从"以产品为中心"向"以客户为中心"过渡的概念。

③ ERP 强调了集团和跨国公司的控制功能,强调了对分布在全球的子公司、供应商、分销商、客户的集成管理——这是供应链管理的最初提法。

1997 年 1 月,APICS 正式确定了供应链管理的概念。同年,该协会将供应链管理正式纳入了企业"生产与库存管理"系统中,使其成为一个组织模块。

至此,ERP 的定义基本定型,其功能可归纳为以下四点:

① ERP 基于 MRPⅡ,但具有超越 MRPⅡ 范围的集成功能,能为企业提供全面的解决方法(包括质量、运输、工具、人力、分销、服务行业、实验室、项目和配方管理等)。

② ERP 支持混合生产类型和制造环境,包括多品种小批量、大批量流水、单件生产三种生产类型,还支持面向库存生产、面向订单生产(装配、设计、制造)等制造环境。

③ ERP 是一种面向企业供应链的管理系统,可对供应链上所有环节进行有效的管理。

④ ERP 在物理环境上超越了 MRPⅡ,它支持分散网络结构和客户机/服务器计算机环境,从传统的集中式系统发展为分布式系统。

1.2.3　ERP 的概念层次

对 ERP 概念的理解随着信息技术和管理理论的发展而逐步深入,不同的人给予了 ERP 不同的含义,常见的看法不外乎如下:ERP 是软件包,ERP 是先进管理理念,ERP 是管理信息系统,ERP 是面向客户的制造管理系统,ERP 是决策和运营的管理平台,ERP 是提升企业竞争力的重要工具,ERP 是对企业资源全面优化的管理手段,ERP 是应用信息技术对企业资源实现一体化管理。

上述不同观点都从不同侧面反映了 ERP 概念的内涵。所以 ERP 从本质上讲就是对企业资源的计划和优化过程。对 ERP 的理解,不仅要从 ERP 软件包角度理解,更要意识到 ERP 是一个企业的管理信息系统,其应用是解决企业发展过程中面临的问题。基于以上认识,本书对 ERP 的复杂概念给出其概念层次图(见图 1-2),从而遵循信息系统的认知规律,从各个角度理解和认识 ERP。

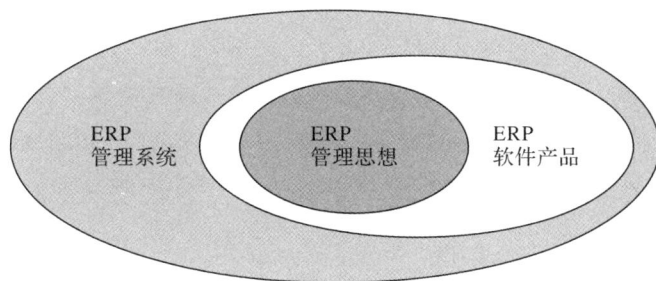

图 1-2　ERP 概念层次图

对应于图 1-2,管理界、企业界、信息界对 ERP 有着它们各自特定的内涵和外延,分别从管理思想、软件产品、管理系统三个层面给出 ERP 的定义。

1. ERP 是先进的管理思想

美国 Gartner Group 认为 ERP 是 MRP Ⅱ的下一代,其内涵主要是"打破企业的四壁,把信息集成的范围扩大到企业的上下游,管理整个供应链,实现供应链制造"。从这个意义上讲,ERP 的实质是在 MRPⅡ基础上进一步发展而成的、面向供应链的管理思想。ERP 是一种先进管理思想的计算机实现,蕴含了目前管理界很多先进的管理理念和管理方法,详细内容见 1.3 节。

2. ERP 是管理软件

ERP 是综合应用客户机/服务器体系、关系数据库技术、面向对象技术、图形用户界面、第四代语言(4GL)、网络通信等信息产业成果,是以 ERP 管理思想为灵魂的软件产品。从这个层面上讲,ERP 是承载先进管理思想的媒体,是先进管理哲学、理论和方法的软件封装,是企业业务流和多维信息的高度集成,它使企业竞争有了新的涵义。

企业管理软件的目的是要在企业管理的各个环节应用信息技术,加快企业管理过程中信息的传递、加工和处理速度,使这些信息资源得到可靠的保存和有效的利用,及时为企业管理工作者提供决策的依据,促进企业管理水平的提高。离开管理基础的支撑,企业管理软件将毫无意义可言。同时在当今信息高度密集的现代企业的经营过程中,企业管理如果离开企业管理软件的参与和支持,也是不可想象的。企业管理软件必须是计算机技术与企业管理思想相互融合的产物。

3. ERP 是企业管理系统

ERP 是建立在信息技术基础上,整合了企业管理理念、业务流程、基础数据、人力物力财力,集计算机硬件和软件于一体的企业资源管理系统,从而实现对企业物流、资金流、信息流的一体化管理。从管理系统的角度看,ERP 具有如下特征:①ERP 是一种集企业管理和信息管理技术为一体的企业管理系统,能够全面记录企业经营活动中各种业务流程,及时向管理者提供有效的支持。②ERP 是一种功能非常全面的软件包解决方案,通过共享的信息和数据流整合企业流程。它将企业内的所有部门和功能整合在一个单一的计算机系统中,并满足各部门的特定需求。

作为企业资源管理系统的 ERP,其"企业资源"是指支持企业业务运作和战略运作的事物,也就是常说的"人""财""物"。ERP 依靠 IT 有效组织、计划和实施企业的"人""财""物"管理,以保证其信息的集成性、实时性和统一性。其基本思想是将企业的业务流程看作是一个紧密连接的供应链,将企业内部划分成几个相互协同作业的支持子系统,如财务、市场营销、生产制造、质量控制、服务维护、工程技术等。

ERP 作为高度集成的企业资源管理系统,它必然体现物流信息同资金流信息的集成。传统的 MRP Ⅱ主要包括的制造、供销和财务三大部分依然是 ERP 不可跨越的重要组成。

对于管理界、企业界、信息界不同的表述要求,ERP 分别有着它特定的内涵和外延,相应地具有"管理思想""ERP 软件""ERP 系统"三种不同含义,除非特别说明,本书提到 ERP 时不加以区分。

综上所述,ERP 是指建立在信息技术基础上,以系统化的管理思想为企业决策层及员工提供决策运行手段的管理平台。ERP 集信息技术与先进的管理思想于一身,成为现代企业的运行模式,反映时代对企业合理调配资源、最大化地创造社会财富的要求,成为信息时代企业生存、发展的基石。换句话说,ERP 是一种企业内部所有业务部门之间,以及企业同外部合作伙伴之间交换和分享信息的系统,是集成供应链管理的工具、技术和应用系统,是管理决策和供应链流程优化不可缺少的手段,是实现竞争优势的同义语。

4. 管理思想与管理软件的关系

首先,ERP蕴涵了很多现代先进的管理思想和管理理念;其次,它是一个软件产品,是承载先进管理思想的媒体,是先进管理哲学、理论和方法的软件封装,是企业业务流和多维信息的高度集成,它使企业竞争有了新的涵义;最后,它还是一个复杂的管理信息系统。长期以来,管理信息系统的开发存在着一个误区,不少人认为在这一领域起主导作用的是软件开发人员,把技术当作推动管理软件发展的根本性动力。但事实上,许多计算机专业的软件开发人员,对于企业管理行为的复杂性认识不足,也不可能深刻理解企业的实际需求,这也是导致信息系统在企业应用成效不理想的重要原因。信息系统领域从计算机数据处理中成长起来,在逐步成熟的过程中,其独特的学科特征被逐步揭示出来,即在于研究信息技术和社会/组织领域之间的互动关系,是计算机科学、管理科学、系统科学等多学科相结合的交叉学科。信息系统所研究的不仅仅是技术系统,或者社会/企业系统,或者对于两个系统的交替研究,它所揭示的是:当二者交互、合并为一体时所产生的现象。信息系统的核心就是"交叉",研究如何将技术应用于企业之中,如何借助信息技术影响和改变企业的组织与管理,如何更有效地发挥二者相结合的优势。

随着人们对信息技术和信息系统认识的逐渐提升,企业进行变革的主旋律逐渐转向对信息流、资金流、物流的整合。可以说,现代企业管理在外延上追求利润,在内涵上则追求企业资源的合理高效利用。这种对资源合理高效的利用主要表现在对业务流程的整合和信息的集成。

企业管理软件虽然是一套计算机应用系统,但决不是单纯的计算机技术单方面的事情。企业管理软件的目的是要在企业管理的各个环节应用信息技术,加快企业管理过程中信息的传递、加工和处理速度,使这些信息资源得到可靠的保存和有效的利用,及时为企业管理工作者提供决策的依据,促进企业管理水平的提高。离开管理基础的支撑,企业管理软件将毫无意义可言。同时在当今信息高度密集的现代企业的经营过程中,企业管理如果离开企业管理软件的参与和支持,也是不可想象的。企业管理软件必须是计算机技术与企业管理思想相互融合的产物。

企业管理软件发展到今天,从 MIS、MRP、MRP Ⅱ 到 ERP 等一连串名称的变化上我们不难发现,企业管理软件称谓的变迁是紧紧伴随企业管理思想理念的发展成熟而变化的。不管称谓如何变化,是物流规划还是协作支持,万变不离其宗的是如何利用计算机技术将企业信息流、物流、资金流等各要素更好地进行科学合理的配置,这是管理软件的精髓所在。

1.2.4　ERP 的内涵

了解了 ERP 的定义,我们再来重新审视一下 ERP 的内涵。ERP 这 3 个字母具有非常丰富的内涵和外延。

1)第一个字母 E

ERP 中第一个字母 E(enterprise)是企业的意思。对于社会而言,企业是一个具有经营职能的组织,这个组织以营利为目的。市场经济条件下,企业要用尽可能少的代价创造尽可能多的价值,这就要求企业必须具有整合各种资源为社会创造价值的能力,最大限度地发挥和利用好可以掌控的资源,并利用这些资源实现企业的增值经营。ERP 不是管理功能的简单组合,而是从企业的整体利益出发,为企业和全局目标服务,是应用信息技术平台构造起来的一套全新的管理方法和管理模式,是各项管理功能按照 ERP 理念和思想的有机集成,不是一般传统意义的管理业务电子化。

2)第二个字母 R

ERP 中第二个字母 R(resource)代表资源,资源对于企业而言有两个最基本的特征。第一个特征是企业获得资源是要付出代价的,而且是有限的;第二个特征是企业在利用资源的过程中,资源是运动和变化的,运动和变化是有规律的,并且按照企业的要求来进行,这就是说,资源的有效利用和合理配置是企业的核心任务。从生产力的三个要素来分类,资源可分为以下三类:第一,人力资源(包括智力资源),这是企业必不可少的;第二,工具类资源,主要指设备、生产线、土地、车间、房屋、计算机技术等;第三,劳动对象,包括原材料、能源、信息等。在商品经济社会里,资源的价值体现的是资金,有了资金,在理论上这些资源都是可以获得的,而且企业的价值最终也是通过资金的运作来实现的。对于资源,还有其他的分类方式,如有形的资源和无形的资源、流动的资源和静态的资源等。资源的运动和变化通常是通过数据和信息来反映的。

对于制造类企业,物流是基础,因为物流过程是企业最重要的价值链和增值过程。物流是指原材料从供应商处采购进来,通过运输、仓储、生产、加工形成产品,通过销售与分销,最终到达客户手中的全过程。在物流运动和变化过程中,同时伴随着资金和信息的流动。资金是企业的血液,企业的每一项生产经营都在直接或间接地消耗和占用资金,而每一项活动的结果和贡献也都可以用资金来度量。信息是企业的神经,企业组织之间、上下级之间的沟通和企业各项经济活动的结果都是通过数据和信息传播和展现的,各种需求和指令同样通过信息传递到有关部门和生产单元。这就是我们常说的"三流",即物流、资金流和信息流,也是制造类企业必不可少的三大共生资源,是企业最基础的管理对象。

知识拓展 1-3 罗振宇的资源整合

3)第三个字母 P

第三个字母 P(planning)代表计划,这是 ERP 理念和思想中最核心的部分,企业想有效利用和整合资源,并使企业的效益最大化,其对资源的利用必须是有计划的。第一,这里的计划是指在企业整体层面上的计划,而不是局部或个别部门的计划。第二,计划是有依据的。那么计划的依据是什么?要回答这个问题,需要对资源再做更深入的分析,充分认识和掌握企业资源的运动和变化规律,有效控制和合理地使用资源,使其按照企业的意愿和市场的需求来运动和变化,从而实现企业整体效益的最大化。这些规律源于资源本身,源于企业的产品和技术,源于社会环境和市场,因此计划的依据有三个方面:资源的运动变化规律、市场需求和企业自身经营管理。正是把资源的运动变化规律、市场和企业的特点不断地引入 ERP 来成为其计划的依据,从而有效地计划调度资源,充分发挥资源的价值,为企业增值服务,这就是 ERP 的精髓所在。

ERP 三个字母代表含义之间的关系如图 1-3 所示。

ERP 的计划是一个通过有效的信息技术和信息系统工具对企业的经营流程和资源进行管理的过程。由于 ERP 这种管理思想必须依附于计算机软件来实现,所以人们常把 ERP 当

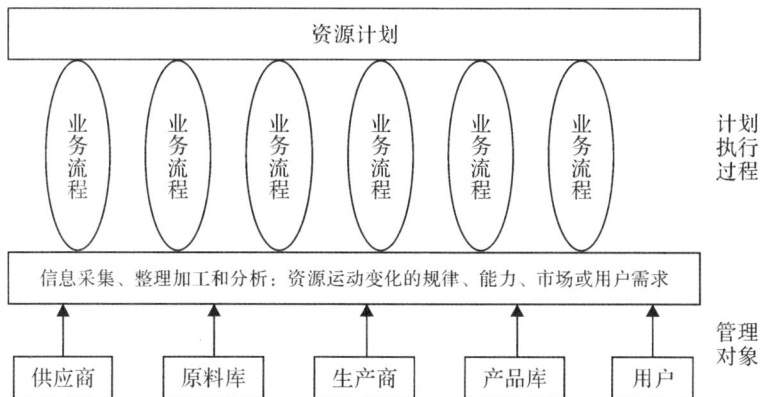

图 1-3 ERP 三个字母代表意思之间的关系

成一种软件,这是一种误解。ERP 是一种管理理论和管理思想,不仅仅是信息系统。它利用企业的所有资源,包括内部资源和外部市场资源,为企业制造产品或提供服务创造最优的解决方案和计划,最终达到企业的经营目标。ERP 是先进的管理思想在企业生产活动中的具体实践,是对企业一切资源的全面计划和控制。

要想理解与应用 ERP,必须了解 ERP 的实际管理思想和理念,才能真正掌握和利用 ERP。ERP 是一种以客户为中心,基于时间、面向整个供应链的管理思想。它在企业原有信息系统(如 MRP II)的基础上扩展了管理范围,把企业的业务流程看作一个与外部紧密连接的供应链,整合企业全部资源,将企业内部划分为几个相互协同作业的支持子系统,如生产制造、服务维护、工艺技术、财务会计、市场营销、人力资源等,并对企业内部供应链上的所有环节,如订单、采购、库存、计划、生产制造、质量控制、运输、分销、服务与维护、财务、成本控制、投资决策分析等有效地进行管理,从管理的广度和深度上为企业提供了更为丰富的功能和工具。

知识拓展 1-4 福特汽车公司的资源规划与配置

1.3 ERP 的管理思想

ERP 概念的不断发展,渗透着越来越多的现代企业管理思想。与其说 ERP 是一套企业信息化建设工程,更不如说它是一套管理系统工程,推广应用 ERP 的根本目的就是在吸收、研究和应用国外现代企业管理思想、方法和信息技术的基础上,尽快改变国内企业管理粗放、落后的面貌,进而建立起一套符合市场经济体制的现代企业管理模式。

ERP 从 20 世纪 60 年代发展到今天,经历了 MRP、MR II、ERP 等阶段。现代 ERP 蕴含了目前管理界很多先进的管理理念和管理方法,其核心管理思想就是实现对整个供应链的有效管理,主要体现在以下方面。

1.3.1 支持供应链管理的思想

供应链管理是通过前馈的信息流(需方向供方流动,如订货合同、加工单、采购单等)以及反馈的物流和信息流(供方向需方流动的物流及伴随的供给信息流,如提货单、入库单、完工报告等),使供应商、制造商、分销商、零售商的最终用户连成整体的模式。供应链既是一条从供应商到用户的物流链,又是一条价值增值链。

在知识经济时代,企业仅靠自己的资源不可能有效地参与市场竞争,企业间的合作联盟逐渐形成。现代企业的竞争已经从单个企业之间的竞争发展为供应链之间的竞争,必须把经营过程中的有关各方如供应商、制造工厂、分销网络、客户等纳入一个紧密的供应链中,才能有效地安排企业的产、供、销活动,满足企业利用全社会的一切市场资源快速、高效地进行生产经营的需求,以期企业能进一步提高效率、在市场上获得竞争优势。

ERP可以使企业内部的信息通行无阻,再加上供应链管理,通过网络与系统的有效结合,使客户与厂商间形成水平或垂直整合,真正达到全球运筹管理的模式。ERP可以与供应链管理整合,利用信息科学的最新成果,根据市场的需求对企业内部和其供应链上各环节的资源进行全面规划、统筹安排和严格控制,以保证人、财、物、信息等各类资源得到充分、合理的应用,从而达到提高生产效率、降低成本、满足顾客需求、增强企业竞争力的目的。

知识拓展1-5 供应中断导致爱立信退出手机市场

1.3.2 体现事先计划与事中控制的思想

ERP中的物料计划体系主要包括经营规划、销售运作规划、主生产计划、物流需求计划、采购作业计划、车间作业计划等,而且这些计划功能与价值控制功能已完全集成到整个供应链中。另一方面,ERP通过定义与事务处理相关的会计核算科目和核算方式,在事务处理发生的同时自动生成会计核算分录,保证了资金流与物流的同步记录和数据的一致性,从而实现了根据财务资金现状可以追溯资金的来龙去脉并进一步追溯所发生的相关业务活动,便于实现事中控制和适时做出决策。

作为一种通过计划来对企业各种资源进行管理的系统,ERP对能够形成企业竞争优势的各种要素都针对性地制订了优化整合的计划方案。例如为了优化整合销售分销链中的客户资源,ERP通过制订与客户间的分期交货计划来接收并检查客户实际需求,自动排列、调节进度表的差异;为了优化整合供应链后端的供应商资源,在大批量制造环境中,在与供应商关系紧密的情况下,ERP通过制订供应商计划与供应商及时沟通最新的物料需求情况,根据选定的送货模式来生成、批准和下达供货计划;为了充分利用企业的设备产能资源,ERP通过制订设备检修计划,对设备检查、预防性维修等建立时间安排,直接或间接地减少维修成本和设备停机造成的损失;为了及时补充并充分利用企业的人力资源,ERP通过制订人力资源需求计划、员工培训计划等,明确企业应该在什么时间招聘什么级别及类型的人员,以及企业在某时间段内所安排的培训内容、地点、时间、受训人员、培训方式、培训预算等。

在ERP中,围绕计划而进行的管理运作内容,与美国质量管理专家戴明提出的戴明环

(PDCA)循环过程非常类似。以主生产计划 MPS 的管理过程为例:ERP 根据销售订单、销售预测、成品库存、提前期等各种基本信息,选择相应参数,计算出相应时期内可行的生产计划;将 MPS 的计算结果传递给 MRP 等其他相关计划作为基础数据,更重要的是,ERP 将之作为生产订单传递给相应的生产部门以执行生产任务;在生产部门执行生产任务的过程中,ERP 比较计划数据与执行结果,检查计划的执行效果以及时发现问题;对于检查的结果,通过修订计算参数、修订工作流程等方式,再总结到计划模型中去。这样一个 PDCA 循环接一个 PDCA 循环地进行下去,ERP 使企业各项工作有条不紊地加以改进,对资源的把握日益加强。

ERP 在 MRP Ⅱ 的基础上,进一步拓展企业资源,使得 ERP 的计划体系更加完善,包括主生产计划、物料需求计划、能力计划、采购计划、销售执行计划、利润计划、财务核算、人力资源计划、运输计划、分销资源计划等,而且这些计划功能与价值控制功能已完全集成到整个 ERP 系统中。

1.3.3　体现精益生产、敏捷制造和并行工程的思想

ERP 支持对混合型生产方式的管理,其管理思想表现在两方面:一是精益生产(lean production,LP),即企业按大批量生产方式组织生产时,把客户、销售代理商、供应商、协作单位纳入生产体系,企业同其销售代理、客户和供应商的关系已不再是简单的业务往来关系,而是利益共享的合作伙伴关系;二是敏捷制造(agile manufacturing,AM),当企业遇到特定的市场和产品需求时,企业的基本合作伙伴不一定能满足新产品开发生产的要求,这时企业会组织一个由特定的供应商和销售渠道组成的短期或一次性供应链,形成"虚拟工厂",把供应和协作单位看成是企业的一个组成部分,运用并行工程(simultaneous engineering,SE)组织生产,用最短的时间将新产品打入市场,时刻保持产品的高质量、多样化和灵活性。

总之,借助互联网技术的飞速发展与应用,现代 ERP 得以将很多先进的管理思想变成现实中可实施应用的计算机系统。

知识拓展 1-6 东南汽车的"敏捷制造"生产模式

1.4　ERP 的应用

ERP 代表了先进企业管理模式与技术,随着计算机和网络技术的发展,为 ERP 提供了越来越灵活的具有强大功能的软硬件平台,使 ERP 在功能、性能上得到迅速提高。基于 Internet、支持电子商务的新一代 ERP 的诞生和发展必将加快企业信息化建设的步伐。

1.4.1　ERP 的价值

1. ERP 的管理对象

厂房、生产线、加工设备、检测设备、运输工具等都是企业的硬件资源,人力、管理、信誉、融资能力、组织结构、员工的劳动热情等就是企业的软件资源。企业运行发展中,这些资源相互作用,形成企业进行生产活动、完成客户订单、创造社会财富、实现企业价值的基础,反映企业

在竞争发展中的地位。

ERP 的管理对象便是上述各种资源及生产要素,通过 ERP 的使用,企业能及时、高质地完成客户的订单,最大限度地发挥这些资源的作用,并根据客户订单及生产状况做出调整资源的决策。

2. ERP 的应用目的

ERP 是一种在制造、分销或服务业中,有效地计划、控制和管理企业生产所需的所有资源的方法。ERP 的应用目的很多,ERP 的成功应用无疑会全面优化企业流程,整合企业内外资源,加强信息传递的及时性和准确性;在提高整体运营效率的同时提供决策支持。优化企业资源是应用 ERP 的目的。企业发展的重要标志便是合理调整和运用上述资源,在没有 ERP 这样的现代化管理工具时,企业资源状况及调整方向不清楚,要做调整安排是相当困难的,调整过程会相当漫长,企业的组织结构只能是金字塔形的,部门间的协作交流相对较弱,资源的运行比较难于把握并做出调整。信息技术的发展,特别是针对企业资源进行管理而设计的 ERP 正是针对这些问题设计的,成功推行的结果必然使企业能更好地运用资源。其中,在制造业中,ERP 是最经典、最充分的应用工具。ERP 能整合企业内外资源,起到以下作用。

1)ERP 能够解决多变的市场与均衡生产之间的矛盾

使用 ERP 计划生产时可以通过经营规划、销售运作规划、主生产计划、物料需求计划、车间作业计划及能力需求计划实现各部门均衡和稳定地生产,以应对多变的市场需求。

2)ERP 使得对客户的供货承诺做得更好

ERP 会自动产生可承诺量数据,专门用来支持供货承诺。根据产销两方面的变化,ERP 还会随时更新对客户的可承诺量数据。销售人员只要根据客户订单把客户对产品的订货量和需求日期录入 ERP,就可以得到以下信息:客户需求能否按时满足;如果不能按时满足,那么到客户需求日期时的可承诺量是多少?不足的数量何时可以提供。这样,销售人员在做出供货承诺时,就可以做到心中有数,从而可以把对客户的供货承诺做得更好。

3)ERP 能解决既有的物料短缺问题又能解决库存积压的库存管理难题

ERP 的核心物料需求计划(material requirement planning,MRP)恰好就是为解决这样的问题而发展起来的。在 MRP 模拟制造企业中的物料计划与控制的实际过程中,回答并解决了以下四个问题:

①要制造什么产品?
②用什么零部件或原材料来制造这些产品?
③手中有什么零部件或原材料?
④还应当再准备什么零部件或原材料?

这四个问题是制造企业都要回答和解决的问题,它们构成了制造业的基本方程。如果用 A、B、C、D 分别按顺序表示上述的四个问题,那么这个方程可以表示成一个概念公式:

$$A \times B - C = D$$

MRP 的执行过程就是对这个基本方程的模拟:根据主生产计划、物料清单(即产品结构文件)和库存记录,对每种物料进行计算,指出何时将会发生物料短缺,并给出建议,以最小的库存量满足需求并避免物料短缺。了解了 MRP 的基本逻辑就会发现,ERP 可以解决物料短缺和库存积压的库存管理难题。

4）ERP 可以提高质量并降低成本

通过 ERP，企业的工作更有秩序，时间花在按部就班地执行计划上，而不是忙于对出乎意料的情况做出紧急反应。在这种情况下，工作士气大大提高，工作质量提高，废品率低，一次就把工作做好。于是，生产率提高、产品质量提升、成本降低、利润增加都是相伴而来的事情。

5）ERP 可以改变企业中的部门本位观

传统的企业观强调分工，因此，员工往往更注重本部门的利益。ERP 强调企业的整体和流程，它把生产、财务、销售、库存、采购等各个子系统结合成一个一体化的系统，各子系统在统一的数据环境下工作。把 ERP 作为整个企业的通信平台，使得企业整体合作的意识加强。通过准确和及时的信息传递，把大家的精力集中在同一个方向上，以流程的观点和方式来运营和管理企业，而不是把企业看作一个个部门的组合。每个部门可以更好地了解企业的整体运营机制，更好地了解本部门以及其他部门在企业整体运作中的作用和相互关系，从而可以改变企业中的部门本位观。

可以说绝大部分企业都可以通过 ERP 得到改善，ERP 可以使企业的管理水平更高。

1.4.2 支撑 ERP 应用的先决条件

ERP 是随着计算机技术的发展和管理思想的不断演进而出现的，因此计算机技术的发展、管理思想的演进是 ERP 发展和应用的两大支撑体系。

1. 计算机技术的发展

现代电子计算机技术的飞速发展，离不开人类科技知识的积累，离不开许许多多热衷于此并呕心沥血的科学家的探索，正是这一代代的积累才构筑了今天的"信息大厦"。按时间顺序展现的计算机发展简史中让我们可以感受到科技发展的艰辛及科学技术的巨大推动力。

1）第一代计算机（1946—1958 年）：电子管计算机时代

在第二次世界大战中，美国政府寻求计算机以开发潜在的战略价值，这促进了计算机的研究与发展。1944 年 Howard H. Aiken 研制出全电子计算器，为美国海军绘制弹道图。这台简称 Mark I 的机器有半个足球场大，内含 500 英里①的电线，使用电磁信号来移动机械部件，速度很慢（3～5 秒 1 次计算），并且适应性很差，只用于专门领域。但是，它既可以执行基本算术运算，也可以运算复杂的等式。

计算机的诞生酝酿了很长一段时间。1946 年 2 月 14 日，第一台电子计算机 ENIAC（electronic numerical integrator and computer）在美国加州问世，ENIAC 用了 18000 个电子管和 86000 个其他电子元件，有两个教室那么大，运算速度却只有每秒 300 次各种运算或 5000 次加法，耗资 100 万美元以上。尽管 ENIAC 有许多不足之处，但它毕竟是计算机的始祖，揭开了计算机时代的序幕。

第一代计算机的特点是：以电子管为基本电子器件，使用机器语言和汇编语言，主要应用于国防和科学计算，运算速度每秒几千次至几万次。

2）第二代计算机（1958—1964 年）：晶体管计算机时代

1948 年，晶体管的发明大大促进了计算机的发展，晶体管代替了体积庞大的电子管，电子

---

① 1 英里＝1.609344 公里

设备的体积不断减小。晶体管比电子管小得多,不需要暖机时间,消耗能量较少,处理更迅速、更可靠。1956 年,晶体管在计算机中使用,晶体管和磁芯存储器的使用促使第二代计算机产生。第二代计算机体积小、速度快、功耗低、性能更稳定。第二代计算机的程序语言从机器语言发展到汇编语言。接着,高级语言 COBOL(common business-oriented language)和 FORTRAN(formula translator)等开始使用。这时,开始使用磁盘和磁带作为辅助存储器。第二代计算机的体积和价格都下降了,使用的人也多了起来,计算机工业迅速发展。

第二代计算机的特点是:以晶体管为主要器件,软件上出现了早期的操作系统和算法语言,运算速度每秒几万次至几十万次,主要用于商业、大学教学和政府机关。

3)第三代计算机(1964—1970 年)):中小规模集成电路计算机时代

从 1964 年到 1970 年,集成电路被应用到计算机中来,因此这段时期被称为"中小规模集成电路计算机时代"。集成电路(integrated circuit,IC)是做在晶片上的一个完整的电子电路,这个晶片比手指甲还小,却包含了几千个晶体管元件。1958 年德州仪器的工程师 Jack Kilby 发明了集成电路,将三种电子元件结合到一片小小的硅片上。科学家使更多的元件集成到单一的半导体芯片上。于是,计算机变得更小,功耗更低,速度更快。这一时期的计算机广泛使用操作系统,使得计算机在中心程序的控制协调下可以同时运行许多不同的程序。

第三代计算机的特点是:普遍采用集成电路,体积缩小,运算速度每秒几十万次至几百万次。第三代计算机的代表是 IBM 公司花了 50 亿美元开发的 IBM 360 系列。

4)第四代计算机(1971 年至今):大规模和超大规模集成电路计算机时代

从 1971 年至今,被称为"大规模和超大规模集成电路计算机时代"。第四代计算机使用的元件依然是集成电路,不过,这种集成电路已经大大改善,它包含着几十万到上百万个晶体管,人们称之为大规模集成电路(large scale integrated circuit,LSIC)和超大规模集成电路(very large scale integrated circuit,VLSI)。

1975 年,美国 IBM 公司推出了个人计算机 PC(personal computer),从此,人们对计算机不再陌生,计算机开始深入人类生活的各个方面。20 世纪 80 年代个人计算机的竞争使得价格不断下跌,个人计算机的拥有量不断增加,计算机体积继续缩小,从桌上到膝上到掌上。与 IBM PC 竞争的 Apple Macintosh 系列于 1984 年推出,Macintosh 提供了友好的图形界面,用户可以用鼠标方便地操作。

在此之前,应该说计算机技术还主要集中于大型机和小型机领域。随着超大规模集成电路和微处理器技术的进步,计算机进入寻常百姓家的技术障碍逐渐被突破。特别是在 Intel 公司发布了其面向个人用户的微处理器 8080 之后,催生出了一大批信息时代的弄潮儿,如史缔芬·乔布斯(Stephen Jobs)、比尔·盖茨(Bill Gates)等,至今他们对整个计算机产业的发展还起着举足轻重的作用。在此时段,互联网技术和多媒体技术也得到了空前的应用与发展,计算机真正开始改变人们的生活,改变企业。

第四代计算机的特点是:以大规模集成电路为主要器件,运算速度每秒几百万次至上亿次。

2. 管理思想的演进

ERP 首先是管理思想,其次是管理手段与信息系统。计算机技术只是实现 ERP 的手段,管理思想才是 ERP 的灵魂。下面简单介绍一下管理思想的演进历史。

早期管理思想实际上是管理理论的萌芽,管理理论比较系统的建立是在 19 世纪末 20 世纪初。管理自初步形成理论以来,已经历了近 1 个世纪的演变,从泰勒对于工厂的科学管理到今天对于全球化、知识化、信息化的企业管理,其间凝结了无数管理实践者与思想者的汗水与心血,而我们只有站在巨人的肩膀上,才可能发展创新。

1)古典管理理论阶段(20 世纪初至 20 世纪 30 年代)

这一阶段是管理理论最初形成阶段。在美国、法国、德国分别活跃着具有奠基人地位的管理大师,即科学管理之父——泰勒(F. W. Taylor)、管理理论之父——法约尔(H. Fayol)以及组织理论之父——马克斯·韦伯(M. Weber)。

泰勒重点研究在工厂管理中如何提高效率,其代表著作是《科学管理原理》(1911),提出了科学管理理论。

法约尔的理论贡献体现在他的著作《工业管理与一般管理》(1916)当中,他阐述了管理程序理论。

马克斯·韦伯则主张建立一种高度结构化的、正式的、非人格化的"理想的行政组织体系",他认为这是对个人进行强制控制的最合理手段,是达到目标、提高劳动生产率的最有效形式,而且在精确性、稳定性、纪律性和可靠性方面优于其他组织。他的这一套思想体现在其著作《社会和经济理论之中》。

2)行为科学理论及管理理论丛林阶段(20 世纪 30 年代至 20 世纪 60 年代)

行为科学理论阶段重视研究人的心理、行为等对高效率地实现组织目标(效果)的影响作用。这些研究起源于以梅奥(G. E. Mayo)为首的美国国家研究委员会与西方电气公司合作进行的霍桑实验(1924—1932 年)。该时期具有代表性的著名的理论成果包括如下:

(1)马斯洛(A. H. Maslou)的需求层次理论。需求层次理论认为人的需求分为生理需求、安全需求、社交需求、尊重需求以及自我实现需求等五个层次,当某一层次的需求满足之后,该需求就不再具有激励作用。在任何时候,主管都必须因地制宜、因势利导地对待员工的各种需求。

(2)赫茨伯格(F. Herzberg)的双因素理论。双因素理论把影响人们行为绩效的因素分为"保健因素"与"激励因素",前者指"得到后则没有不满,得不到则产生不满"的因素,后者指"得到后则感到满意,得不到则没有不满"的因素。主管必须抓住能促使员工满意的因素。

(3)麦克利兰(D. C. Macleland)的成就需要理论。成就需要理论指出,任何一个组织都代表了实现某种目标而集合在一起的工作群体,不同层次的人具有不同的需求,因此,主管要根据不同员工的不同需求来激励,尤其应设法提高员工的成就需要。

(4)麦格雷戈(D. M. McGregor)的 X - Y 理论。X - Y 理论是专门研究企业中人的特性问题的理论。X 理论是对"经济人"假设的概括,而 Y 理论是根据"社会人""自我实现人"的假设,归纳了马斯洛与其他类似观点后提出的,是行为科学理论中较有代表性的观点。随着对人的假设发展至"复杂人",又有人提出了超 Y 理论。

(5)波特-劳勒模式。波特-劳勒模式认为激励不是一种简单的因素关系,人们努力的程度取决于报酬的价值、自认为所需要的能力及实际得到报酬的可能性。管理者应当仔细评价其报酬结构,把"努力—成绩—报酬—满足"这一连锁关系结合到整个管理系统中去。

20 世纪 40 年代至 60 年代,除了行为科学理论得到长足发展以外,许多管理学者都从各自不同的角度发表自己对管理学的见解。其中较有影响的是以巴纳德(C. Barnard)为创始人的社会合作系统学派、以西蒙(H. A. Simon)为代表的决策学派以及以德鲁克(P. F. Drucker)为代表的经验（案例）学派等，到 20 世纪 80 年代初发展为十一大不同学派，孔茨（H. Koontz）称其为管理理论丛林。

3）以战略管理为主的研究企业组织与环境关系时代（20 世纪 60 年代中后期至 20 世纪 80 年代初）

20 世纪 60 年代末至 70 年代初，管理学界开始重点研究如何适应充满危机、动荡的环境的不断变化，谋求企业的生存发展，并获取竞争优势。较为突出的是，来自于战争的词汇——"战略"开始引入管理界。这一期间的管理理论有以下的发展：

安索夫（Ansoff）《公司战略》（1965）一书的问世，开创了战略规划的先河。到 1976 年，安索夫的《从战略规划到战略管理》出版，标志着现代战略管理理论体系的形成。该书将战略管理明确解释为"企业高层管理者为保证企业的持续生存和发展，通过对企业外部环境与内部条件的分析，对企业全部经营活动所进行的根本性和长远性的规划与指导"。他认为，战略管理与以往经营管理不同之处在于面向未来，动态地、连续地完成从决策到实现的过程。

迈克尔·波特（M. E. Porter）把战略管理的理论推向了高峰，书中许多思想如五种竞争力（新进入者的威胁、替代品的威胁、买方的议价能力、供方的议价能力和现有竞争者的竞争）、三种基本战略（成本领先、标新立异和目标集聚）、价值链分析等被视为战略管理理论的经典。

4）企业再造时代（20 世纪 80 年代至 20 世纪 90 年代初期）

20 世纪 80 年代，管理学界提出要在企业管理的制度、流程、组织、文化等方方面面进行创新。美国企业从 20 世纪 80 年代起开始了大规模的"企业重组革命"，日本企业也于 20 世纪 90 年代开始进行所谓"第二次管理革命"。这十几年间，企业管理经历着前所未有的、类似脱胎换骨的变革。

企业再造理论的最终构架由迈克尔·海默（M. Hammer）博士与詹姆斯·钱皮（J. Champy）完成，企业再造的首要任务是业务流程重组（business process reengineering，BPR），它是企业重新获得竞争优势与生存活力的有效途径。

5）全球化和知识经济时代的组织管理（20 世纪 90 年代以后）

20 世纪 80 年代末以来，信息化和全球化浪潮迅速席卷世界，跨国公司力量逐日上升，跨国经营也成为大公司发展的重要战略，跨国投资不断增加。知识经济的到来使信息与知识成为重要的战略资源，而信息技术的发展又为获取这些资源提供了可能，顾客的个性化、消费的多元化决定了企业只有合理组织全球资源，在全球市场上争得顾客的投票，才有生存和发展的可能。这一阶段的管理理论研究主要针对学习型组织及虚拟组织问题而展开。

1.4.3　ERP 在我国的应用历程

自从 1981 年沈阳第一机床厂从德国工程师协会引进了第一套 MRP Ⅱ 软件以来，ERP 在中国的应用与推广已经历了 40 年的风雨历程。回顾 ERP 在我国的应用和发展过程，大致可划分为以下四个阶段。

1.启蒙期

这一阶段贯穿了整个 20 世纪 80 年代。其主要特点是"洋为中用"，软件都是从国外引进的。所引进的 MRP Ⅱ 的应用范围局限于传统的机械制造业，如机床制造、汽车制造等行业。当时，中国刚刚进入市场经济的转型阶段，企业的生产管理问题很多。机械制造工业人均劳动生产率大约为先进工业国家的几十分之一，产品交货周期长，库存储备资金占用大，设备利用率低……为了改善这种落后的状况,我国机械工业系统中一些企业,如沈阳第一机床厂、沈阳鼓风机厂、北京第一机床厂、长春第一汽车制造厂、广州标致汽车公司等先后从国外引进了MRP Ⅱ软件。作为先驱者,它们开始了实施应用MRP Ⅱ的尝试。

当时,企业参与市场竞争的意识尚不具备或不强烈,对于如何应用MRP Ⅱ作为一竞争的工具还缺乏明确认识。对于MRP Ⅱ的原理、实施应用的方法和数据处理的逻辑都缺乏了解,更没有经验。特别是企业的领导,对MRP Ⅱ的重视程度远远不够,在当时只是将MRP Ⅱ看作一项单纯的计算机技术,对于实施应用MRP Ⅱ的困难和可能出现的问题缺乏应有的估计和思想准备。

不可否认,软件也存在许多问题。所引进的国外软件大多是运行在大、中型计算机上的相对封闭的专用系统,开放性、通用性差、设备庞大、操作复杂、投资巨大、系统性能提升困难。而且没有完成软件的汉化工作,又缺少相应的配套技术支持与服务。

在这种情况下,MRP Ⅱ的实施和应用都不太不理想。从整体来看,企业所得到的效益与巨大的投资以及当初的期望相去甚远。因此引发了对于MRP Ⅱ的许多批评。但是无论如何,这些企业作为先驱者,启动了MRP Ⅱ在中国的发展历程。

2. 导入期

这一阶段大致是从1990年到1997年。在这个阶段出现了ERP的概念。在该阶段,许多国外的软件供应商纷纷涌入中国,国外的软件占据了主导地位。

随着改革开放的不断深化,我国的经济体制已从计划经济向市场经济转变,产品市场形势发生了显著的变化。这对传统的管理方式提出了严峻的挑战。中国企业希望革新企业管理制度和方法,希望采用新型的管理手段来增强企业的综合竞争力。我国的财务制度和市场机制也逐渐向国际化靠拢。企业在经过了一段时间的学习和探索之后,从观念上开始转变,在实践中也积累了一定的经验。

另外,这一阶段计算机技术也有了很大的发展,如客户机/服务器体系结构和计算机网络技术的推出和普及、软件系统在UNIX小型机/工作站上以及微机平台上的扩展、软件开发趋势的通用性和开放性都使得ERP的应用向更深、更广的范围发展;在ERP软件市场上,一些国外的软件公司对它们的软件产品完成了汉化工作,在开放性和通用性方面也做了许多改善。

在这个阶段,ERP软件的实施和应用所涉及的领域已突破了机械行业而扩展到航天航空、电子与家电、制药、化工等众多行业。大多数的ERP用户都获得了或多或少的收益,从而以事实说明了ERP的有效性。

这一阶段,仍然是国外软件占主导地位,产品复杂,实施周期长,成本高。另外,企业管理与信息化基础还比较薄弱。ERP的用户多为国外独资企业或中外合资企业。在国有企业中,ERP的用户相对较少。

但是,在这个阶段有一个引人注目的动向,那就是国外ERP软件在中国的应用引发了中国ERP产业的萌芽和发展。

3. 发展期

该时期是从1997年到2004年。经过了导入期的孕育、萌芽和发展,到了1997年,在ERP软件市场上出现了中国自己的品牌。特别是一些以前从事开发企业财务电算化软件的主流厂商,发挥了重要的作用。这些公司原本就有着大量的财务电算化用户,当这些用户随着形势的发展而不满足于仅仅做财务管理的时候，这些公司就把它们的财务软件转型为 ERP 产品了。这些公司和它们的老用户之间的亲和力使得这些用户继续用它们的 ERP 产品帮助提升企业竞争力。

另外，这些软件公司从转入 ERP 领域的那一刻起，就以极大的热情开始了对 ERP 概念、方法、效益以及作为不可或缺的竞争工具的重要性的宣传。其宣传的力度和规模都是国外的软件供应商所没有做到的。它们以自己的"言和行"推动了 ERP 在中国的大面积应用。这也反过来促进了中国 ERP 产业的成长和发展。

在这个阶段，ERP 的应用范围已从制造业扩展到分销和服务业，并且由于不断的实践探索，其应用效果也得到了显著提高，因而进入了 ERP 应用的发展期。

随着市场经济的发展，服务业也得到了充分的发展。服务业的发展已成为现代经济发展的显著标志。金融业已成为现代经济的核心，信息产业日益成为现代经济的主导，这些都在客观上要求有一个具有多种解决方案的新型管理软件来计划和控制它们的资源。面对这种新的需求，ERP 顺理成章地把其触角伸向各个行业，特别是金融业、通信业、高科技产业、零售业等。于是，国外和国内的主要 ERP 软件供应商都推出了多种行业的解决方案。其中除了传统的制造业外，还有金融业、高科技产业、邮电与通信业、能源行业（电力、石油与天然气、煤炭业等）、公共事业、商业与零售业、外贸行业、新闻出版业、咨询服务业，甚至医疗保健和酒店等行业的解决方案，从而大大地扩展了 ERP 的应用范围。

ERP 应用范围逐渐扩大，既非理论家的设计，亦非中国特有的现象，这是一种市场需求驱动的结果。发展到一定的程度，理论界也会接受既成的事实。

但是，不管怎么说，ERP 在中国的应用是越来越成熟了。在这种形势下，中国越来越多的企业认同 ERP 并使用它，实现科技与管理双轮并进，企业的管理水平和经济效益大为提高。

特别引人注目的是，伴随着 ERP 在中国的深入发展和成熟，中国的 ERP 产业也发展、壮大起来，产品日臻成熟，服务能力快速增长，出现了可以和国外 ERP 软件供应商相抗衡的局面。特别是在中低端市场上，中国的 ERP 软件厂商已经逐渐显露出超越国外厂商的竞争优势。

4. 普及期

经历数轮管理革新浪潮的冲刷后，85％以上的国外企业都用 ERP 武装自身，ERP 已经成为国外企业商业管理的利器，成为它们的商业桌面、生意方式和业务拓展的最佳平台。

对中国企业来讲，虽然在 20 多年的发展过程中不断进步，经历了建立在劳动力成本优势基础上的体制创新和建立在全球领先的装备现代化基础上的规模化发展，但中国企业大多没有完成信息化建设，在日趋激烈的全球一体化市场竞争中，不仅无法满足外部客户持续增加的服务需求，也无法与自己周边的竞争对手抗衡，无法形成持久的竞争力。

2005 年以来，由于 ERP 概念的普及、应用范围的扩大以及价格的降低，使得 ERP 在中国的普及成为可能。因此可以说，ERP 在中国已经进入了一个普及期。

在这一阶段，企业管理与信息化基础普遍提高，国内 ERP 厂商占据了主导地位，产品易学易用，成本低，实施速度加快，成功率大大提高，并由此带动了整个产业链的发展。

知识拓展 1-7　中国本土 ERP 发展史

1.4.4　ERP 软件市场现状

ERP 软件集信息技术与先进的管理思想于一身,成为现代企业的运行模式,反映时代对企业合理调配资源、最大化地创造社会财富的要求,成为企业在信息时代生存、发展的基石。ERP 软件是一种特殊商品,是一种面向管理的应用软件,属于应用软件范畴,它通过计算机仿真,将客观问题计算机化,以求部分取代人工劳动,获得更有效、更可靠的客观世界问题的解。然而管理本身有着两重性,即自然属性和社会属性。它的自然属性是不分国界的,而它的社会属性却又与社会制度、民族文化、企业机制还有企业运营的社会环境等有关。这就要求 ERP 软件既要引用国外先进的管理理论,又要与我国企业的实际情况相结合。一个成熟的 ERP 软件产品,表现在系统功能的全面性和集成性,它会缩短实施周期,提升客户满意度,提高企业的管理水平,适应企业的发展,真正给企业带来效益。

ERP 软件按不同标准可以划分为不同类别,按应用行业可分为制造业 ERP、流通业 ERP、电力业 ERP、能源业 ERP、金融业 ERP、建筑业 ERP、媒体业 ERP 等,按应用企业规模可分为大型企业 ERP、中型企业 ERP 和小型企业 ERP,按产品应用范围可分为专用型 ERP、通用型 ERP 以及行业型 ERP。

以应用行业划分为例,目前中国 ERP 软件行业中,制造业 ERP 仍占主导地位,市场份额为 41.14%,其次是流通业,市场份额为 17.44%,其余行业市场份额均在 9% 以下,如图 1-4 所示。

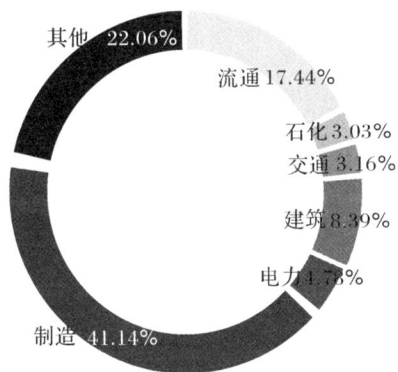

图 1-4　中国 ERP 软件各行业市场份额

1. 中国 ERP 软件行业发展现状

2012 年以来,中国软件行业收入呈稳定上升趋势,2019 年中国软件行业实现收入 7.18 万亿元。在这一年,中国软件和信息技术服务业运行态势良好,收入保持较快增长,吸纳就业人数稳步增加,如图 1-5 所示。

随着中国软件行业收入的快速增长,ERP 行业的市场规模也保持增长趋势。随着国内企业员工薪资水平的不断上涨,国内生产企业的劳动力成本优势逐渐消失,目前中国单位劳动力成本仅比美国低 4% 左右,劳动力成本优势不再明显。

2012—2019 年,中国 ERP 软件行业市场规模不断扩大,其中 2019 年中国 ERP 软件行业市场规模达 304.2 亿元,如图 1-6 所示。

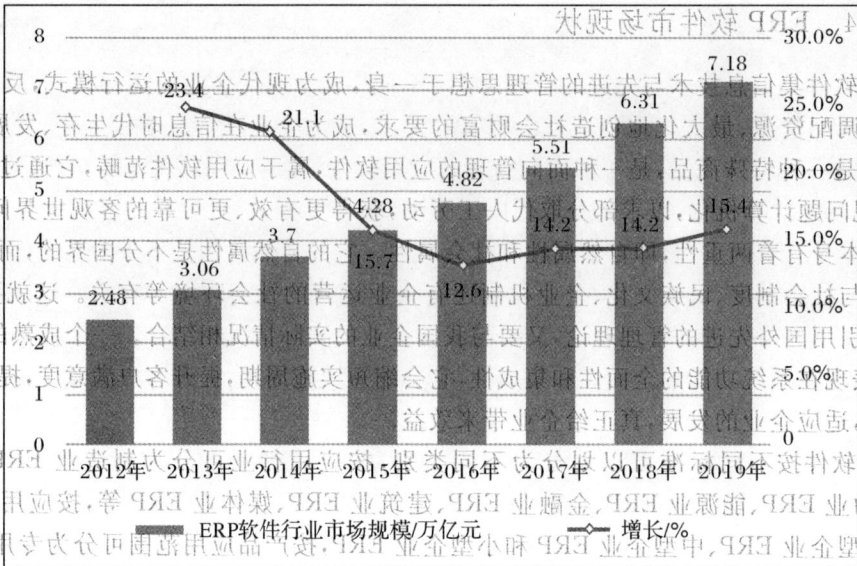

图 1-5 2012—2019 年中国软件行业收入及增长

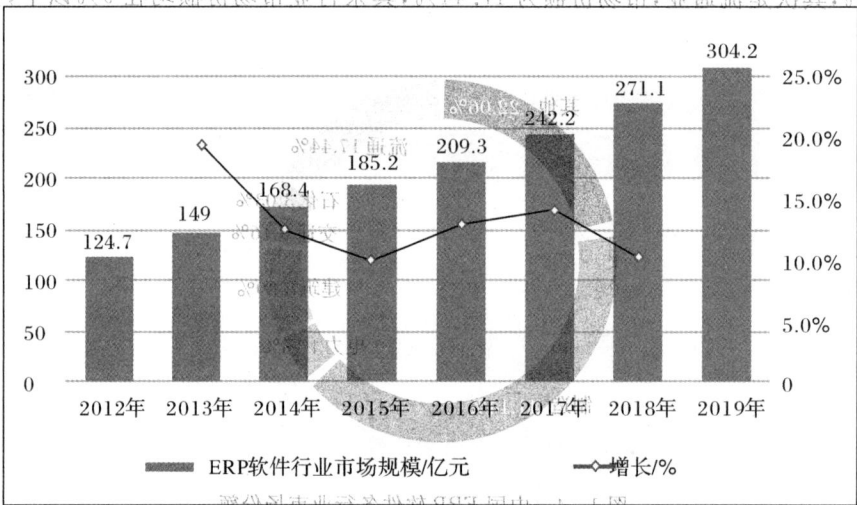

图 1-6 2012—2019 年中国 ERP 软件行业市场规模及增长

2012—2019 年,中国制造业 ERP 软件市场销售额如图 1-7 所示。未来几年之内,制造业 ERP 软件市场总量仍将远超其他行业,居各行业之首。

在庞大的需求支撑下,中国流通业 ERP 软件市场发展迅速,销售额节节攀升。2017 年,流通业 ERP 软件市场销售额为 41.65 亿元,同比增长 18.0%;2018 年,流通业 ERP 软件市场规模达到 46.7 亿元;2019 年达到 51 亿元,如图 1-8 所示。

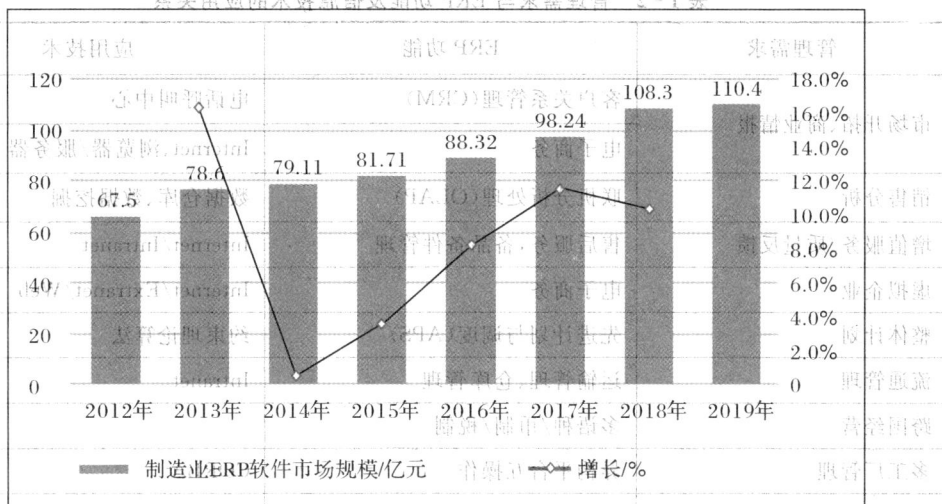

图 1-7 2012—2019 年中国制造业 ERP 软件市场规模及增长

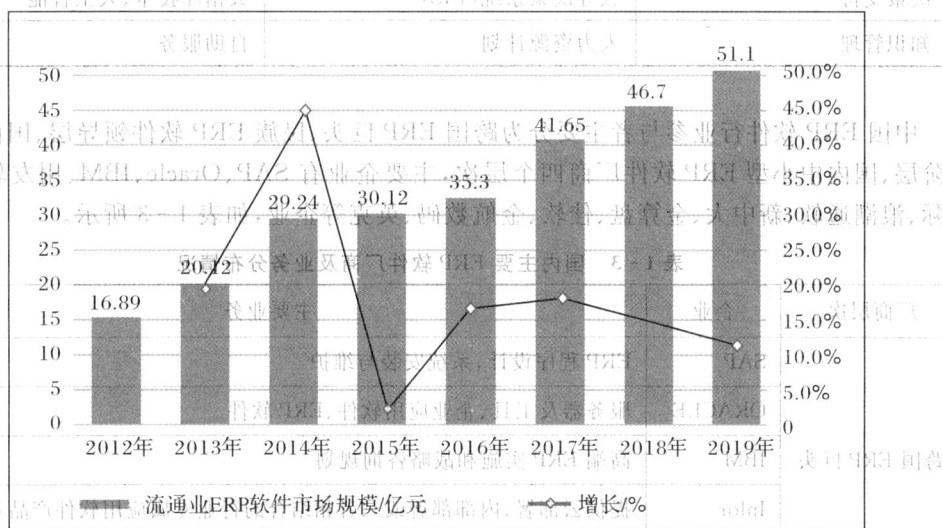

图 1-8 2012—2019 年中国流通业 ERP 软件市场规模及增长

数据来源：前瞻经济学人 App。

2. 中国 ERP 软件行业竞争格局

企业的管理需求和信息技术的发展推动了 ERP 的诞生及不断发展、完善，ERP 软件的功能以及信息技术的应用与企业的管理需求之间的关系如表 1-2 所示。

表 1-2　管理需求与 ERP 功能及信息技术的应用关系

管理需求	ERP 功能	应用技术
市场开拓、商业情报	客户关系管理(CRM)	电话呼叫中心
	电子商务	Internet、浏览器/服务器
销售分析	联机分析处理(OLAP)	数据仓库、数据挖掘
增值服务/质量反馈	售后服务,备品备件管理	Internet/Intranet
虚拟企业	电子商务	Internet/Extranet/Web
整体计划	先进计划与调度(APS)	约束理论算法
流通管理	运输管理、仓库管理	Intranet
跨国经营	多语种/币制/税制	
多工厂管理	异构平台互操作	CORBA
多元化经营	行业解决方案	组件开发技术
生产保障	质量/实验室/设备管理	
决策支持	领导决策系统(EIS)	数据库技术、人工智能
知识管理	人力资源计划	自助服务

中国 ERP 软件行业参与者主要分为跨国 ERP 巨头、民族 ERP 软件领导层、国内 ERP 中产阶层、国内中小型 ERP 软件厂商四个层次,主要企业有 SAP、Oracle、IBM、用友软件、金蝶国际、浪潮通软、新中大、金算盘、佳软、金航数码、英克等企业,如表 1-3 所示。

表 1-3　国内主要 ERP 软件厂商及业务分布情况

厂商层次	企业	主要业务
跨国 ERP 巨头	SAP	ERP 程序设计、系统安装与维护
	ORACLE	服务器及工具、企业应用软件、ERP 软件
	IBM	高端 ERP 实施和战略咨询规划
	Infor	提供云部署、内部部署或二者相结合的行业专属应用软件产品及套件
	Sage	专为成长型企业提供全线管理软件解决方案
民族 ERP 领头羊	用友软件	人力资源、客户关系、小型企业、财政及行政单位等管理软件开发与设计
	金蝶国际	管理软件开发与服务提供、云服务
国内 ERP 中层	浪潮通软	云计算、大数据服务
	神州数码	与 PDM、CRM、HR、电子商务、PORTAL 等 ERP 产品无缝集成
	智邦国际	支持多终端、多系统、跨终端、跨系统、跨屏幕协同
国内 ERP 中小型厂商	佳软	软件的研发、系统集成、服务等业务
	英克	计算机软硬件的研制、开发与生产等业务
	金航数码	IT 基础设施与信息安全、管理与 IT 咨询等服务

ERP 软件由于覆盖链条长,涉及部门多,同时,企业灌流需要有较长一段时间的积累,因此该业务具有很强的行业壁垒,目前,只有部分企业从事 ERP 业务。在国内 ERP 市场,用友软件、浪潮、金蝶国际分别以 40%、20% 和 18% 的市场占有率占据前三的位置,而国外企业 SAP 和 Oracle 的总市场份额仅为 17%,如图 1-9 所示。

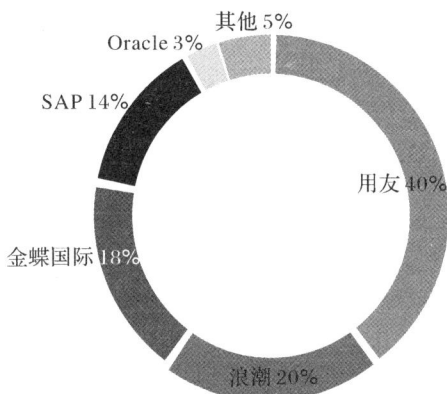

图 1-9 中国整体软件市场竞争格局

但国内企业主要在国内中小型企业客户群体中占据优势,凭借价格低、操作简单等优势将国外厂商排除在外,而在高端 ERP 领域还是以国外厂商为主导。其中 SAP 占据 33%,Oracle 占据 20%,国产软件替代空间依旧很大,如图 1-10 所示。

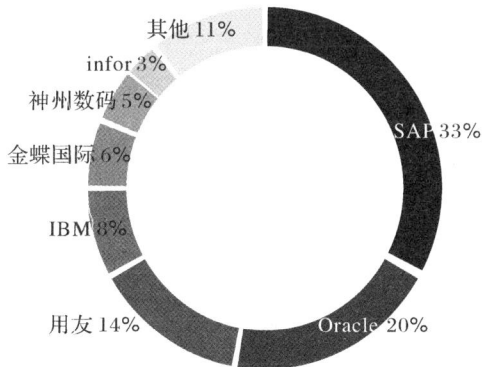

图 1-10 中国高端 ERP 软件市场竞争格局

知识拓展 1-8 2019ERP 软件排行及介绍

3. 中国 ERP 软件行业发展趋势

制造业是中国 ERP 应用的主要行业,在"工业 4.0""中国制造 2025"的目标驱动下,中国传统产业转型升级必然伴随着信息化的快速普及。同时,物联网的发展、软件即服务 SaaS (software as a service)的兴起、医疗信息化、电力市场集团化管理,都将成为 ERP 软件行业发展的推动力量。ERP 软件的市场前景光明。

据中国社会科学院信息化研究中心最新调查显示,目前中国的制造企业有97%为中小企业,近半数中小企业仍未实施任何相关的信息化项目建设,已实施建设的也多以财务或OA等单一功能为主。随着中小企业管理人员IT素养和管理思维的提升,他们会更加重视企业信息化,同时,对ERP的选型、实施、操作也更加容易掌握,这将显著推动ERP在小企业的普及率和成功率。中小企业的加入,将大大提高ERP软件的市场规模。

知识拓展1-9　SAP智慧企业方案赋能智能制造

ERP软件发展趋势主要为以下四个方面。

1)产品功能扩大化

目前,ERP软件所覆盖的范围在不断扩大,具体的产品功能更加深入细化,为管理决策提供更加全面的信息和更加稳固的支持。

2)功能模块标准化

未来各领域产品模块的开发技术和接口技术趋于一致,实现产品功能模块的的自由组合,无缝对接。

3)产品组合柔性化

根据不同行业的特点和不同企业的具体需求将功能模块进行灵活的组合,形成以ERP为核心的综合性、柔性管理系统,为用户提供界面友好、简单易用的个性化的解决方案。

4)解决方案云端化

在"互联网+工业4.0"战略的推动下,ERP软件下一步就是要主动将价值链延伸至互联网端,进行产品线的云战略部署。从技术角度来讲,结合移动互联网、云计算等技术,ERP正从架构层开始重构,向云化、移动化升级;从功能变迁的角度来讲,结合社交化等技术,ERP的作用也正从企业内部管理向外部、客户连接发展,延伸到了营销、运营等方面。ERP云化,第一种方式是基于原有ERP,陆续进行核心应用板块的云化,并与原有ERP进行整合、集成。通过这种持续的云化,逐渐从本地过渡到"端+云""云+端",直至完全升级为纯云ERP。这一方式相对平滑,核心应用的步步云化与替代,在满足云端升级的同时,保证平滑过渡,同时本地软件系统与云端深度集成,进一步保证了企业业务的正常运转,以及支撑基于架构升级之外的管理创新和业务创新。第二种方式是直接做云ERP产品,与原有ERP完全脱离开来。这种方式的优点在于从架构层面就完全基于互联网、云计算架构,对企业新技术、新挑战能够更好的应对。从行业内的真实情况看,多数厂商也是采取了第一种方式,国内的用友等如此,国外的SAP、Oracle的ERP云化过程中也是如此。

未来ERP的发展方向和趋势是进一步和电子商务、客户关系管理、供应链管理等其他企业应用系统进行整合。ERP的管理范围有继续扩大的趋势,在经营业务方面主要是电子商务、客户关系管理、办公自动化等系统都将会不断地融入ERP中。此外,ERP还与CAD、CAM、CAP等系统融合,互相传递数据。

知识拓展 1—10　建立在云端系统上的 ERP

本章小结

本章对 ERP 进行了概述性的介绍。首先介绍了 ERP 的提出背景和在企业应用的支撑条件。本章从企业管理需求入手，针对不同类型企业的管理需求，提出管理需求的变革永远是 ERP 产生和发展的动因，由此引入 ERP，并阐述了 ERP 在企业应用的先决条件。其次对 ERP 概念及内涵进行了总结，明晰了 E、R、P 三个字母的含义。ERP 是现代管理思想的产物，集合了供应链管理、计划与控制、精益生产、敏捷制造、同步工程等思想，极大地扩展了资源共享的范围，成为现代企业管理工具。最后，简单回顾了 ERP 在国内的应用历程和目前 ERP 软件市场的竞争格局。

习题

一、选择题

1. 按照如下关于 a、b、c、d 的说明，下面哪个公式正确地表示了制造业基本方程？（　　）

a. 表示要制造什么产品（主生产计划）

b. 表示用什么零部件或原材料来制造这些产品（物料清单）

c. 表示现有什么零部件或原材料（库存记录）

d. 表示还应当再准备什么零部件或原材料是（物料需求计划）

A. $a \times c - d = b$　　　B. $b \times c - a = d$

C. $b \times c - d = a$　　　D. $a \times b - c = d$

2. ERP 软件发展趋势是（　　）。

A. 产品功能扩大化　　　　　　　　B. 产品组合柔性化

C. 功能模块标准化　　　　　　　　D. 解决方案云端化

3. ERP 产生于美国，中国企业可以应用 ERP 来提高自己的管理水平，这是因为（　　）。

A. 全球市场竞争日趋激烈

B. "中国制造"的产品已经出现在世界各地

C. 中国企业和美国企业的物质生产经营活动有相似的过程和目标

D. ERP 进入中国已经很长时间了

4. 在满足需求的前提下降低库存投资可以为企业直接产生利润，其原因在于（　　）。

A. 减少了库存维护费用和库存损耗　　　B. 减少了物料短缺

C. 及时满足客户需求　　　　　　　　　D. 以上说法都不对

5. 企业使用 ERP 可以提高产品质量，根本原因在于（　　）。

A. 通过 ERP，降低了产品的成本　　　B. 通过 ERP，改善了企业的生活质量

C.通过 ERP,更好地满足了客户需求　　D. ERP 的质量管理模块起了作用

6.如果一个企业应用 ERP 获得了显著的效益,那是因为(　　)。

A. ERP 是一个好的工具　　　　　　　B.企业领导决策正确

C.企业员工理解并愿意使用 ERP　　　 D.以上全部

二、填空题

1. ERP 的主要宗旨是对企业所拥有的人、＿＿＿＿、物、信息、＿＿＿＿和空间等综合资源进行平衡和优化管理。

2. ERP 的核心管理思想就是实现对整个＿＿＿＿＿＿的有效管理。

3.支撑 ERP 在企业应用的先决条件是＿＿＿＿＿＿、＿＿＿＿＿＿。

4. ERP 的核心标志是实现两个集成,即＿＿＿＿＿＿、＿＿＿＿＿＿。

5.从企业的角度看,ERP 是一个软件产品,是承载＿＿＿＿＿＿的媒体,是先进管理＿＿＿＿、＿＿＿＿和＿＿＿＿的软件＿＿＿＿。

三、简答题

1.查阅文献,讨论企业资源及其管理的范畴,以及企业资源计划与企业管理的关系。

2.举例说明 ERP 的企业价值。

3.为什么说计划与平衡体现了 ERP 的核心思想?

4. ERP 是怎样基于供应链进行管理的?

5.精益生产、敏捷制造与 ERP 有什么关系?试通过 ERP 原理进行分析。

6.在查阅文献的基础上阐述国内外 ERP 软件市场竞争格局。

7.调查、总结、分析企业管理理论的发展历程以及计算机技术在企业的应用历史,探讨二者之间的发展规律和在 ERP 应用中的体现。

案例分析

云 ERP 助云米科技提升数字化运营能力

一、企业简介

佛山市云米电器科技有限公司于 2014 年 5 月成立,仅用 4 年时间就在美国纳斯达克上市,股票代码 VIOT,是家庭物联网第 1 股、国家级高新技术企业。云米将"AI 人工智能＋IOT 物联网技术"结合云计算、大数据等互联网技术,打造家庭场景智能化的全屋互联网家电产品矩阵,为消费者提供一体化家庭物联网解决方案,并积极探索"传统产业＋互联网产业"的新模式。

云米注重颠覆性的技术创新与用户体验,申请专利总数超过 1200 项,有 18 项产品先后获得中国国家高新技术产品认证,并先后获得 14 项全球顶尖设计大奖。2018 年第 3 季度,云米实现业绩同比增长 170.9%。目前,云米家庭用户数量超过 140 万,在全国范围内开设线下智能体验店 1500 家。

二、企业在智能制造方面的现状

云米本身包含制造业务和互联网业务，在价值链上涉及供应商、工厂、C端门店，同时在全国多城市布局业务点。在上线云ERP之前，云米已使用了ERP系统，但量级较小，应用简单，只能支持数据记录功能，没有决策支持功能；之前的ERP系统独立运行，对于价值链较长的云米来说，没有与外围业务系统集成，导致形成数据孤岛，手工输单工作量大，月结周期长，信息披露不及时；之前的ERP系统也无法满足云米组织架构快速变化的需要，调整不够灵活；对于云米的生产制造业务来说，计划、生产、库存、委外等业务协同功能弱，也没有供应商协同功能，限制了智能制造的发展空间。

三、云米智能制造项目实施情况

1. 项目背景

云米一直致力于以客户为中心，而客户的需求一直在剧烈变化，这相应地要求云米必须具有快速响应客户需求的能力，来支撑云米的业务模式变革和产品创新，云米之前的系统平台难以快速响应这些业务变化，具体体现在以下两个方面：

(1)云米现有众多外围系统，包括中台系统、第三方物流系统、客户的SRM系统等，这些系统亟需与云米的ERP系统相集成，以打通信息壁垒，构建一体化管理。

(2)云米的供应链十分复杂，涉及TOB客户和TOC客户、线上客户和线下门店客户、自有仓库和第三方仓库、自有工厂和外协制造厂等。在如此多方参与协作的供应链网络中，信息共享慢、响应不及时等状况会影响客户满意度，产生产品库存积压及供应链成本上升等问题。

2. 项目实施与应用情况

在云米的选型过程中，云米发现Oracle ERP云的供应链掌控能力十分出色，具有帮助云米解决平台协同能力、业务洞察能力、移动办公能力和相应变化的能力等。

(1)平台协同能力方面。针对云米实时掌握供应链动态的需求，Oracle ERP云有一套完整的解决方案，真正实现了多方工作的信息共享，发挥了协同作用。在供应链中的参与者，不管是材料供应商，还是外协制造厂，都可以通过门户的方式快速地实现信息传递。企业可以在这个门户上发布计划指令、采购指令、生产指令，供应商可以在门户上反馈产能承诺、发货进度、生产进度、质量等信息。例如，当面对紧急临时的生产需求时，通过门户网站，云米可以快速地把这个信息发布给外协制造厂和材料供应商。这些合作方可以提前做好产能预备，提前安排好生产线、人员等；外协制造厂的人员也可以在门户上回复产能调整的承诺，或者反馈无法配合调整的信息。通过信息及时的传递、反馈和共享，云米计划中心可以根据反馈快速地调整整个供应链计划，保证生产和运输环节的稳定及时，提高客户满意度。

(2)业务洞察能力方面。云米需要的不只是一套数据采集系统，而是一套具有数据展示、数据分析能力的系统。Oracle ERP云内置了很多数据分析的工具，支持云米的自定义数据图表，使得管理层可以通过清晰、直观的图表，了解当前最关键的问题，进而集中精力去寻找对应的解决方案。例如，可以直接看到库存周转率是否过低，追溯到哪类物料的库存周转问题最严重，然后有目的、有针对性地解决这类物料的问题。

3. 效益分析

云米通过部署Oracle ERP云，在成本管理、供应链协同、供应链计划、供应链执行等环节得到较大的提升。

(1)多方深入协作的供应链网络。ERP为云米进一步强化供应链掌控能力,通过 Oracle ERP云,云米能够随时随地掌控供应链的实物流和信息流,通过直观清晰的图表,充分了解当前的供应链瓶颈;通过统一沟通平台,快速召集内部员工、供应商和外协制造厂,第一时间解决问题,从而使供应链运转顺畅,服务质量得到保证。

(2)信息化的财务管理。云米借助 Oracle ERP云优化财务管理体系,通过采购管理、应付管理、成本管理、固定资产管理实现全流程的财务管理。管理方式由粗放式变得更加正规化、精细化,作业方式也更加自动化。

资料来源:http://articles. e-works. net. cn/erp/article143073. htm

问题:

1.云 ERP 优势突出表现在哪些方面?

2.云米是如何借助云 ERP 改变企业管理方式及优化管理过程的?

第2章 ERP 的发展历程

本章要点

教学目标

通过本章的学习,熟悉和理解 ERP 的发展历程,深刻把握各阶段所蕴含的基本原理,重点理解时段式 MRP、闭环 MRP 的区别及 MRP Ⅱ 与 ERP 的异同。掌握 ERP 的基本术语,了解 ERP 在国内应用逐步理性化,功能按需部署、随需扩展,流程化繁为简、随需应变,应用多端同步,业务自动衔接、一键流转的需求变化。为了响应此种需求变化,ERP 在技术方面引入 SOA 架构进行平台化、工作流管理、智能化管理。本章对 ERP 形成历程与发展趋势进行了简要的介绍,旨在帮助读者对 ERP 的概念和功能有一个全方位、多角度的认识。

教学要求

知识要点	能力要求	相关知识
ERP 的形成	(1)了解订货点法的含义及应用前提 (2)理解时段式 MRP 的原理 (3)理解闭环 MRP 原理 (4)掌握 MRP Ⅱ 的原理 (5)掌握 ERP 的原理及与 MRP Ⅱ 的区别	订货点法 时段式 MRP 闭环 MRP MRP Ⅱ ERP
ERP 的发展	(1)了解 ERP 的 SOA 架构平台技术 (2)熟悉 ERP 与企业各种应用系统整合	SOA 架构 平台化 工作流

引例

利用移动云 ERP 连接人与人

当企业的生产团队有很多事情要做,却没有足够的时间,也没有移动 ERP 帮助的时候,生产主管会感到心有余而力不足:如果一天不止 24 小时就好了……如果我能及时在工人出现差错之前提醒他们就好了……如果我有分身术就好了……

事实证明,企业移动管理与云 ERP 解决方案可以有效帮助生产主管在车间和后台之间轻松分配工作时间,就像雇了一个克隆人一样有效。

1. 用移动云 ERP 改善时间分配

"工业 4.0"时代迫使企业重新思考企业运营流程的各个方面。生产主管平均每天只花 15%～25%的工作时间在一线工人上。在企业不断寻求改善运营流程的过程中,运营管理已经变得越来越具有战略意义。

麦肯锡的一项研究报告发现,生产主管平均每天只花 15%～25%的工作时间在一线工人上,花 30%～50%的时间在"行政和会议"上,您觉得这种时间分配合理吗?

但是通过云 ERP 和移动端口的接入,生产主管就可以利用它的灵活性,合理安排工作时间,随时掌握生产过程中的质量状态,协调各部门之间的沟通与合作,及时解决生产中出现的问题,为企业生产提供真正价值。

2. 优化生产流程

生产流程的优化及标准化都需要生产主管事先经过周密的实践和完善的考虑,从而获得生产周期短、操作可靠的生产流程即实现标准作业流程(SOP)。然而移动云 ERP 能自动帮助企业优化生产流程,实现标准操作流程(SOP)。生产主管可以花更多的时间在生产制造上,它的存在对工作有很大影响。

可能有人会说"这难道不是微观管理吗?"微观管理(micromanagement)的意思是,管理者透过对被管理者(员工)的密切观察及操控,使被管理者达成管理者所指定的工作。而 SOP(标准作业流程)与微观管理不同,它是将某一事件的标准操作步骤和要求以统一的格式描述出来,用来指导和规范日常的工作。SOP 最重要的因素之一,就是对在负责执行工作任务的员工进行关怀与指导,而不用监视及评核每一个工作步骤。

ERP 的移动化能让生产主管了解生产后台绩效指标是否真实反映了工厂的实际活动。此外,即使系统显示绩效优异,生产主管也可以亲眼看到员工如何按照既定的指导方针进行工作。这不是遵循规则本身,而在于它是否有帮助员工,以促进其长期适应这个流程。

3. 消除手工操作流程

理想 ERP 系统的大部分功能应该是自动发生的。下一代云 ERP 技术应该完全消除浪费时间的手工操作流程,才能称得上拥有机器学习能力(machine learning)和用户友好自动化的 ERP 软件。

有了移动云 ERP,工作变得更加简单高效。

对于传统的 ERP 软件,生产主管必须在车间花费大量时间,观察人员执行任务的状态并注意是否有生产瓶颈。毕竟,一旦流程发生问题,都会严重阻碍工厂的生产进度,降低生产效率。但有了移动 ERP,它能允许用户和桌面终端一样,在移动设备上进行相同的管理。同时也可以看到并报告生产线的运行,支持其卓越运营。

资料来源:http://articles.e－works.net.cn/erp/article134996.htm

从引例看出,随着计算机技术的进步、移动商务的普及,企业的需求也在不断发生变化,这就给 ERP 供应商提出了更高的要求,不仅可在电脑端自如运用,还需支持智能终端移动办公,让企业业务和服务实时在线。这样,生产主管不在车间也能在手机上实时查看员工工作状态,为生产争取宝贵时间;决策层通过手机就能跟踪进度、审批单据、实时决策。为了便于大家准确把握 ERP 的概念、内容、应用现状,本章对 ERP 的形成历程、发展现状及趋势进行介绍。

2.1　ERP 的形成

企业生产经营活动的最终目的是获取利润,为了达到此目的,就必须合理地组织和有效地利用其设备、人员、物料等制造资源,以最低的成本、最短的制造周期、最佳的质量生产出满足客户需求的产品。为此,必须采取先进且十分有效的生产管理技术来组织、协调、计划与控制企业的生产经营活动。MRPⅡ、ERP 正是为解决上述问题而发展起来的一种科学管理思想,它是企业进行现代化管理的一种科学方法。纵观 ERP 的发展过程,它经历了五个阶段:库存控制订货点法(ROP)阶段、时段式 MRP 阶段、闭环 MRP 阶段、制造资源计划(MRPⅡ)阶段和企业资源计划(ERP)阶段。

2.1.1　库存控制订货点法阶段

1.原理

在计算机技术应用之前,企业物料需求的控制通常采用“库存补充”原则,即当库存储备低于预先规定的数量时立即进行订货,把库存“补充”到某个设定的状态,该原则能保证在任何时候仓库里都有一定数量的存货,以供需要时随时取用。

订货点法字面含义是再订货点法(re-order point,ROP),也称订购点法、安全库存法,始于20 世纪 30 年代,其基本原理如图 2-1 所示。在库存运行中,一般把发出订货的时机作为订货点,既可以把库存下降到某一预先设定的特定水平作为订货点,也可以把某个确定的时间作为订货点。前者是定量订货法,后者是定期订货法,此处订货点法属于前者。对于某种物料或产品,由于生产或销售的原因而逐渐减少,当库存量降低到某一预先设定的点(数值)时,即开始发出订货单(采购单或加工单)来补充库存,直至库存量降低到安全库存量时,发出的订单所订购的物料(产品)刚好到达仓库,以补充前一时期的消耗,该预先设定的点即称为订货点。订货点的算法如下:

订货点＝单位时段的需求量×订货提前期＋安全库存量

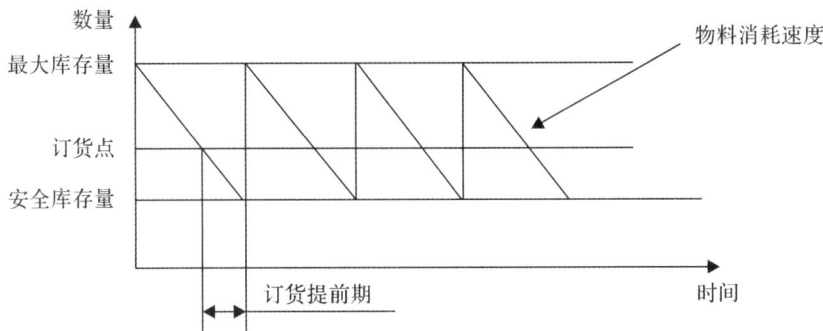

图 2-1　订货点法原理

(1)订货提前期。从订货单发出到所订购货物收到这一段时间称为订货提前期。

(2)安全库存量。安全库存量又称保险库存量,是为了应付需求、制造与供应的意外情况而设立的一种库存量。例如,原材料供应会因为供应商可能发生的生产事故、原材料采购意外等造成材料供应短缺,因而要对一些材料设立安全库存;产品销售的不可预测性,也要求存储一定量的成品库存;预防本企业生产发生的意外情况,设立半成品的安全库存量;等等。安全库存越大,出现缺货的可能性越小;但库存太大,会导致剩余库存的出现。

(3)最大库存量。最大库存量是受库存面积、库存占用资金及公司其他政策等限制而设置的库存量。

订货点法是在当时的条件下,根据物料的需求情况来确定订货点和订货批量,为改变由于不能确定近期内准确的必要库存储备数量和需求时间的被动状况而提出的一种按过去的经验预测未来物料需求的方法。这种方法有各种不同的形式,但其实质都是着眼于"库存补充"的原则。

如果某物料的需求量为每周 100 件,订货提前期为 6 周,并保持 2 周的安全库存量,那么,该物料的订货点可如下计算:

$$订货点＝100×6+100×2=800(件)$$

2. 前提条件

当某物料的现有库存和已发出的订货量之和低于订货点时,必须追加新的订货,以保持足够的库存来满足新的需求。订货点法曾引起广泛的关注,对其进行讨论的文献也很多,按这种方法建立的库存模型曾被称为"科学的库存模型",在当时环境下也起到了一定作用,但订货点法应用是基于以下条件的。

1)物料需求是独立的

订货点法不考虑物料之间的关系,每种物料的订货点分别独立地加以确定。因此,订货点法是面向零件的,而不是面向产品的。但是,在制造业中有一个很重要的要求,那就是各种物料的数量必须配套,以便能装配成产品。由于对各种物料分别独立地进行预测和订货,就会在装配时发生各种物料数量不匹配的情况。这样,虽然单一物料的供货率提高了,但总的供货率却降低了。因为不可能每种物料的预测都很准确,所以积累起来的误差反映在总供货率上将是相当大的。

例如,用 10 个零件装配成一件产品,每个零件的订单满足率都是 90%,而订单综合满足率却降到 $0.9^{10}≈34.8\%$。一件产品由 20 个、30 个甚至更多个零件组成的情况是常有的。如果这些零件的库存量是根据订货点法分别确定的,那么,要想在总装配时不发生零件短缺,则只能是碰巧的事。

应当注意,上述这种零件短缺并非由于预测精度不高而引起,而是由于这种库存管理模型本身的缺陷造成的。

2)物料需求是连续的

按照这种假定,物料的需求相对均匀,库存消耗率稳定。而在制造业中,对产品零部件的需求恰恰是不均匀、不稳定的,其需求往往是由于下道工序的批量要求引起的。

实例 某企业最终产品是活动扳手,零件是扳手柄,原材料是扳手毛坯。活动扳手不是单件生产的,当工厂接到订单时就在仓库中取出一批相应数量的扳手柄投入批量生产。这样一来,扳手柄的库存量就要突然减少,有时会降到订货点以下。这时就要立即下达扳手柄的生产指令,于是又会引起扳手柄毛坯的库存大幅度下降。如果因此引起原材料库存也低于订货点,则对扳手毛坯也要进行采购订货,如图 2-2 所示。

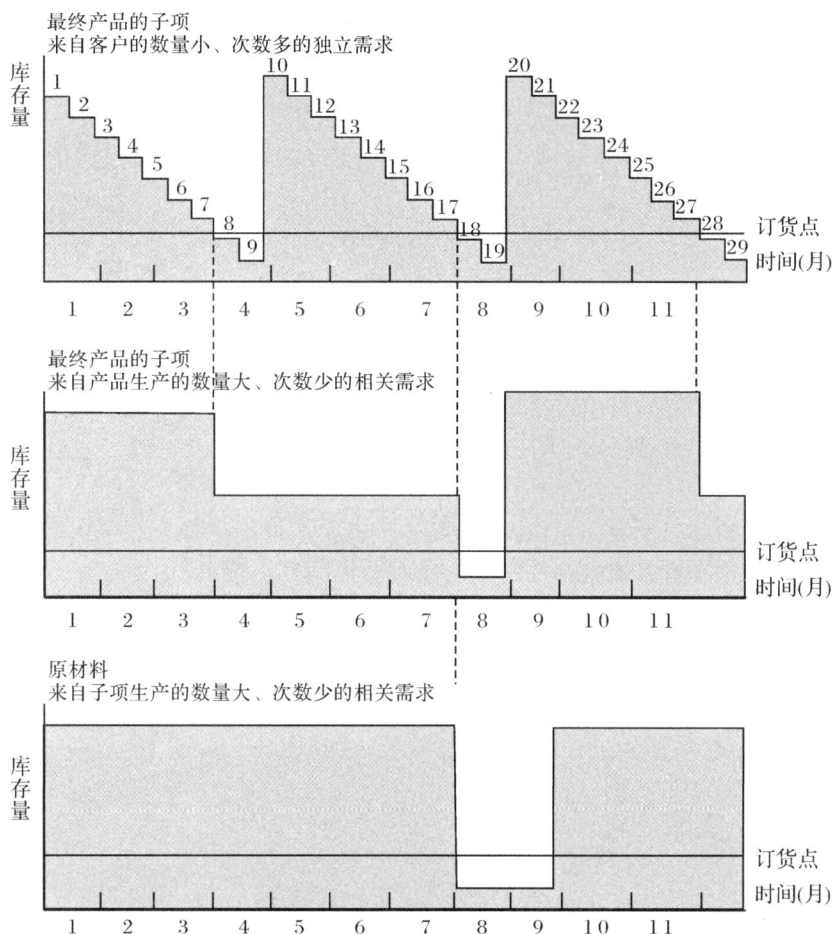

图 2-2　订货点法和相关需求

　　由图 2-2 可见,即使对最终产品的需求是连续的,由于生产过程中的批量需求,引起对零部件和原材料的需求也是不连续的。需求不连续的现象提出了如何确定需求时间的问题。订货点法是根据以往的平均消耗来间接地提出需求时间,但是对于不连续的相关需求来说,这种平均消耗率的概念是毫无意义的。事实上,采用订货点法下达订货的时间常常偏早,在实际需求发生之前就有大批存货放在库房里造成积压;而另一方面,却由于需求不均衡和库存管理模型本身的缺陷造成某些物料的库存短缺。

　　3)库存补充是及时的

　　按照订货点法的假定,当某物料库存量低于订货点时,必须发出订货,以及时补充库存需要。但如果需求是间断的,那么这样做不但没有必要,而且也不合理,且很可能因此造成库存积压。

　　例如,某种产品一年中可以得到客户的两次订货,那么,制造此种产品所需的原材料钢材则不必因库存量低于订货点而立即填满。

　　4)提前期是已知和固定的

　　提前期是已知和固定的是订货点法最重要的假设。但在现实中,情况并非如此。对某种提前期为 6 周的物料,其实际的提前期可能在 2～90 天的范围内变化,把如此大的时间范围浓缩成一个数字,用来作为提前期的已知数,显然是不合理的。订货点法通过触发订货点来确定订货时间,再通过提前期来确定需求日期,其实是本末倒置的。

知识拓展 2-1　订货点法的应用依据

3. 应用缺陷

订货点法在当时的生产环境下起到了积极作用,然而,随着市场环境和客户需求的不断变化,加之产品复杂性的增加,需求常常是不稳定的、不均匀的,在这种情况下使用订货点法便暴露出一些明显的缺陷。

1)盲目性

由于需求的不均匀以及对需求情况的不了解,企业不得不保持一个较大数量的安全库存来应对实际需求。这样盲目地维持一定量的库存会形成资金积压,造成浪费。

实例　甲企业对某种零件的需求可能出现表 2-1 所示的 3 种情况,按 EOQ 计算出经济订货批量为 50 件。这样,对于情况 1,第 1 周仅需 20 件,如第 1 次订 50 件,则余下 30 件还需存放 3 周,到第 4 周再消耗 20 件,余下 10 件还需存放 4 周,而且还满足不了第 8 周的需求,因此在第 8 周前又要提出数量为 50 件的订货;对于情况 2,订货量不满足前 3 周的需求;对于情况 3,剩余的 30 件无缘无故地存放了 9 周,而且还不能满足第 10 周的需求。靠经常维持库存来保证供给,是由于对需求的数量及时间不了解所致,这种盲目性导致不必要的浪费。

表 2-1　对某零件的需求

周次	1	2	3	4	5	6	7	8	9	10
情况 1	20	0	0	20	0	0	0	20	0	0
情况 2	20	0	40	0	0	0	0	0	0	0
情况 3	20	0	0	0	0	0	0	0	0	40

2)高库存与低服务水平同时存在

传统的订货点法使得低库存与高服务水平两者不可兼得。服务水平是指对服务需求的满足程度,即有货率。单个物料的服务水平越高,则该物料库存越多,但对于由多个物料装配而成的产品而言,某个物料服务水平低于其他物料的话,就会出现停工待料的情况。因此传统的订货点法会造成短缺。

3)形成"块状"需求

企业在生产制造过程中形成的需求一般都是非均匀的:不需要的时候为零,一旦需要就是一批。即使产品的需求均匀,采用订货点法也会造成对零件和原材料的需求不均匀,呈"块状",且订货点法加剧了这种需求的不均匀性。图 2-3 所示的例子清楚的表明了这一点。

在这个例子中,产品、零件和原材料的库存都采用订货点法控制。产品的需求由企业外部多个用户的需求所决定。由于每个用户的需求相差不是很大,综合起来,对产品的需求是均匀的,库

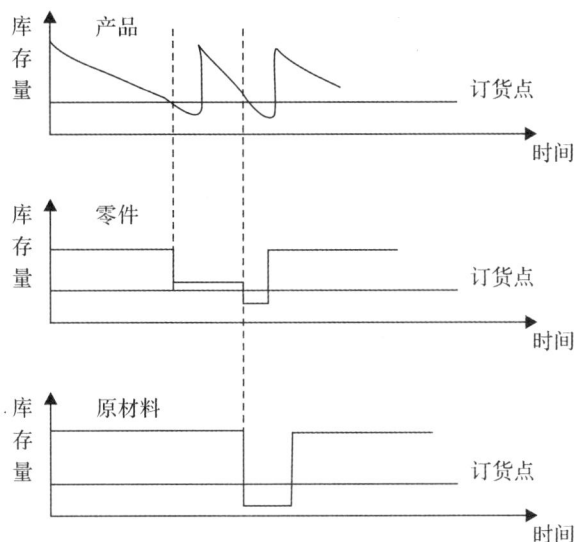

图 2-3　　订货点法与"块状"需求

存水平变化的总轮廓呈锯齿形。当产品库存量下降到订货点以下时,要组织该产品的装配,于是要从零件库中取出各种零件,这样,零件的库存水平陡然下降一块。对于原材料,情况也是类似的。

由此可见,在产品的需求率均匀的条件下,采用单纯的订货点法会造成对零件和原材料需求率的不均匀而呈"块状"。"块状"需求与"锯齿状"需求相比,平均库存水平几乎提高一倍,因而占用更多的资金。

综上所述,订货点法能较好地处理独立需求物料问题,但它没有按照各种物料真正需用的时间来确定订货日期,因此不能令人满意地解决物料需求的相关性问题,由此引发了时段式MRP 的产生。

2.1.2　时段式 MRP 阶段

按照订货点法,当物料库存量低于订货点时必须发出订货,以补充库存。但如果需求是间断的,这样做可能造成库存积压,库存占用的资金也会随之大量增加,产品成本也会随之增加,从而影响企业的竞争力。因此,1965 年美国 IBM 公司的管理专家 Joseph A. Orlicky 博士提出了物料"独立需求和相关需求"的概念,物料需求计划(material requirement planning,MRP)也由此诞生。Joseph A. Orlicky 博士开发了第一个 MRP 系统,并于 1975 年发起组建了美国生产与库存控制协会(APICS),并担任第一任主席,旨在研究、交流、宣传生产与库存控制的原理与技术,并陆续提供了在 MRP、MRP Ⅱ、CRP、库存管理、生产作业控制、准时制生产、物流管理等方面的培训与认证考试。

1. 时段式 MRP 的贡献

时段式 MRP 针对订货点法的几个假设做了以下改进。

1)通过产品结构将所有物料的需求联系起来

任何企业产品的生产都是从原材料购买开始的,即任何产品最终都是由原材料构成的。原材料经过生产加工,发生物理变化或化学变化,经组装或配制形成产品的组件即中间件,再通过进一步加工(如装配)形成最终产品。产品的结构与产品的复杂程度密切相关。有些产品由成千上万个零部件组成,如飞机、轮船、汽车、大型机械设备等;有些则比较简单,如圆珠笔、桌子、台灯、水杯等。所以,需要考虑不同物料需求之间的相互匹配关系,从而使各种物料的库存在数量和时间上均趋于合理。

2)物料需求分为独立需求和相关需求

独立需求是指某一物料的需求不依赖于企业内其他物料的需求,或者说,一种物料的需求,不是任何其他库存物料需求的函数,如成品、服务件(备品备件)、可选件和工厂自用件。其需求量和需求时间通常是由预测和客户订单等外在因素决定,可以用订货点法来处理。

当某物料的需求与另一物料或产品的需求直接相关,或者由其他物料推算而得,这种物料需求称为相关需求,如企业中的原材料、零件、组件等,其需求量和需求时间则由 MRP 来解决。

实例 台灯组成如图2-4所示,从图中可以看出物料之间是有依赖性的,属于相关需求,上一级需求影响下一级的需求。顶层是最终产品,最下层是原料,台灯支架和台灯头是中间件,依次为0层、1层、2层、3层……,相互依赖组成一棵产品结构树,也称之为物料清单(bill of material,BOM)。BOM 不仅要罗列出某一产品的所有构成物料,同时也要指出这些物料之间的结构关系,即从原材料到零件、组件,直到最终产品的层次隶属关系。

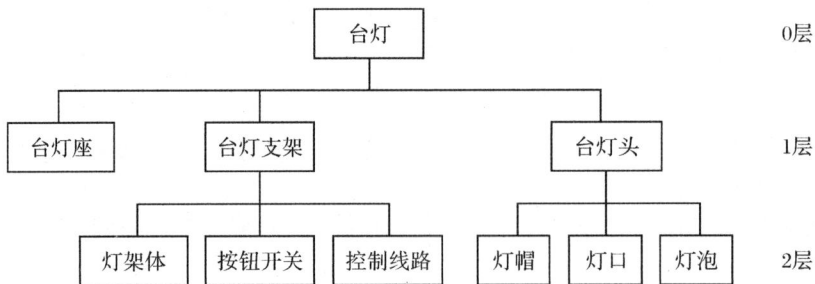

图 2-4　台灯组成

知识拓展2-2　物料清单BOM实例详解

3)物料的库存状态数据引入时间分段

所谓时间分段,就是给物料的库存状态数据加上时间坐标,亦即按具体的日期或计划时区记录和存储库存状态数据。这样,可以准确地回答和时间有关的各种问题。

在传统的库存管理中,库存状态的记录是没有时间坐标的。记录的内容通常只包含库存量和已订货量。当这两个量之和由于库存消耗而小于最低库存的数值时,便是组织订货的时间。因此,在这种记录中,时间的概念是以间接的方式表达的。

直到1950年,这种落后的方法才有了一些改进,在库存状态记录中增加了两个数据项:需求量和可供货量。其中,需求量是指当前已知的需求量,可供货量是指可满足未来需求的量。这样,物料的库存状态记录由4个数据组成,它们之间的关系可用下式表达:

$$库存量＋已订货量－需求量＝可供货量$$

其中,需求量可能来自客户订单,也可能来自市场预测,还可能是作为相关需求推算出来的。当可供货量是负数时,就意味着库存储备不足,需要组织再订货。这样一个经过改进的库存控制系统可以更好地回答订什么货(what)和订多少货(how many)的问题,但却不能回答何时订货(when)的问题。表面上看,当可供货量是负值时即是订货时间,似乎已经回答了这个问题,其实不然。已发出的订货何时到达? 是一次到达? 还是分批到达? 什么时候才是这批订货的需求实际发生时间? 该需求是应一次满足还是分期满足? 什么时候库存会用完? 什么时候应再次订货补充库存? 什么时候应该发出订货? 对于这一系列的问题,传统的库存控制系统是回答不出来的。当时只能凭库存主管经验做出决定。

时间分段法使所有的库存状态数据都与具体的时间联系起来,于是上述关键问题就可以迎刃而解。下面通过例子来予以说明,如表 2-2 所示。

表 2-2　时间分段法

时间/周	1	2	3	4	5	6	7	8	9	10
库存量	30	30	10	10	−25	0	0	0	0	0
已订货量	0	0	0	0	25	0	0	0	0	0
需求量	0	20	0	35	0	0	0	0	0	10
可供货量	30	10	10	−25	0	0	0	0	0	−10

从表 2-2 中看到,这里有一批已发出的订货,总计 25 件,将在第 5 周到货;在第 2 周、第 4 周和第 10 周分别出现 3 次需求,其数量分别为 20、35 和 10,总数为 65。另外可以看出,库存总储备(库存量和已订货量之和)在前 9 周是足够的,但供应与需求在时间上不合拍,第 4 周可供货量出现负值,而已发出订货在第 5 周才到达。如已发出的订货能够提前 1 周到达,则可避免第 4 周的库存短缺。关于这一点,库存主管可以提前 4 周从库存状态数据得知并采取相应的措施。第 10 周的物料短缺应通过新的库存补充订货来解决,其需求日期为第 10 周,下达日期可由此根据提前期推算出来,具体原理见后续章节。

2. 时段式 MRP 的原理

时段式 MRP 的原理是依据物料清单展开的。上层的物料称为母件(又称为父件),下层物料称为该母件的子件,中间层(如台灯支架、台灯头)既是其上层的子件,又是其下层的母件。通过时段式 MRP,主要要解决如下问题:①从最终产品的主生产计划(master production schedule,MPS)(独立需求)导出相关物料(原材料、零部件等)的需求量和需求时间(相关需求)。②根据物料的需求时间和生产(订货即采购)周期来确定其开始生产(订货即采购)的时间。

因此时段式 MRP 的基本内容是编制零件的生产计划和采购计划。然而,要正确编制零件计划,首先必须落实主生产计划,这是时段式 MRP 展开的依据。时段式 MRP 还需要知道产品的物料清单,才能把主生产计划展开成零件计划;同时,必须知道库存数量才能准确计算出零件的采购数量。综上所述,时段式 MRP 运行的依据如下:

(1)主生产计划。主生产计划是确定每一具体的最终产品在每一具体时间段内生产数量的计划。这里的最终产品是指对于企业来说最终完成、要出厂的完成品,它要具体到产品的品种、型号。该计划只考虑最终产品或是处于产品结构中最高层次的装配件。这里的具体时间段,通常是以周为单位,在有些情况下,也可以是日、旬、月。主生产计划详细规定生产什么、什么时段应该产出,它是独立需求计划。主生产计划根据客户合同和市场预测,把经营计划或生产运作规划中的产品系列具体化,使之成为展开物料需求计划的主要依据,起到了从综合计划向具体计划过渡的承上启下作用。

(2)物料清单。时段式 MRP 要正确计算出物料需求的时间和数量,特别是相关需求物料的数量和时间,首先要使系统能够知道企业所制造的产品结构和所有要使用到的物料。产品结构列出构成成品或装配件的所有部件、组件、零件等的组成、装配关系和数量要求。它是 MRP 产品拆零的基础。

把产品结构图转换成规范的数据格式,这种用规范的数据格式来描述产品结构的文件就是物料清单,它必须说明组件(部件)中各种物料需求的数量和相互之间的组成结构关系。物料清单运行的前提是必须赋予每项物料(包括原材料、零部件和最终产品)一个独立的物料代码,这些物料代码不能有二义性,即两种不同的物料不得有相同的代码。在时段式 MRP 中,将产品、零部件、在制品、原材料甚至工装工具等统称为"物料"。为便于计算机识别,必须对物料进行编码。物料编码是时段式 MRP 识别物料的唯一标识。

知识拓展 2-3　物料编码的原则

(3)完整的库存信息。库存信息是保存企业所有产品、零部件、在制品、原材料等存在状态的数据库。时段式 MRP 根据市场需求预测和订单,确定"企业将制造什么产品",通过 BOM 可以回答"用什么零部件和原材料制造",把主生产计划反映的需求沿各产品的 BOM 进行分解,从而得知"为了生产所需产品,要用到什么原材料和零部件",然后比较库存记录得知"企业已具备了什么原材料和零部件","还需要什么原材料和零部件",再根据产品需求时间顺序,确定"在什么时候需要相应的原材料和零部件"。

以上问题可以用简化的逻辑流程图来描述,如图 2-5 所示。

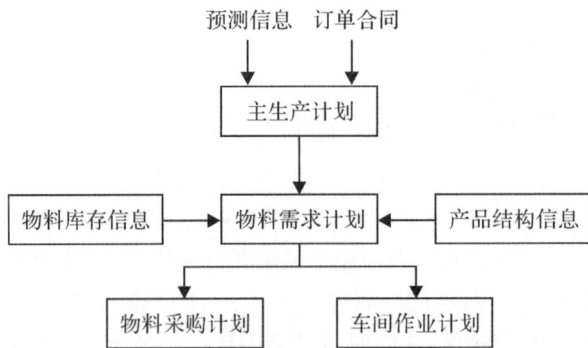

图 2-5　时段式 MRP 逻辑流程图

除了以上依据外,时段式 MRP 还满足以下几个隐含的假设条件。

(1)BOM 和库存记录完整。要想使 MRP 能够有效地工作,就必须保证 BOM 和库存记录文件的完整性。因为即使输入数据不正确,系统也能输出技术上"正确"的报告。然而,正如计算机人员常讲的那样,"进去的是垃圾,出来的也是垃圾"。这样的垃圾数据当然不能实现有效的管理。因此,保证数据和记录的完整性是针对管理效果而提出的要求。

(2)订货提前期已知。一般情况下,在编制计划时,每项物料的提前期都是一个固定的值。虽然提前期的值可以更改,但不允许一项物料的提前期同时具有两个或两个以上的数值。MRP 无法处理订货提前期未定的物料。

(3)物料均入库。时段式 MRP 要求所有受其控制的物料都要经过库存登记,从而有一个入库状态(即使是短暂的),然后,才可以为满足某项订货而发放出去。这样,生产过程的每个阶段实质上是通过库存信息来监控的。

(4)子项需求先于母项需求。时段式 MRP 在计算物料需求时间时,假定用于构成某个母项的所有子项都必须在下达母项的订货时到齐。因此,子项的需求均在母项的订货下达时发生。

(5)物料消耗是间断的。时段式 MRP 还假定每项物料的消耗都是间断的。例如,某母项物料由 50 个子项构成,那么,MRP 在进行计算时就恰好分配出 50 个,并假定它们被一次性地消耗掉。

综上所述,时段式 MRP 的目标是:①围绕所要生产的产品,在正确的时间、地点,按规定的数量得到真正需要的物料;②通过按照各种物料真正需要的时间来确定采购与生产日期,即解决了需求数量后,还要解决需求时间。由于产品构成的层次性,产品在生产和组装的过程中也存在一定时间顺序。假设该产品生产的各层零部件的制造时间周期如表 2-3 所示。若将产品加工与采购周期改用时间坐标来表示就更加直观清晰了,如图 2-6 所示。

表 2-3　产品加工周期

物料名称	产品结构层次	数量	采购提前期/h	单件加工周期/h	总加工周期/h	总提前期/h
灯架体	2	1 个	—	6	—	—
按钮开关	2	1 个	6	—	—	—
控制线路	2	1 套	5	—	—	—
灯帽	2	1 个	—	4	—	—
灯口	2	1 个	4	—	—	—
灯泡	2	1 只	10	—	—	—
台灯架	1	1 个	—	3	9	9
台灯头	1	1 个	—	3	13	13
台灯座	1	1 个	—	2	2	2
台灯	0	1 座	—	5	13	18

从表 2-3 和图 2-6 可以看出,要完成台灯的生产,必须提前 18 个小时进行原材料采购,即产品的累计提前期为 18 个小时(但不是产品的工时)。由于各零部件所处层次不一样,其需求时间也不同,这就要求"在需要的时候,提供需要的数量"。产品结构是多层次和树状结构,其中最长的一条加工路线决定了产品的加工周期。因此对产品及各层次进行生产安排时,应按照产品需求日期和时间由高到低层次安排,即倒排计划,从确定各层次物料的最迟完工与最迟开工时间开始。

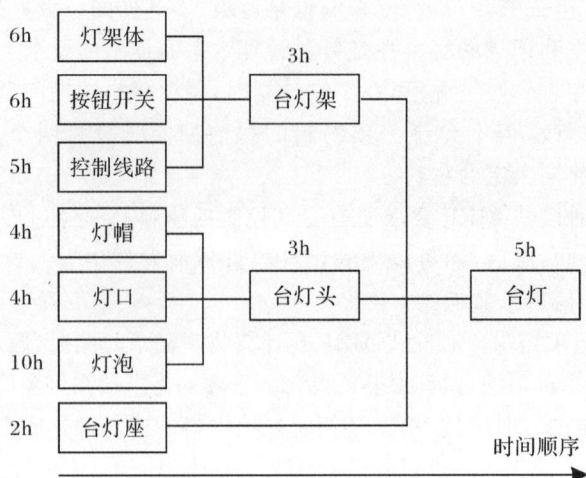

图 2-6　台灯采购与加工时间顺序

3. 时段式 MRP 的特点

When、What、How many 几个词代表了时段式 MRP 的精华所在,意思是什么时间、需要什么和需要多少。它们不仅从数量上解决了缺料问题,更重要的是从时间上解决了缺料问题。因为时段式 MRP 是从主生产计划出发,将物料需求区分为独立需求与相关需求并分别处理,对库存状态引入时间分段概念,从而解决了何时订货以及订货数量问题。因此时段式 MRP 具有如下特点。

1)需求的相关性

在生产制造业,各种需求具有相关性。例如,根据订单确定了所需产品的数量之后,由 BOM 可推算出各种零部件和原材料的需求数量,这种根据逻辑关系推算出来的物料数量称为相关需求。不但品种数量有相关性,需求时间与生产工艺过程也是相关的。

2)需求的确定性

时段式 MRP 的需求都是根据主生产计划、物料清单和库存记录精确计算出来的,品种、数量和需求时间都有严格要求,不可随意改变。

3)计划的复杂性

时段式 MRP 的目标是随时可以掌握计划状态、储存状态和供货状态,涉及多方面的计划、文件及其时间上的有机衔接,因此具有一定的复杂性。

综上所述,时段式 MRP 解决了需求的相关性、需求的确定性、计划的复杂性等问题。

4. 时段式 MRP 的局限

时段式 MRP 是在假定已有主生产计划且主生产计划可行的前提下展开的,也就是说在考虑了生产能力是可实现的情况下,有足够的生产设备和人力来保证生产计划的实现。但在实际生产过程中,企业能力资源和物料资源总是有限的,企业可能会受到社会环境和企业内部环境条件的制约,往往会出现生产计划无法完成的情况。例如,制订的生产计划是否考虑设备和工时不足而导致生产能力的不足,采购计划是否会受供货能力或运输能力的限制而无法保证物料的及时供应。因此,时段式 MRP 也存在如下不足:①没有考虑生产能力的限制;②假设市场是完美的,想要的物料市场上有,且能按时运到;③没有考虑车间作业计划的内容。

因此,受客观条件的制约,再完善的物料需求计划也不太可能实现。于是,20 世纪 70 年代在时段式 MRP 基础上,增加了生产能力计划、车间作业计划和采购作业计划等内容,并利用来自车间、供应商和计划人员的反馈信息对计划进行适时平衡调整,从而使企业生产过程围绕物料需求计划形成一个统一的闭环系统,即闭环 MRP。

2.1.3　闭环 MRP 阶段

1. 闭环 MRP 的概念

闭环 MRP 认为,只有在考虑能力的约束前提下,MRP 才能保证物料需求得以顺利执行和实现。在这种思想要求下,企业必须对投入与产出进行控制,也就是对企业的能力进行校检和控制。

闭环 MRP 的闭环有两层含义:①生产能力计划、车间作业计划和采购作业计划纳入MRP,形成一个封闭系统;②在计划执行过程中,有来自车间、供应商和计划人员的反馈信息,并利用这些反馈信息进行计划的调整与平衡,从而使生产计划各子系统得到协调统一。其工作过程是一个"计划—实施—评价—反馈—计划"的过程,因此闭环 MRP 是一个完整的生产计划与控制系统。

2. 闭环 MRP 的原理

MRP 的正常运行,需要有一个现实可行的主生产计划。主生产计划除了要反映市场需求和合同订单以外,还必须满足企业的生产能力约束条件,即进行粗能力计划(rough-cutcapacity planning,RCCP)核算。因此,除了要编制物料需求计划外,还要制订能力需求计划(capacity requirements planning,RCRP),对各个工作中心的能力进行平衡。只有做到能力与物料资源均满足负荷需求时,才能开始执行计划。

要保证实现 MRP,就要用派工单来控制零部件加工的优先级,用采购单来控制采购的优先级。这样,时段式 MRP 的内容、能力需求计划、能力需求计划的执行反馈信息形成一个环形回路,称为闭环 MRP,如图 2-7 所示。

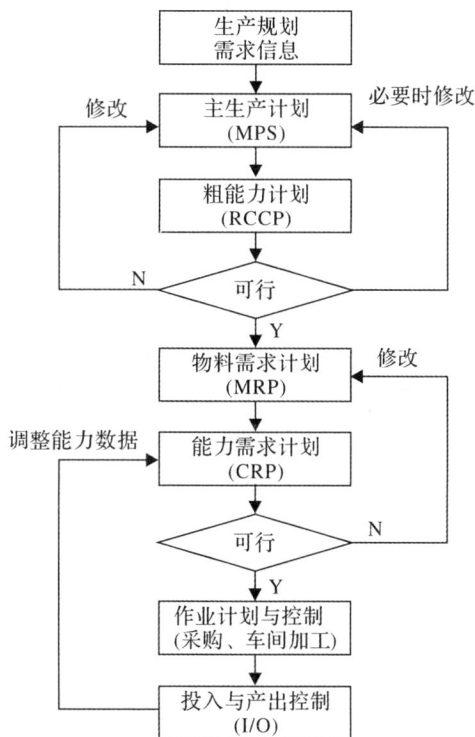

图 2-7　闭环 MRP 的原理

知识拓展 2-4　理性看待 MRP 的优势与劣势

3. 闭环 MRP 的过程

整个闭环 MRP 的运行是生产能力与负荷分析及平衡的过程。企业根据发展的需要与市场需求来制订企业生产运作规划,根据生产运作规划制订主生产计划,同时进行生产能力与负荷的分析,该过程主要是针对关键资源的能力与负荷的分析过程(只有通过对该过程的分析,才能达到主生产计划基本可靠的要求);再根据主生产计划、企业的物料库存信息、物料清单等信息来制订物料需求计划,由物料需求计划、产品生产工艺路线和车间各加工工序等能力数据(即工作中心能力)生成对能力的需求计划,通过对各加工工序的能力平衡,调整物料需求计划,如果这个阶段无法平衡能力,还有可能修改主生产计划,采购与车间作业按照平衡能力后的物料需求计划执行,并进行能力的控制,即输入输出控制,并根据作业执行结果反馈到计划层。因此,闭环 MRP 体现了一个完整的计划与控制过程,它把需要与可能结合起来,把需求与供给结合起来,其实质是实现有效控制,只有闭环 MRP 才能把计划的稳定性、灵活性和适应性统一起来。当然所有这些计划之间的协调、平衡,信息的追踪和反馈都必须借助计算机才能实现。

必须强调,闭环 MRP 中的各个环节都是相互联系、相互制约的。如果一个企业通过自己的制造设备、合同转包以及物料外购等努力仍不能得到为满足物料需求计划所需的生产能力,则应修改物料需求计划,甚至主生产计划。当然,这只是一种不得已的办法。制订能力需求计划的目标无疑是要使主生产计划得以执行。

4. 闭环 MRP 的特点

(1)主生产计划来源于企业的生产经营规划与市场需求(如合同、订单等)。

(2)主生产计划与物料需求计划的运行(或执行)伴随着能力与负荷的运行,从而保证计划是可行的。

(3)采购与车间作业计划与执行是物流的变化过程,同时又是控制能力的投入与产出过程。

(4)能力的执行情况最终反馈到计划制订层,整个过程是能力的不断执行与调整的过程。

2.1.4 制造资源计划 MRP Ⅱ 阶段

1. 制造资源计划 MRP Ⅱ 的提出

闭环 MRP 的出现,解决了时段式 MRP 中实际生产环境有时无法满足原有计划有效执行的局限性,在各个环节增加了反馈信息和平衡控制功能,使得主生产计划成为一个切实可行的计划,实现了物料信息集成。但是,它还没有说明计划执行结果带来的效益是否符合企业的总体目标。效益是用资金表达的,因此,还必须把物料信息同资金信息集成起来,也就是把成本和财务相关内容纳入到系统中来,实现资金流与物流的统一管理。因此财务子系统与生产子系统结合形成一个系统整体:库存记录、工作中心和物料清单用于成本核算;由 MRP 得到的采购及供应商情况,记录应付账款;销售产生客户合同和应收账款;应收账款和应付账款又与总账有关,根据总账又产生各种报表。但是这些内容在闭环 MRP 中无法反映出来,并且资金的运作常常会影响到生产运营,如采购计划制订后,企业可能因资金短缺无法按时完成,从而影响到整个生产计划的执行。

于是在 1977 年 9 月,美国著名的生产管理专家奥列弗·怀特(Olive W. Wight)率先提出了制造资源计划(manufacturing resource planning)这一概念,其英文缩写依然是 MRP,为了与原来的物料需求计划相区别而记为 MRPⅡ。MRPⅡ是在闭环 MRP 的基础上,增加了对企业生产中心、加工工时、生产能力等方面的管理,以实现计算机进行生产排程的功能,同时也将财务的功能囊括进来,是一个集采购、库存、生产、销售、财务、工程技术等为一体的计算机信息管理系统。这种管理系统能动态监察到产、供、销的全部生产过程。MRPⅡ能让企业对其生产系统和经营活动建立一种计划模型,以便管理和平衡企业的制造资源和经营任务的需求。这里的企业制造资源既包括企业生产系统的内部资源要素,如生产设备、生产能源等,也包括某些与生产系统发生联系的企业内部资源,但 MRPⅡ主要面向以生产系统为主的企业内部资源的全面计划管理,不涉及企业的整体资源管理以及供应链的问题,更不涉及产品研发问题。

2. MRPⅡ的逻辑流程

MRPⅡ逻辑流程如图 2-8 所示。

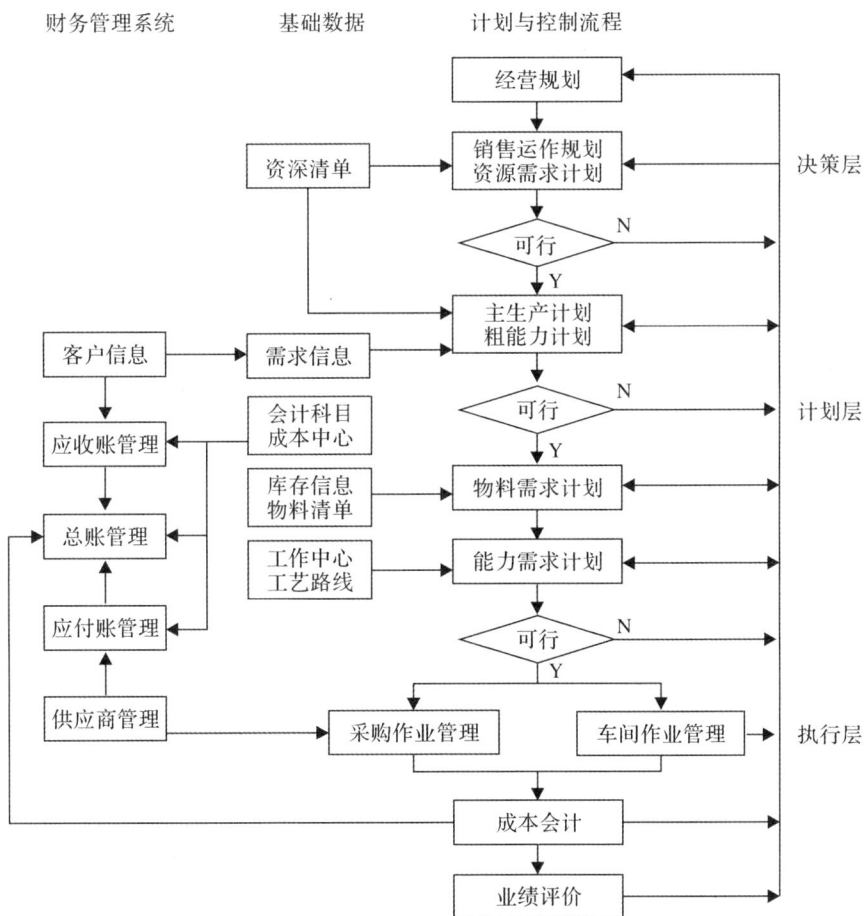

图 2-8　MRPⅡ原理图

在流程图上,右侧是计划与控制的流程,它包括了决策层、计划层和执行层,构成了企业的经营计划管理流程。中间部分是基础数据,除了物料清单、库存信息、工艺路线、工作中心等数据之外,还包括会计科目和成本中心等数据。这些数据以数据库的形式储存在计算机数据库管理系统中,以便各部门沟通和共享,达到信息的集成。左侧是财务管理系统,有总账管理、应收账管理和应付账管理等。流程图上最后一个框图是业绩评价,即对MRPⅡ绩效进行评议,以便进一步改进和提高。

MRPⅡ涉及企业的主要业务有市场、销售、计划、生产、物料、成本、财务和技术等。它已经不是一群单项业务"信息孤岛"的组合,而是相关业务信息的集成。所以MRPⅡ是以计划与控制为主线、实现企业整体效益的管理信息系统。

在制造业,有了市场需求才带动了物料的流动,而物料的流动需要资金的保证和监控,从而又带动了资金的流动。但在传统的手工管理或单纯的电算化会计中,资金流信息往往滞后于物流信息,财务账同实物账往往是两张皮,使企业无法从效益的角度对经营生产活动进行实时的控制,为此,必须实现物流信息同资金流信息的集成。

物流信息同资金流信息的集成,是通过定义"事务处理"来实现的。MRPⅡ将物料位置、数量、价值和状态的变化定义为不同的事务,赋予不同的代码,规定相应的会计科目和借贷项。当物料流动时,系统会根据事务处理代码自动生成凭证,记录所处理的业务流程并永久保存;同时,在相应的会计科目之间按定义的借贷关系自动转账,减少了大量的事务性工作。更重要的是管理人员可以通过实时信息,及时掌握企业经营状况并指导企业生产经营活动。

3. MRPⅡ与闭环 MRP 的区别

MRPⅡ是闭环MRP的直接发展和扩充,它与闭环MRP的区别如下。

(1)MRPⅡ将财务系统纳入管理之中,实现了物料信息同资金信息的集成。MRPⅡ把传统的账务处理同发生财务的事务结合起来,不仅说明账务的资金现状,而且追溯资金的来源,如将应付账同采购业务集成、应收账同销售业务集成,将生产、采购等环节产生的成本信息直接记入会计成本,从而保证了资金流与物流的实时同步,改变了资金信息滞后于物料信息的状况。

(2)MRPⅡ虽然包含多个子系统,但是各子系统的数据均来源于共享数据库,保证了信息的一致性和准确性。

(3)MRPⅡ具备一定的模拟功能。MRPⅡ能模拟物料需求,提出某些物料短缺的警告;模拟生产能力需求,发出能力不足的警告。MRPⅡ采用简单的决策模拟方法,即所谓"如果怎样……将会怎样……(what-if)"的模拟分析,在复制的数据组上模拟各种条件,设定多种方案,经过分析对比,从中选择最优的方案,从而为管理者提供了必要的信息,争取了时间。

从图2-8可以看出,MRPⅡ的计划管理始于经营规划,经营规划通过市场调查并结合企业的战略目标制定,一般要会同企业的生产、财务、销售、技术等部门共同制定。在经营规划的基础上确定销售运作规划。经营规划、粗能力计划、销售运作规划、资源需求计划(resource requirements planning,RRP)属于宏观规划(决策层)。在销售运作规划基础上制订的主生产计划属于宏观向微观的过渡,基于主生产计划的物料需求计划是根据最终产品的数量和交货期,计算零部件及原材料的需求数量及时间,属于对物料需求的具体计划,能力需求计划则是用来核算能力与负荷的平衡情况,是对生产能力需求的具体计划,因此物料需求计划和能力需求计划都属于战术层(计划层)。而车间作业计划和采购作业计划等,属于物料需求计划和能力需求计划的执行计划(执行层)。MRPⅡ计划与控制层次表 2-4 所示。

表 2-4　MRPⅡ计划与控制层次

层次		能力	计划期	时段	复核期	计划对象	工作量
决策层	1. 经营规划	企业资源	3~7 年	年	年	¥	小
	2. 销售运作规划	资源需求计划(RRP)	1~3 年	月	月	产品系列	
计划层	3. 主生产计划(MPS)	粗能力计划(RCCP)	3~18 周	周-季	周-季	最终产品	
	4. 物料需求计划(MRP)	能力需求计划(CRP)	3~18 周	日-周	日-周	组装件	
						加工件	
						采购件	
执行层	5. 生产作业控制(SFC/PAC)	投入/产出控制	日	日	时-日	工序	大

MRPⅡ最大限度地缩短产品生产周期和零部件、原材料的加工或采购提前期,压缩不必要的库存和再制品,减少资金的占用,加强和提高各层次计划的及时性和准确性,确保按时、按需、按量地提供产品、零部件及原材料。对产品成本实行事前计划、事中控制、事后分析和审核的控制方法。MRPⅡ可以降低成本,提高企业的应变能力,从根本上提高企业的管理水平,实现企业管理的整体优化,以实现最佳的客户服务水平和经济效益。

4. MRPⅡ特点

MRPⅡ的特点可从六个方面来说明,每一个特点都含有管理模式的变革和人员素质或行为规范的变革。

1)计划的一贯性、有效性和可行性

MRPⅡ是一种计划主导型的管理模式,计划层次从宏观到微观,从战略到战术,由粗到细逐层细化,但始终保持与企业经营战略目标一致。"一个计划"是 MRPⅡ 的原则精神,它把通常的三级计划管理统一起来,编制计划集中在厂级职能部门,车间班组只是执行计划、调度和反馈信息。计划下达前反复进行能力平衡,并根据反馈信息及时调整,处理好供需矛盾,保证计划的一贯性、有效性和可执行性。

2)管理系统性

MRPⅡ是一项系统工程,它把企业所有与生产经营直接相关部门的工作联成一个整体,每个部门都从系统整体出发做好本岗位工作,每个人都清楚自己的工作同其他职能的关系。

3)数据共享性

MRPⅡ是管理信息系统,企业各部门都依据同一数据库的信息进行管理,任何一项数据变动都能及时地反映给所有部门,做到数据共享,如图 2-9 所示。MRPⅡ在统一数据库支持下按照规范化的处理程序进行管理和决策,改变过去那种信息不通、情况不明、盲目决策、相互矛盾的现象。为此,企业员工必须用严肃的态度对待数据,专人维护数据以保证数据的及时、准确和完整。

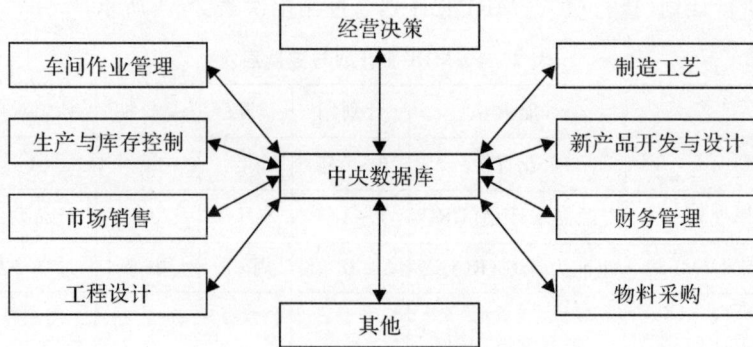

图 2-9　中央数据库支持下的 MRPⅡ

4)动态应变性

MRPⅡ是一个闭环系统,它要求跟踪、控制和反馈瞬息万变的实际情况,管理人员可随时根据企业内、外部环境条件的变化迅速做出响应,及时调整决策,保证生产计划正常进行。它可以保持较低的库存水平,缩短生产周期,及时掌握各种动态信息,因而有较强的应变能力。当然要做到这一点,必须树立全员的信息意识,及时准确地把变动了的信息输入系统。

5)模拟预见性

MRPⅡ是生产经营管理客观规律的反映,按照规律建立的信息逻辑必然具有模拟功能。它可以解决"如果怎样……将会怎样……"的问题,可以预见相当长的计划期内可能发生的问题,事先采取措施消除隐患,而不是等问题已经发生了再花几倍的精力去处理。这将使管理人员从忙忙碌碌的事务堆里解脱出来,致力于实质性的分析研究,改进管理工作。

6)物流、资金流的统一

MRPⅡ包罗了成本会计和财务管理功能,可以由生产经营活动直接产生财务数字,把实物形态的物料流动直接转换为价值形态的资金流动,保证生产和财会数据一致。财会部门利用及时的资金信息进行成本控制,通过资金流动状况反映物流和生产作业情况,随时分析企业的经济效益,参与决策,指导经营和生产活动,真正起到会计师和经济师的作用。

2.1.5　企业资源计划 ERP 阶段

1. ERP 的提出

从时段式 MRP 经过闭环 MRP 再到 MRPⅡ,其发展基本上是沿着两个方向延伸的:一是资源概念内涵的不断扩大,二是闭环的形成。MRPⅡ整合的资源仅仅限于企业内部,它最大限度地发挥了企业内部所有资源(如分销资源、人力资源及服务资源)的作用,并将所有资源的潜力都调动起来,进行企业资源的最佳组合,以产生最大的效益。MRPⅡ在制造领域得到广泛应用的同时,随着信息技术的飞速发展,企业竞争空间和范围进一步扩大,MRPⅡ逐渐暴露出它仅仅调动企业内部资源的缺陷。只有合理利用企业的外部资源,包括客户、供应商、合作伙伴,甚至客户的客户、供应商的供应商,加强这些企业之间的信息交流与信息共享,并让这些资源所产生的价值形成一条增值的供应链,企业的生产经营活动才能满足快速变化的全球市场的需求。

与此同时,全球不断涌现出很多新的管理思想和管理方法,如准时制生产(just in time, JIT)、全面质量管理(total quality control,TQC)、精益生产(lean product,LP)、敏捷制造 (agile manufacturing system,AMS)以及计算机集成制造系统(computer integration manufacturing system,CIMS)等。这些先进的管理思想和管理方法被 MRPⅡ 所吸收和融合,逐渐演变形成了功能更完善、技术更先进的企业资源计划 ERP。

管理范围的扩大,对企业信息化在技术上提出了更高的要求,面向对象技术、图形用户界面(GUI)、计算机辅助设计工程(CASE)、开放的客户机/服务器(C/S)体系结构、分布式数据处理技术、支持 Internet/Intranet/Extranet、电子商务(E-business)技术以及电子数据交换(EDI)技术等,ERP 在技术上也实现了更广泛的集成。模块功能配置方面由刚性结构到弹性结构,由反应式功能到能动式功能。

按照 Gartner Group 对 ERP 的原始定义,ERP 是规范、集成、优化企业业务流程的解决方案和信息化工具。Gartner Group 用一系列功能标准来界定 ERP,其定义如下。

(1)ERP 超越了 MRPⅡ 的范围和集成功能。它包括质量管理、车间管理、流程作业管理、工艺管理、产品数据管理、维护管理、仓库管理和运营管理。

(2)ERP 支持混合方式的制造环境。它既可支持离散型制造环境又可支持流程型制造环境,可以根据客户要求进行产品定制,并调整相关业务流程符合国际范围内的应用标准。

(3)ERP 支持动态的监控能力,提高业务绩效。它在整个企业内采用计划和控制方法、模拟功能、决策支持能力和图形化表示能力,以此来提高企业决策层的监控能力。

(4)ERP 支持开放的客户机/服务器计算环境。它包括:客户机/服务器体系结构、图形用户界面、计算机辅助软件工程、面向对象技术、关系数据库、第四代语言、内容集成的工程系统、商业系统、数据采集和外部集成。

以上四个方面分别从功能范围、应用环境、监控能力和软件支持技术对 ERP 概念做了界定。这四个方面反映了制造企业对 ERP 在功能和技术上的客观需求。

知识拓展 2-5　延锋伟世通精益生产与 ERP 完美融合

2. ERP 与 MRPⅡ 的区别

为了进一步厘清 ERP 的概念及主要功能,需要比较 ERP 与 MRPⅡ 之间的区别。

1)资源管理范围不同

MRPⅡ 主要侧重对企业内部人、财、物等资源的管理,ERP 则在 MRPⅡ 的基础上扩展了管理范围,它把客户需求和企业内部的制造活动以及供应商的制造资源整合在一起,形成一个完整的供应链,并对供应链上的所有环节进行有效管理。这些环节包括订单、采购、库存、计划、生产制造、质量控制、运输、分销、服务与维护、财务管理、人事管理、车间管理、项目管理、工艺管理等。

2）生产管理方式不同

MRPⅡ把企业归类为几种典型的生产方式来进行管理，如重复制造、批量生产、面向订单生产、面向订单装配、面向库存生产等，对每一种类型都有一套管理标准。为了紧跟市场变化，多品种、小批量生产以及看板式生产、定制生产等生产方式已逐步成为企业的主流，单一的生产方式向混合型生产发展，ERP则能很好地支持和管理混合型制造环境，满足了企业的这种多角色化经营需求。

知识拓展2-6　用友U8＋成为最金融化ERP

3）管理功能不同

ERP除了MRPⅡ的制造、分销、财务管理功能外，还增加了支持整个供应链上物料流通体系中供、产、需各个环节之间的运输管理和仓库管理，支持生产保障体系的质量管理、车间管理、设备维修和备品备件管理，支持对工作流（业务处理流程）的管理。

4）事务处理不同

MRPⅡ是通过计划的及时滚动来控制整个生产过程的，它的实时性较差，一般只能实现事中控制。而ERP支持在线分析处理OLAP、售后服务及质量反馈，强调企业的事前控制能力，可以将设计、制造、销售、运输等通过集成来并行地进行各种相关作业，为企业提供了对质量、市场变化、客户要求、绩效等关键问题的实时分析能力。此外，在MRPⅡ中，财务管理只是一个信息的归结者，其功能是将供、产、销中的数量信息转变为价值信息，是物流的价值反映。而ERP则将财务计划功能和价值控制功能集成到整个供应链上。

5）跨国经营事务处理不同

现代企业的发展，使得企业内部各个组织单元之间、企业与外部的业务单元之间的协调变得越来越多、越来越重要，ERP应用完善的组织架构，可以支持跨国经营的多国家、多地区、多工厂、多语种、多币制应用需求。

6）信息处理技术不同

随着互联网技术的飞速发展和应用，企业与客户之间、企业与供应商之间，甚至是竞争对手之间，都要求对市场信息快速响应、信息共享。越来越多的企业之间靠互联网来进行业务往来，这些都向企业的信息化提出了新的要求。ERP实现了对整个供应链信息进行集成管理，并采用客户/服务器（C/S）体系结构和分布式数据处理技术，支持Internet/Intranet/Extranet、电子商务、电子数据交换EDI。此外，ERP还能够实现在不同平台的互动操作。

3.ERP的特点

ERP代表了当前集成化管理软件系统的最高技术水平，具有如下特点：

（1）ERP更加面向市场、面向经营、面向销售，能够对市场快速响应。它将供应链管理功能包含了进来，强调了供应商、制造商与分销商间的伙伴关系，并且支持后勤管理。

（2）ERP 更加强调流程管理，通过业务流程实现人员、财务、制造与分销间的集成，支持业务流程重组。

（3）ERP 更多地强调财务，具有较完善的财务管理体系。这使得价值管理概念得以实施，资金流与物流、信息流更加有机地结合。

（4）ERP 较多地考虑人作为资源在生产经营规划中的作用，也考虑了人的培训成本等。

（5）在生产制造计划中，ERP 支持 MRPⅡ与 JIT 的混合生产管理模式，也支持多种生产方式（离散型生产、流程型生产等）的管理模式。

（6）ERP 采用了最新的计算机技术，还能实现跨平台、跨系统的操作。

此外，部分 ERP 软件还包括了金融投资管理、质量管理、运输管理、项目管理、法规与标准、过程控制等补充功能，这使得物流、信息流与资金流更加有机地集成。它能更好地支持经营管理各方面的集成，并带来更广泛、更长远的经济效益与社会效益。ERP 是以管理思想为核心的、以管理软件与相关人机系统为基础的现代管理系统。

2.1.6　ERP 的信息集成范围

ERP 是一个高度集成的信息系统。从时段式 MRP 到 MRPⅡ再到 ERP，是企业管理信息集成的不断扩展和深化，每一次扩展都是一次重大的质的飞跃。然而它们又是一脉相承的，MRPⅡ作为核心功能则是永恒的。所有称为 ERP 的都是把 MRPⅡ作为其生产与控制的模块，这是因为产品结构能够说明制造业生产管理常用的"期量标准"，而且可以通过把工艺流程（工序、设备或装置）同产品结构集成在一起，把工业流程的特点融合进 MRPⅡ中。因此，这里以 MRPⅡ为基础的计划功能在整个供应链的业务处理流程中都发挥有效的"基础的配置作用"。ERP 的三大制胜绝技为相关需求、时间分段和能力平衡。奥列弗·怀特先生最初指出"MRP 的目标是按反工艺路线的原理，在最准确的时间（right time）、最准确的地点（right place）获得最准确的物料（right material），即 3R 目标"。ERP 正是在这三大法宝的基础上，严格按照计划的运作体系，保证企业的物流畅通，把库存减少到最低限度，实现企业资源（物料、设备、人力、资金）的最佳利用，即达到 3R 目标，获得最优经济效益。

ERP 正是在相关需求、时间分段和能力平衡这三大制胜绝技的基础上，正确而深刻地反映了制造业的生产本质和管理规律，获得出奇制胜的成功和使用效益，使得 ERP 成为全业界公认的、成功的、普遍适用的管理工具。可以说，是否具有"相关需求"和"时间分段"是判别一套 ERP 软件是否是生产管理软件的分水岭，是否具有"能力平衡"，是判别一套企业管理软件是否适用的试金石。

从管理思想看，MRP 是 ERP 的核心，MRPⅡ是 ERP 的重要组成部分，它们又是一脉相承的，图 2-10 反映了 MRP→MRPⅡ→ERP 管理信息的集成扩展情况。表 2-5 展示出 ERP 的形成背景及核心理论。因此，MRPⅡ是以工业工程的计划和控制为主线的现代企业生产管理模式和组织生产方式，以此为基础扩展而来的 ERP，是以工业企业（特别是制造业）特征为基础，并且经过了逐步的推广和扩充，适用于各类企业的一种先进的管理思想和方法。但无论 MRPⅡ还是 ERP，它们的发展与广泛应用，与信息技术的发展和广泛应用有着密不可分的关系。技术与思想的融合与互动成就了 ERP。

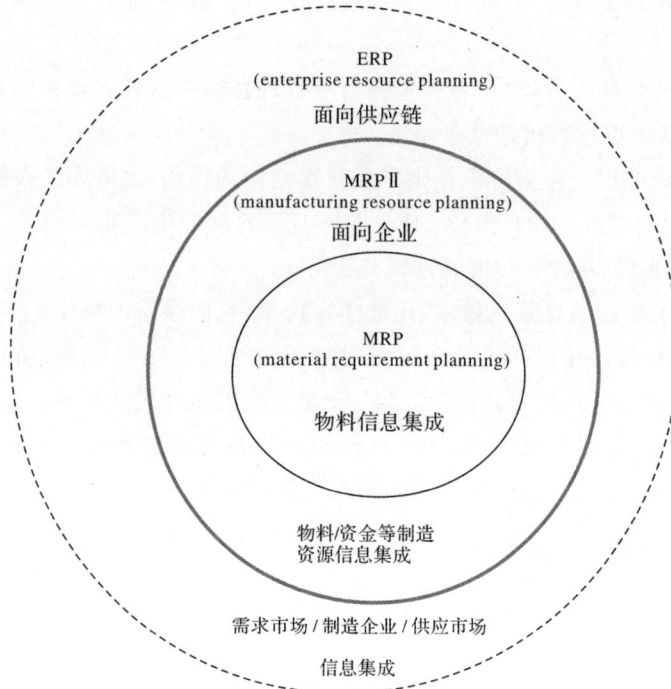

图 2-10 MRP→MRPⅡ→ERP 的扩展关系

表 2-5 ERP 的形成背景及核心理论

阶段	环境	企业经营状况	待解决的问题	主要计划对象	应用理论
20 世纪 60 年代		产、供、销脱节,追求降低成本,手工订货发货	确定订货时间和数量,解决物料不配套	时段式 MRP,将物料订货时间纳入计划范围	库存管理、主生产计划、优先级计划、BOM、期量标准
20 世纪 70 年代	市场竞争加剧,计算机技术飞速发展	没有考虑企业现有生产能力,计划偏离实际,人工完成车间计划	保障能力计划实施及时间调度,销、产、供协同运作,及时反馈	闭环 MRP,将设备、人员的产能纳入计划	能力需求平衡、生产和采购实行 PDCA 循环
20 世纪 80 年代		资金流与物流分离,各子系统缺乏联系,人、财、物系统管理间冲突多	实现从订单下达到产品到达最终客户的一体化管理体系,财务与业务集成	MRPⅡ,将营销、财务纳入计划范围	系统集成技术、管理会计、物资管理和决策模型
20 世纪 90 年代至今	经济全球化,互联网时代到来	寻找新的企业增长点,适应市场环境的变化	在全社会范围内利用供应链上的资源,合作竞争	ERP,将客户需求、供应商资源作为计划对象	供应链管理、约束理论、业务流程重组、精益生产

2.2　ERP 的发展

2.2.1　ERP 的技术发展趋势

随着计算机和网络技术的发展,企业为 ERP 提供了越来越灵活的具有强大功能的软硬件平台,使 ERP 在功能、性能上得到迅速提高。基于 Internet、支持电子商务的新一代 ERP 的诞生和发展推动着我国信息化建设的步伐。ERP 巨大的市场需求大大刺激着 ERP 软件业的快速发展,目前 ERP 技术正朝着以下方向发展。

1. 引入 SOA 架构

面向服务架构(service-oriented architecture,SOA)的概念是由 Gartner Group 给出的。Gartner Group 对 SOA 的定义为"客户端/服务器"的软件设计方法,一项应用由软件服务和软件服务使用者组成……SOA 与大多数通用的客户端/服务器模型的不同之处,在于它着重强调软件组件的松散耦合,并使用独立的标准接口。

①SOA 是一种软件架构思想,并不是一种产品。

②SOA 的重点是面向服务。此服务包括企业的内部与外部的每一个业务细节,比如企业中财务应收发票的处理就是一个服务。SOA 的思想是把这些服务从复杂的环境中独立出来——组件化封装,然后通过标准的接口使不同的服务之间相互调用。

SOA 是一种软件架构思想,通过使企业中一个个细化的服务标准化,来达到企业的软件系统跟随企业的动态变化的目的,以往的软件架构不同程度地受到越来越多的挑战。

①软件的复杂度在不断加深。随着硬件系统、操作系统平台的不断增加以及企业网络的飞速蔓延,如何把这些不同的信息系统集成起来,也就是实现企业应用集成(EAI),令许多企业的 IT 人员不堪重负。到目前为止,传统的编程技术所形成的软件系统都是刚性的。也就是说,一旦开发完成并投入运行,就是固定不变的,不能在使用过程中进行调整和改变。在业务流程中,软件系统严格按照预先设定的目标运行,各功能模块按照确定的顺序执行。如果数据结构或者业务逻辑发生改变,就必须对所有相关的软件模块、数据源和消息逐个进行修改。

②成本不断上升。随着企业的不断发展,企业的 IT 需求也是在不断变化的,需求一变,就要求软件系统也随之发生变化,而在以往的软件架构下开发出来的软件系统是无法适应这种变化的,企业要么对原系统做出修改,要么更换软件,这使企业在 IT 上不得不重复投资。而且企业在购买软件系统时,由于在以往的软件架构下开发出来的软件系统是紧密耦合型的,企业购买的是一整套系统,因而企业无法对无用的功能从系统中剔除出来,企业不得不付出高于企业需求的费用。

而通过 SOA 思想的引入,现在及未来的 ERP 软件可做到:

① 支持异构集成。所谓异构,包括四个层次,即硬件平台、操作系统、数据库、应用软件。如果一套硬件、一套操作系统、一套数据库、一套应用软件能够面面俱到地解决企业的所有管

理问题,那是再好不过了。但现实中是不可能的。更普遍的是,不同的应用往往选择不同的平台和应用系统,以便充分发挥各个厂商的特长。支持 SOA 的 ERP 为企业的信息化提供了伸缩空间,企业可以根据需要选择最合适的解决方案。

② 降低企业的 IT 成本。以往多数企业在建设 ERP 时是从项目的角度出发的,事后当企业的软件系统越来越多的时候,才会考虑系统的集成问题,但这时候往往集成的难度就很大了。而 SOA 要求企业在建设软件系统之初就要考虑这些问题,也就是要考虑服务之间的接口问题。这样就会使企业的 IT 成本大大降低。同时,SOA 将改变以往的软件购买模式。目前,市场上的软件往往是成熟性软件,企业在购买软件时需一个模块或一个系整体的购买,企业往往无法将那些不需要的功能剔除出去,这样,企业就不得不为此多付出资金、培训成本等许多不必要的成本。而支持 SOA 的 ERP 则可以帮助企业实现真正的按需购买,企业需要什么功能就购买相应的服务,帮助企业避免不必要的支出。

③ 实现企业的动态变革。支持 SOA 的 ERP 使企业的 IT 人员不必太多地关心企业软件系统的底层技术,而更多的去考虑企业的业务处理与 IT 的结合。同时,以往企业在开发 ERP 时,在重复功能上浪费了大量的人力与财力,且系统在开发完成后,如果企业业务变化,系统将很难更改或者更改的成本很高。而 SOA 面对的是一个个独立的服务,服务之间可以通过标准接口来相互调用,这样企业在重复功能上就可以直接通过接口调用,而不必去重新开发。企业的业务发生变化时,只需要修改相对应的服务即可,降低了修改的难度与复杂度,保证了企业软件系统的动态变化。

要真正实现 SOA,市场上必须要具备以下四个要素:服务消费者、服务提供者、服务注册中心、合同,如图 2-11 所示。

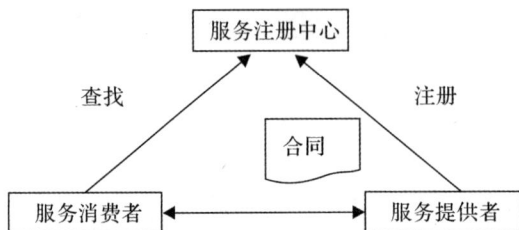

图 2-11　实现 SOA 的四个要素

①服务提供者。通俗地讲,服务提供者就是我们常说的软件供应商,它通过在服务注册中心将提供的服务与要求的合同注册并发布出来。

②服务消费者。服务消费者即企业与其他消费服务的组织,他们通过服务注册中心寻找符合自身的合同与服务。

③服务注册中心。服务注册中心相当于一个服务信息的数据库,为服务提供者与服务消费者提供一个平台,使两者可以各取所需。同时服务注册中心要有一个通用的标准,使服务提供商提供的服务符合这个标准,这样,服务消费者使用的服务才可以实现跨跃不同的服务提供商。

④合同。合同是服务提供商与服务消费者之间的一种协议。

引入 SOA 以后,ERP 的供需双方都发生着巨大的变化,如供应商将改变以往的软件提供模式,供应商按照一定的标准开发完成每一个"服务"后,将其发布到注册中心,而企业随着业务的发展需要,一些"服务"需要用到或更换软件模块时,就到注册中心去寻找适合自身"服务"的软件模块,因为所有在注册中心的软件都是遵循一定的标准,所以软件可以实现无缝集成,这样,就真正实现了松散耦合型架构。

在 SOA 下,企业可以根据自己的需要,灵活地搭配或集成新的业务流程,从而使企业业务模型的灵活性大大增强。

2. 平台化

在 ERP 应用过程中,用户的满意度一直不高,其主要原因是产品更新周期加快、市场响应要求提高,对 ERP 的个性化要求越来越高。

事实上,企业使用计算机如同个人使用计算机一样,充满个性化需求,而个人计算机中的平台系统概念在企业中同样适用。

例如,在计算机刚开发出来时,我们要使用直接的 0 和 1(二进制)来编制程序,这是最原始、最直接的方法。为了提高设计效率、简化程序设计,软件专家研制了汇编语言,之后大家就在这个平台上进行设计,大大提高了软件生产率。当然人们并不满足于此,后来在汇编语言的基础上出现了 C 语言,在 C 语言的基础上又出现了 DBASE、BASIC 及现在的 VB、DELPHI、PB、C^{++}等。实际上我们的应用系统就建立在这些基础平台上。

那么在语言平台与最终的应用软件之间是否还存在一个平台呢?回答是肯定的。经过多年的积累,已经总结出了业务的核心,其架构、业务模型、标准化高的业务处理均是可封装的,如果我们把这部分封装起来,再开发出辅助这个平台的客户化工具,就可以形成业务化平台。同样如此,如果对 ERP 进行分析、研究,将 ERP 的相关部分封装起来,再加上工具包,就可以形成平台化的 ERP。

平台级企业信息化提供了一个软件平台,内置多种管理软件组件和快捷的二次开发工具,其组件可以通过多种语言来开发,开发出一个个小模块,然后把每一个小模块独立起来建成一个组件,最后把这些组件组装起来形成最终的成品。对这些组件进行调用、管理、删减、添加及修改,甚至重新构架都可以,而这样对某一部分的改动根本不会影响到其他功能。这就是平台带来的灵活性、易操作性,使它在进行小的改动时可以直接通过系统上的某些功能来实现,不需要通过改源代码的方式来处理,这样可以降低企业信息化软件的开发难度,提高开发效率,提高系统的柔性和可扩展性。一方面,管理信息化厂商通过平台提供的组件能很方便地满足用户个性化的需求,以及用户在发展过程中各种各样变化的需求。另一方面,将应用软件的业务逻辑和开发技术相对分开,使得应用软件的开发者可以仅关注应用的业务任务,而不必关注其技术的实现。这使管理与业务人员参与应用软件的开发成为可能。平台化软件的基本特性如下:平台化 ERP 可以如此操作,软件架构灵活,核心业务标准化,接口标准化,具有很好的兼容性,提供客户化工具包。

3. 工作流管理

传统 ERP 是一个面向功能的事务处理系统,偏重于数据的收集、挖掘、固定流程控制,它为业务人员提供了丰富的业务处理功能,但是每个业务处理都不是孤立的,它一定与其他部门、其他人、其他事务有关,这就构成了一个业务流程,传统 ERP 对这个业务流程缺乏有效的控制和管理。ERP 产生了许多报表、文件,被打印装订成册,按流程规定交给有关领导审批,这样的工作方式把企业领导放在了系统之外,使系统的实施效果大打折扣。即使是分别实施了工作流程管理和 ERP 系统,也同样存在集成性不理想的实际问题,过程管理和信息管理没有形成有机的结合。新型的 ERP 会以工作流引擎为业务处理的核心机制,将过程管理与信息管理有机地集成在一起。根据工作流的定义,ERP 自动生成流程的申请,通过工作流自动分发、审核,最后数据返回到 ERP,并保留整个过程管理的轨迹。

2.2.2 ERP 的应用发展趋势

随着全球化竞争加速,企业管理正从企业内部各环节纵向一体化转向企业之间各环节横向一体化,企业之间的竞争也变成供应链与供应链之间的竞争。而作为供应链终端的消费者,在产品极度丰富的今天,对新技术、新产品的接受速度远比企业快得多,个性化消费需求一波还未平息,一波又来侵袭……面对全球化和个性化的双重挑战,既要用高效率换竞争力,又要不断创新产品、调整生产来应对各种变化,企业如何破局?

在此背景下,ERP 作为从供应链范围优化企业资源的新一代信息系统,成为企业升级管理模式的必然选择。企业之间供应链的竞争,也因此变成供应链信息化水平高低的竞争。然而,不同行业、不同规模、不同阶段的企业,对 ERP 的需求各不相同。与此同时,智能化时代到来,一大波智能黑科技来袭,它们快速迭代和应用,让产品发展进入快车道,加速了市场的变化,也对管理提出更高的要求。未来的 ERP 会针对不同行业、不同规模、不同阶段的企业管理需求,逐步向个性化、扩展化、灵活化、移动化、协同化、智能化发展。

1. 设置个性化(一套软件,N 种管理)

每个企业都是独一无二的存在,纯标准化的 ERP 很难满足实际业务需求。但若纯定制化,不仅周期长、成本高,软件的友好度、稳定性、安全性难以保障,后期维护也会更难,风险和成本不是一般企业所能承受的。目前的 ERP 已在标准化功能的基础上,企业通过个性化设置组织架构、账号权限、栏目名称、编码规则、分类编号等,快速开启适合自己行业、特点、阶段和规模的信息化管理,大大降本提效。通过个性化设置软件界面、列表视图等,员工可以快速打造符合自己岗位、习惯和喜好的专属系统,一键直达目标单据,工作更高效。还能针对行业和特定需求,按需设置个性化字段,可以细化到每个字段以文本、数字、日期、选项、下拉框等哪种方式显示,或字段是否需要检索、导入、导出、排序……让企业在一套系统中,实现 N 种管理。

2. 功能扩展化(按需部署,随需扩展)

从 ERP 的功能来看,从生产、库存、供应商、采购、客户、项目、销售、订单、售后、财务、人资、物流,再到往全球供应链方向发展,这是一个不断对企业内外资源进行一体化管理的过程。企业发展本身也是一个持续的过程,ERP 难免要与内部外部、线上线下各种系统相结合。如果功能单一,无法扩展,显然不能满足企业需求。

ERP 可提供按需部署、功能定制、二次开发、系统对接、定期升级、跨版本升级等。企业可以按模块组合,需要哪些开启哪些,比如用销售模块来管理客户、项目、合同、售后、产品、团队等。需要扩展时,一键启用新模块,或将当前的客户管理、项目管理、进销存等低版本模块平滑升级成 ERP 系统,甚至集团 ERP、供应链平台等更高版本,软件上手更快,管理更便捷,不会浪费资源。ERP 还可对接呼叫中心、邮件、短信、招聘、物流、微信等平台,自动将这些平台中的客户、订单等抓取过来。系统采用敏捷开发模式研发而成,在使用过程中企业只需根据不同需求,选择不同扩展方案,定期升级更新,就能源源不断地获取新功能,基于一套软件长久使用。

3. 流程灵活化(化繁为简,随需应变)

企业业务时刻都在变化,尤其是在智能时代,变化已成常态,在不同阶段会有不同业务需求,组织架构、岗位权限、业务流程等都在变化。这就要求企业能够即时、动态调整以保持竞争优势,繁琐、呆板的业务流程注定会被淘汰。因此,ERP 需要针对不同业务场景的流程和策略预置相应模块,并随着升级更新不断增加。

4. 办公移动化(随时随地,多端同步)

当今世界,一方面,连接和沟通无处不在,谁能更快、更好地连接和服务用户,谁就能先机在握;另一方面,领导外出经常要审批,员工出差需要记录考勤,业务在外随时要获取公司信息,库管经常不在电脑旁,有线设备成摆设……移动办公已经成为现代企业必备,自然也是 ERP 不可或缺的功能。

ERP 要支持手机、平板、PDA 智能终端移动办公,数据与电脑端实时同步,Android、iOS 与 Windows 系统并行,实现跨系统、跨设备、跨屏幕协同,将有网络的地方变成企业的办公室,让企业业务和服务实时在线。决策层无论在候机厅、高铁上、家里或国外,通过手机就能跟踪进度、审批单据和实时决策,不用等回到企业再处理,不耽误重要事情;生产主任在车间现场,也能在手机上实时查收新任务,将合同一键生成派工单,为生产争取宝贵时间;销售在客户公司可以移动打卡、查库存、下订单,把握好每个订单机会;库管用手机、PDA 对着产品条码扫一扫,即可完成产品出库,省去了繁琐的布线、记录和搬等。

知识拓展 2-8　建立在云端系统上的 ERP

5. 业务协同化(自动衔接,一键流转)

企业各环节是紧密相连的整体,但不同部门各自负责一块业务,经常导致数据重复录入和存储,甚至数据不一致,部门壁垒和信息孤岛丛生。ERP 本来就为降本提效、快速应变而生,各个模块之间能否关联和协同,一定程度上决定企业信息化、智能化转型的成败。在 ERP 中,模块和模块、业务和业务之间,要实现数据互联互通,实时协同,各个环节数据都在一套系统中,自动随业务流转,随时查看、调用或统计,以便实时统筹供应链各个环节数据,提前预测,科学决策,快速响应内外需求变化。

6. 企业智能化(由信生智,智赢未来)

在智能时代,智能化已经成为产业、行业和企业未来发展的方向。ERP 系统作为集先进管理思想、信息技术于一体的信息系统,自然少不了物联网、大数据、人工智能等这些智能化黑科技的支撑。

ERP 要能集成智能推荐、语音识别、图像识别、条码识别、智能打印、智能 BI、物料分析机器人、生产排产机器人等一系列智能化功能,帮助企业快速应对智能时代各种场景化需求。同时,从客户、供应商、项目、合同、采购、仓库、生产,再到产品、物料、设备、人员、财务等,整个供应链数据都在系统中,多维度智能统计分析中心如同智脑一样帮助企业实时决策,由信生智,为企业构建大数据打下坚实基础。智能时代,市场竞争和用户需求的不断变化,使得持续创新成为企业降本增效后又一个不变的追求。通过智能 ERP,实现内部客户、订单、生产、仓库、财务等横向协同,再到与外部供应商、分销商、制造商等纵向协同,打造实时可控的供应链,是每个企业面对全球化竞争的必由之路。然而,纵观国内很多企业,仍旧处于手工、表格和纸质作业模式,要想实现智能化管理,必须先解决信息化管理难题。

图 2-12 形象地反映了 ERP 的发展过程及未来发展趋势。

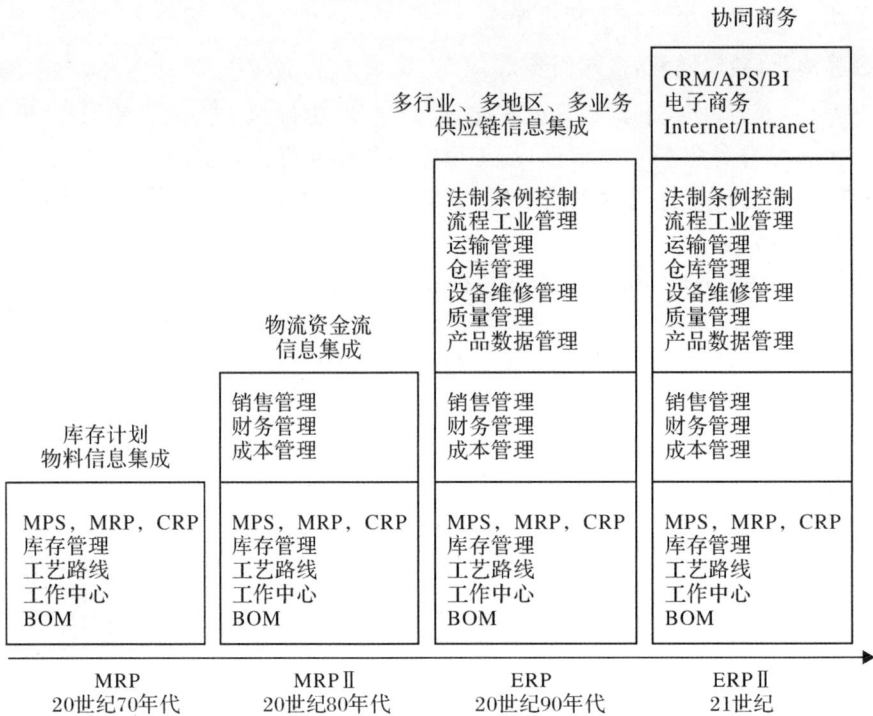

			协同商务
		多行业、多地区、多业务 供应链信息集成	CRM/APS/BI 电子商务 Internet/Intranet
	物流资金流 信息集成	法制条例控制 流程工业管理 运输管理 仓库管理 设备维修管理 质量管理 产品数据管理	法制条例控制 流程工业管理 运输管理 仓库管理 设备维修管理 质量管理 产品数据管理
库存计划 物料信息集成	销售管理 财务管理 成本管理	销售管理 财务管理 成本管理	销售管理 财务管理 成本管理
MPS, MRP, CRP 库存管理 工艺路线 工作中心 BOM	MPS, MRP, CRP 库存管理 工艺路线 工作中心 BOM	MPS, MRP, CRP 库存管理 工艺路线 工作中心 BOM	MPS, MRP, CRP 库存管理 工艺路线 工作中心 BOM
MRP 20世纪70年代	MRPⅡ 20世纪80年代	ERP 20世纪90年代	ERPⅡ 21世纪

图 2-12 ERP 发展变化趋势

本章小结

本章对 ERP 的形成历程进行了回顾,对其发展趋势进行了展望。首先介绍了 ERP 的形成历史,较为详细地阐述了 ERP 发展各阶段的基本原理以及 ERP 与 MRPⅡ 的区别,重点介绍了时段式 MRP、闭环 MRP 及 MRPⅡ 的原理。其次对 ERP 的发展从技术和应用层面进行了阐述。在技术方面 ERP 引入 SOA 架构和实现平台化、工作流管理;在应用方面从企业的需求出发,逐步实现一套软件、N 种管理,功能按需部署、随需扩展,流程化繁为简、随需应变,办公随时随地、多端同步,业务自动衔接、一键流转,最终实现企业智能化管理。ERP 作为复杂的系统工程,已经成为企业信息化的代名词。本章对其形成历程与发展趋势进行了简要的介绍,旨在帮助读者对 ERP 的概念和功能有一个全方位、多角度的认识。

习题

一、选择题

1. 以下哪些关于 ERP 形成历史的陈述是正确的？（　　）

A. ERP 的形成先后经历了订货点法、闭环 MRP、时段式 MRP、MRPⅡ和 ERP 等阶段

B. ERP 的形成先后经历了 ERP、闭环 MRP、时段式 MRP、MRPⅡ和订货点法等阶段

C. ERP 的形成先后经历了订货点法、时段式 MRP、闭环 MRP、MRPⅡ和 ERP 等阶段

D. ERP 的形成先后经历了订货点法、闭环 MRP、MRPⅡ、时段式 MRP 和 ERP 等阶段

2. 下面哪一项关于订货点法的表述是正确的？（　　）

A. 订货点＝单位时段需求量×安全库存量＋订货提前期

B. 订货点＝安全库存量×订货提前期＋单位时段需求量

C. 订货点＝单位时段需求量×订货提前期＋安全库存量

D. 订货点＝单位时段需求量＋订货提前期＋安全库存量

3. 一项物料提前期为 6 周，平均需求量为每周 150 件，安全库存量为 300 件，订货批量为 2000 件，订货点是多少？（　　）

A. 300 件　　　　　　B. 900 件　　　　　　C. 1200 件　　　　　　D. 2000 件

4. 在使用 ERP 的制造企业中，下面哪种物料的库存管理可以使用订货点法？（　　）

A. 原材料　　　　　B. 维护、维修与操作物料　C. 产成品　　　　　　D. 在制品

5. 下面哪一项关于非独立需求物料的举例是最恰当的？（　　）

A. 产成品　　　　　　　　　　　　　　B. 维修件

C. 市场价格很敏感的产品　　　　　　　D. 原材料、零件和装配件

6. 在什么情况下将出现对一个子项物料的独立需求？（　　）

A. 该子项物料有多个母项　　　　　　　B. 该子项物料的用量很小

C. 该子项物料是采购物料　　　　　　　D. 该子项物料可以用作备用件

7. 以下哪项陈述最完整地表达了 MRPⅡ的特点？（　　）

A. 把企业中的各子系统有机地结合起来，实现供应链的集成；各子系统在统一的数据环境下工作；能根据不同的决策方案模拟出各种未来将会发生的结果

B. 各子系统在统一的数据环境下工作；具有模拟功能，能根据不同的决策方针模拟出各种未来将会发生的结果；实现供应链的集成

C. 把企业中的各子系统有机地结合起来，能根据不同的决策方案模拟出各种未来将会发生的结果；实现供应链的集成

D. 把企业中的各子系统有机地结合起来，形成一个面向整个企业的一体化的系统；各子系统在统一的数据环境下工作；具有模拟功能，能根据不同的决策方针模拟出各种未来将会发生的结果

8. 以下关于 MRP、MRPⅡ和 ERP 集成范围的论述中，哪些是正确的？（　　）

A. MRP 实现企业物流和资金流的集成，MRPⅡ实现企业物料信息的集成，ERP 实现供应链的集成

B. MRP 实现供应链的集成,MRP Ⅱ 实现企业物流和资金流的集成,ERP 实现企业物料信息的集成

C. MRP 实现企业物料信息的集成,MRP Ⅱ 实现企业物流和资金流的集成,ERP 实现供应链的集成

D. MRP 实现企业物料信息的集成,MRP Ⅱ 实现供应链的集成,ERP 企业实现物流和资金流的集成

二、简答题

1. 什么是订货点法? 订货点法有何局限性? 订货点法在当今时代还有应用价值吗?

2. 时段式 MRP 与订货点法的区别是什么?

3. 时段式 MRP 的应用前提是什么?

4. 独立需求、相关需求的概念是什么? 请举出实例说明。

5. 闭环 MRP 与时段式 MRP 有什么区别和联系?

6. MRP Ⅱ 与闭环 MRP 有何区别?

7. MRP Ⅱ 的特点是什么?

8. ERP 与 MRP Ⅱ 有何异同?

9. 你对目前的 ERP 市场有新的了解吗? 试通过网络、市场调研等手段对目前 ERP 市场进行调研,写出一份分析评估报告。

10. 调查、总结、分析企业管理理论的发展历史以及信息技术在企业中的应用现状,探讨二者之间的发展规律以及在 ERP 发展中的应用。

案例分析

庄吉服饰:创服装行业智能制造标杆

一、企业简介

温州庄吉服饰有限公司专业生产"JUDGER 庄吉"牌高档西服、女装、衬衫、休闲装等成衣系列产品,致力成为国内一流、国际知名的卓越服饰企业。现有员工 1500 多人,拥有 37400 平方米西服生产厂房,18110 平方米高档衬衫、休闲装生产厂房,具备年产高档西服及高级成衣75 万套、高级衬衫 100 万件、其他各类服饰产品 120 万套(件)的能力,在全国建有 400 余家连锁专卖网络。

庄吉品牌诞生于 1993 年,先后获得中国驰名商标、中国名牌产品、国家免检产品、服装行业双百强等百余项殊荣;2015 年庄吉投资 1.65 亿元进行服装智能制造工厂建设,打造全球最顶尖的服装智能制造产业链,取得了良好的经济效益和社会效益,达到国内领先水平。2016年庄吉被认定为国家高新技术企业,2017 年获得浙江省制造业与互联网融合发展示范企业、浙江省上云标杆企业。2018 年通过两化融合管理体系认证,成为国家两化融合贯标试点企业,庄吉智能制造通过工信部电子标院智能制造能力成熟度评估达到 3 级标准,成为国内服装行业第一家和温州第一家通过 3 级评估的企业。

二、企业在智能制造方面的现状

为满足服装多品种、小批量、快速反应的趋势要求,解决服装研发周期长、大货生产、以产定销、季节性库存积压与热销补货不及时等制约服装产业发展的共性问题,庄吉围绕服装智能制造的关键要素,建成国内领先的全品类服装研发设计云平台和服装智能化集成化管理系统,打造了全球顶尖的服装智能制造工厂,创建了服装研发设计共享服务模式。项目于 2015 年 8 月规划实施,总投资额 1.65 亿元,并于 2017 年 10 月上线运营。

项目实施后,企业的研发设计、生产制造和运营管理的智能化水平显著提升:服装年产能提升了 46.25%;生产效率提高 20.25% 以上;运营成本降低了 21.7%;新款服装研发周期缩短了 66.7%;在制品合格率提升了 4.36%;全年 50 件以下的小批量订单占订单总量的 90% 以上;企业净利润率从 18% 提升到 38%;单品服装价格提升了 300 元左右;新增产值过亿元;自主安全可控关键装备达到 94.1%;已有十余家企业使用平台共享服务;项目取得专利 10 多项,其中设备装置类 2 项,软件著作权 4 项;项目达到国际领先水平,创造了良好的经济效益和社会效益,极具示范和推广价值。

1. 建成全品类服装研发设计云平台

建立服装研发设计和工艺数据库;实现服装模块化、组件化、自动化设计和工艺文件的自动生成。新款服装研发周期从 45 天缩短为 15 天,大幅度缩短了设计周期,提高了快速反应能力。

2. 建成服装集成化智能管理系统

实施 ERP、MES、APS、WMS、SCM、CRM、O2M、BI 等信息系统;通过 ESB 企业总线实现信息流、数据流、业务流的统一和集成管理;实现从研发设计、计划排产、制造过程管控、跟踪反馈和智能决策的服装制造敏捷化、信息化、数字化和智能化集成管理体系。生产效率从 80.01% 提升到 96.21%。

3. 建成全球领先的快速柔性化智能生产线和智能工厂

引进和改造国内外先进的生产设备;建成国内单层平面最大的服装快速柔性化智能车间;通过 MES 系统驱动智能裁床和智能吊挂等生产装备;应用物联网技术进行数据采集和制造管控;实现单款单件、多款小批、多款大批等不同订单规模,成为高频次混流排产、无缝流转、柔性制造、全程不落地的服装制造智能工厂。订单交付周期从 25 天缩短到 7 天,成品库存周期从 15 天缩短到 1 天。

通过项目的实施,实现了小批试制快速投放,根据市场需求及时进行多品种、小批量、高频次、快速柔性化生产,提高了市场快速反应能力,降低了库存和生产成本。并通过服装研发平台为行业用户提供设计资源和设计能力的共享服务,推动了服装上下游产业共享服务生态体系建设。

三、智能制造项目情况

1. 项目背景

传统服装业作为劳动密集型和资金密集型产业,存在生产水平低下、产品同质化严重、品牌知名度不高等一系列问题,无法满足消费者对时尚、潮流、品质和定制化的诉求。

庄吉智能制造项目从 2015 年 10 月开始到 2017 年 10 月正式启动,历时两年,在这两年中,密集实施了 PLM、APS、O2M、SCM、CRM、ERP、MES、WMS、MTM、ESB、OA、HR、大数据平台等十几个信息系统,及智能吊挂流水线、智能裁床等智能化设备等。对于各个系统及模块之间的标准统一尤其重要,在建设初期,庄吉在这个方面已经作了比较详细的规划和落实、主要是基础档案、系统交互档案、技术支撑档案。

2.项目实施与应用情况详细介绍

1)精细的样板管理,建立健全的样板款式工艺档案

智能制造的基础就是需要大量的基础数据,庄吉智能制造项目涉及的基础数据分为7大类近50小类,主要集中在基础数据、专业数据、辅助数据、技术数据及其他数据等方面,为整个项目的建设提供详实的基础支持。整个智能制造项目建设过程中,围绕专业款式数据,样板内容始终贯穿整个项目各个系统及各个模块中。

2)灵活调用样板资料

结合订单要求,快速完成从销售接单到生产计划安排。服装行业的特点就是产品属性变化比较大,从表面上看同样都是一套西服,但是在工艺、版型、材料方面都千变万化,在智能制造系统建设过程中,庄吉在各个系统和各个模块都把这些信息作深度嵌入的技术解决。

3)数据集成实现按单跟踪全业务流程

通过全过程跟踪表的建设,解决了智能制造系统建设过程中遇见多系统之间数据如何形成合力的问题,在这个模块中可以对一个业务流进行全流程的跟踪,从接单、计划,到生产、入库、发货等,全过程进行记录,形成一体化的管理平台。

4)建立了多系统对接基础平台及技术标准

如何处理不同功能系统之间的数据传递问题?庄吉在智能制造系统建设过程中,建立了一套统一标准的交互体系,对系统模块之间的数据传递有一个约定,同时指定统一数据标准和接口规范,也对数据传递过程进行实时监测。

5)建立详细的行为审计系统

系统的使用涉及用户庞大,用户在操作整套智能制造系统的时候,每一步操作的内容都有详尽的操作步骤及异动数据的记录,确保系统数据的安全,这也是智能制造项目建设初期就已经设定的标准之一。

6)业务财务一体化

智能制造系统的建立无法脱离基础业务的建设,在庄吉的智能制造项目建设的前期已经对业务财务一体化进行了完整的打造,从业务基础的采购,到库存,再到财务,实现了数据的贯通,能实时取得成衣发出成本,解决了成衣生产在制成本的结算问题,为整个智能制造项目的建设提供坚实的保障。

3.效益分析

项目的实施极大地提高了公司服装定制服务能力,提升智能制造效率,扩大市场份额,提升产品和服务品质,并通过建立行业新的云生态系统,带动大量行业资源整合,形成行业创业创新氛围。具体体现在:实现生产效率提高,运营成本降低20%以上,产品研制周期缩短30%以上,产品不良品率降低20%以上,单位产值能耗降低10%以上。

资料来源:http://articles.e-works.net.cn/erp/article143074.htm

问题:

1.庄吉服饰是如何实现智能制造的?

2.智能制造需要企业有哪些管理基础?

第 2 篇　ERP 理论基础

第 3 章 需求管理——ERP 运行的源头

本章要点

教学目标

通过本章的学习,在了解和认识需求管理重要性的基础上,掌握需求管理过程及企业需求类型、需求响应策略,熟悉需求预测相关概念,了解需求预测的基本流程,掌握常用的需求预测方法,能够根据企业的实际状况理解和把握需求预测与客户订单之间的关系。

教学要求

知识要点	能力要求	相关知识
需求管理	(1)了解需求管理的重要性 (2)掌握需求管理过程 (3)理解需求管理的位置	需求管理概念 需求管理过程
需求响应策略	(1)掌握企业需求类型 (2)掌握企业需求响应策略概念及类型	需求类型 需求响应策略
需求预测	(1)掌握需求预测概念及类型 (2)熟悉企业需求预测流程及内容 (3)掌握常用的需求预测方法	需求预测概念 需求预测内容 需求预测方法
需求预测与客户订单的关系	理解需求预测与客户订单之间的关系	客户订单分析 预测消耗逻辑 维修件的处理

引　例

大家需要集成的 IM 吗

很多人都有 QQ、微信、Google-talk，某创业者就想：大家用这么多东西多累，若推出一个基于已有的网络社交平台，将 QQ、微信等都加到同一网络里，人们只需登录一个软件就可以加载所有的关系网络，把全部好友打通，让所有人在一个网络平台上聊天，这个软件还可配 3D 人物，用户有 3D 的 QQ 秀等，这是多么好的创意。

人们确实有很多 IM（即时通信软件），部分用户确实有需求，创业公司也认定用户有这种需求，于是创业者就组织公司人员开发软件——这属于很难的技术开发。

开发大半年之后，公司把用户找来，"测一下这个程序，它将你的 MSN、QQ、微信都连起来了"，结果用户说："我为什么要连起来呢，我的 QQ 是跟朋友交流的，微信故意屏蔽掉了老板，MSN 是跟我的工作伙伴交流的，我还有两个 QQ，一个说工作，一个谈感情，我为什么要把它们合并在一起？"这个软件推向市场之后毫无反应，用户根本不买账。

这家创业公司后来反省：为什么要把 QQ、微信都连好后，才问用户需求，能不能假装已经做好了，第一天就找个用户来问呢？也可以推一个空壳到市场上，推向市场的第一天就可能改了。这是一个很典型的"自以为有需求，就认为用户也有需求"的例子。

开发了近一年，辛辛苦苦做了很多高科技的事。做得高大上、酷炫，结果没人用，不仅浪费了资源，错失了更好的创业机会，甚至断送了企业。在高度不确定性的环境里，这套方法是失效的，是最大的浪费。

企业的一切经营生产活动，都是由客户的需求引发的。一个企业的最主要目标是在满足客户需求的过程中获取利润。没有需求，谈何收入、利润？

资料来源：任鑫.闷头一年做出完美产品，用户却不需要[J].销售与市场（渠道版），2015 (7)：37 - 39.

3.1　需求管理

企业的所有经营活动都是由市场和客户需求驱动的，经营需求产生了管理要求，进一步产生了管理活动来满足这些需求。因此市场和销售部门要关注且满足客户的需求，而生产部门必须提供相应的产品来实现市场和销售部门的目标。这两个领域的计划协调就是需求管理（demand management）。需求管理是 ERP 驱动信息的首要工作，且只有借助互联网技术，采用协同商务模式，做到信息实时共享，才能做好需求管理。

3.1.1　需求管理概述

生产计划和活动是由需求驱动的。需求管理是识别消费者的需求，并对产品所有与需求相关的信息进行管理的活动。需求管理分为短期需求管理、中期需求管理和长期需求管理。从长远来说，企业经营规划需要对工厂设施进行需求预测；从中期来说，需求管理的目的是为生产规划预测总需求；从短期来说，需求管理适用于所制造的产品。这些都与企业的生产计划息息相关。

需求是销售与运作规划以及主生产计划的的输入之一。将对产品系列或物料的需求与人的判断和评估结合起来,从而产生有效的销售与运作规划以及主生产计划。需求管理帮助生产计划员认识需求。为了有效地计划物料和能力资源,首先必须识别所有需求的来源。这些来源包括国内及国外的客户、同一企业的其他工厂、分公司的仓库、备用件需求、促销、分销系统库存以及存放在客户仓库的库存。

需求管理的目的在于建立关于未来需求的最合理的计划,并且当有变化时及时更新这个计划。通过有效地管理不同的需求,可以避免对销售与运作规划以及主生产计划的无意义的变更,并尽早发现有意义的市场变化,从而可以采取相应的应对措施。

在制造业企业中,需求预测和客户订单是制定经营规划、销售与运作规划以及主生产计划过程的起点,而分销则是确保满足客户需求的过程。

有效的需求管理的本质是好的交流、迅速的反馈和明确的责任。计算机作为有效的需求管理系统的工具,用来支持这些重要的行动。

知识拓展 3-1　ERP 需求管理常见的问题

1. 需求管理的意义

推动 ERP 应用与发展的因素有很多,但支撑这种发展的主要因素来源于"需求"和"技术"两大关键因素。

毕竟 ERP 应用是以"技术导向"为推动的应用技术,因此信息技术的发展是推动 ERP 发展的驱动力之一。但 ERP 实施的主体——企业的需求永远是 ERP 发展的主动力,由于全球一体化进程的加剧,使得企业所面临的竞争环境发生了巨大的变化,对 ERP 提出了新的需求,具体表现在:

(1)全球化市场的发展与产业链之间合作经营生产方式的出现,使得 ERP 能支持异地企业运营、异种语言操作和异种货币交易;

(2)企业过程重组及协作方式的变化使得 ERP 能支持基于全球范围的可重构过程的供应链及供应网络结构;

(3)企业需要应对新生产与经营方式的灵活性与敏捷性使得 ERP 也越来越灵活地适应多种生产制造方式的管理模式;

(4)由于行业特性越来越明显,因此 ERP 的行业化趋势越来越明显;

(5)企业的快速发展使得 ERP 的柔性越来越高,以适应企业的动态变化;

(6)企业的低成本策略使得 ERP 可以按需配置,大大缩短实施周期。

研究发现,精确把握需求信息能给企业带来库存减少 15%、交货履约率提高 17%、资金占用减少 35%、脱销是平均值的 10% 等效益。这些效益原本是由于没有重视需求管理,在不经意间无形地流失了,这从另一个侧面说明了需求管理的重要性。

需求管理同采购管理一样,都要对来自企业外部的客户信息、市场信息及企业内部资源信息进行集成、整合。因此,做好需求管理必然会实现企业内外信息集成。

在各种需求信息来源中,竞争情报或商情是很重要的信息来源。世界 500 强企业中已有 90% 以上建立了自己的竞争情报机构和竞争情报系统,美国企业经营利润中的 35% 是由竞争情报工作创造的。竞争情报信息可以从公开发表的资料和网站上经过分析加工得到,也可以在企业涉及的市场领域委派联络员及时通报商机情况获取。在收集情报方面,每一个企业都会有其独到之处,ERP 可以把竞争情报信息作为需求信息的重要组成部分,并与之集成。

2. 需求管理位置

ERP 的需求管理不仅要获取订单,还要应对产品越来越短的生命周期、多样化的客户需求,设定合理的服务水准、库存水准、产品发展、市场定位、客户定位、企业发展投资规划。此外,需求管理还要分析需求信息带来的效益,这同时也是客户关系管理 CRM 要解决的问题;需求管理还要关注企业内外资源能否按时按量满足需求,这又是供应链管理 SCM 的内容。所以说,ERP、CRM、SCM 是一个不可分割的统一的体系,是实现全面供需平衡不可缺少的手段。

需求管理在 ERP 的位置如图 3-1 所示。该图较直观地阐明了通过需求管理把 SCM-DRP- S&OP-MPS 集成起来,企业不仅要把握和选择需求,更要满足需求,这样才能真正获利。

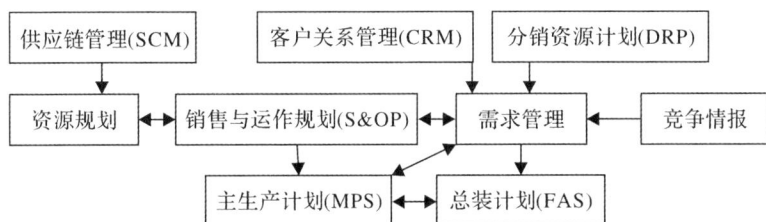

图 3-1　需求管理的位置

3.1.2　需求管理过程

按照供应链管理思想,需求管理是一种系统管理,概括起来有三个过程,即了解需求、获取需求、保证需求。前两个过程主要是处理"独立需求";后一个过程主要是处理"相关需求"。三个过程是有内在联系的,而且都需要得到相应信息技术的支持。

1. 了解需求

所谓了解需求,是指经市场分析、销售分析后准确把握客户需求,进而建立同客户的长期合作伙伴关系。企业要想在市场竞争中立于不败之地,必须建立一支强大的营销队伍,主动出击,如建立"竞争情报网"来"刺探"各行业、各地区、各类客户的需求。这里,政府为企业提供信息服务是非常必要的,企业纳了税,尽了义务,就应当有权无偿享受必要的行业和地区需求和发展信息,以利于公平竞争。

通常,市场分析是指对未来销售行为的定位和估计,包括对技术和产品发展的预测、开拓新的市场或增加市场份额、创造需求、寻找新的增长点。而销售分析是指对已发生销售行为的分析,现在的企业一般多采用联机分析处理技术。比如说,当企业发现一种产品销售额下降,必须弄清究竟是受哪些地区甚至哪个具体城市、哪类销售渠道、哪类产品的影响;在产品性能、质量、价格和服务上同竞争对手有什么差异;有无时间和季节波动的影响。只有掌握具体、细致和实时的信息,才能及时做出正确的决策。有时,仅仅改善一下售后服务,就能使销售额明显上升。

据统计发现,得到一个新客户所花的代价,往往是保持一个老客户所需代价的 6～10 倍。因此,要把提高客户满意度、同客户建立长期合作伙伴关系,作为企业了解需求的一项重要经营策略。在保持长期合作伙伴的同时,也要有所筛选,根据企业赢利和客户业绩分析,终止同那些信誉不好的客户的商务关系。这类分析,都需要 ERP 提供信息支持。

实例 有一只兔子特别想吃鱼,于是就带上鱼竿和鱼饵到小湖边去钓鱼。一天过去了,1 条也没钓到;两天过去了,还是没有钓到;五天过去了,还是没有钓到鱼。小兔子暗暗发誓:"坚持就是胜利,不能放弃! 我就不信,我就钓不到鱼!"说完就准备回家,这时一条大鱼跳了出来,"反手"就给了小兔子一巴掌!"如果明天你再拿胡萝卜来钓鱼,我一巴掌扇死你!"

2. 获取需求

了解需求并不等于获取需求,不等于合同就一定能拿到手。在获取需求上,不仅信息技术的支持是绝对必要的,还需要有机智灵活的营销策略。

实例 某塑料制品企业从互联网上得知,全球塑料原料供过于求,预计价格会大幅度下跌。于是在一个工程项目上,企业决定按盈亏平衡点以其他企业不敢想象的低价格投标,赢得了合同。不久,原料价格大跌,企业获得了可观的利润。

由上述实例可知,互联网提供了重要的信息,而企业家的智慧和胆略同样起了不可忽视的作用。

获取需求往往表现在时间上的竞争,抢在竞争对手之前,以最快的速度回答客户的询价,报出可靠的承诺。面对客户询问,任何地点的销售人员,都要能及时访问企业遍布各地仓库的库存状态,调用生产信息,对需求计划、企业能力和资源进行模拟,寻求优化方案,落实交货期。必要时组织有关合作伙伴形成敏捷制造的动态联盟(虚拟企业),来满足客户的需求。这些都离不开 Intranet、OLTP(online transaction processing)、APS(advanced planning and scheduling)技术、DRP 和 MPS/MRP 的模拟功能等信息技术。

知识拓展 3-2 **大数据分析之 OLTP 与 OLAP**

知识拓展 3-3 **APS 高级计划排程**

同时也要看到,并不是所有的需求都一定要下力气争取。有些情况,企业要根据获利性大小进行选择。获利性分析是需求管理要用到的一项重要功能,企业应当把有限的资源用来制造最增值的产品,为企业带来最大的利润。另一方面,也要注意客户的信用或信誉,长期拖欠的货款不是企业到手的销售收入,而且存在成为坏账的危险。客户信誉分析在了解和获取需求阶段都是需求管理要用到的重要功能。

随着电子商务的普及,需求管理又会有新的内容。客户可以随时从网上了解企业的产品,企业也可以从网上了解市场需求,简化和加快交易程序,使企业有更多获取需求的机会。

3. 保证需求

企业拿到订单后,必须保证按客户需求履行合同,企业履约率是持续不断地获取更多需求订单的前提。不同类型的物料用不同的方法确定其需求量。在 ERP 中,针对独立需求件的计划称为主生产计划(MPS),计划对象的种类较少;针对相关需求件的计划称为物料需求计划(MRP),物料种类和数量繁多。企业的生产加工计划和物资供应计划是通过展开物料清单由 MRP 一揽子形成的,简化了编制计划的方法,提高了编制计划的效率,保证了需求的一致性,也体现了信息集成的优势。

ERP 的计划有三个特点:首先,它是一种优先级的计划,按照客户要求的实际交货顺序,安排生产制造计划的优先顺序。只有按优先级处理物料需求,才能保证物料按照需求的顺序不停顿地通畅流动。同时,使企业的有限资源得到合理的利用。其次,为了迅速响应环境的瞬息变化,它又是一种可以不断及时修正的计划。最后,除了制造计划,运输及发货计划、地区间仓库调拨计划都得以客户实际需求进行通盘考虑,只有使客户按合同得到所需产品,才是真正保证了需求。

这些特点是保证需求所不可缺少的,也离不开信息技术的支持。

知识拓展 3 - 4　一分钟诊所

3.2 需求类型与需求响应策略

3.2.1　需求响应策略

需求响应策略(demand response strategy)是指企业为响应市场需求、满足客户需要而采取的计划策略,也可以理解为对订单的响应策略。它受以下两种周期的制约:

一种是从同客户签订销售合同开始,到客户收到订购的产品或货物为止的时期,称之为需求周期(demand cycle,DC),用 D 表示。需求周期也称客户交付提前期(customer delivery lead time,CDL),也就是客户可以等待、接受和认可的交付周期,在当前经济全球化和买方市场的形势下,客户有更为广阔的选择天地,对需求周期要求越来越短。

另一种是制造周期(production cycle),用 P 表示。制造周期也称"manufacturing cycle time(MCT)",是指企业制造客户所需产品的周期,包括设计、生产准备、采购、加工、装配、发送到客户等几个阶段,实质上是一种供应周期。

企业在运营过程中如何缩短制造周期、满足需求周期的"需求响应策略"受到自身经营环境和成本、质量、速度、应变等管理目标的影响。两种周期之比称为 P/D 比,P/D 值总是≥1,是衡量需求响应速度的一项指标。各种需求响应策略的需求周期(D)同制造周期(P)的关系可用图 3 - 2 来说明。

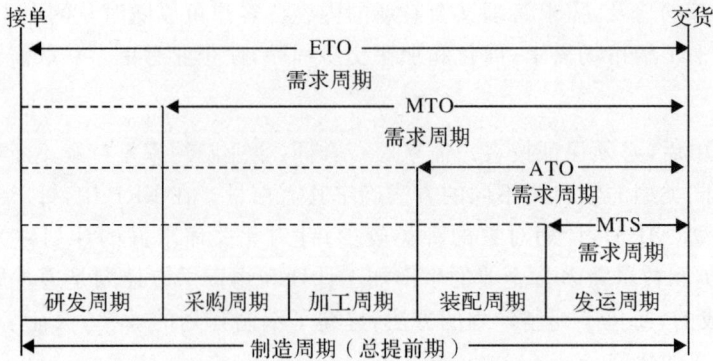

图 3-2　需求响应策略与制造周期

对于不同需求响应策略,ERP 能够提供的帮助也各不相同,包括 ERP 可以为生产管理提供帮助的方式方法和影响大小也不尽相同。我们先分析不同需求响应策略的关注重点,再来分析 ERP 能够为之带来哪些帮助。

需求响应策略通常分为四种类型。这四种类型同产品品种的数量和客户群的数量关系如图 3-3 所示。

图 3-3　影响需求响应类型的主要因素

1. 面向库存生产(MTS)

面向库存生产(make to stock,MTS),也称现货生产。这类生产方式是产品在接到订单以前就已经生产出来了,客户订单上的商品可以随时从货架上取到,交货期只受运输条件的限制,需求周期等于配送时间。缩短需求周期的关键在于做好产品配送,它是几种类型中需求周期最短的一类。

面向库存生产的生产计划通常根据前端(客户端)实时的消耗信息进行实时补充。日用消费品、药品、卷烟等都是面向库存生产的类型。

2. 面向订单装配(ATO)

面向订单装配(assemble to order,ATO),也称订单配置(configure to order,CTO)。这类生产方式是在接到订单后再开始组装产品,这类产品具有一系列的标准基本组件和通用件,可以根据客户的要求进行装配,也是"大规模定制"的主要形式。

大量的基本组件和通用件在接到订单前就已经根据预测生产出来,并保持一定库存。接到正式订单后,只需要执行最后装配计划(final assembly schedule,FAS),将基本组件中的可选项按照客户的选择装配出来就可交货(总装配计划包括收到合同以后,核查物料可用量,配套领料、装配、测试、检验、包装及发货等作业)。这时

$$需求周期＝装配周期＋配送周期$$

这种模式很像中药店抓药,各种药材早已制备好(不是从山上采药开始),分门别类地存放在药房的抽屉中,药方一到,就可抓药配齐交货。

典型的属于此种类型生产的产品有:个人计算机和工作站、电话机、发动机、房屋门窗、办公家具、汽车、某些类型的机械产品以及越来越多的消费品。

3. 面向订单生产(MTO)

面向订单生产(make to order,MTO),有时也称"build to order"。这类生产方式主要生产标准的定型产品,在接到订单后再开始生产,不需重新设计和编制工艺,可以迅速报价并承诺交货期,采用典型的 MRP 计划方法。

原则上产品无库存或极少量库存,只对通用组件和原材料保留少量的安全库存。

$$需求周期＝采购周期＋加工周期＋装配周期＋配送周期$$

有标准型号规格的电机、通用机械是典型的面向订单生产类型。

4. 面向订单设计(ETO)

面向订单设计(engineer to order,ETO),又称按项目设计(engineer to project),是指在接到订单后从产品设计开始直到产品交付,需求周期是四种类型中最长的一种。

$$需求周期－总提前期－设计周期＋采购周期＋加工周期＋装配周期＋配送周期$$

这种生产类型完全按照客户的要求来设计定制产品,往往只生产一次,不再重复,不仅产品需要重新设计,工艺路线和原材料采购也需要重新开始。因此,压缩产品开发周期和制造周期对企业尤为关键。

这种生产类型的特点是,产品的生产批量很小,但是设计工作和最终产品往往非常复杂。在生产过程中,每一项工作都要特殊处理,因为每项工作都是不一样的,可能有不一样的操作、不一样的费用,需要不同的人员来完成。所以,面向订单设计类型要用到敏捷制造的原理,根据客户订单要求,组织各种专业的经济实体,发挥各自特长,组建虚拟企业协同完成订单任务,这也是供应链管理所要研究和解决的问题。

面向订单设计类型是四种类型中最复杂的一种,它包括从接到客户产品要求进行设计到将最终产品交付客户使用的各个环节,因而对 ERP 也有着非常高的要求。对用于该行业的 ERP 应用软件在主要模块和能力上有如下要求:必须有高度复杂的产品配置功能,能够支持有效的并行生产,支持分包制造,有车间控制与成本管理功能、高级的工艺管理与跟踪功能、多工厂的排程功能,有计算机辅助设计与制造功能(CAD/CAM)、集成功能以及有限排程功能。

典型的属于此种类型的行业有飞机制造业、国防产品制造业、出版业、机械设备和发电设备制造业。

综上所述,各种需求响应策略汇总如表 3-1 所示,将表 3-1 与图 3-2 进行对照,可以发现,面向库存生产的需求周期最短,P/D 值最大,也就是可以用最短的时间满足客户需求,生产性质多为大批大量生产。P/D 值次大的是面向订单装配,需求周期只要考虑最后总装和配送周期,生产性质多为系列产品。面向订单生产的 P/D 值又次之,根据合同确定需求量,多为

标准或定型设计的多品种小批量生产。面向订单设计的 P/D 值约为 1,需求周期等于总提前期,要根据客户要求专门设计,属单件小批量生产。

表 3 - 1 需求响应策略

需求响应策略	计划依据	举例
MTS	主要根据市场消耗反馈信息安排生产	日用消费品
ATO	各种变型系列产品,按合同、按客户要求配置可选项	标准系列产品,如轿车、计算机
MTO	根据客户订货合同组织生产	标准定型产品,如电机、水泵
ETO	根据客户要求专门设计	单件或小批生产,如重型机械

企业竞争力的一个重要标志就是比竞争对手有较短的需求周期,或在同样的客户需求周期情况下,比竞争对手有较小的 P/D 值。企业采用柔性加工、并行工程,其实也是要提高应变力以缩短生产周期,从而满足需求周期。P/D 值用来说明各种响应策略的区别,对比不同企业的响应速度,还必须注意 P、D 的绝对值。

3.2.2 需求类型

1. 分销需求

面向库存生产(MTS)和面向订单装配(ATO)面对的问题主要是对日用消费品和耐用消费品的需求,企业通过各种销售渠道,如采用 DRP 或 CPFR 模式,将需求信息汇总到企业本部,从而进行库存补充和预测。

知识链接

CPFR

CPFR(collaborative planning forecasting and replenishment),简称协同计划-预测-补库模式,是 1995 年由沃尔玛为 Listerine 口腔保健剂与其供应商 Warner-Lambert、管理信息系统供应商 SAP、供应链软件商 Manugistics、美国咨询公司 Benchmarking Partners 等 5 家公司采用的协同预测-补库模式,该模式现在已经推广应用到各种日用消费品和耐用消费品行业进行需求管理。利用 CPFR 模式所开发的一组业务流程,能使供应链成员利用它实现从零售商到制造企业之间的功能合作,显著改善预测准确度,降低成本、库存总量和现货百分比,发挥出供应链的全部效率。

CPFR 实质就是一种企业与合作伙伴之间的协同商务,它要求合作双方长期承诺公开沟通、信息分享,从而确立其协同性的经营战略。尽管这种战略的实施必须建立在信任和承诺的基础上,但这是买卖双方取得长远发展和良好绩效的唯一途径。正是因为如此,所以协同的第一步就是保密协议的签署、纠纷机制的建立、供应链计分卡的确立以及共同激励目标的形成(例如不仅包括销量,也同时确立双方的盈利率)。应当注意的是,在确立这种协同性目标时,不仅要建立起双方的效益目标,更要确立协同的盈利驱动性目标,只有这样,才能使协同性能体现在流程控制和价值创造的基础之上。要达成上述目标,合作双方必须利用实时交流的信息化手段实现信息实时共享。在面向库存生产(MTS)和面向订单装配(ATO)情况下,CPFR

是一种行之有效的需求管理模式。

2. 订单(引起的)需求

除面向库存生产(MTS)可以根据进行预测和库存补充外,其余需求都要求依据合同进行生产。即使是补充库存也需要有合同协议,说明补充库存的时间和数量。合同是生产计划的法律依据,必须坚决完成。

完整的合同管理包括售前服务、合同确认与合同承诺、订单录入等业务。向 ERP 输入合同信息时必须先建立客户档案,说明客户的类型、重要性等级以及信誉记录,否则,ERP 不能执行销售作业。

所有合同必须编码,说明年份、客户所处行业及所在地区、商品类型等。根据企业销售管理需要,ERP 的合同管理子系统能灵活执行各种情况。

按照预测值下达的订单,可以看成是一种连接到销售订单之前的内部订单,一旦有了实际的销售订单要及时冲销。后面讲到的其他需求也可以采用内部订单的形式,这样有利于会计结算。

3. 预测(引起的)需求

面向库存生产(MTS)的主要依据是预测,即使企业不预测,分销商也要进行预测。面向订单生产(MTO)主要对原材料储备进行预测,可以运用计划物料单。面向订单装配(ATO)针对基本组件和可选件进行预测。一旦有了实际需求时,要冲销产品的预测值,相关低层物料的预测值也同时冲销,以免重复计算增加库存。

预测模式多数是根据历史销售记录推测未来的需求。但一个企业的能力有限,因此在预测时还要考虑可能的市场份额进行必要的调整。预测的模式很多,无论采用哪种模式,预测的结果总会同实际有一定的出入,不可能有完全准确的预测。

一般 ERP 的预测子系统只提供几种计算模式,不能代替市场研究和市场开拓。重要的是增加需求信息的透明度,使各个业务部门人员都能清楚地了解本岗位的工作应如何迅速响应需求变动。潜在客户,或正在进行洽谈但未定案的交易量,也可以作为预测量的一部分。

4. 其他需求

其他需求包括备品备件、试制品、展览品、破坏性试验品、企业内各部门之间的协作件、调拨物资等。这些需求可以是独立需求件,也可以是相关需求件,采用内部订单形式。如果不是通过物料清单展开计算需求量,也可以在 MPS 或 MRP 层手工录入。

3.3　需求预测

在复杂多变的市场环境下,企业如何及时准确地感知市场需求并快速地应对,对企业的管理是一个巨大的挑战。在需求驱动下的 ERP 管理流程中,需求管理是整个流程的起始点,而需求预测是需求管理的重要组成部分。预测是对未来可能发生的情况的预计和推测,而需求预测则是对市场在未来一段时间可能产生的对产品、服务的需求的预计和推测。预测的时间可以是长期的,也可以是短期的。一般说来,越是接近目前的预测就越准确,越是长期的预测其不确定性就越大。

企业生产经营既需要对距离未来较近一段时间的短期预测,也需要相对长期的需求预测信息。例如,企业在制定经营规划时,需要对产品和服务的长期需求进行预测,以便做出设施和设备的建设、选址以及购置等投资决策;同时,在生产运行过程中,要编制生产运作规划、主生产计划和车间作业计划,进行库存控制和采购原材料等活动,仅仅依靠已经签署的订单是不够的,还需要需求预测的信息以便更好、更快地组织生产和其他经营活动。因此,需求预测与销售订单信息一样,对生产经营活动具有指导的意义。

3.3.1　影响需求预测的因素

在进行需求预测时,必须考虑那些会对需求预测产生影响的不可控因素和可控因素。

(1)不可控因素是指那些会对企业未来销售产生影响,但企业又无法采取措施加以控制的因素,主要包括:

①需求的动向。需求是外界因素之中最重要的一项,例如,流行的趋势、生活形态的变化、人口的迁移等均可成为产品需求在质与量方面的影响因素。

②经济形势的变动。销售收入深受经济形势变动的影响,例如,近年来石油等资源问题常常造成无法预测的影响。

③同业竞争的动向。企业为了生存,必须掌握竞争对手在市场上的所有活动,例如,其市场重心置于何处,产品的组合价格如何,促销与服务体系如何。

④政府、消费者团体的动向。政府的各种经济政策,以及消费者关心的各种问题。

(2)可控因素是指那些会对企业未来产生影响,而且企业本身又可以加以控制的因素。例如:营销活动策略,由于产品策略、价格策略、渠道策略、广告及促销策略等的变更,对销售额产生的影响;生产状况,能否与销售收入配合,将来是否会有问题等。

3.3.2　需求预测内容

在制造业企业中,大多数公司都不能等收到客户的订单时才开始计划生产。在激烈的竞争环境中,客户所要求的交货提前期往往短于产品的生产提前期。于是,在接到客户订单之前必须进行预测,并根据预测先把一些工作做好,以便缩短交货时间来满足客户需求。

制造业企业的生产类型不同,需求预测内容也会有差异。采用面向库存生产方式的制造标准产品的制造商,一般需要对标准产品的市场需求进行预测,以便提前组织生产,保有一定的库存量;面向订单生产的制造商往往需要对产品系列的总体需求量进行预测,以便准备好人力资源和机器设备满足可能的需求;面向订单装配的制造商应当在接到客户订单前准备好基本组件,以便在短时间内装配成产品来满足需求。因此,这类企业必须对这些基本组件的需求进行预测,以便提前组织这些基本组件的生产活动。即便是面向订单设计的企业,也常常需要对一些采购提前期很长的原材料、通用的部件或维修用的备件的需求进行预测,以降低成本和提高售后服务质量。具体如图3-4所示。

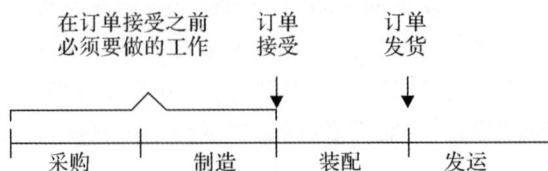

图3-4　需求预测内容

3.3.3　需求预测流程

需求预测一般可按如下流程进行,如图 3-5 所示。

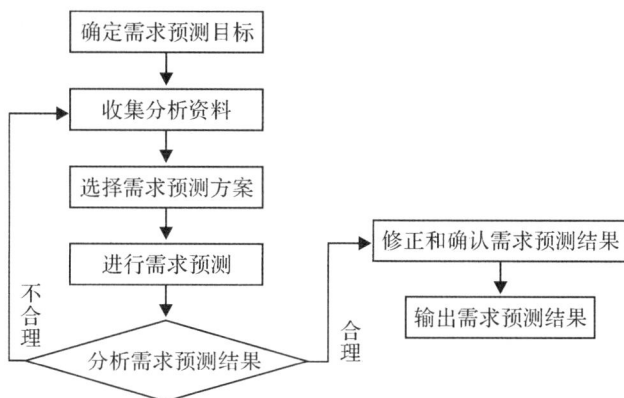

图 3-5　需求预测流程

1. 确定需求预测目标

确定需求预测目标,明确预测对象,界定问题范围,核实要达到的目标,包括需求预测量、预测时间期限及数量单位等。

2. 收集分析资料

根据需求预测目标,尽可能全面地收集与需求预测目标有关的各种资料和数据,并进行分析、整理和选择,去伪存真,尽可能保证数据的完整性和可靠性。

企业需求预测往往利用历史数据来进行。这些数据记录在公司内部文件或 ERP 中,并且随时可以使用。预测通常是基于判断,或者是统计方法处理过的历史数据。因此,预测要准确,预测所使用的数据首先要准确。所有的需求预测或计划的基础都来源于数据的分析,因此必须利用 ERP 对大量的历史销售数据进行分析,新产品可以收集市场同类产品的销售数据,从而可以对性价比等进行分析。需求预测所需要的数据可分为企业内部数据和外部数据。企业的内部数据包括市场销售数据、维修件使用及采购数据、生产控制数据等,这些数据来自销售部门、维修服务部门和生产控制部门;外部数据包括与产品需求有关的市场条件和因素数据,如市场调查数据、国内外经济形势和政治条件、国家政策和有关法律、竞争对手的情况等数据,这些数据来自企业外部。

为了取得可靠的数据,数据收集的三个原则是很重要的。

1)使用与预测同样的术语记录数据

(1)预测要基于需求的数据,而不是发货的数据。发货数据表明发货的数量和时间,它与客户需求的数量和时间并不总是一致的。因此,发货数据并不一定给企业真实的需求指标。

(2)预测时区是用周、月还是季度,应该与生产排产的时区相同。

(3)部件预测应该与制造部门所控制的相同。例如,如果某一产品的构成有不同的部件选项,那么对该产品以及每个部件选项的需求都应该进行预测。

实例 某公司生产自行车,自行车有 3 种不同规格的车架,3 种不同的车轮尺码,3 速、5 速或 10 速的变速器,配置或不配置高级钢圈。这样,该公司共有 54(3×3×3×2=54)种不同型号的自行车可供销售。如果对每种不同的自行车都进行预测的话,就需要预测 54 种不同的自行车。一个更好的预测方式是预测对自行车的总需求和预测对每种车架尺码、每种车轮尺码、每种变速器以及配备或不配备高级钢圈等选项需求的百分比。用这种方法只需要做 12 种预测(3 种车架、3 种车轮、3 种变速器、2 种高级钢圈配置和自行车本身)。

在这个例子中,自行车部件的生产提前期会比组装自行车的提前期要长得多。制造部门可以根据部件预测来生产自行车部件,然后根据客户订单组装自行车。

2)记录与数据相关的情况

需求受特定事件的影响,这些事件应该与需求数据一起记录。例如,人为的需求起伏可能由促销、价格变化、气候变化或者竞争者工厂事故而引起。将这些因素与相关的需求数据联系在一起至关重要,以便在制订生产计划时把这些因素考虑在内或去除这些因素。

3)分别记录不同客户群的需求

许多公司通过不同的分销渠道分销产品,而每一个渠道都有自己的需求特征。例如:一个公司可能将产品卖给多个批发商,而这些批发商经常以小批量购买产品;公司也可能将产品卖给一个大型的零售商,而这个零售商每年两次大批量采购产品。在这样的情况下,对平均需求的预测是没有意义的,而应该把两个渠道的需求分开进行预测。

3. 选择需求预测方案

根据预测目标的要求及数据资料的分析,选择合适的预测方案,建立相应的预测方法,并对预测方法在可行性、效率、精度、费用方面进行评价选择。

4. 进行需求预测

根据所选择的方案及所采用的预测方法,输入数据进行需求预测。

5. 分析需求预测结果

根据上述需求预测所得到的结果,进行分析与评价,看其是否合理,如果不合理则应另选预测方案,重新进行需求预测。

6. 修正和确认需求预测结果

如果认为预测结果分析评价合理,仍需要根据过去和现在的有关资料、数据及各种因素条件,对需求预测结果做必要的修正和调整,使需求预测结果更能反映实际情况。这也要求定量预测与定性预测相结合。

7. 输出需求预测结果

需求预测这一项工作并不是一次性的工作,而是一个反复修正、滚动进行的过程。当外界环境发生变化时,需要根据这些新的变化来对需求预测模型进行修正或对预测模型中的相关参数进行修正,从而使得需求预测的结果与实际情况的偏离程度在可接受范围之内。

3.3.4 需求预测类型

按照不同的目标和特征,需求预测可以分为不同的类型,具体可按所涉及的期间长短来区分,也可按其预测方法的性质来区分。

1. 按照预测期限的长短区分

按照预测期限的长短,可将需求预测分为长期预测、中期预测和短期预测三种。

1)长期预测

长期预测是对 5 年或 5 年以上的需求前景的预测。它是企业长期发展规划、产品开发研究计划、投资计划、生产能力扩充计划等战略计划和固定资产投资计划的依据。长期预测一般通过对市场的调研、技术预测、经济预测、人口统计等方法,加上综合判断来完成。其结果以定性描述为主,并辅以相对粗放的定量数据预测。

2)中期预测

中期预测是指对 1 个季度以上 2 年以下的需求前景的预测。中期预测是制订年度生产计划、季度生产计划、销售计划、生产与库存预算、投资和现金预算的依据。中期预测可以采用集体讨论、时间序列法、回归法、经济指数相关法或上述方法的组合并结合人的判断做出。其结果一般以相对准确的定量数据为主。

3)短期预测

短期预测是指以日、周、旬、月为单位,对一个季度以下的需求前景的预测。短期预测是调整生产能力、采购、外协、安排生产作业计划等具体生产活动的依据。短期预测可以采用趋势法、指数平滑、回归分析以及判断等方法的有机结合来进行。一般都是以更为准确和具体的定量数据来进行描述。

ERP 中的需求预测以中、短期预测为主,也可以利用 ERP 提供的工具进行长期预测。

2. 按照主客观因素所起的作用及采用方法区分

按照主客观因素所起的作用及采用方法的不同,将需求预测分为定性预测和定量预测。

1)定性预测

定性预测方法主要通过社会调查,采用少量的数据和直观材料,结合预测者的经验加以综合分析,对预测对象做出判断和推测。定性预测主要包括一般调查法、集体意见法、头脑风暴法、德尔菲法、情景分析法、类推法、主观概率法、关系树法等。

2)定量预测

定量预测着重于研究事物发展的具体数值变化规律,其主要特点是利用统计资料和数学模型来进行预测。在使用定量分析的方法进行预测时,需要有足够多的时间序列数据。为此,进行定量分析最重要的一项任务就是收集数据,并对这些数据使用相应的预测模型或算法进行处理,以使用历史的数据预测未来的趋势。定量预测包括时间序列预测法、因果分析预测法、组合预测法等。时间序列预测法由一系列定量分析模型组成,其最主要的特点就是通过使用时间序列数据进行预测分析,时间序列预测法中所包含的模型和方法有很多种,如移动平均法、指数平滑法、趋势外推法等。

企业需求预测常常要结合定量和定性方法来进行。由于定性预测主要依靠人的判断,而定性预测更多地依赖存储在 ERP 中的数据,以及 ERP 中的预测模型和计算机系统的强大计算功能。

3.3.5　需求预测方法

在实际的需求预测工作中,预测的方法主要采用定性预测方法和定量预测方法。

1. 集体意见法

集体意见法是把预测者的个人预测通过加权平均而汇集成集体预测的方法。要求每一位预测者就预测结果的最高限、最低限和最可能的值加以判断,并对这三种情况出现的概率进行估计。例如,第 i 位预测者得出的预测结果如下:最高限为 F_{1i},其出现的概率为 P_{1i};最可能的值为 F_{2i},其出现的概率为 P_{2i};最低限为 F_{3i},其出现的概率为 P_{3i}。根据预测者对预测结果最高限、最可能值和最低限的估计以及对三种情况出现的概率的估计,计算每一位预测者的意见平均值 F_i,然后再根据每位预测者个人意见的重要程度 W_i,通过加权平均,得出集体的意见 F,其计算公式为

$$F_i = \sum_{j=1}^{3} F_{ji} p_{ji}$$

$$F = \sum_{i=1}^{n} F_i W_i$$

式中,n 表示预测者人数。

2. 头脑风暴法

头脑风暴法是指预测者邀请有关专家以开讨论会的方式,向专家获取有关预测对象的信息,经归纳、分析、判断和推算,预测需求未来发展变化趋势的一种预测方法。它包括直接头脑风暴法和质疑头脑风暴法。

(1)直接头脑风暴法。直接头脑风暴法一般按下列步骤实施:确定与会专家的名单、人数和会议时间;召开专家讨论会;对各种设想进行归类、比较和评价。

(2)质疑头脑风暴法。质疑头脑风暴法是指对直接头脑风暴法提出的已系统化的预测方案进行质疑分析的预测方法。其做法与直接头脑风暴法基本相同,只是要对某一具体预测方案实现的可行性进行全面质疑和评价。在对已提出的设想能否实现进行论证时,要着重分析存在的制约因素,以提出消除限制因素的建议。在质疑过程中,应鼓励提出可行性设想,从而进一步完善预测方案,形成一个更科学、更可行的预测方案。

知识拓展 3-5 头脑风暴法

3. 德尔菲法

德尔菲法是由企业选定专家,与专家联系的主要方式是函询,专家之间彼此匿名。通过函询收集专家意见,加以综合、整理后再反馈给专家,通过轮番征询专家意见,最终得出预测结果的一种经验意见综合预测方法。德尔菲法是定性预测方法中最重要、最有效的一种方法。

德尔菲法适用于没有足够信息资料的中、长期预测。对于难以用精确的数学模型处理,需要征求意见的人数较多、成员较分散、经费有限、难以多次开会或某种原因不宜当面交换意见的问题,用该种方法预测效果较好。

德尔菲法步骤如下:

(1)准备阶段。拟定征询意见表和选定征询对象。

(2)轮番征询阶段。专家意见经过 3~4 轮征询,就会基本趋于一致。

(3)得出预测结论阶段。用一定的统计方法对专家的意见做出统计归纳处理。常用的统计处理方法有中位数和上下四分位数法、算数平均统计处理法等。

知识拓展 3-6　德尔菲法的起源

4. 直线趋势法

直线趋势法是对观察期的时间序列数据表现为接近于一条(上升或下降)直线时采用的一种预测方法。直线趋势法是假设所要预测的变量与时间之间成线性函数关系,并以此为基础预测未来。因此用这种方法时,应先计算相关系数,以判别变量与时间之间是否基本上存在线性联系。只有存在线性联系时,才能采用这种方法进行预测。

直线趋势法原理为最小二乘法原理。用直线形态的趋势线拟合时间序列数据,使该直线上的预测值与实际观察值之间差的平方和为最小。其计算公式为

$$Y = a + bX$$

其中:b 反映平均增长率,X 为时间,Y 为趋势预测值。

根据最小二乘法原理,先计算 Y 的总和,即

$$\sum Y = na + b \sum X (n \text{ 为年份数})$$

然后计算 XY 的总和,即

$$\sum XY = na \sum X + b \sum X^2$$

上述二式的共同因子是 $\sum X$。为简化计算,将 $\sum X$ 取 0,其方法是:若 n 为奇数,则取 X 的间隔为 1,将 $X=0$ 置于资料期的中央一期;若 n 为偶数,则取 X 的间隔为 2,将 $X=-1$ 与 $X=1$ 置于资料期的中央上下两期。

当 $\sum X = 0$ 时,上述二式分别变为 $\sum Y = na$,$\sum XY = b \sum X^2$,由此可计算出 a,b 值为

$$a = \sum Y / n, b = \sum XY / \sum X^2$$

【例 3-1】假设某运输企业 2016—2020 年营业额分别为 480、530、540、570、580 万元,运用直线趋势法预测 2021 年的营业额。

解:由于 $n=5$ 为奇数,且间隔为 1,故 $X=0$ 置于中央一期即 2018 年,X 的取值依次为 -2、-1、0、1、2,XY 依次为 -960、-530、0、570、1160,X^2 依次为 4、1、0、1、4,所以 $\sum Y = 2700$,$\sum XY = 240$,$\sum X^2 = 10$,代入公式,得

$$Y = 2700/5 + 240/10X = 540 + 24X$$

预测 2021 年的营业额,则 $X=3$,代入上式,得

$$Y = 540 + 24 \times 3 = 612(\text{万元})$$

5. 移动平均法

移动平均法使用最近几个时区的平均需求作为对下一个时区的需求预测。在下一个时区末,去除最近几个时区的第一个时区的需求,增加最近一个时区的需求,然后算出新的平均需求用作下一个时区预测。预测总是基于某一特定数量的时区内的实际需求的平均数得到的。

当产品需求既未快速增长也未快速下降,且不存在季节因素时,移动平均法能有效地消除预测中的随机波动。简单移动平均法的计算公式如下:

需求预测值 F_{n+1}=最近 n 期算术平均销售量=最近 n 期销售量之和$/n$ 期

【例 3-2】已知某公司 2020 年 1—9 月产品的销售量如表 3-2 所示,用移动平均法预测10 月份的销售量(假设观察期为 3 期)。

表 3-2　1—9 月份的销售量　　　　　　　　　　　　　　(单位:百台)

月份	1	2	3	4	5	6	7	8	9
销售量 Q	550	560	540	570	600	580	620	610	630

解:$n=3$

10 月份的销售量预测=(7 月销售量+8 月销售量+9 月销售量)/3

=(620+610+630)/3=620(百台)

6.指数平滑法

指数平滑法是以某种指标的本期实际数和本期预测数为基础,引入一个简化的加权因子(平滑系数),以求得平均数的一种时间序列预测法。其特点在于给过去的观测值不一样的权重,即近期数据的权重大、远期数据的权重小。根据平滑次数不同,指数平滑法分为一次指数平滑法、二次指数平滑法和三次指数平滑法等。但其基本思想都是:预测值是以前观测值的加权和,且对不同的数据给予不同的权重,新数据给予较大的权重,旧数据给予较小的权重。

一次指数平滑法的计算公式如下:

需求预测值(F_{n+1})=平滑指数×前期实际值+(1-平滑指数)×前期预测值

=$\alpha \times A_n + (1-\alpha) \times F_n$

对于需求预测来说,还应根据中长期趋势变动和季节性变动情况的不同而取不同的 α 值,一般来说,应按以下情况处理:如果观察值的长期趋势变动接近稳定的常数,应取居中 α 值(一般取 0.4~0.6)使观察值在指数平滑中具有大小接近的权重;如果观察值呈现明显的季节性变动时,则宜取较大的 α 值(一般取 0.6~0.9),使近期观察值在指数平滑值中具有较大作用,从而使近期观察值能迅速反映在未来的预测值中;如果观察值的长期趋势变动较缓慢,则宜取较小的 α 值(一般取 0.1~0.4),使远期观察值的特征也能反映在指数平滑值中。

【例 3-3】已知某公司 2020 年 1—9 月产品的销售量如表 3-2 所示。9 月实际销售量为630 百台,原来预测 9 月份的销售量为 608 百台,平滑指数 $\alpha=0.4$。请用指数平滑法预测 10月份的销售量。

解:10 月份的销售量预测值=α×9 月实际值+(1-α)×9 月预测销售量

=0.4×630+(1-0.4)×608=616.8(百台)

【例 3-4】某公司的 1 月销售额记录如表 3-3 所示,2 月销售量预测值为 11.00,试分别取$\alpha=0.4$ 和 $\alpha=0.7$,计算一次指数平滑预测值。

解：根据一次指数平滑法计算公式，不同权重 $\alpha=0.4$ 和 $\alpha=0.7$ 时的计算结果如表 3－3 和表 3－4 所示，预测结果与实际销售额的变化曲线如图 3－6 所示。

表 3－3　$\alpha=0.4$ 时的销售量预测　　　　　　　　　（单位：千元）

月份	实际销售额	$\alpha=0.4$			
		$\alpha\times$上月销售额	上月预测销售额	$(1-\alpha)\times$上月销售额	本月预测销售额
1	10.00				11.00
2	12.00	4.00	11.00	6.60	10.60
3	13.00	4.80	10.60	6.36	11.16
4	16.00	5.20	11.16	6.70	11.90
5	19.00	6.40	11.90	7.14	13.54
6	23.00	7.60	13.54	8.12	15.72
7	26.00	9.20	15.72	9.43	18.63
8	30.00	10.40	18.63	11.18	21.58
9	28.00	12.00	21.58	12.95	24.95
10	18.00	11.20	24.95	14.97	26.17
11	16.00	7.20	26.17	15.70	22.90
12	14.00	6.40	22.90	13.74	20.14

表 3－4　$\alpha=0.7$ 时的销售量预测　　　　　　　　　（单位：千元）

月份	实际销售额	$\alpha=0.7$			
		$\alpha\times$上月销售额	上月预测销售额	$(1-\alpha)\times$上月销售额	本月预测销售额
1	10.00				11.00
2	12.00	7.00	11.00	3.30	10.30
3	13.00	8.40	10.30	3.09	11.49
4	16.00	9.10	11.49	3.45	12.55
5	19.00	11.20	12.55	3.77	14.97
6	23.00	13.30	14.97	4.49	17.79
7	26.00	16.10	17.79	5.34	21.44
8	30.00	18.20	21.44	6.43	24.63
9	28.00	21.00	24.63	7.39	28.39
10	18.00	19.60	28.39	8.52	28.12
11	16.00	12.60	28.12	8.44	21.04
12	14.00	11.20	21.04	6.31	17.51

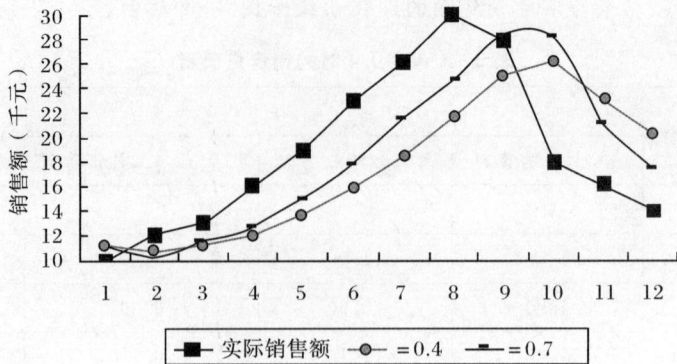

图 3-6　不同权重计算结果比较

由图 3-6 可知:

(1)指数平滑法对时间序列具有平滑作用。平滑系数 α 越小,平滑作用越强,但对实际数据的变动反应较迟缓。在实际应用中,如果数据波动不大,α 值应当取得小一些,反之,α 值应当取得大一些。指数平滑法提供了一个经常性更新产品预测的常用方法,对于需求稳定的产品及短期预测,它能提供满意的结果,在需求较低或需求表现为间断性的时候,效果不太令人满意。

(2)在时间序列的线性变动部分,指数平滑值序列出现滞后偏差的程度随着平滑系数 α 的增大而减少。但当时间序列的变动出现直线趋势时,用一次指数平滑法进行预测存在明显的滞后偏差。指数平滑方法可以检测市场需求的趋势,但预测要滞后于实际需求,如果 α 值选得大一些,则预测能更好地反映市场趋势。

7. 因果分析预测法

因果分析预测法从预测对象与其影响因素的关系上来研究预测对象的变化和发展,建立"因""果"之间的数学模型。因果分析预测法进一步可分为回归分析预测法(一元线性回归、多元线性回归、非线性回归)、比例系数预测法、系统动力学预测法、投入产出预测法。

1)回归分析预测法

回归分析预测法是指利用因素之间的因果关系,通过建立回归方程进行预测。其主要步骤如下:

(1)分析预测变量的影响因素,并找出主要的影响因素。

(2)利用历史数据建立预测变量与主要影响因素的回归方程。

$$Y = f(X_1, X_2, X_3, \cdots)$$

其中:Y——预测变量,$X_1, X_2, \cdots$——主要影响因素。

(3)利用历史数据对模型进行精度检验。

(4)利用预测期各影响因素的指标值,代入回归方程进行预测。

2)比例系数预测法

比例系数预测法包括弹性系数法、产值系数法等。

(1)弹性系数法。该预测方法的数学模型为

$$\hat{Y}_{T+L} = Y_T (1+i)^L$$

$$i = E_s q = \frac{i'}{q'}q$$

其中，$\hat{Y}_{T+L}$ 为未来第 L 期的预测值，Y_T 为预测对象在当前统计期的值，i' 和 i 分别为预测对象在过去和未来时间的平均增长率，L 为预测期的时间长度，Es 为弹性系数，q' 和 q 分别为类比变量在过去和在未来时间的平均增长率。

【例 3-5】某地区在 2019 年的货物销售量为 2000 万吨，在过去的 5 年中，该地区的货物销售量年均增长率为 5%，而其国内生产总值的平均年增长率为 10%，预计未来 3 年该地区的国内生产总值将保持 8% 的年均增长速度，则该地区未来第三年的货物销售量是多少？

解：由题意知，该地区未来第三年的货物销售量为

$$2000 \times (1 + \frac{5\%}{10\%} \times 8\%)^3 \approx 2250 \, (万吨)$$

(2) 产值系数法。根据预测期国民经济指标(如工农业总产值、国内生产总值、国民生产总值或国民收入等)和单位国民经济指标所引起的销售量进行销售量预测的方法。其计算公式为

$$\hat{Y}_{T+L} = M_{T+L}\beta$$

其中，$\hat{Y}_{T+L}$ 为预测期销售量的预测值，M_{T+L} 为预测期国民经济指标(万元)，β 为产值系数(吨/万元)。

8. 组合预测法

组合预测法是将几种预测方法的预测结果，选取适当的权重进行加权平均的一种预测方法。等权平均组合预测法是组合预测方法中最简单的一种，是在对各种预测方法的预测精度完全未知的情况下所采用的一种较为稳妥的方法。当了解各预测方法的预测精度时，应采用加权平均的方法，对较准确的预测值赋以较大的权重。近年来发展起来的调焦预测法(focus forecasting)适用于有多项产品需要预测的情况，属于组合预测的一种。调焦预测法是可以模拟并评估一系列不同的预测技术，然后从中选择已被证明对于最近的过去所做的预测最为有效的预测技术，用于预测未来。调焦预测法所用的典型预测方法往往是一些简单的技术，如上面介绍的移动平均方法，或一些简单的策略，如"未来 3 个月的销售额和过去的 3 个月一样"等，当然，也可以使用一些复杂的数学方法。

【例 3-6】假定调焦预测法使用以下四种简单的方法来预测未来一个季度的销售量。

A. 下个季度的销售量和上年同期一样　　B. 下个季度的销售量比上年同期多 10%
C. 下个季度的销售量和本季度一样　　D. 下个季度的销售量是过去六个月的一半

假定现在是 6 月份，要预测 7—9 月份的销售量。历史数据如表 3-5 所示。

表 3-5　销售量历史数据

月份	1	2	3	4	5	6	7	8	9	10	11	12
上年	18	12	10	3	8	6	16	18	29	12	15	13
今年	2	18	21	4	9	2						

调焦预测采用一种迭代的方法来选取适当的预测方法，并使用这种方法取得预测值。先假定现在是 3 月份，用上述四种方法中的每一种对 4—6 月份的销售量进行预测，并将预测结

果和实际情况相比较,从中选择得到最好预测结果的预测方法来预测7—9月份的销售量。

用上述A、B、C、D四种方法得到的预测值分别是17、18.7、41和40.5,实际值是15,于是选择方法A作为对7—9月份的销售量进行预测的方法,得到的预测值为63。

因为易于理解和使用,大多数使用调焦预测的人最终都选择简单的预测方法或策略。此外,调焦预测的效益来自使用计算机和模拟多种可供选择的方法,而不是来自某种复杂的技术去得到"正确的答案"。

预测必须提供一种方法把季节因素考虑在内,从而使得预测能够处理在每年的一定时间定期重复的规律模式。例如,夏季时装和节日食品都是高度季节性的。这种季节性可以分析并对每个时区建立权重编号,用来把全年总预测分配到月或季。

预测还必须提供按仓库、结构配置、包装大小等因素分解和分配产品族预测的方法。例如,在分销资源系统中,必须按物料和分销中心建立销售预测。许多企业选择建立全国范围的预测,然后分解为单个物料和分销中心的预测。这种分解的典型方法是使用历史百分比。同样的方法也可用于按产品配置或包装规模把产品族预测进行分解。

需求预测和许多经营活动一样,是一个具有特定责任的管理过程。计算机可以在建立和更新预测方面提供有意义的帮助,但是最终由人评价和批准预测,并建立销售计划实现预测。换言之,批准和实现预测的责任在于人。

3.4 需求预测与客户订单的关系

销售前通常利用合适的需求预测方法可做以下预测:订单接单前的成本、订单的毛利和利润率;订单交货期和生产期;资金回笼情况;企业销售总趋势、盈利趋势;各产品、地区、业务员、客户销售趋势。

按照预测值下达的订单,可以看作一种在接到销售订单之前的"内部订单",一旦有了实际的销售订单要及时冲销产品的预测值,相关低层物料的预测值也同时冲销,以避免重复计算增加库存。对于一揽子订单,它其实是一种由客户制定的预测报告和意向,还不是真正意义上的销售合同,只是以合同的形式认定总量,但具体的需求预测要逐期再由销售订单(合同)明确。但无论如何,这种方式提高了对需求预测的可靠性,对供需双方都有利。

预测的模式多是根据历史销售记录来推测未来的需求。预测与实际越接近,对销售订单的把握就越准确,这就越有助于企业做好后续规划性的决策:销售订单承接、库存管理、交货的承诺(包括制造、采购等供应活动)、生产能力的要求(场地、人工、设备等)、资金的预算、新产品的研发、人力资源的需求等。

3.4.1 客户订单分析

并非所有客户订单都是需求预测的实现。有时,较大的订单来自于新的客户,市场的变化可能通过客户订单的较大的增加或减少表现出来。因此,在订单录入过程中应识别"非正常的需求",而且要识别它的性质,是偶然现象还是新的市场趋势,然后要对其进行特别的处理。否则,为现有客户(这些客户是预测的一部分)服务的能力可能会受到损害。非正常需求不是预测的一部分,它们是预测之外的数量。非正常需求的大量增加表明销售已超过预测,从而预测应当修订。如果系统允许这些非正常需求消耗预测,那么关于该项物料的总需求在系统中的表述将明显偏低,于是将没有足够的物料满足所有的需求。最终,长期合作的忠实客户的供货将受到损害。因此,需要对所收到的客户订单进行分析,这由两部分构成:①由计算机将当前收到的客户订单和预测进行比较,并确定此项需求是正常的或非正常的。②对于识别为非正常需求的客户订单,提供一种编码方法。

在许多企业中,订单承诺的工作量非常大,使得以手工方式识别非正常需求十分困难。因此,用一种简单的计算机方法把客户订单和预测进行比较是很有帮助的。

一般来说,企业可以建立某些简单的规则,举例如下:①一份客户订单在一个时区内超过预测数量的某个百分比,则认为是非正常的。②一个时区内客户订单总量超过预测的某个百分比,则认为是非正常的,或是生意增长趋势的一种表现,因而应当重新审查。③在一个时区内的客户订单总量低于预测数量的某个百分比,则认为是生意减少趋势的表现,应当重新审查。④未实现且已过期的预测超过相应月份预测的某个百分比,认为则是生意下降趋势的一个指标,应当重新审查。

超出界限的客户订单可由系统自动编码为非正常需求或列在意外报告中由有关人员进行检查,并决定是否应采取某种措施。通过这种方法,避免客户承诺的无效以及未来的服务问题。在客户订单低于预定值情况下,应当列出一个例外情况报告供人检查。非正常需求应当排除在系统的预测消耗逻辑之外。非正常需求应当和未消耗的预测、其他客户订单等加在一起建立主生产计划的总需求。

3.4.2　预测消耗逻辑

如果所接到的客户订单是预测的实现,则应从预测量中减掉客户订单量,这称为预测消耗(forecast consumption)。预测消耗的目的是根据当前预测和实际的订单准确地表示市场需求。通过正确的消耗预测,可以计算每时区的总需求,并处理实际的客户订单、预测在时间上和数量上的差异。

在处理预测消耗的过程中,要把原始预测和未消耗的预测同时保存在 ERP 中。原始预测可以用来对客户订单进行定期分析,以识别潜在的非正常需求及趋势。把未消耗的预测和其他需求加在一起来计算一项物料的总需求,从而使主生产计划和物料需求计划的计算得到简化。

预测消耗包括两项工作:一是将客户订单(或其他实际需求)量从预测量中减掉,求得未消耗的预测;二是处理过期的未消耗预测。这两项工作的处理逻辑又有两种,一是时间严格的,一是时间宽松的。为便于叙述,首先假定某项产品的销售预测如图 3-7 所示。其中,以周为计划时区,每周 5 天,每个直方柱的高表示预测量。在以下关于两种不同的预测消耗逻辑的陈述中,将沿用此图的预测量。

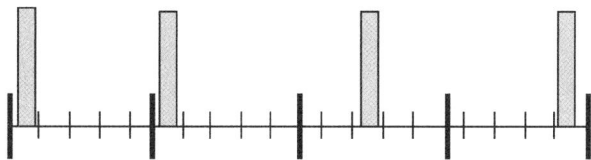

图 3-7　某产品的销售预测

1. 时间严格的预测消耗逻辑

按照这种预测消耗逻辑,将客户订单(或其他实际需求)量从预测量中减掉的过程有严格的时间对应,亦即客户订单的交货时区和预测时区要相同,如果客户订单量大于预测量,也不会去消耗该时区前后时区的预测量,如图3-8所示;而未消耗预测过期,则认为销售机会失去了要将未消耗的预测量删除,如图3-9所示。对照图3-7,在这两幅图中新出现的立方柱表示客户订单,而不染色的立方柱表示被客户订单消耗的预测,或因过期被删除的未消耗预测。

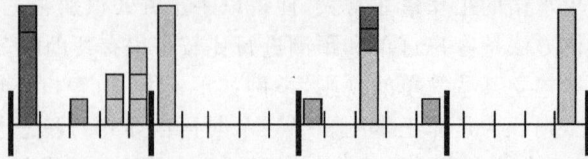

图3-8 将客户订单(或其他实际需求)量从预测量中减掉——限于本时区

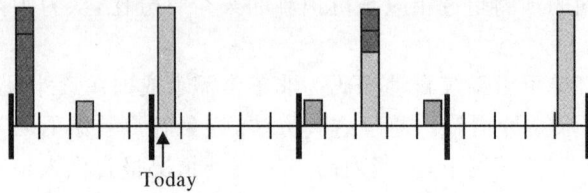

图3-9 删除过期未消耗逻辑

2. 时间宽松的预测消耗逻辑

按照这种预测消耗逻辑,将客户订单(或其他实际需求)量从预测量中减掉的过程无严格的时间对应,即时间的对应相对宽松。首先按照相同的时区将客户订单(或其他实际需求)量从预测量中减掉,求得相同时区的未消耗预测,如果相同时区的客户订单量大于预测量,则该时区的未消耗为0,并消耗该时区前后时区的预测量,求得该时区前后时区的未消耗的预测,如图3-10所示;未消耗的预测过期,则认为销售机会并未失去,只是推迟了,于是,将未消耗的预测量加到其后时区的预测量上,如图3-11所示。

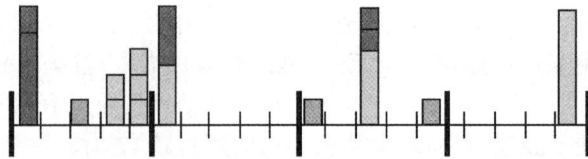

图3-10 将客户订单(或其他实际需求)量从预测量中减掉——可以消耗前后时区的预测量

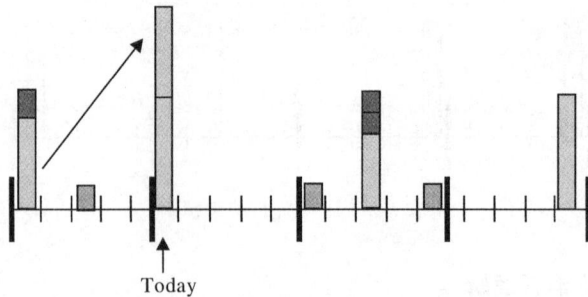

图3-11 将过期未消耗预测加到以后的时区

　　两种不同的预测消耗逻辑分别针对不同的产品特点,用户要根据自己产品的特点来选择使用。概括地说,如果产品的时令性比较强,则应选择时间严格的预测消耗逻辑,否则,应选择时间宽松的预测消耗逻辑。

　　在功能完备的 ERP 中,这两种不同的预测消耗的逻辑都会提供,并通过不同的预测代码供用户选择。例如,选择预测代码 1,系统则按照时间严格的预测消耗逻辑运行;选择预测代码 2,系统则按照时间宽松的预测消耗逻辑运行。

3.4.3　维修件的处理

　　MRP 还提供一种把独立需求作为系统输入的方法。这些独立需求不是主生产计划的一部分。

　　把独立需求录入 ERP 的方法适用于维修件以及其他无须经过主生产计划控制的物料。这些物料的录入对能力或物料没有太大的影响,而且无须评价、修改计划的需求或能力。

　　所谓维修件,是用于产成品维修的组件或零件,亦即在产品使用过程中,用这些维修件来替换产品中损坏的原组件或零件。在一般情况下,对产品的组件或零件的需求来自于生产产品的需求,是一种相关需求。但是,对于产品的组件或零件作为维修件的需求是来自于对组件或零件的直接销售,因而是一种独立需求。

　　对于产品的组件或零件的这类独立需求的处理方法是,把这类独立需求作为毛需求录入到 MRP 中,并和经过 MRP 计划展开得到的该组件或零件的毛需求相加,得到总的毛需求,再做进一步的计划展开。

　　用于求净需求和进行例外检查以及订单计划的方法仍然适用。用来分析主生产计划中的非正常需求和处理过期预测的功能也可用来对直接录入 MRP 中的独立需求进行分析。

知识拓展 3-7　沃纳-兰姆博公司预测部门的研究报告

本章小结

　　ERP 中需求管理是企业运作的源头,本章对需求管理、需求类型、需求响应策略及需求预测与客户订单间的关系进行了介绍。首先介绍了需求管理过程及其重要性,在此基础上对需求类型及需求响应策略进行了阐述。其次针对需求预测相关内容进行了阐述,包括需求预测的概念、影响需求预测的因素、需求预测的内容及流程,在此基础上进一步介绍了需求预测的方法,并以实例加以佐证。最后阐述了需求预测与企业订单之间的关系。如何通过信息技术加强以客户为中心的客户需求分析,真真切切地把预测的需求转化为企业的订单是企业的重中之重。

习题

一、选择题

1.关于预测的一般原则,下面哪一项的陈述是正确的?（　　）

A.对于单个物料的预测比对于产品族的预测更准确

B.对于未来较远时区的预测更准确

C.每一项预测都应当包括误差估计

D.预测通常是准确的

2.对产品做销售预测是谁的责任?（　　）

A.订单录入　　　　　B.市场部门　　　　　C.主生产计划　　　　　D.制造部门

3、下面哪种预测技术采用过去某些时区的平均需求?（　　）

A.德尔菲方法　　　　B.移动平均　　　　　C.需求平滑　　　　　D.定性分析

4.如果需求预测做得比较低,如下哪些项目也将会被低估?（　　）

A.只有生产能力

B.只有生产能力和工作中心负荷

C.只有工作中心负荷和子项物料的需求

D.生产能力、工作中心负荷、子项物料的需求和库存准确度

5.产品 A 由物料 B 和 C 制成,物料 B 由物料 D 和 E 制成。应当预测哪项物料的需求?
（　　）

A.各项物料都要预测　　　　　　　　B.A,B 和 C

C.D 和 E　　　　　　　　　　　　　D.仅仅 A

6.下面哪一项直接受到预测准确性的影响?（　　）

A.在主生产计划中建立计划时界　　　B.采购的订货批量

C.用于确定预测的外部因素指标　　　D.产成品的计划库存水平

7.如下哪些需求不是预测的对象?（　　）

A.独立需求　　　　　　　　　　　　B.产品族需求

C.备用件需求　　　　　　　　　　　D.非独立需求

8.如下哪一项关于紧急订单的陈述是正确的?（　　）

A.紧急订单是未完成订单

B.紧急订单是误期订单

C.紧急订单是供应方在短于所报的提前期的情况下接受的客户订单

D.紧急订单是生产约束造成的

二、简答题

1.什么是需求管理?

2.需求管理在 ERP 中所处的地位如何? 需求管理的过程有哪些步骤?

3.企业中的需求有哪些类型? 请举例说明。需求响应策略如何计算? 影响需求响应策略

的因素有哪些？针对这些因素的不同需求响应策略有哪些类型？

4.企业为什么要对需求进行预测？

5.简要阐述需求预测的基本步骤。

6.简述预测的两大类方法,以及两类方法的优缺点。

7.简要说明移动平均法和指数平滑法的原理。

8.什么是调焦预测？这种方法是如何工作的？

9.如何识别"非正常需求"？意义何在？

10.预测消耗逻辑有几种？各自适用什么样的场合？

案例分析

本田摩托车进入美国市场的过程

一、20 世纪 50 年代以前的美国摩托车市场

世界摩托车行业的鼻祖是美国的哈林·戴维森。1903 年,设在戴维森家后院的摩托车作坊里生产出了第一辆哈林·戴维森托车,由此,这种先进便捷的交通工具便逐渐取代了马匹。摩托车问世初期需求量很大,产品供不应求。到 1915 年,哈林·戴维森摩托车的年产量达1.8万辆。不久,更有竞争力的福特 T 型车出现了,它比摩托车更为宽敞、舒适、便利,能携带更多的物品,而且价格相当低,比一辆哈林·戴维森摩托车贵不了多少,有时甚至低于哈林·戴维森摩托车的价格,因此,为数众多的消费者转而投向汽车市场,成了 T 型车的拥戴者。可以说美国基本上是一个四轮汽车的社会,只有部分爱好者才骑摩托车。这种现象一直持续到 20 世纪 50 年代末。

大家来看看当时美国摩托车市场的消费群体吧。这个市场的覆盖面相当狭窄,几乎可以认为摩托车骑手们只有两类人:一类是专业赛车手、摩托车的行家里手,他们以摩托车作为谋生的工具,本身对机械技术等方面也相当在行,熟悉车辆的性能;另一类就是流浪汉、流氓等不良分子,这些人往往穿着黑皮夹克、戴着墨镜在街上恣意横行,骚扰市民,破坏治安,引起社会各阶层的反感和憎恶。20 世纪 50 年代的美国市场,摩托车的年销售量为 15 万辆左右。此时,在太平洋的对岸,一家日本企业正在暗暗盘算着如何进军美国摩托车市场,争夺它的市场份额。这就是日本的本田公司,它的社长本田宗一郎后来被称为"日本摩托车之父"。1960年,有 40 多万辆摩托车在美国注册登记。这比当时 15 年前第二次世界大战结束时大约增加了 20 万辆,当然,它比其他机动车辆的数量要少得多。但是到了 1964 年,仅仅 4 年时间,由于本田公司的到来,摩托车的数量增至 96 万辆,2 年后达到 140 万辆,到 1971 年约达 400 万辆。

二、本田公司的创业背景

本田宗一郎是一个有着极高天赋的人,在 14 岁时就获得了机械制作的第一项专利,成年后开设了一家车辆修理铺。本田不仅仅是一名修理工,还是一位创造家。他曾将一架旧飞机的引擎改装在汽车底盘上,制成一辆高速赛车,快得无与伦比。他还自己设计活塞环,自己设计制造发动机。到 1949 年,他的工厂可以制造所有的零部件,并开始装配本田摩托车。

本田在经营管理方面也一直具有企业家独特的眼光和敏锐的观察力。他被视为白手起家

的典范,从经营一个小小的摩托车修理铺开始,在复杂的环境中经过一次又一次的失败,最终创建出世界第一流的企业,成为日本战后创立的最大公司。

第一次世界大战后,英国一直是世界上汽车和摩托车产业最为发达的国家。自本田技术研究工业总公司成立之日起,他们就确定了"赶欧超美"的奋斗目标。他们没有贸然大举进军欧美,而是派了一个海外市场调查组,到美国进行可行性考察。回国后,调查组给公司写了一份报告:"在美国,虽说摩托车经销店有3000多家,但其中仅有三分之一的店是每周营业5天,别的店都只在周末或傍晚才开门营业,另外,在美国每年登记销售摩托车数量是45万台,其中6万台是从欧洲进货。不仅如此,摩托车库存少,销售点均为委托经营性质,对消费者实行赊销,厂方垫资巨大。同时,美国国内摩托车业的售后服务状况也较差,对顾客的信誉极为低下。"

三、在美国刮起"本田旋风"

1959年,本田公司在洛杉矶创办了"美国本田技术研究工业公司",开始了新的创业历程。

本田公司一反美国企业的做法,没有把目标顾客只限定于摩托车的爱好者,而是在美国市场上制定了一种具有明显差异的扩展摩托车需求的策略,其要点就是发展轻便摩托车,并直接对新客户做广告。无疑,这是一种创新,打破了美国的"摩托车只属于一部分爱好者"的"观念"。1960年春天,本田公司在美国已设有40个销售点,生意兴隆的景象开始出现。这年,本田的销售量大约是2.21万辆。

他们甚至还得到了一个意外收获。员工们为了节约经费,没有购买汽车,而是把公司的50cc的超小型摩托车作为代步工具。本来,按本田公司的预想,美国人追求的是效率和速度,理所当然会喜爱大型摩托车,这种超小型的摩托车是不会令他们感兴趣的。奇怪的是,当他们驾驶50cc超小型摩托车出去的时候,人们纷纷打听这种车的出处。由于超小型摩托车具有小巧、轻便、漂亮的特点,其一面市便引起美国消费者的注意,购买需求日益看涨。本田公司开始想方设法与运动商店、收割机修理店、五金商店、超级市场,甚至学校的书店等保持联系。他们采用了先试用的方式,总是说:"请你先试用三个星期吧!好用了再买也不迟。"公司的工作人员还组成旅游团,周游整个美国,向市民兜售本田产品。此外,公司还组织销售人员骑车装作新客户试车的样子兜风,进行巡展。

这一系列促销措施引来了一批批新客户。到1961年底,本田公司在美国已拥有500家销售点。在洛杉矶、威斯康星、新佐治亚这三个地方的销售店就有150名本田公司的销售员在工作,超小型摩托车在美国打了一个漂亮仗,但本田公司也没有放弃向大型摩托车销售市场的拓展。

经过一系列的努力后,本田摩托车在美国有了知名度。为了进一步使本田形象在美国消费者心中扎下根,进一步推进大型和小型两种摩托车的销售业务,本田美国分公司不惜血本地展开了强大的宣传攻势。

本田力图促进"骑摩托车很好玩"这种观念的确立。20世纪60年代前期,广告的基本主题是"假日与本田"和"寻求快乐 请找本田"。为了宣传这个主题,本田还必须改善因一些报刊依然广泛宣传的"穿黑皮夹克的摩托车手"给人们造成的不良形象。大多数美国人喜欢驾驶汽车,讨厌开着摩托车横冲直撞的人,这种观念成了本田需要克服的首要障碍。由于广告宣传活动的大力开展,社会公众最终接受了本田的促销主题:"与佳人相会于本田。"早期的广告共表现了 9 种不同的人物：老人、年轻人、不拘小节的人和一本正经的人等。但他们有一个共性，即他们都是好人，为公众所接受，他们都骑着一辆本田摩托车。一则广告说："与佳人相会于本田，这涉及人的品格问题。它行驶方便，可以信赖，要求也不算高。价格在 215 美元左右。5 分钱的汽油可跑一整天，它是一位难得的朋友，很省钱，你的家庭买一辆怎么样？全世界最大的卖主。"尽管这则广告的语气很平静，但本田的全部特征通过"佳人""行驶方便""朋友""家庭"和"省钱"这几个词就都充分表现出来了。

同样主题的广告被用于杂志、电视、电台、报纸、户外招牌、农场刊物以及直邮信件。广告媒介尽量直接针对非传统型的自行车拥有者以及那些从未想到要拥有一辆摩托车的人，广告在《生活》《观察》《周六晚报》《体育晚报》等报刊上广为宣传，本田车的形象逐渐深入美国社会的各个阶层，加上本田赛车在世界著名的 TT 大赛中大获全胜，本田摩托车成了家喻户晓的车。美国的中产阶级甚至以骑本田车为时尚，本田公司取得了美国历史上从未有过的广告大战的胜利。

此后，本田摩托车几乎以势不可挡之势在美国刮起了一股强劲的"本田旋风"。到 1963 年末，本田车在美国的年销售额突破了 10 万辆大关，这个数字比其他在美国的国外摩托车厂家卖出的总数还要多。与此同时，本田车在国内也占据了摩托车市场的 60% 以上。到 1964 年，本田摩托车已占领了美国一半以上的摩托车市场。1965 年，本田的销售量竟有 27 万辆之多，在美国的市场占有率达 80%。本田公司至此在进军美国的战略中取得了辉煌的成功。

公司推销的主要目标是年轻人。本田公司相信：随着第二次世界大战期间出生的新一代逐渐长大成人，那些注重年轻人个性的产品一定会流行起来。本田所推出的新型轻便摩托车就属于这种产品，购买者主要是 16 岁至 28 岁的小伙子，有大学生、青年职工，还有刚刚发迹的白领阶层。研究表明：十几岁的年轻人正成为摩托车的主要拥有者，20 岁以下的第一次购买者要占到 32%。

本田公司通过其"佳人"广告成功地推出了这样一种观念，即骑摩托车的人既潇洒敏捷，又老成持重。美国及欧洲的摩托车制造商们也曾通过广告活动促进了整个行业的飞速发展，但像本田这样在极短的时间内促成了社会习俗的改变和社会公众的承认与接受，其大众传播的有效性以及广告技术的高水平，在这些国家尚不多见。

对于出现的问题，本田公司也总是能及时做出反应、及时解决。1966 年，摩托车的总销售额骤然下降。尽管本田摩托车的销售量仍有增加，但比预期的要低，这引起了本田的担心。出现摩托车销售量下降的主要原因是由于越南战争的爆发，越来越多的 18 岁至 29 岁的年轻人相继应征入伍。这部分人原来就占了本田市场的 50%。此外，银行界越来越不愿借钱给那些达到应征入伍年龄的人。

当然，这些问题都属于企业的外部环境因素。对此，本田和任何摩托车制造商一样无能为力，但本田毕竟采取了措施，没有坐视其发生。面对日益萎缩的市场，它将广告费从 600 万美元增加到了 700 万美元，并设计出个主要针对非应征入伍者的广告方案，这个目标就是妇女。这是很自然的。廉价、轻便、易用的摩托车本来就对妇女有着巨大的吸引力，她们既可以购买也可以租用，并且方便、实惠，服务也不成问题。为了使家庭主妇、学生以及青年职员们都觉得有能力驾驭这种新型交通工具，需要更改产品形象。本田公司设计了甲壳虫般的外形，采用了当时正流行的鲜艳色彩做装饰，使整个车身看起来耀眼而引人注目。新产品一上市便大受年轻人的欢迎，越来越多的妇女采取了购买行动。本田公司又一次渡过了难关。

此后,本田摩托车继续风摩美国,本田公司也因此获得了"世界第一摩托厂家"的称号。

后来,本田公司在摩托车市场成功的基础上,又如愿以偿地把本田汽车成功地推向美国市场。本田汽车以其节约能源、小巧轻便而同样深受美国消费者欢迎。1976年,本田公司的"雅阁"汽车因其质优价廉,一面市便掀起了购买热潮,还被美国的《汽车趋向》杂志评为最佳进口车。

资料来源:https://www.docin.com/p-475718777.html

问题:

1. 本田公司是如何对美国摩托车市场进行细分的?

2. 本田公司是如何创造美国消费者对摩托车的需求的?

第4章 计划管理——ERP 运行的关键

本章要点

教学目标

通过本章的学习,掌握 ERP 中与计划相关的概念,理解 ERP 的计划层次,重点掌握主生产计划、物料需求计划的计算过程,能根据企业的实际运行状况进行主生产计划、物料需求编制;熟悉计划管理所涉及的 ERP 生产管理子系统基本内容,以及该子系统如何解决传统生产管理中存在的各种问题的。

教学要求

知识要点	能力要求	相关知识
计划层次	(1)掌握 ERP 中的计划层次 (2)掌握 ERP 中的各层计划的区别与联系	计划层次图
生产运作规划	(1)掌握生产规划的概念及内容 (2)了解生产运作规划的作用与意义 (3)理解生产运作规划的功能及编制步骤	生产运作规划内容 生产运作规划编制
主生产计划	(1)熟悉主生产计划的对象和作用 (2)掌握主生产计划的编制方法及步骤 (3)掌握主生产计划的维护方式	主生产计划对象 主生产计划编制 主产生计划维护
物料需求计划	(1)熟悉物料需求计划的概念和特征 (2)理解并学会如何根据 BOM 计算 MRP (3)掌握物料需求计划编制的方法及步骤	物料需求计划概念 物料需求计划编制
车间作业计划	(1)熟悉车间作业计划的概念 (2)理解车间作业计划的内容 (3)掌握生产调度的常用措施 (4)掌握优先级的确定方法	车间作业计划内容 生产调度 优先级

引 例

10 公里的旅程

心理学家做了一个十分有趣的实验：组织三组人，让他们分别向 10 公里以外的三个村子进发。第一组的人既不知道村庄的名字，也不知道路程有多远，只告诉他们跟着向导走就行了。刚走出两三公里，就开始有人叫苦；走到一半的时候，有人几乎愤怒了，他们抱怨为什么要走这么远，何时才能走到头，有人甚至坐在路边不愿前进，越往后走，他们的情绪也就越低落。第二组的人知道村庄的名字和路程，但路边没有里程碑，只能凭经验来估计行程的时间和距离。走到一半的时候，大多数人想知道已经走了多远，比较有经验的人说："大概走了一半的路程。"于是，大家又簇拥着继续向前走。当走到全程的四分之三的时候，人们情绪开始低落，觉得疲惫不堪，而路程似乎还很长。此时有人说："快到了！"大家重新振作起来，从而加快了行进步伐。第三组的人不仅知道村庄的名字、路程，而且公路旁每一公里处就有一块里程碑，人们边走边看里程碑，每缩短一公里大家便有一小阵的欢乐，行进中他们用歌声和笑声来消除疲劳，情绪一直很高涨，所以很快就到达终点。

该故事表明，要想带领大家共同完成某项工作，首先要让大家知道要做什么，即要有明确的目标（走向哪个村庄）；其次是要指明行动的路线，这条路线应该是清楚的、快捷的（如路标），也就是说，要提出实现目标的可行途径，即计划方案。这些是有效开展工作的前提。

企业经营也是同样道理，其首要事情是确定任务和目标，这恰恰是计划的职能。计划是对未来行动的预先安排，并拟定完成任务和达成目标的行动计划。计划是管理的一项重要职能，其中目标是方向，决策是关键。企业能否健康成长，各层管理者的计划与决策能力至关重要。

资料来源：曾美英，宴宁，毛荣建，等.心理学实验与生活[M].北京：教育科学出版社，2011：143 - 144.

试想要开办一个汽车制造厂，需要提前做些什么？

（1）进行产品决策。生产载重汽车还是生产轿车？如果生产轿车，是生产高档轿车还是中、低档轿车，抑或三者都不同程度地投入。产品决策前可以先对市场进行调查和预测来获取相关信息。

（2）产品决定后，就要考虑该汽车制造厂远期（5～7 年）、中期（3～5 年）及近期（1～3 年）目标，包括生产规模、市场占有率、年销售额等货币性指标。

（3）接下来要把每年的生产规模、市场占有率、销售额等货币性指标转化为每年要生产多少辆高档轿车、多少辆中档轿车、多少辆低档轿车等产品系列类生产指标。

（4）然后将客户订单、市场预测订单按需求先后对每一台要出厂的轿车进行排产。

（5）接着就要考虑每一台要出厂的轿车是由哪些部件、配件及原材料组装而成，这样就知道每种配件、部件及原材料的需求数量、需求时间。

（6）最后考虑构成这些轿车的部件、配件及原材料是通过采购还是自主生产。若采购，要涉及安排人力、物力和财力，控制进度，使部件、配件及原材料能够按质按量按时到达预定的地点；若自主生产，应如何编制车间作业计划，合理安排人力、物力和财力，控制进度，使产品能够按照客户的要求生产出来。

（7）为了使生产活动适应外界的变化，要对生产活动不断改进。

计划管理就是对以上活动进行管理。

4.1　ERP 计划层次

任何企业的存在必有一组基石，即客户、供应商、产品和资源。但是，这些基石之间的关系是松散的，必须靠企业的愿景和竞争力把它们整合在一起，才能形成获利的能力。这种关系如图 4-1 所示。

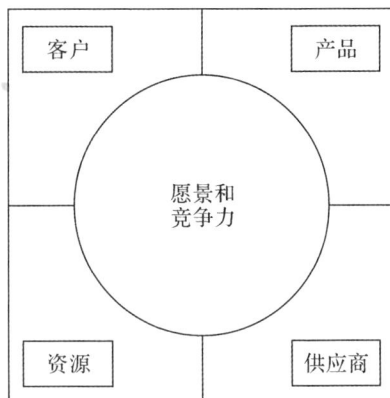

图 4-1　整合企业的基石

愿景是企业的灵魂，是企业的目标，是企业发展和创新的基点。它要把企业组织的资源（人、物料、设备、资金）和供应商提供的资源结合起来去创造市场所需的产品。

知识拓展 4-1　Facebook 的愿景

竞争力是把无形的愿景转化为有形的计划和活动，从而使愿景得以实现的组织能力和技术能力的总和，具体包括创新能力、市场和销售能力、设计和开发能力以及生产制造能力等。愿景和竞争力体现在计划之中。计划是管理的四大职能中的第一项，其他三项是组织、激励和控制，计划是企业运营的核心，没有计划就没有控制。尤其是在市场竞争越来越激烈的情况下，企业要生存、发展就必须面对市场很好地计划自己的资源和各项生产经营活动。

4.1.1　计划管理常见问题

1. 意义

计划是企业管理的首要职能，只有具备强有力的计划功能，企业才能指导各项生产经营活动顺利进行。如果把企业比喻成一个人，企业的经营战略相当于人的大脑，推陈出新的产品是它的生命和血脉，生产设施和能力资源相当于肌肉骨骼，而牵动人体各部分活动的神经系统就是计划与控制。由于市场环境的变化和现代生产管理理念的不断更新,一个制造型企业能否良性运营,关键是使计划与生产密切配合,企业和车间管理人员可以在最短的时间内掌握生产现场的变化,做出正确的判断和快速的应对措施,保证生产计划得到合理而快速的修正。

市场竞争越来越激烈的当下,企业要生存和发展就必须很好地计划自己的资源和各项生产经营活动。通过观察分析那些世界级的企业,就会发现这些企业的一个最显著的特点是它们都有一个以计算机为工具的有效的计划控制系统。ERP就是这样一个以计算机为工具的计划与控制系统。

2. 常见问题

那么,企业缺乏计划与控制的工具会如何呢? 下面的现象在很多企业中是常见的。

(1)在企业高层领导的会议上,对于所讨论的产品和生产线竟然没有一个人掌握必要的和足够的信息和数据。

(2)库房管理人员手中的数据是上周六的,而现在已经是周四了,而且,他们不知道这几天以来库存的变化。

(3)采购人员按月制订采购计划,但他们不知道本月有多少物料已收到或已从供应商那里发出,或供应商将发出并在本月收到。采购部门需要生产部门向他们提供准确的需求信息,以便向供应商发放采购订单。

(4)销售预测按季度进行,但和实际的销售额偏差很大。

(5)生产部门按周安排生产计划,已经有几个产品的生产计划已过期,但尚未调整,所接到的客户订单总要在几天之后才能录入到系统中。

(6)员工认为有许多产品存放在成品库中,但是,企业的许多客户却不能按时收到货物。实际上企业员工常常把同一批货物承诺给多个客户。

(7)企业最大的客户要求从现在开始在一周内向他们发运某种产品300件,企业已经对客户做出了承诺,答应按时发货,但是没有人保证一定能做到。

(8)财务部门要求销售、库存和生产部门提供关于未来半年的详细计划,以便确定企业能否满足其当年的财务计划。

(9)每个人都有自己的一套数据来为自己的工作辩护,而把抱怨推向别人或别的部门,甚至抱怨客户或供应商。

(10)企业高层领导在这样的环境中指挥企业的运作如同"盲人骑瞎马",企业的绩效肯定不会好。而那些和这样的企业有生意往来的客户,又有谁肯长期地忍受这一切呢? 所以,长此下去企业必然失去客户、失去市场、难以生存。

可用顺口溜"凭证满天飞,报表一大堆。数据不一致,责任相推诿。决策无依据,领导难指挥"。所述,那么上述现象的出现,主要是因为企业缺乏有效的计划和控制过程。通过有效的计划和控制可以解决或缓解这些问题。计划的实质是使企业如何通过制造和销售产品获取利润,其作用表现在:① 使企业的产出满足市场的需求;② 有效地利用企业各种资源,合理组织各类产品生产;③ 使投入能以最经济的方式转换为产出。

4.1.2 ERP 系统中计划的层次

在 ERP 中,计划是其主线。就物料计划来讲,主要包括五个层次,如图 4-2 所示。即经营规划、销售运作规划、主生产计划、物料需求计划和车间作业计划或采购作业计划。这五个层次的计划实现了由宏观到微观、由战略级到战术级、由粗到细的深化过程。越接近顶层的计划,对需求的预测成分越大,计划内容也越粗略和概括,计划期也越长。越接近底层的计划,需求由估计变为现实,因而计划的内容也就越具体详细,计划期也越短。

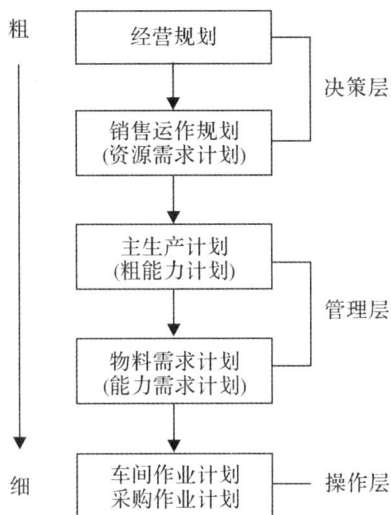

图 4-2　ERP 中计划层次图

在五个计划层次中,经营规划表达企业的愿景,是企业的战略规划。但是,经营规划本身并不能完成什么。要实现经营规划,就必须逐步分解经营规划,得到战术级的操作计划,指明为满足客户需求须做什么及其优先级。经营规划和销售运作规划具有宏观的性质,主生产计划是宏观向微观的过渡性计划,物料需求计划是主生产计划的具体化,而车间作业计划和采购作业计划则是物料需求计划的执行阶段。企业的计划必须是现实和可行的,否则,再宏伟的目标也是没有意义的。

在 ERP 中,任何一个计划层次都包括需求和供给两个方面,也就是需求计划和能力计划,要进行不同深度的供需平衡,并根据反馈的信息,运用模拟方法加以调整或修订。能力计划伴随物料计划,同样是一个由宏观到微观、由粗到细、由远到近分阶段运行的流程。能力计划是物料需求转化为能力需求的过程,与销售运作规划、主生产计划、物料需求计划依次对应的能力计划为资源需求计划、粗能力计划、能力需求计划。

供需矛盾是企业最基本的矛盾。ERP 正是紧紧抓住这个最基本的矛盾,用模拟的手段进行计划和调整,充分利用信息反馈,实现供需平衡。每一层计划都回答如下问题:需要生产什么? 用什么来生产? 现在有什么(包括物料和能力)? 还应该得到什么?

在 ERP 中,上层计划是下层计划的依据,下层计划不能偏离上层计划的目的,从而整个企业遵循的是一个统一的计划。接下来主生产计划、物料需求计划会逐一介绍,车间作业计划、能力计划、采购作业计划等内容,也会在后续章节讨论。

4.1.3　计划管理与时间相关概念

1. 计划期

计划期是生产计划所覆盖的时间范围,即计划的时间跨度,此跨度之外(计划的最末时间后)又是下一个计划的时间范围。在有些教材和软件中,计划期也叫计划展望期,是对"planning horizon"的直译。

各种产品从接到客户订单开始到完成交付的周期是不同的,如生产豆奶,采购加生产的周期不到1周;生产远洋货轮,周期就要1年以上的时间。因此,不同产品计划期的长短要依制造周期而变,是一个变量。

有了计划期的概念,有助于控制产品生产的全过程和管理产品的生命周期,从而有助于决策人员制定长远的产品战略发展目标。

2. 时段

时段表明计划的精度(分、时、日、周、旬、月、季、年),是时间段落、间隔或时间跨度,划分时段是为了说明在各个时间跨度内的计划量、产出量、需求量,以固定时间段的间隔汇总计划量、产出量、需求量,便于对比计划,从而可以区分出计划需求的优先级。

ERP时段可以设置多种,除了按季度、月份、周、日均等设置外,也可以近期若干时段为日,中、远期为周甚至是月或季,每隔一定时间只要设定"开始日期",系统又会按近期细、远期粗的时段自动显示,满足滚动计划的需求,如图4-3所示。

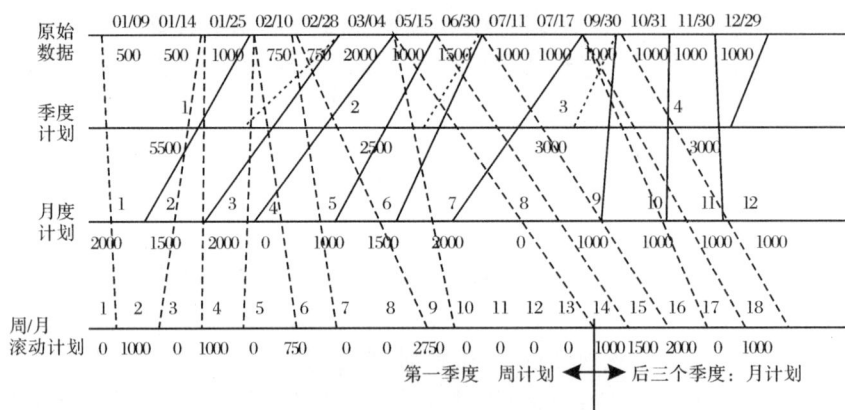

图4-3　时段设置与显示

3. 时区与时界

时区(time zone)概念是为了控制计划的稳定性而提出来的。在制订生产计划中,根据计划编制过程的不同,将计划期由近至远依次划分为三个时区:需求时区、计划时区和预测时区。时区之间的分隔点称为时界(time fence)。

在需求时区,需求依据实际合同,计划已下达及执行,计划变动代价极大,很难变动。产品已经投入生产,装配已在进行,变动需由厂领导决定,应该尽量避免更改。在计划时区,需求依据合同与预测,一般取合同与预测之间的较大值。计划已确认及下达,变动代价大,系统不能自动变动更改,只能由人工干预。在预测时区,计划以预测为主,计划允许变动,系统可自动更改,计划员有权进行更改。所以,ERP 在处理计划变动时,先要看看是落在哪个时区,要分析变动带来的影响和代价,建立规范化的计划变动审批程序,以保持计划的相对稳定。如图4-4所示。

时区	需求时区	计划时区	预测时区
时段	1　2　3	4　5　6　7　8	9　10　11　12
跨度	总装提前期	累计提前期（加工/采购）	累计提前期以外
需求依据	合同	合同与预测取舍	预测
订单状况	下达	下达及确认	计划
计划变动难易	计划变动难代价极大	系统不能自动更改需人工干预,改动代价大	系统自动更改
变动审批权	厂长	计划员	计划员
临时需求	临时需求小于可供销售量	临时需求小于可供销售量	无限制

图 4-4　时区与时界

4. 提前期

提前期(lead time)的概念主要是针对需求提出的,以交货或完工日期为基准倒排计划,推算出工作(采购、生产)的开始日期或订单的下达日期,这个期间的时间跨度称为提前期。例如,生产部门需要采购部门在某一时间提供需要的物料,则采购部门必须提前一段时间(提前期)进行采购,否则,不可能及时完成供货。生产管理中存在以下几种不同的提前期。

(1)生产准备提前期。它是指从生产计划开始到生产准备完成(可以投入生产)的全部时间。

(2)采购提前期。它是指采购订单下达到物料完工入库的全部时间。

(3)生产加工提前期。它是指生产加工投入开始(生产准备完成)至生产完工入库的全部时间。

(4)装配提前期。它是指装配投入开始至装配完工的全部时间。

(5)累计提前期。它是指采购、加工、装配提前期的总和。

(6)总提前期。它是指产品的整个生产周期,是产品设计提前期、生产准备提前期、采购提前期、生产加工提前期、装配提前期、试车提前期、检测提前期、发运提前期的总和。

知识拓展 4-2　ZARA 如何缩短提前期

4.2　经营规划

ERP 计划管理是从长远规划开始的,长远规划通常称为经营规划(business plan)。经营规划管理者从企业基本性质出发,为企业提出下一个 5～10 年的经营方向,只设定大的框架,所有其他的计划与执行将在这框架内完成。

经营规划是企业的战略规划,只确定企业的经营目标和战略,主要包含以下内容:

(1)确定产品开发方向及市场定位、预期的市场占有率。

(2)确定营业额、销售收入和利润、资金周转率、销售利润率和资金利润率等。

(3)进行企业长远能力规划、技术改造和企业扩充或基本建设。

(4)规划职工培训和队伍建设目标。

(5)为企业的发展(特别是在财务和经济效益方面)做出规划。

经营规划以货币单位表述,是企业的总体目标,是各层计划的依据。后面的各个计划层,都是对经营规划的进一步细化,不能偏离经营规划。

经营规划在企业高层领导主持下会同销售、市场、工程技术、生产、物料和财务各部门负责人共同制定。执行过程中有新的情况,下层计划只有反馈信息的义务,而无变更经营规划的权力,变更经营规划只能是企业高层领导的职权。

知识拓展 4-3　阿里巴巴未来长期规划

4.3　销售运作规划

销售运作规划(sales and operational planning,S&OP)是 ERP 计划管理的第二层次,在早期的 MRP II 流程中是分为销售规划与生产规划(或产品规划)两个层次,由于它们之间有不可分割的联系,后来合并为一个层次。销售运作规划是为了体现企业经营规划而制定的产品系列生产大纲,按 ERP 标准要求,ERP 应包括这个计划层次,但由于它主要是由人工方式进行决策并录入数据,不是由系统运算得出的结果,因此,并非所有的 ERP 都包括这层计划功能。

销售运作规划着重于产品与市场,为主要产品系列设定所希望的市场份额目标,识别值得分配更多资源的产品系列,定义所需新产品的特征,建立分配渠道并设定客户服务水平目标。

4.3.1　概述

销售运作规划是指根据经营规划目标,确定企业的每一类产品在未来 1～3 年内每年、每月生产多少及需要占用哪些资源等。

Oliver Wright 认为,"销售运作规划的目的是要得到一个协调一致的单一运作计划,使得所有关键资源,如人力、能力、材料、时间和资金都能有效地利用,以获利的方式满足市场需要"。

《APICS 词汇》则定义得比较具体:销售运作规划是一种编制技术规划的流程,它把面向客户的新产品和老产品的市场营销规划与管理供应链集成,从战略高度为高层管理提供指导业务的手段,从而能够持续地保持企业的竞争优势。这个流程把各种业务计划(销售、市场、产品研发、制造、外协和财务)归纳到一套集成计划中。企业每月至少召开一次会议讨论销售运作规划,并在产品系列层次进行业绩考核。制定需求、供应和新产品投入的销售运作规划,必须紧密结合经营规划。它是企业近期和中期计划的权威性文件,其计划期的长度要能够支持企业年度经营规划,正确执行销售运作规划和业绩评价是企业不断进取的必要手段。

企业生产部门会将市场营销部门的计划转换成对人员、设备及物料等资源的大致需求,工程设计部门提出技术发展的方向,以及由此带来的对产品与加工过程具有的潜在影响,还识别出为了未来利益而要求现在在研究、开发与应用方面采取行动的机会。财务计划则把其他部门的计划转换成所需的资本规划、现金流、主要的预测与利润估算。

4.3.2　内容

生产运作规划是对企业未来一段时间内预计资源可用量和市场需求量之间的平衡所制定的概括性设想,是根据企业所拥有的生产能力和需求预测,对企业未来较长一段时间内的产品、产出量等问题所做的概括性描述。生产运作规划主要包括以下内容。

1. 品种

按照产品的需求特征、加工特性、所需人员和设备的相似性等,将产品分为几大系列,根据产品系列来制定生产规划,如表 4-1 所示。

表 4-1　产品系列生产规划

系列	1 月	2 月	…	12 月
产品系列 A	2000	3000	…	4000
产品系列 B	6000	6000	…	6000

2. 时间

生产运作规划的计划期通常是 1 年(有些生产周期较长的产品,如大型机床,可能是 2 年、3 年或 5 年),因此有些企业也把生产运作规划称为综合生产计划或年度生产计划。在该计划期内,使用的计划时间单位是月、双月或季。在滚动计划中,还有可能近期 3 个月的执行计划时间单位是月,而其他未来 9 个月的计划时间单位是季等。

3. 人员

生产运作规划可用几种不同方式来考虑人员安排问题,例如:将人员按照产品系列分成相应的组,分别考虑所需人员水平;将人员根据产品的工艺特点和人员所需的技能水平分组;等等。生产运作规划还需要考虑需求变化引起的所需人员数量的变动,决定是采取加班方式还是聘用更多人员等。

4.3.3　作用

销售运作规划的作用为:①把经营规划中用货币表达的目标转换为用产品系列的产量来

表达;②制定一个均衡的月产率,以便均衡地利用资源,保持稳定生产;③控制拖欠量(MTO)或库存量(MTS);④作为编制主生产计划(MPS)的依据。

销售规划不一定和生产规划完全一致。一般地,销售规划要反映季节性需求,而生产规划要考虑均衡生产。在不同的销售环境下,生产规划的侧重点也不同。对 MTS 类型的产品,生产规划在确定月产率时,要考虑已有库存量。如果要提高成品库存资金周转次数,年末库存水准要低于年初,那么,生产规划的月产量就低于销售规划的预测值,不足部分用消耗库存量来弥补。对 MTO 类型的产品,生产规划要考虑未交付的拖欠订单量,如果要减少拖欠量,那么,生产规划的月产量要大于销售规划的预计销售量。

ERP 运行销售运作规划有两个基本目的:①销售运作规划在企业的战略计划过程与详细计划执行过程之间起到关键的联结作用。②销售运作规划管理着企业中所有其他计划,包括主生产计划及其所有支持计划。销售运作规划是企业高层管理人员对 ERP 的主要输入。

在大多数企业中,决策者制定高层计划并协调高层计划得到企业整体的对策计划。这个对策计划对来自销售市场的需求与工厂的生产能力之间进行平衡,生成与工厂的生产能力相一致的销售规划,也可以制定支持长期销售规划、库存和未交付客户订单的目标生产规划。从长远来说,市场需求驱动着企业的生产,而企业满足着市场的需求。从短期来说,生产率由企业的生产能力来确定。

知识拓展 4-4　美的销售运作规划决胜之法

4.3.4　编制

1. 信息收集

若要计划制定得好,必须要做到现实又灵活。为了做到这一点,所有支持生产运作规划的信息必须可靠、可信和易于获取。几乎所有的生产运作规划制定流程都是遵循计划、评价、检查和改进这样的循环过程。生产运作规划两个最关键的作业是编制需求计划(销售额)和供应计划(产品系列的产量),所有的需求和供应计划除了在例外情况下需要每周核查外,一般是每月核查一次,从纵向和横向同步协调各个业务部门的工作。其信息包括:

(1)计划部门的信息。它包括销售目标和库存目标,均以金额表示。

(2)市场部门的信息。它包括各时段产品的销售预测,以产品数量表示。

(3)研发部门的信息。它用来确认新产品设计的可能性,包括资源清单和专用设备要求。

(4)生产部门的信息。它包括资源可用性,如可用劳动力、可用机时或工作中心小时、当前库存水平、当前未完成订单的数量。

(5)财务部门的信息。它包括单位产品的成本和收入、资金可用性和增加资源的财务能力。

计划部门、市场部门和研发部门提出的信息是需求方面的数据,这些需求来自市场和客户,也来自企业自身发展的需要;需求数据的表现形式可以是销售额、产品数量、所需的劳动力、机器和材料;而生产部门和财务部门提供的主要是能力方面的数据,是关于劳动力、设备、库存及资金方面的可用性信息。

2. 制定生产运作规划

生产运作规划是一个关于产品系列的计划过程,这个过程的主要目标是对产品系列确定生产率,而不是为单项物料制定生产计划。由于把物料划分成产品系列,使得必须由高层领导检查和批准的物料分组不会太多。根据产品的不同,生产率可以是每周数量、每月数量、每季度数量等。生产率不包括具体生产批量的时间和数量。

影响生产运作规划制定的因素包括销售规划、供应商、生产能力限制、当前的和所希望的库存量(对于 MTS 的产品)或当前的和所希望的未交付客户订单量(对于 MTO 的产品)。对于那些既包括 MTS 又包括 MTO 的产品系列,生产运作规划则应考虑库存和未交付客户订单两方面的信息。

生产运作规划的生产率经常会与销售率不同。例如,生产运作规划可以在一个销售波峰季节来临之前积累库存;或者为了使提前期更具有竞争力,生产运作规划也可以使未交付的客户订单减少;或者生产运作规划可以增加一条生产线上的未交付客户订单来解放其他生产线的资源,以利于捕捉意义重大的市场机会。对于不同类型的生产企业,其制定方法会有所区别,现以具体例子来加以说明。

1)MTS 的生产运作规划制定

(1)平均法。

对 MTS 环境下编制生产运作规划,可根据当前的和所希望的库存水平来控制生产率。目标是在一定的库存水平和平衡的生产率前提下,决定月产量,以满足预测需求。

$$期末库存量 = 期初库存量 - 销售规划量 + 生产规划量$$

【例 4-1】假设一个生产儿童推车的工厂编制生产运作规划,计划期为 1 年,按月划分时区,年末库存目标是 100 辆,当前实际库存量为 500 辆,拖欠订单数量是 300 辆。儿童推车的年预测销售量是 1200 辆。

计算步骤如下:

(1)把年预测销售量 1200 辆按月平均分摊,每月为 100 辆。

(2)计算期初库存。

$$期初库存 = 当前库存 - 拖欠订单 = 500 - 300 = 200(辆)$$

(3)计算库存变化。

$$库存变化 = 目标库存 - 期初库存 = 100 - 200 = (-100)(辆)(库存减少)$$

(4)计算总生产需求。

$$总生产需求 = 预测数量 + 库存变化 = 1200 + (-100) = 1100(辆)$$

(5)把总生产需求量按时段分配在整个计划期内,所得到的生产运作规划初稿如表 4-2 所示。

表 4-2　MTS 的产品系列:儿童手推车

产品类:M120　　　　　当前日期:2020/4/30　　　　　当前库存量:200

月份	1 月	2 月	3 月	4 月	5 月	6 月	7 月	8 月	9 月	10 月	11 月	12 月
销售预测	100	100	100	100	100	100	100	100	100	100	100	100
期初库存200												
预计库存	190	180	170	160	150	140	130	120	110	100	100	100
生产规划	90	90	90	90	90	90	90	90	90	90	100	100

表 4-2 中,预计库存采用倒推法。

第 $K+1$ 时段的预计库存＝第 K 时段预计库存＋第 $K+1$ 时区生产规划量－

第 $K+1$ 时区销售预测量($K=0,1,\cdots$)

第 0 时区预计库存＝期初库存

(2)滚动计划法。

滚动计划法是一种在市场经济条件下,企业对生产计划自觉地进行主动调节的有效方法。滚动式计划的编制方法具体来说有如下特点:①整个计划期分为几个时段,其中第一个时段为执行计划,后几个时段的计划为预计计划。②执行计划较为具体,要求按计划实施,预计计划比较粗略。③经过一个时段,根据执行计划的实施情况以及企业内外条件的变化,对原来的预计计划做出调整与修改,原预计计划中的第一个时段计划就变成了执行计划。比如,2019 年 12 月编制 2020 年的计划,计划期从 2020 年 1—6 月,共 6 个月。若将 6 个月分成 6 个时段,则 2020 年 1 月的计划实施之后,又根据当时的条件编 2020 年 2—7 月的 6 个月计划。以此类推,修订计划的间隔时间称为滚动期,它通常等于执行计划的计划期。滚动计划的时段可为年、季、月或更短的时间间隔,视具体情况而定。

滚动式计划有两大优点:①计划是动态的,计划的应变能力得到了保证。原来编制的长期计划和年、季、月计划,一经编制完成后,计划量不再变动,计划也不再修订。如果第一期实施结果出现偏差或问题,以后各期计划如不调整,计划就会失去意义。而滚动式计划则可以改变上述缺点,无论时间长短,在一个滚动计划期内,计划量要按市场需求不断进行调整和变动,按滚动期不断地编制计划。所以滚动式计划能适应市场需要,具有应变性的特点。②计划具有连续性。这样便于建立正常的生产秩序和均衡组织生产,如图 4-5 所示。

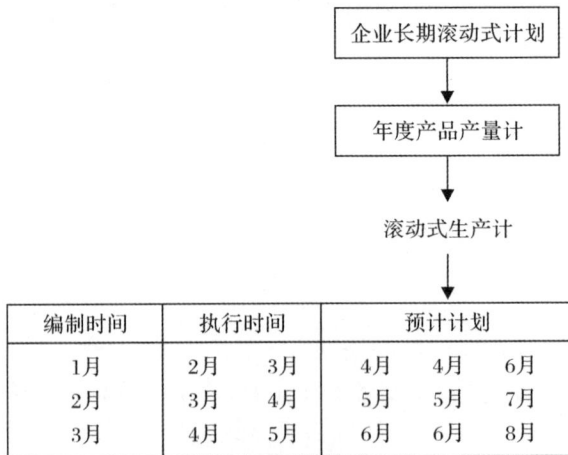

| 企业长期滚动式计划 |
| 年度产品产量计 |

滚动式生产计

编制时间	执行时间		预计计划		
1月	2月	3月	4月	4月	6月
2月	3月	4月	5月	5月	7月
3月	4月	5月	6月	6月	8月

图 4-5　滚动生产计划示意图

计划的滚动期为 5 个月,时间单位为月,即 1 月编制 2、3、4、5、6 月的计划,2 月编制 3、4、5、6、7 月计划,1 月编制的 4、5、6 月计划和 2 月编制 5、6、7 月计划为预计计划。在一个滚动期内,执行计划和预计计划应为多长时间,视企业具体情况而定。

在 MTS 环境下编制生产运作规划时,如市场需求波动较大,要求库存发挥缓冲器的作用,在更精确的时间内及时协调需求量和生产量。例如:可以要求每一时段内的库存根据下一时段的预测需求量进行调整,这样更能够在满足市场需求的情况下,降低库存,平衡生产。

【例 4-2】一个生产儿童推车的工厂编制生产运作规划,各时段内的预测量如表 4-3 所示,期初库存为 400 辆,要求各时段内库存为下一预测量的 50%,试编制各时段内的生产运作规划。

解:每一时段期望库存＝下一时段预测量×50%

每一时段生产运作规划量＝该时段的销售预测量＋该时段预计库存—上一时段预计库存量

编制的销售运作规划如表 4-3 所示。

表 4-3　滚动计划法编制生产运作规划

月份	1 月	2 月	3 月	4 月	5 月	6 月	7 月	8 月	9 月	10 月	11 月	12 月	1 月
销售预测	800	700	500	700	600	400	500	600	700	800	700	400	800
期初库存 400													
预计库存	350	250	350	300	200	250	300	350	400	350	200	400	
生产规划	750	600	600	650	500	450	550	650	750	750	550	600	

2)MTO 的生产运作规划制定

在 MTO 环境下编制生产运作规划,是根据当前的和所希望的未完成订单量来控制生产率。目标是控制未完成订单量和平衡生产率的基础上,满足客户需求。

预计未完成订单＝当前未完成订单＋销售规划量—生产规划量

【例 4-3】假设一个生产儿童推车的工厂编制生产运作规划,计划期为 1 年,按月划分时段,年末未完成订单数量为 300 辆,当前未完成订单量为 420 辆,年预测销售量为 1200 辆。

解:计算步骤如下:

(1)把年预测销售量 1200 辆按月平均分摊,每月为 100 辆。

(2)计算未完成订单的改变量。

拖欠订货数变化＝期末目标拖欠订货数—当前拖欠订货数

＝300—420＝(—120)(辆)(库存减少)

(3)计算总生产量。

总生产量＝预测销售量—拖欠订货数变化

＝1200—(—120)＝1320(辆)

(4)把总生产量平均分配到各月。

本例所得到的生产运作规划如表 4-4 所示。

表 4-4　MTO 的产品类:儿童手推车

产品类:M120　　　　　　　　　当前日期:2020/4/30　　　　　　　　　(单位:台)

月份	1 月	2 月	3 月	4 月	5 月	6 月	7 月	8 月	9 月	10 月	11 月	12 月	全年
销售预测	100	100	100	100	100	100	100	100	100	100	100	100	1200
期初未完成订单 420													期末未完成订单 300
预计未完成订单	410	400	390	380	370	360	350	340	330	320	310	300	
生产规划	110	110	110	110	110	110	110	110	110	110	110	110	1320

表4-4中,各时段的预计未完成订单量计算方法如下:

第 $K+1$ 时段的预计未完成订单量=第 K 时段预计未完成订单量+第 $K+1$ 时段销售预测量-第 $K+1$ 时段生产运作规划量($K=0,1,\cdots$)

第 0 时段预计未完成订单量=期初未完成订单量

3)线性规划法

实际运作过程中还可以采用数学方法编制生产规划,如线性规划、线性决策规则、回归分析模型、仿真、搜索决策规则等。本节主要介绍线性规划法。

生产规划的线性规划模型是解决资源合理利用和资源合理调配的有效方法,它涉及两个方面的具体问题:①市场需求已定,如何统筹安排、精心策划,用最少的资源来满足市场需求。②资源数量已定,如何合理利用、合理调度,以取得最大利润。

这是实现同一系统两方面的任务:前者涉及系统的投入问题,求极小值;后者涉及系统的产出问题,求极大值。因此线性规划要解决的问题是用最少的劳动消耗和物质消耗,满足更多的产品需求,获得最好的经济效益。

生产规划的线性规划模型由四部分组成:①变量。变量又称为决策变量,如生产规划中产品的品种和数量等,可以用 X_1 , X_2 ,…表示不同品种产品的产量。②目标函数。目标函数指系统目标的数学描述,线性规划的目标函数是求系统的极值,如产值、利润、效率极大值或原材料消耗、成本费用的极小值。③约束条件。约束条件指实现系统目标的限制因素,涉及系统内部和外部环境的各个方面,如生产能力约束、原材料能源约束、库存水平约束等。④变量非负限制。变量非负限制指所有决策变量均大于或等于零。

最后借助计算机求最优解。

线性规划模型法适用于生产多品种产品类型的企业,解决具有多种约束条件的生产规划问题。对于约束条件较少的生产规划问题,可以采用图表法。图表法实际上是线性规划的一种特殊形式,处理的问题相对比较简单,操作起来简便易行,在实践中得到广泛应用,一般以生产能力作为约束条件。在此方法中一般考虑的成本项目主要有四种:①正常成本。正常成本指在正常稳定的生产状况下单位产品的生产成本,主要包括直接材料、直接人工和制造费用。②加班成本。加班成本随加班时间和生产率增加而呈现指数曲线状急剧上升。③外协成本。外协成本指由自制改为外协时,需要多支出的外协加工费和外协管理费等。对于短期的临时外协加工,其加工费可能大大高于本企业的正常生产成本。④库存成本。库存成本包括订货成本和储存成本。订货成本随批量的增加而减少,而储存成本随批量增加而增加。

图表法在计算过程中存在一些假设:①计划期内正常生产能力、加班生产能力以及外协量均有一定限制。②计划期的预测需求量是已知的。③全部成本都与产量呈线性关系。

在上面假设前提下,图表法可算出整个计划中每一时间段的最优生产计划。当问题规模较大时,可用计算机软件来求解。

若采用手工计算,首先要画出一张表格,在表中表示出每一时间段的生产能力需求计划、需求量、初始库存量以及可能发生的成本。表4-5是一个包括4个时间段的图表法模型的表格。

表 4 - 5   图表法模型

单位计划期	期初库存	0	h	2h	3h		I_0
1	正常生产	r	$r+h$	$r+2h$	$r+3h$		R_1
	加班生产	c	$c+h$	$c+2h$	$c+3h$		OT_1
	外协	s	$s+h$	$s+2h$	$s+3h$		S_1
2	正常生产	×	r	$r+h$	$r+2h$		R_2
	加班生产	×	c	$c+h$	$c+2h$		OT_2
	外协	×	s	$s+h$	$s+2h$		S_2
3	正常生产	×	×	r	$r+h$		R_3
	加班生产	×	×	c	$c+h$		OT_3
	外协	×	×	s	$s+h$		S_3
4	正常生产	×	×	×	r		R_4
	加班生产	×	×	×	c		OT_4
	外协	×	×	×	s		S_4
需求		D_1	D_2	D_3	D_3+I_4		

表 4-5 中每一行表示一个计划方案,如第一行表示期初库存,它可以用来满足 4 个时段内任一时段的需求。第二行是第一时段内正常工作时间的生产量,它也可以用来满足 4 个时段内任一时段的需求。接下来的两行是该期的加班生产量和外协量,余下类推。

表 4-5 中各列分别表示计划所覆盖的各时段以及未使用的生产能力和总生产能力。而矩阵中第一格的右上角表示单位产品的相应成本,包括生产成本和库存成本。例如,在第一时段,正常时间的生产成本是 r,如果在第 1 时段生产出来的产品准备在第 2 时段再销售,则成本为 $r+h$,因为又发生了一个时段的库存成本。第 1 时段生产的产品,若第 3 时段销售,成本

则为$r+2h$,依此类推。"×"表示生产任务不能拖期。

虽然成本最低的方案是当期生产、当期销售,但由于生产能力的限制,这一点并不是总可能达到。在图表法中,利用手工计算可求得计划期内总成本最低的最优解。其具体步骤为:①将总生产能力列的生产能力数字放到"未用生产能力"一列。②在第一列(即第一时段)寻找成本最低的单元。③尽可能将生产任务分配到该时段,但不得超过该时段所在行的未使用生产能力的限制。④在该行的未使用生产能力中减掉所占用的部分,结果为余下的未使用生产能力(注意剩余的未使用生产能力绝不可能是负数,如果是负数,就说明在该生产能力的约束条件下无可行解,必须增加生产能力)。如果该列仍然有需求尚未满足,重复步骤②—④,直至需求全部满足。⑤在其后的各时段重复步骤②—④,注意在完成一列后再继续下一列(不要同时考虑几列)。

在表4-5中:h为该时段内单位产品的库存成本;r为单位产品的正常生产成本;c为单位产品的加班生产成本;s为单位产品的外协成本;I_0为第一时段期初库存;I_4为所期望的第4时段期末库存;R_t为第t时段的正常生产能力,OT_t为第t时段的加班生产能力,S_t为第t时段的外协生产能力;D_t为第t时段需求量。

4.4 主生产计划

4.4.1 概述

1. 概念

主生产计划(master production schedule,MPS)在 ERP 中是一个重要的计划层次,是传统手工管理没有的新概念。MPS 是确定每一具体的最终产品在每一具体的时间段内生产数量的计划。MPS 根据客户合同和预测,把销售运作规划中的产品系列具体化,确定出厂产品,使之成为展开物料需求计划和能力需求计划运算的主要依据。由于 MPS 是集驱动物料、能力与成本计划与控制于一体的正式系统,它比销售运作规划更为详细。

2. 作用与意义

主生产计划把销售运作规划中的产品系列具体化,起着从宏观计划向微观计划过渡的承上启下的作用。同时,主生产计划又是联系市场、主机厂或配套厂及销售网点(面向企业外部)同生产制造(面向企业内部)的桥梁,使生产计划和能力计划符合销售计划的优先顺序,为适应市场需求的不断变化而适时调整,并向销售部门提供生产和库存信息及可供销售量的信息,因此,主生产计划还起到了沟通内外的作用。

总之,主生产计划在 ERP 中的位置是一个上下、内外交叉的枢纽,地位十分重要。它要解决如何既满足销售订单要求又满足企业目标要求的难题。

在传统的主生产计划运行时要相伴运行粗能力计划,只有经过按时段平衡了供应与需求后的主生产计划,才能作为下一个计划层次——物料需求计划的输入信息。

主生产计划必须具有可操作性,需求量和需求时间都是符合现实的,没有夸大或缩小,能力也是可以满足的。它必须是一种可以执行的目标,只有可执行的才是可信的,才能使企业全体员工认真负责地去完成计划。因此,主生产计划编制和控制是否得当,在相当大的程度上关系到 ERP 的成败。之所以称为主生产计划，就是因为它在 ERP 中起着"主控"的作用。

ERP 强调主生产计划的重要意义是指普遍的情况，特别是多品种小批量和有多种变形的系列产品的情况。如果企业产品的生产周期特别长，比如说在 9 或 10 个月以上，同时每年生产的数量又只有少数几台，那么主生产计划的重要性可能就不一定十分明显。

4.4.2 计划对象与方法

1. 计划对象

主生产计划的计划对象是把生产规划中的产品系列具体化以后的出厂产品即最终成品（end item）。最终成品通常是独立需求件，但由于企业生产类型及响应策略不同，作为计划对象的最终成品其含义也不相同，具体内容如表 4-6 所示。

表 4-6　MPS 计划对象与计划方法

企业生产类型	生产特点	需求信息依据	MPS 计划对象	计划方法
MTS	大批大量	市场 DRP 反馈、补充、预测	最终产品	单层 MPS-MRP
ATO	多品种小批量	基本组件、通用件预测 按订单配置产品	通用件 基本组件	上层 MPS/FAS 下层 MPS-MRP
MTO	多品种小批量	定单/预测	最终产品	MPS-MRP/GT MPS-MRP/JIT/FAS
ETO	单件小批	定单	最终产品	单层 MPS-MRP

1）MTS

MTS 通常是流通领域直接销售的产品，MPS 的计划对象通常是产品结构树的顶层。这类产品的需求量往往根据分销网点的反馈信息（分销资源计划 DRP，各商场电子收款机汇集的信息）或预测。产品系列下有多种具体产品的情况时，要根据市场分析估计各类产品占系列产品总产量的比例。此时，销售运作规划的计划是系列产品，MPS 的计划对象是按预测比例计算的具体产品。

下面以打印机为例来加以说明。打印机是销售运作规划中的一个产品系列，具体的产品有喷墨打印机、激光打印机两种，进一步还可以细分为黑色、彩色两种类型，如图 4-6 所示。每种需求量的预测值是通过 BOM 占产品系列总数的预计百分比来计算的。

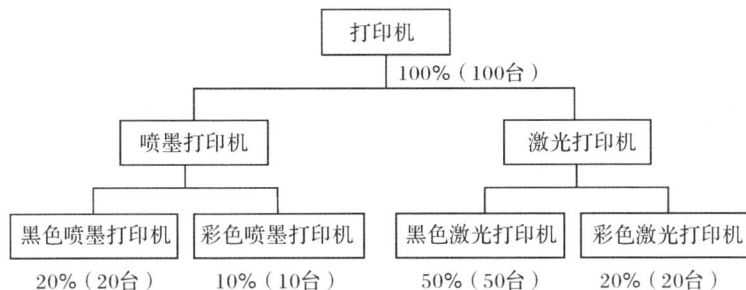

图 4-6　打印机计划物料清单

2)MTO 及 ETO

MTO 及 ETO 的最终成品一般是标准定型产品或按订货要求设计的产品,通常也是产品结构中 0 层的最终产品。对钢材生产这类型的订货生产,同一种钢号的钢坯可轧制出规格繁多的钢材。这时 MPS 的计划对象可以放在按钢号区分的钢坯上,以减少计划物料的数量,然后再根据订单确定最终产品。

3)ATO

ATO 对应于模块化产品结构,产品可有多种搭配选择,用总装计划(FAS)安排出厂产品计划,用多层 MPS 制定通用件、基本组件和可选件的计划。这时,MPS 的计划对象相当于产品结构中"腰部"的物料,顶部物料是 FAS 的计划对象。

2.计划方法

计划与控制方法因企业的生产类型和需求响应策略而异,企业的生产类型同计划方法的关系如表 4-7 所示。

表 4-7 生产类型与计划方法

生产类型	产品特点	工艺特点	计划方法	企业举例
单件	定制设计	机群布置	关键路线法+MRP	造船、重型机械
多品种小批量生产 成组技术	标准可配置	柔性制造	MRP+GT MRP+JIT	机床、通用机械 工程机械
大批大量生产	可配置	流水生产	JIT+MRP	汽车、家电
流程生产	定型	连续	流程 MRP	化工、冶金

4.4.3 编制

1.步骤

编制 MPS 主要包括收集、整理需求数据,确定计划期并划分时区,计算毛需求,计算净需求,产生 MPS 初步计划等步骤。其中,收集整理需求数据是指有关 MPS 的量化数据,如当前库存、安全库存、客户订单和预测数据等。

1)计算毛需求量

毛需求量(gross requirement)是在任意给定的计划期内物料的总需求量。物料毛需求量的计算,与该物料需求类别(是独立需求还是相关需求)有关。主生产计划仅考虑具有独立需求物料的毛需求量,而相关需求物料的毛需求量的确定则在物料需求计划(MRP)中考虑。

在计算主生产计划物料毛需求量时,要充分考虑该物料所在的时区(需求时区、计划时区和预测时区)。

(1)在需求时区内,订单已经确定,客户需求便取代了预测值,此时毛需求量为客户订单数量。

(2)在计划时区内,需要将预测需求和实际需求加以合并,此时毛需求量通常为实际需求或预测数值中较大者。

(3)在预测时区内,毛需求量为预测值。

主生产计划物料的毛需求量的确定实例如表 4-8 所示。

表 4-8　毛需求量的确定

时　区	需求时区			计划时区			预测时区			
计划周期	1	2	3	4	5	6	7	8	9	10
预测值	60	80	75	75	70	80	80	85	85	80
订单量	55	85	70	70	80	85				
毛需求量	55	85	70	75	80	85	80	85	85	80

2）计划接收量

计划接收量（scheduled receipts）是指在生成报表的计划日期之前早已下达的订单，而在计划日期当日及以后完成或到达的数量。计划产出量一旦确认，也可以在计划接收量行显示，完全根据计划员的需要，在系统设置中事先设定。

3）预计可用库存量

预计可用库存量（projected available balance）指从现有库存中扣除了预留给其他用途的已分配量，可以用于下一时段净需求计算的那部分库存。预计可用库存量的计算公式如下：

预计可用库存量＝（前一时段末的可用库存量＋本周期计划接收量）－本时段毛需求量

当毛需求是以预测值大于合同而取预测值时，主生产计划员在判断是否需要补充"短缺"时要根据预测的可靠性、能力资源和库存状况，在确认前做些分析。在能力不足的情况下，可以先不考虑预测部分的需求。这也是为什么订单要确认以后下达的原因之一。

4）安全库存量

安全库存量（safety stock）是指库存量的最低限。设置安全库存量旨在预防需求或供应方面不可预料的波动，避免造成生产或供应中断，缓解用户需求与工厂之间、供应商和工厂之间、制造和装配之间的矛盾，从而充分地利用企业现有的人力、物力资源，更好地满足客户需求。

5）净需求量

净需求量（net requirement）是指在任意给定的计划周期内某物料实际需求数量。

同理，主生产计划仅考虑具有独立需求物料的净需求量。

计算独立需求物料的净需求量要综合毛需求量和安全库存量，并考虑期初的结余与本期可以计划产出的数量。净需求量的计算公式如下：

净需求量＝本时段毛需求量－（前时段末的可用库存量＋本时段计划接收量）＋安全库存量

若计算值≤0，则无净需求；若计算值＞0，则净需求＝计算值。

6）批量规则（lot sizing）

MPS 的计划量并非等于实际的净需求量，这是由于在实际生产或订货中，准备加工、订货、运输、包装等都必须是按照"一定的数量"进行的，这"一定的数量"称为 MPS 批量，确定该数量的规则称为 MPS 的批量规则。

批量规则是库存管理人员根据库存管理的要求和目标权衡利弊后选择的。批量过大，占用的流动资金增加，但加工或采购的费用减少；批量过小，占用的流动资金减少，但增加了加工或采购的费用。

考虑批量的主要原因是:降低订货成本,降低准备成本,降低运输成本,降低在制品成本。

目前,MPS的批量规则主要有直接批量法、固定批量法、固定周期法和经济批量法。

① 直接批量法。直接批量法(lot for lot)是指完全根据实际需求量来确定MPS的计划量,即MPS的计划量等于实际需求量。这种规则往往适用于生产或订购数量和时间基本上能给予保证的物料,并且所需要的物料的价值较高,不允许过多地生产或保存物料。

② 固定批量法。固定批量法(fixed quantity)是指每次MPS的计划量是相同的或是某常量的倍数,但间隔期不一定相同。该规则一般用于订货费用较大的物料。

③ 固定周期法。固定周期法(fixed time)是指MPS下达的间隔周期相同,但其计划量却不尽相同。这种批量法一般用于内部加工自制品生产计划,旨在便于控制。

④ 经济批量法。经济批量法(economic order quantity)是指某种物料的订购费用和保管费用之和为最低时的最佳MPS订购批量。订购费用是指从订购至入库所需要的差旅费用、运输费用之和;保管费用是指物料储备费、验收费、仓库管理费及所占用的流动资金利息费、物料储存消耗费。经济批量法具体见库存管理相关内容。

7)计划产出量

计划产出量(planned order receipts)是为了满足净需求,ERP根据设置的批量规则计算得到的供应数量。此时计算的是建议数量,不是计划的投入数量。主生产计划的计划产出量便是MPS的计划量。

8)计划投入量

计划投入量(planned order releases))是ERP根据规定的提前期及物品的合格率等计算出的投入数量。

9)可供销售量(available to promise)

在某一期间内,物品的产出数量可能会大于订单(或合同)数量,这个差值就是可供销售量。这里的"某一期间"指连续两次产出该物品的时间间隔,也就是从一次产出的时间到下一批再产出时的时间间隔。这个可供销售量就是可以用销售的物品数量,它不影响其他(或下批)订单的交货,这个数量为销售部门的销售提供了重要的参考依据。可供销售量的计算公式如下:

可供销售量=某时段计划产出量(包括计划接收量)一该期间的订单(合同)量总和

可供销售量中应当包括安全库存,因为安全库存的作用就是为了弥补供需两方面的不确定因素。

知识拓展4-5 主生产计划矩阵

【例4-4】已知某物料的期初库存为160台,预测需求为60台/周,实际需求按周次依次分别为110台、80台、50台、70台、50台、60台、110台、150台、50台、0台、50台、20台;安全库存为50台;生产批量为100台;需求时界为3周,计划时界为8周。试编制MPS。

解:编制MPS初步计划应满足客户的要求,库存量不应低于安全库存水平,应很好地利用人力、设备和材料使库存保持在合理的水平上,并实现均衡生产的要求。编制主生产计划步骤如下。

（1）计算毛需求。根据市场预测、已收到的客户订单、配件预测以及该最终物料作为独立需求项的需求数量确定毛需求，在需求时区（第 1～3 周）内，毛需求就是实际需求；在计划时区（第 4～8 周）内，毛需求是预测和实际需求中数值较大者；在预测时区（第 9～12 周）内，毛需求是预测值。

（2）推算预计可用库存量（PAB）初值。

预计可用库存量（PAB）初值＝上一时段末预计可用库存量＋本时段计划接收量－毛需求

（3）推算净需求。

当 PAB 初值≥安全库存时，净需求＝0。

当 PAB 初值＜安全库存时，净需求＝安全库存－PAB 初值。

（4）推算计划产出量。

当净需求＞0 时，计划产出量＝N×批量（N 为整数倍）。

（5）推算预计可用库存量。

当期预计可用库存量（PAB）＝PAB 初值＋本时段计划产出量＝（上一时段末的预计可用库存量＋本时段计划接收量＋本时段计划产出量－毛需求）

（6）推算计划投入量。

由于无提前期，所以

$$本时段计划投入量＝本时段计划产出量$$

根据以上步骤，在第 1 周，毛需求为 110，根据期初库存量 160，可以知道 PAB 初值＝160－110＝50，等于安全库存 50，所以没有净需求，本期可用库存量即为 50；在第 2 周，由于第 1 周的可用库存量为 50 不能满足第 2 周 80 的毛需求，即 PAB 初值＝50－80＝－30，小于安全库存 50，所以净需求＝50－（－30）＝80，这时启动 MPS 的生产，按生产批量完成 100 台的产出，以满足净需求，本期可用库存量＝100－30＝70，根据本期计划产出量为 100，可得知本期计划投入量也为 100；依次类推，从而得到一系列预计的 MPS 数量。MPS 计算结果如表 4-9 所示。

表 4-9　MPS 编制过程

时区	需求时区			计划时区					预测时区			
时段（周）	1	2	3	4	5	6	7	8	9	10	11	12
预测量	60	60	60	60	60	60	60	60	60	60	60	60
实际需求	110	80	50	70	50	60	110	150	50		50	20
毛需求	110	80	50	70	50	60	110	150	60	60	60	60
PAB 初值	50	−30	20	50	−10	30	20	−30	10	50	−10	30
净需求		80	30		60	20		30	40		60	20
MPS 计划产出量		100	100		100	100	100	100	100		100	100
预计库存量 PAB	50	70	120	50	90	130	120	70	110	50	90	130
计划投入量		100	100		100	100	100	100	100		100	100

【例4-5】完成一项 MPS 的初步计划。已知该物料的期初库存为 160 台；安全库存为 20 台；MPS 批量为 200 台；销售预测，前 4 周依次分别为 90 台、85 台、80 台、85 台，第 5 周到 12 周均为 80 台；实际需求第 1 周到第 12 周依次为 72 台、100 台、92 台、40 台、64 台、112 台、0 台、8 台、0 台、60 台、0 台、0 台；生产提前期为 1 周，需求时界为 4 周，计划时界为 8 周。

解：计算步骤如下：

(1)在第 1 周，毛需求为 72 台，根据期初库存量为 160 台，可以知道 PAB 初值=160-72=88 台，大于安全库存 20 台，所以没有净需求。本期可用库存量即为 88 台。

(2)在第 2 周，由于第 1 周的可用库存量为 88 台；不能满足第 2 周 100 台的毛需求，即 PAB 初值=88-100=-12(台)，小于安全库存 20 台，所以净需求=20-(-12)=32(台)，这时启动 MPS 的生产，按生产批量完成 200 台的产出，以满足净需求。

本期可用库存量=200-12=188(台)

本时段(周)计划投入量=下一时段(周)计划产出量(生产提前期为 1)

由于根据时段计划产出量为 200 台，可得知上时段投入量为 200 台；依次类推，从而得到一系列预计的 MPS 数量。这就完成了 MPS 初稿的编制，结果如表 4-10 所示。

表 4-10 编制过程

时区	需求时区				计划时区				预测时区			
时段(周)	1	2	3	4	5	6	7	8	9	10	11	12
预测量	90	85	80	85	80	80	80	80	80	80	80	80
实际需求	72	100	92	40	64	112	0	8	0	60	0	0
毛需求	72	100	92	40	80	112	80	80	80	80	80	80
PAB 初值	88	-12	96	56	-24	64	-16	104	24	-56	64	-16
净需求		32			44		36			76		36
计划产出量		200			200		200			200		200
预计库存量	88	188	96	56	176	64	184	104	24	144	64	184
计划投入量	200			200		200			200		200	

2. 与销售运作规划的区别

能不能直接运行主生产计划而跳过销售运作规划？对这个问题大家不妨看看二者之间的区别，如表 4-11 所示。销售运作规划是一个战略级计划，离开了战略计划，战术计划会失去可靠的基础，甚至失去目标和方向。因此，销售运作规划不能直接跳过。

表 4 - 11　销售运作规划与主生产计划的区别

	销售运作规划	主生产计划
处理问题	销售额与产量的关系	产品搭配
计划目的	市场开拓	客户订单
详尽程度	综合计划	详细计划
计划目标	协调企业主要业务部门计划	落实生产车间作业计划
管理集中度	集中	分散
报表	产品系列	单个产品
计划时段	月或季	日或周
生产考虑	产出率	优先级
责任主持人	总经理	中层经理

知识拓展 4 - 6　主生产计划员的中午两小时

4.4.4　报表

主生产计划以出厂产品为计划对象,按每种产品分别提供计划报表。报表的输入信息是来自销售子系统的预测和合同信息、来自物料主文件中与计划管理和物料管理有关的信息(如提前期、需求时界、计划时界、计划员代码、批量、批量增量、安全库存量等)、来自库存子系统的库存量信息。经过运算,输出信息是该产品在未来各时段的需求量、库存量、计划产出量和投入量、可供销售量等。这样的报表集成了销售、计划、库存和生产等各项业务的信息,因此,它不是计划部门单独使用的报表,而为各相关部门所共享。报表格式有横式和竖式两种,前者体现需求和供应的演算关系,后者体现需求和供应的对应关系以及对计划人员建议的各种提示。

1. 横式报表

横式报表主要说明需求和供给以及库存量的计算过程,如表 4 - 12 所示。报表分表头和表体两部分,在表头中,除现有库存量属动态信息外,其余都是静态信息,这些信息由 ERP 自动取自物料主文件,体现信息集成。

表 4 - 12　MPS 横式报表

物料号:100000　　　　　　　　　　　　　　　计划日期:2020/03/31
物料名称:××　　　　　安全库存量:5　　　　　计划员:CH
提前期:1 周　　　　　　批量:10　　　　　　　需求时界:3
现有库存量:8　　　　　批量增量:10　　　　　计划时界:8

时段	当期	1 04/01	2 04/08	3 04/15	4 04/22	5 04/29	6 05/06	7 05/13	8 05/20	9 05/27	10 06/02	11 06/09
预测量		5	5	5	5	5	5	5	5	5	5	5
合同量		12	8		2	7	6		13	5		2
毛需求		12	8		5	7	6		13	5	5	5
计划接收量		10	(10)		(10)		(10)		(20)		(10)	
预计库存量	8	6	8	8	13	6	10	5	12	7	12	7
净需求			7		2		5		13		3	
计划产出量			10		10		10		20		10	
计划投入量		10		10		10		20		10		
可供销售量		6	2		1		4		2		8	

在表体部分,预测量与合同量取自销售管理子系统,这是运算 MPS 首先要输入的动态信息,根据一定的取舍规则确定毛需求。ERP 运算后生成的中间信息有净需求量、预计可用库存量、计划接收量、计划产出量和计划投入量以及可供销售量。同样的信息,可按需要设置不同的时段,显示出不同的结果。

横式报表便于看出需求计算、库存状态、净需求、计划投入和产出的数量、销售量等信息以及其运算关系。如果为了追溯需求的来源、了解加工单和需求的对应关系以及出现例外情况时应采取哪些措施,要用到竖式报表。

2. 竖式报表

竖式报表对照显示供应(订单下达状况)和需求(任务的来源),如表 4 - 13 所示。竖式报表的表头部分和横式报表完全相同,表体中的数据同表 4 - 12 也是一致的。

表 4 - 13 MPS 竖式报表

物料号:100000   计划日期:2020/03/31

物料名称:×× 安全库存量:5 计划员:CH

提前期:1 周 批量:10 需求时界:3

现有库存量:8 批量增量:10 计划时界:8

		供应					需求		
提示	加工单号	供给量	下达日期	到期日期	毛需求	需用日期	需求追溯	库存结余	
下达	40094	10	2020/01/28	2019/02/03	12	2020/02/03	合同 123	18	
确认	40105	10	2020/02/03	2020/02/10	8	2020/02/10	合同 124	6	
	40123	10	2020/02/17	2020/02/24	3	2020/02/24	预测	8	
安全库存	计划	10	2020/03/03	2020/03/10	2	2020/02/03	合同 141	13	
	计划	20	2020/03/17	2020/03/24	7	2020/03/03	合同 156	6	
⋮	⋮	⋮	⋮	⋮	⋮	⋮	⋮	⋮	
		提示(例外信息):提前、推迟、确认、下达、取消、提前期不足、补安全库存等							

报表的供应部分说明有关主生产计划的相关信息。在提示栏中,系统提示主生产计划员应注意采取的措施;如提示某项任务应提前或推迟、已拖期(提前期不足)、取消库存(由于订单取消)、补充安全库存、应予以确认或下达(否则可能拖期)等。"提示"相当于对例外情况的处理建议,可以理解为运行 MPS/MRP 的输出信息之一。

在加工单栏,对已下达订单则标出订单号;未下达订单虽然没有订单号,但应标明订单的状态,如计划、确认等。

报表的需求部分说明需求量和需求的依据,如果是合同则标明合同号,不是合同则说明其他需求来源,如预测。当计划不能完成时,如果看到需求的依据是预测,可以忽略;如果是合同,必须尽力完成。需用日期同计划产出日期是一致的。最右侧说明库存结余,也就是预计可用库存量。

企业的销售、计划、生产、物料、仓库等各个部门都可以从 MPS 的报表中得到各自所需的信息,按照同一信息进行决策。MPS 报表是信息集成的典型范例。

知识拓展 4 - 7 主生产计划的行为建议信息

4.4.5 计划的重排与部分修订

修改计划是一种不可避免的经常性工作。不论是销售任务变动、产品结构或工艺变动、采购件拖期、加工件报废、设备意外损坏、关键的操作人员缺勤,都可能会修改 MPS 或 MRP。第一次编制计划比较容易,但是修改计划却相当繁重。这就要求计划员非常熟悉 MPS、MRP 中计划与控制的原理与方法,熟悉产品结构和各种数据参数,并能灵活熟练地判断和运用。人的因素永远是第一位的。

修订计划前要注意以下事项,防止朝令夕改,大起大落。① 弄清问题的性质,明确修订的必要性。例如,预测生成的计划,不一定要修订。注意问题出现在产品结构的哪个层次,对确认或下达状态的订单,系统是不能自动修改的。② 利用系统的功能,追溯有关计划任务(订单)的来源,查询问题影响的范围,是否是关键或重要的客户,若在需求时界以内的变动,要通过规定的审批手续。③ 分清轻重缓急,重新调整优先级。

在 ERP 中,修改 MPS 或 MRP 都可以采用全重排和净改变两种方法。

1. 全重排法(regeneration)

主生产计划完全重新制定,重新展开物料清单,重新编排物料需求的优先顺序,原有计划订单都会被系统删除并重新编排。全重排法的好处是计划全部理顺一遍,避免差错。重排计划的间隔时间要根据产品结构的复杂程度、物料数量的多少、对计划准确度的要求、计划变动影响面的大小、计算机和服务器的档次和运行速度等因素分析确定。

有的企业每周末要运行一次全重排。但有的企业产品比较简单,对所有产品的计划全重排一次的时间只需十几分钟或个把小时,可根据情况及时运行或在夜班运行,尽早提交修订好的计划,不一定要等到周末。复杂产品全重排的运行时间虽然比较长,但即使如此,其运行速度也是手工管理无法比拟的。

2. 净改变法(net change)

净改变法只对订单中有变动的部分进行局部修改,一般改动量比较小。如只变动部分产品结构,部分产品需求量增加、减少或拆分,用量变化,需求日期提前或延后,安全库存、批量、成品率等参数的修改,盘点后库存量修正,出现报废,预期到货变化等。

系统会自动标记上次计划修改后有过变动的物料,运行净改变时只对发生过变动的物料计划进行重新修订。这种方法的修改量小,运算时间短,可以随时进行。一般用于计划变动较多但影响面不大的情况。

但是,大量频繁的局部修改有可能产生全局性的差错,因此,隔一定时间还有必要用全重排法把全部物料的需求计划全面梳理一遍。一般 ERP 都提供两种修订计划的功能,但全重排法总是不可少的,早期的 ERP 就只有全重排法,净改变法是后来开发的。

修订计划时,应充分利用 ERP 的模拟功能。计划的模拟可以在不打乱现有数据、不妨碍正常运行的情况下并行运行。ERP 不是一种自动优化程序,但可以通过模拟比较,在几个可行的方案中选择最佳方案。

同主生产计划相伴运行的能力计划是粗能力计划。

知识拓展 4-8　主生产计划的维护、控制和度量

4.5　物料需求计划

4.5.1　概述

主生产计划只是针对最终产品的计划,一个产品可能由成百上千种相关物料组成,物料需求计划负责对物料做出合理计划和安排。物料需求计划与主生产计划一样属于 ERP 管理体系,它主要解决企业生产中的物料需求与供给之间的关系,即无论是独立需求的物料,还是相关需求的物料,物料需求计划都要解决“需要什么？现有什么？还缺什么？什么时候需要？”等几个问题。它是一个时段优先计划系统,其主要对象是决定制造与采购的净需求计划。它是由主生产计划推动运行的,但反过来,它又是主生产计划的具体化和实现主生产计划的保证。

1. 概念

物料需求计划(materials requirement planning,MRP),就是要制定原材料、零部件的生产与库存计划:决定外购什么、生产什么、什么物料必须在什么时候订货或开始生产、订多少、生产多少、每次的订货和生产的批量是多少等。

MRP 根据 MPS 对最终产品的需求数量和交货期,推导出构成产品的零部件及原材料的需求数量和需求日期,再推导出自制零部件的制造订单下达日期和采购件的采购订单发放日期,并进行需求资源和可用能力之间的进一步平衡。

MRP 是在计算机系统支持下的生产与库存计划管理系统。MRP 的管理方法主要用于单件小批量或多品种小批量生产的制造企业。这种企业生产许多产品,每种产品经过一系列加工步骤完成。

2. 作用与意义

MPS 的对象是最终产品,但产品的结构是多层次的,一个产品可能会包含成百上千种需制造的零配件与外购材料。而且,所有物料的提前期(加工时间、准备时间及采购时间等)各不相同,各零配件的投产顺序也有差别,但是,加工必须是均衡的,才能满足 MPS 的需求,这就是 MRP 要解决的问题。这些问题靠手工管理是不可能的,这也是手工管理难以解决物料短缺和库存量过大的症结所在。所以,MRP 是 MPS 需求的进一步展开,也是实现 MPS 的保证和支持。它根据 MPS、BOM 和物料可用量,计算出企业要生产的全部加工件和采购件的需求量。按照产品出厂的优先顺序,计算出全部加工件和采购件的需求时间,并提出建议性的计划订单。

MRP 是生产管理的核心,它将 MPS 排产的产品分解成各自制零部件的生产计划和采购件的采购计划。它主要根据 MPS 展开编制相关需求件的计划,也可以人工直接录入某些物料的需求量,如增加作为备品备件的数量。MRP 最终要提出每一个加工件和采购件的建议计划,除说明每种物料的需求量外,还要说明每一个加工件的开始日期和完成日期;说明每一个采购件的订货日期和入库日期。MRP 把生产作业计划和物料供应计划统一起来。MRP 的计划周期可以是周、日,也可以明细到小时。

4.5.2 原理

1. 输入信息

由于 MRP 是把 MPS 排产的产品分解为各个零部件的生产计划和采购件的采购计划,因此编制 MRP 前就必须输入以下基本信息。

(1)MPS。MPS 作为 MRP 的输入数据项,主要解决"生产(含采购或制造)什么"以及"生产(含采购或制造)多少"的问题。这里 MPS 的计划对象是指企业的最终产品。因此 MPS 指明在某一计划时段内应生产出的各种产品和备件,MRP 要根据 MPS 中的物料逐层分解,得出各种零部件的需求量,而其他的输入信息只是为 MRP 分解 MPS 提供帮助信息。

(2)BOM。BOM 作为 MRP 的输入数据项,主要解决"生产过程中要用到什么"的问题,MRP 从 BOM 中得到有关 MPS 产品的零部件、原材料的数据。BOM 指明了物料之间的结构关系以及每种物料需求的数量,它是 MRP 需求分解的依据。

知识拓展 4 - 9 叉车衍生车型 BOM 搭建

(3)库存记录。库存记录作为 MRP 的输入数据项,主要解决"已经有了什么"的问题,MRP 从库存记录信息中得到 BOM 中列出的每种物料(现有库存量和计划接受量)可用数据和编制订单数据。

(4)提前期。提前期决定着每种物料何时开工采购、何时完工到货。

(5)损耗系数。在生产的各个环节中,有各种各样的损耗,因此在计算物料需求时,要考虑各种损耗系数。

①组装废品系数。组装废品系数是指装配件在装配过程中的零件损耗。

②零件废品系数。对于一定数量的订单,预计入库时,会有一定百分比的减少,零件废品系数是对订单数量而不是对毛需求的调整。

③ 材料利用率。材料利用率与零件废品系数是一个问题的不同表示,都表示预计的生产损耗。材料利用率是有效产出与总输入的比率,即

材料利用率＝有效产出/总投入 或 总投入＝有效产出/材料利用率

(6)批量规则。实际计划生产或采购的交付数量和订货数量未必等于净需求量,这是由于在实际生产或订货中,准备加工、订货、运输、包装等都必须是按照一定的数量来进行的。因此,实际净需求量必须以某种数量来计算,这一定的数量称为生产或订货的批量。物料需求批量的计算方法主要有直接批量法、固定批量法、固定周期法、经济批量法。

这些信息都是至关重要、缺一不可的。缺少其中任何一项或任何一项中的数据不完整,MRP 的制定将是不准确的。因此在编制物料需求计划之前,这些信息都必须先完整地建立好,而且是绝对可靠、可执行的。MRP 的输入信息和处理问题如表 4 - 14 所示。

表 4-14　MRP 处理的问题与所需信息

处理的问题	需用信息
生产什么？生产多少？何时完成？	现实、有效、可信的 MPS(真实的毛需求)
要用到什么？	准确的 BOM(及时地设计更改通知)
已有什么？	准确的库存信息
已订货量？到货时间？	下达订单跟踪信息
已分配量？	确认订单、领料单、提货单
还缺什么？净需求？	批量规则、安全库存、损耗(物料主文件)
下达订单的开始日期？	提前期(物料主文件或工艺路线)

2. 输出信息

MRP 的主要输出信息如下：

(1)未来一段时间的计划订单。

(2)下达计划订单的建议信息。

(3)要求提前或推迟已下达订单的完工日期的建议信息。

(4)撤销订单的建议信息。

(5)关于未来的库存量预报和库存状态信息。

(6)数据错误报告。

(7)需求反查报告。

(8)各种例外信息报告等。

MRP 的输出信息成为其他计划和控制子系统的有效输入信息。这些子系统包括能力需求计划、车间作业计划、采购作业计划等。

3. 原理

MRP 的基本原理有以下两条：

(1)从最终产品的 MPS 导出相关物料(原材料、零部件、组件等)的需求量和需求时间。

(2)根据物料的需求时间和生产/订货周期来确定其开始生产/订货的时间。

例如，对于一个外构件来说，如第 5 周最终产品的装配要用到它，其订货周期为 2 周，则最晚第 3 周应开始订货；对于一个自制加工件来说，如第 5 周需用于装配，而其本身的生产周期为 1 周，则最晚应第 4 周开工。由此可见，MRP 的制定不是基于过去的统计数据，而是基于未来的需求。

MRP 解决的是相关需求，其毛需求是由上层物料的计划投入量确定的。某时段下层物料的毛需求是根据上层物料在该时段的计划投入量和上、下层数量关系计算的。当物料同时有独立需求与相关需求时，把独立需求加到相应时段的毛需求，由毛需求引发净需求，其原理如图 4-7 所示。

这个推算过程是从最终产品开始层层向下，其中的有关计算过程与 MPS 的计算类似，二者运算内容不同之处如表 4-15 所示。

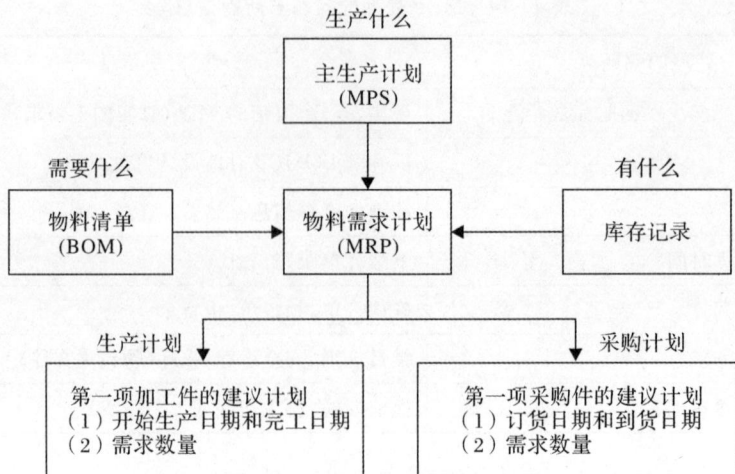

图 4 - 7　MRP 原理

表 4 - 15　MPS 与 MRP 运算内容的区别

对比项	MPS	MRP
计划对象	独立需求件	BOM 展开的相关需求件
毛需求	预测与合同取舍	由 MPS 确认后转来
合并需求	不同销售订单的相同产品	不同产品、不同层次的相同零部件
变动影响	考虑时区与时界	由 MPS 确认后转来
多余库存销售	可供销售量	不面对销售

知 识 拓 展 4 - 10　物 料 需 求 计 划 的 实 现 方 法

4.5.3　编制

MRP 是对 MPS 的展开,MRP 要计算不同产品结构层次物料的累加。其计算过程如下。

(1)计算物料毛需求量。考虑相关需求和低层码推算计划期全部的毛需求。

$$物料毛需求量＝物料独立需求＋母项的相关需求$$

其中

$$母项的相关需求＝母项的计划订单数量×物料用量系数$$

(2)推算 PAB 初值。考虑毛需求推算特定时段的预计可用库存量。

$$PAB 初值＝上时段末 PAB 值＋计划接收量－毛需求量$$

(3)计算净需求量。考虑安全库存推算特定时段的净需求量。

当 PAB 初值≥安全库存时,净需求＝0。

当 PAB 初值<安全库存时,净需求＝安全库存－PAB 初值。

（4）推算计划产出量。

利用批量规则，生成订单计划，即计划产出量和产出的时间。

当净需求＞0 时，计划产出量＝$N \times$ 批量（N 为整数倍）。

（5）推算预计可用库存量。

$$当期 PAB＝PAB 初值＋计划接收量$$

（6）生成订单计划和下达订单计划。考虑损耗系数和提前期，下达订单计划，即计划投入量和投入的时间。计划投入量与计划产出之间的关系可由下式描述。

$$计划投入量＝计划产出量/损耗系数$$
$$计划投入时间＝计划产出时间－提前期$$

生成 MRP 后，进行能力计划核算，要通过能力需求计划校验其可执行性。进行能力平衡后，要对 MRP 进行确认。企业应该按照确认的 MRP 执行，下达生产订单和采购订单。在下达订单前，计划人员应检查物料的需求日期是否有变化、工作中心的能力是否有效、必要的工装夹具是否备好等。如发现问题计划人员应及时采取措施解决，将通过检查的计划订单直接下达到采购部门和车间去执行。

为了进一步说明 MRP 是如何根据产品结构逐层展开计算各层物料的需求量，以及 MRP 又是如何合并计算同一零件位于多个产品不同层次的需求量，下面举例说明 MRP 的运算过程。

知识拓展 4－11　神州数码易飞的批次需求计划模型

【例 4－6】以 X、Y 两种产品为例，两种产品的产品结构如图 4－8 所示。假定两种产品都已经过 MPS 推算出计划投入量和产出量，其所含物料的提前期、批量、安全库存、现有量、已分配量等均为已知，试确定物料 C 的需求计划。

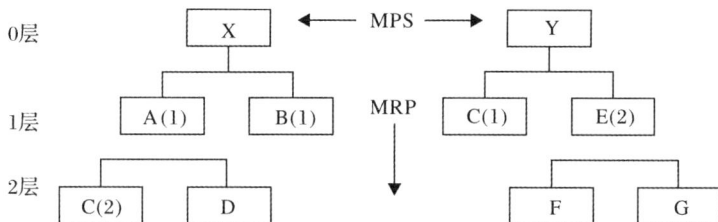

图 4－8　X、Y 产品结构图

解：由图 4－8 可知，A、B 是产品 X 的 1 层子件，C 是 X、Y 两种产品的通用件，但在两种产品中所处的层次不同（1 和 2，所以低层码是 2），需用的数量也不同。各种物料的需求量是由上层向下层进行分解的，如 X、Y 的需求量是由主生产计划确定，A、B 的需求量是由 X 确定，C 的需求量是由 X、Y 确定的。具体步骤如下。

（1）推算毛需求量。

推算 X 对 A、B、C 的毛需求量。以 X 产品中的 A、B、C 三个子件（为简化，暂不考虑其他零部件）为例，推算 X 对 A、B、C 形成的毛需求，如表 4－16 所示。

表 4 - 16   X 对 A、B、C 的毛需求量

提前期	低层码	物料	时段	当期	1	2	3	4	5	6	7	8
1		X	MPS 计划产出量			10		10		20		10
			MPS 计划投入量		10		10		20		10	
1	1	B	毛需求		10		10		20		10	
2	1	A	毛需求		10		10		20		10	
2	2	C	毛需求		20		20		40		20	

各种物料的需求量是由上向下层层进行分解的,如 X 的需求量是由主生产计划确定的,A、B 的需求量是由 X 确定的,C、D 的需求量是由 A 确定的。在时段 1,每件 X 需要 1 件 A,每件 A 需要 2 件 C,所以每件 X 需要 2 件 C、每件 X 需要 1 件 B。X 的计划投入量为 10,所以 C 的毛需求量为 $10 \times 2 = 20$。

推算 Y 对 C、E 的毛需求量。以 Y 产品中的 C、E 两个子件为例,推算 Y 对 C、E 形成的毛需求,如表 4 - 17 所示。

表 4 - 17   Y 对 C、E 的毛需求量

提前期	低层码	物料	时段	当期	1	2	3	4	5	6	7	8
2		Y	MPS 计划产出量				20		20		20	
			MPS 计划投入量		20		20		20			
1	1	E	毛需求		40		40		40			
2	1	C	毛需求		20		20		20			

在时段 1,由于 Y 的提前期,Y 的计划投入量为 20,引发对 C 的毛需求为 20,对 E 的毛需求为 40。推算 X、Y 对 C 的总毛需求量。C 是产品 X、Y 的共用子件,推算 X、Y 对 C 形成的总毛需求,如表 4 - 18 所示。例如,在时段 3,将 X 计划投入量 10 对 C 件的需求 20 与将 Y 件计划投入量 20 对 C 件的需求 20 合并,生成 C 件在时段 3 的毛需求为 $20 + 20 = 40$。

表 4 - 18   X、Y 对 C 的总毛需求

提前期	低层码	物料	时段	当期	1	2	3	4	5	6	7	8
1		X	MPS 计划产出量			10		10		20		10
			MPS 计划投入量		10		10		20		10	
2		Y	MPS 计划产出量				20		20		20	
			MPS 计划投入量		20		20		20			
2	2	C	X 对 C 毛需求		20		20		40		20	
2	2	C	Y 对 C 毛需求		20		20		20			
2	2	C	C 总毛需求		40		40		60		20	

（2）推算 PAB 初值。利用毛需求的结果，推算 C 的预计可用库存量（PAB）初值。

$$PAB 初值＝上期末预计可用库存量＋计划接收量－毛需求量$$

（3）推算净需求。考虑安全库存推算 C 的净需求。

当 PAB 初值≥安全库存时，净需求＝0。

当 PAB 初值＜安全库存时，净需求＝安全库存－PAB 初值。

（4）推算计划产出量。利用批量规则，推算 C 的计划产出量。

当净需求＞0 时，计划产出量＝N 批量（N 为整数倍）。

（5）推算预计可用库存量。

$$当期预计可用库存量＝PAB 初值＋MPS 计划产出量$$

（6）推算计划投入量。根据提前期，推算计划投入量的时间。

$$计划投入时间＝计划产出时间－提前期$$

综合以上推算 PAB 初值、净需求、计划产出量、预计可用库存量、计划投入量，A、C 物料的物料需求计划如表 4－19 所示。

表 4－19　A、C 物料的 MRP 报表

批量	提前期	现有量	分配量	安全库存	低层码	物料号	时段	当期	1	2	3	4	5	6	7	8
1	1					X	MPS 计划产出量			10		10		20		10
							MPS 计划投入量		10		10		20		10	
1	2					Y	MPS 计划产出量				20		20		20	
							MPS 计划投入量			20		20		20		
1	2	15			1	A	毛需求		10		10		20		10	
							计划接收量									
							PAB 初值	15	5	5	−5	0	−20	0	−10	
							预计可用库存量	15	5	5	0	0	0	0	0	
							净需求				5		20		10	
							计划产出量				5		20		10	
							计划投入量			5		20		10		
20	2	50	5	10	2	C	毛需求			40		40		60		20
							计划接收量			50						
							PAB 初值	45	55	55	15	15	−45	15	−5	
							预计可用库存量	45	55	55	15	15	15	15	15	
							净需求						55		15	
							计划产出量						60		20	
							计划投入量				60		20			

在表 4-19 中,以 C 物料为例,期初现有库存量为 50,已分配量为 5,所以计算出当期可用库存量为 45。

在时段 1,C 的毛需求为 40,而 C 现有库存量为 45,计划接收量 50,故可以满足,预计可用库存量 55,即无净需求和计划产出量。以此类推时段 2、3、4。但在时段 5,C 的前期可用库存量 15 不能满足毛需求 60,PAB 初值出现-45,说明将出现短缺,再加上安全库存 10 的因素,净需求量是 55,故需要引发 3 个批量的计划产出 3×20=60 以补足短缺,即计划产出量是 60。从而预计可用库存量=60-45=15。

按 C 的提前期为 2 个时段倒排计划,在时段 3 生成 C 的计划投入量 60,才能满足在时段 5 有 60 个产出的要求。

在时段 6,因为没有毛需求,故无须安排生产,库存量不发生改变。在时段 7 因为前期可用库存量不能满足毛需求,计算同时段 5。

知识拓展 4-12　摩托车行业的物料需求计划管理

4.6　车间作业计划

4.6.1　概述

1. 概念

车间作业计划(production activity control,PAC),属于 ERP 执行层的计划,实际应译为车间作业控制,为了与其他四层计划名称一致才改称为车间作业计划。它是在 MRP 输出的生产订单基础上,对零部件生产计划的细化,是一种实际的执行计划。其管理目标是按 MRP 的要求,按时、按质、按量与低成本地完成加工制造任务,车间作业的过程主要依据 MRP、制造工艺路线与各工序的能力编排工序加工计划,下达车间生产任务单,并控制计划进度,最终完工入库。

PAC 是在 MRP 所产生的生产加工订单(即自制零部件生产计划)的基础上,按照交货期的先后和生产优先级以及车间的生产资源情况(设备、人员、物料的可用性,加工能力的大小等),将零部件的生产计划以订单的形式下达给适当的车间。在车间内部,根据零部件的工艺路线等信息制定车间生产的日计划,组织日常的生产。同时,在订单的生产过程中,适时地采集车间生产的动态信息,了解生产进度,发现问题并及时解决,尽量使车间的实际生产接近于计划。

PAC 在 ERP 中的层次关系如图 4-9 所示。从图中可以看出,其处于 ERP 计划的最低层(执行层)。

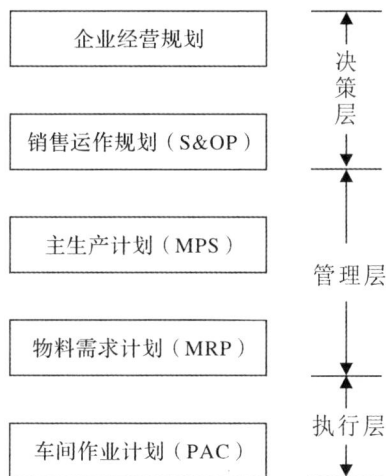

图 4-9　车间作业计划在 ERP 中的层次关系

2. 作用与意义

如果车间的日常生产完全与计划相符,就无须对生产情况进行监控了,但实际情况并非都是十全十美的,总会出现这样或那样的问题,例如生产拖期、加工报废、设备故障等,因此要对车间作业进行经常性的监视、控制和调整。

其中,对车间作业的监视是通过收集有关车间的数据来实现的,如收集车间劳动数据、设备运行状况数据、生产进度数据、质量控制数据、物料数据等等。在一般情况下,车间数据的收集一般由车间统计员负责,数据收集均发生在完工统计、质量检查、出入库、人员变动、设备异常等时刻。但对于不同的企业,车间生产数据收集的频繁程度及收集的详细程度不同。

而对车间作业的控制则主要表现在解决车间中出现的问题。车间出现的问题主要反映在工具短缺、材料短缺、能力短缺、提前期不足等方面。以下介绍解决 PAC 中的这些问题的主要措施。①解决工具短缺问题的措施。替换工具、替换工艺路线、替换资源、外协。②解决材料短缺问题的措施。替换材料、调整批量、生产部分产品、替换资源。③解决能力短缺问题的措施。调整人力、调整批量、制造部分产品、外协。④解决提前期不足问题的措施。交叉、工序分批、调整人力、按急件下达、改进加工工艺。

生产计划和 PAC 都是生产活动发生之前制订的,尽管制订计划时充分考虑了现有的生产能力,而计划在实施过程中由于各种原因,往往造成实施情况与计划要求偏离。当实际情况与计划发生偏离,就要采取措施。要么使实际进度符合计划要求,要么修改计划使之适应新的情况,这就是 PAC 的工作。PAC 虽然名称译成"计划",实际上起作"控制"的作用。它在 MRP 中对生产作业进行控制,控制在这里有三层意义:①控制生产作业在执行中不偏离 MPS/MRP。②出现偏离时,采取措施,纠正偏差。若无法纠正,将信息反馈到计划层。③报告生产作业执行结果。

4.6.2 内容

PAC是计划的执行层次,只是执行计划,不能改动计划。具体说来,PAC的内容如下。

1. 核实 MRP 的制造订单

MRP为制造订单规定了计划下达日期,但它并没有真正下达给车间,仍然是一个推荐日期。虽然这些订单是按MRP原理编制的,并且经过能力平衡,但在生产控制人员将这些订单正式批准下达投产之前,还必须检查物料、能力、提前期和工具的可用性。

作为生产控制人员,要通过计划订单报告、物料主文件、库存报告、工艺路线文件和工作中心文件以及工厂日历来完成任务。①确定加工工序。②确定所需物料、能力、提前期、工具。③确定物料、能力、提前期、工具的可用性。④解决物料、能力、提前期、工具的短缺问题。

2. 生成车间任务

MRP生成并确认后,就进入到计划控制层生成车间任务。即把MRP中的物料制造任务下达给车间。一般来说,由于企业的不同车间都可以完成相同的加工任务,而且不同的车间可能会有不同的加工工艺路线,因而必须把MRP明确下达给某个车间加工,当然也允许同一个MRP分配给不同的车间。因此,车间任务可以由MRP自动生成,也可以由手工建立或进行MRP任务分配(监理、分割等)。有时车间还会涉及一些临时任务,如返工、翻修和改装等。

车间任务往往是以报表的形式给出的,在报表中一般应包括任务号、MRP号、物料代码、物料名称、需求量、需求日期、车间代码、计划开工日期、计划完工日期等数据项,如表4-20所示。

表 4-20　车间任务表

任务号	MRP 号	物料代码	需求量	需求日期	车间代码	任务数量	计划开工日期	计划完工日期
A008	M010	DVD333-22	10	2020/4/8	DV-01	10	2020/4/2	2020/4/6
A009	M011	DVD333-10	20	2020/4/7	DV-01	20	2020/4/2	2020/4/7

车间任务生成并确认后,要对任务的物料再次进行落实,也就是对车间任务进行物料分配,完成物料分配后就可以下达任务,确保任务的执行。物料分配后会影响库存物料的可分配量(已分配量)。执行的流程如图4-10所示。

3. 下达加工单

加工单(work order),也叫车间订单(shop order),是一种面向加工件说明物料需求计划的文件,包括物料的加工工序、工作中心、工作进度及使用的工装设备等。加工单可以跨车间甚至厂际协作。车间作业的优先级主要根据MRP要求的计划产出日期确定。加工单的格式同工艺路线报表很相似,往往也是以报表的形式下达的,如表4-21所示,其表头和左侧各栏的信息取自工艺路线文件,只是增加了加工单号、加工单需用日期、每道工序的开始日期和完成日期。加工单生成的程序流程如图4-11所示。

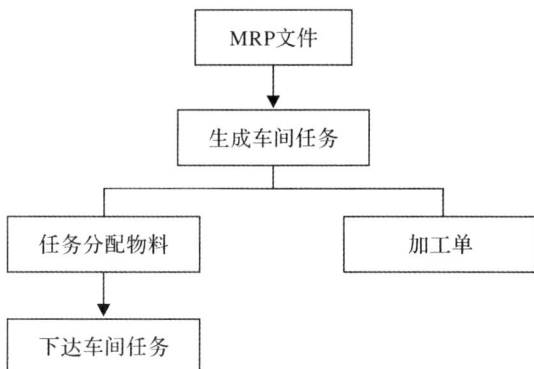

图 4 - 10　车间任务下达流程

表 4 - 21　加工单

加工单号:C01　　　　　　　　计划日期:2020/3/30　　　　　　　　计划员:CH
物料代码:A00　　　　　　　　物料名称:DVD333 - 22
需求数量:10　　　　　　　　　需求日期:2020/4/8

工序	工作中心代码	标准时间			本工序时间	计划进度			
		准备	工时	台时		最早开工日期	最早完工日期	最晚开工日期	最晚完工日期
1	WC01	0.1	1		10.1	20200403	20200406	20200403	20200406
2	WC02	0.1	2		19.9	20200402	20200406	20200403	20200407

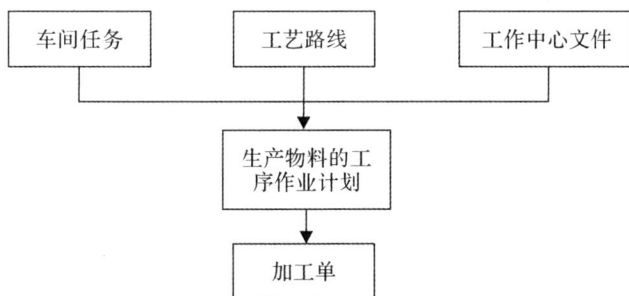

图 4 - 11　加工单生成的程序流程

4. 生产调度

生产调度就是对工作中心的作业进行排序(简称作业排序),即当多个物料在同一时段分配在同一个工作中心加工时,对物料的加工要进行排序。

生产调度的目的,主要是将作业任务按优先级编排,按能力(设备、人力)分配任务,保证任务如期完成且完成任务的时间最短、成本最低。如何达成这个目标,具体见常用调度措施。

5. 下达派工单

派工单(dispatch list)或称调度单,是一种面向工作中心说明加工优先级的文件,说明工作中心在某时段(一周或一个时期内)要完成的生产任务。它的作用是安排加工任务,使任务的执行状态为"开工",还说明哪些工作已经到达,正在排队,应当什么时间开始加工,什么时间完成,加工单的需用日期是哪天,计划加工时数是多少,完成后又应传送给哪道工序;哪些工件即将到达,什么时间到,从哪里来。有了派工单,车间调度员、工作中心的操作员对目前和即将到达的任务一目了然。如果在日期或小时数上有问题,也容易及早发现,采取补救措施。通常,应当把控制的重点放在关键工作中心上。

派工单往往是以报表的形式给出的,在报表中一般应包括车间代码、工作中心代码、物料代码、任务号、工序号、需求数量、开工/完工日期、优先级别等数据项,如表 4-22 所示。

表 4-22 派工单

车间代码:DV01　　　　　　　工作中心代码:WC01　　　　　　　派工日期:2020/4/1

物料代码	任务号	工序号	需求数量	最早开工时间	最早完工时间	最晚开工时间	最晚完工时间
DVD333-22	A008	M010	10	2020/4/2	2020/4/6	2020/4/3	2020/4/7
DVD333-10	A009	M011	20	2020/4/2	2020/4/7	2020/4/3	2020/4/8

6. 分析报表

在车间作业计划中,一般 ERP 提供的常用报表反映的动态信息已超出了手工管理统计报表的概念,报表有以下几类。

(1)物料和能力可用量报表。根据加工单上物料的数量和时间,系统自动显示所需的物料及能力,若有短缺也将自动标识。

(2)加工单状态报表。按已下达、已发料、短缺或例外情况、部分完成、完成未结算、完成已结算等分别报告。

(3)工序状态报表。说明需求量、完成量、报废量、传送量,同时说明材料和工时消耗以及发生的成本。

7. 投入/产出控制

投入/产出控制(input/output control,I/O)是衡量能力执行情况的方法,它也可以用来计划和控制排队时间和提前期。这是一种需要逐日分析的控制方法。投入/产出报告即 I/O 报告,是一个计划与实际投入以及计划与实际产出的控制报告。I/O 计算主要生成某一时间段内各工作中心的计划投入工时(台时、能力标准)、计划产出工时(台时、能力标准)等信息(如初始队列等),用户可在每周初用本程序进行计算。实际输入工时(台时、能力标准)和实际输出工时(台时、能力标准)数据由车间按实际进行录入维护。I/O 报告的数据一般有计划投入、实际投入、计划产出、实际产出、计划排队时间、实际排队时间以及投入、产出时数的偏差等。比较计划与实际投入可以分析出输入到工作中心的订单流动情况,比较实际投入与产出可以看出工作中心是否正在加工所有到达的负荷,它可以指示出工作中心执行计划的情况如何。表 4-23 是一种常见的 I/O 报表。

表 4 - 23　投入产出报表

工作中心:C01　　　　　　　名称:解码板调试　　　　　　生成日期:2020/4/1
能力标志:工时　　　　　　　能力数据:20 小时／日
投入允许偏差:10　　　　　　产出允许偏差:10

项目	时段 1	时段 2	时段 3	时段 4	时段 5
计划投入	100	100	100	100	100
实际投入	98	96	110	98	95
累计投入偏差	－2	－6	4	2	－3
计划产出	100	100	100	100	100
实际产出	98	95	110	96	95
累计产出偏差	－2	－7	3	－1	－6
计划排队	15	15	15	15	15
实际排队	16	15	13	11	8

注:
- 计划投入:工作中心的计划订单与已下达订单所需的工时(台时)。
- 计划产出:计划要求完成任务的工时(台时)。
- 实际投入:工作中心实际接收任务的工时(台时)。
- 实际产出:实际完成任务的工时(台时)。
- 累计投入偏差:等于实际投入减计划投入。
- 累计产出偏差:等于实际产出减计划产出。
- 计划排队:工作中心任务的计划排队工时(台时)。
- 实际排队:工作中心任务的实际排队工时(台时)。

　　由于负荷是由加工物料所引起的,负荷与物料的对应关系也即为产品的定额工作量(工时、台时),因此投入产出的统计报表也可以对在制品的流动进行分析,分析方法参考表4-24,并根据分析结果控制物料的排队。排队时间的变化可用下式表示:

$$时段末的排队时间＝时段初的排队时间－产出量＋投入量$$

表 4 - 24　投入产出报表分析

对比结果	存在问题
计划投入＞实际投入	加工件推迟到达
计划投入＝实际投入	加工件按计划到达
计划投入＜实际投入	加工件提前到达
实际投入＞实际产出	在制品增加
实际投入＝实际产出	在制品维持不变
实际投入＜实际产出	在制品减少
计划产出＞实际产出	工作中心落后计划
计划产出＝实际产出	工作中心按计划
计划产出＜实际产出	工作中心超前计划

如果要减少排队时间,就必须使产出量大于投入量,永远不要投入超过工作中心可用能力的工作量。当拖欠量增大时,不加分析地延长提前期(放宽工时定额)、过早地下达过多的订单,增加投入只会增加排队时间,积压更多的在制品,人为地破坏了优先级,从而造成了更多的拖欠量,形成恶性循环。由于能力问题造成的拖欠量只能从能力入手来解决,即加大"出水管"的口径,如图 4-12 所示。

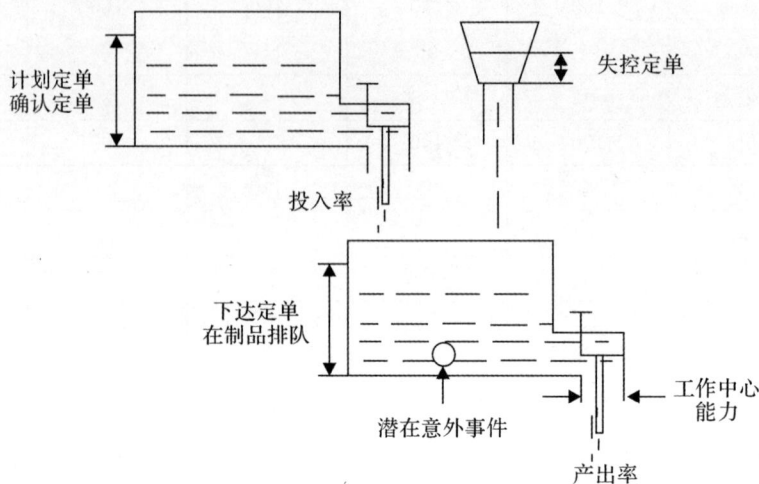

图 4-12 能力控制

4.6.3 确定优先级

一般来说,车间常采用"优先级"来确定待加工物料的先后顺序,数字越小说明加工的级别越高,应该先加工。

派工单上加工的优先级一般是按照工序开始日期的顺序排列的。而工序开始日期又是以满足加工单要求的完成日期或需用日期为基准的。多数情况下二者的优先顺序是一致的,但是也可能有例外。比如某个工件的工序加工时间很短,虽然开始日期在前,但即使略微推后也不致影响加工单的需用日期。用优先序号只能表示相对关系,如果盲目地一味遵照相对优先级,有可能延误加工单的需用日期,在应用时要注意分析。当在提前期上出现矛盾时,可以参考以下几种常用方法来表示优先级。

1. 紧迫系数(critical ratio,CR)

优先级(CR 值)由下式获得:

优先级(CR)=(交货日期－系统当前时间)/剩余的计划提前期

式中所获得 CR 值有下述四种情况:

① CR≤0 时,说明已经拖期。

② 0≤CR<1,说明剩余时间不够。

③ CR=1,说明剩余时间刚好够用。

④ CR>1,说明剩余时间有余。

很明显,CR 值小者优先级高。一个工件完成后,其余工件的 CR 值会有变化,应随时调整。

2. 最小单个工序平均时差(least slack per operation，LSPO)

时差也称缓冲时间或宽裕时间。优先级(LSPO 值)由下式获得：

优先级(LSPO)＝(交货日期－当前日期－剩余工序所需加工时间)/剩余工序数

其中，剩余工序所需加工时间指剩余工序提前期之和。LSPO 值越小，也就是剩余未完工序可分摊的平均缓冲时间越短，优先级越高。

3. 最早订单完成日期(earliest due date，EDD)

完成日期越早的订单优先级越高。使用这条规则时，对处于起始工序的订单要慎重，有必要用 LSPO 复核。本规则比较适用于判断工艺路线近似的各种订单，或已处于接近完工工序的各种订单。

4. 先到先服务法

按订单送到的先后顺序进行加工，即

优先级＝(订单送到日期－固定日期)/365

其中，固定日期是系统设置的固定日期，例如可设置成当年的 1 月 1 日。

5. 最早开工法

按下式计算优先级：

优先级＝交货期－提前期－当前日期

6. 剩余松弛时间法

按下式计算优先级：

优先级＝交货剩余时间(天)－完工剩余时间(天)

确定工序优先级的方法很多，以上几种比较简单易懂，便于车间人员使用，这也是多数软件常用的几种方法。总之，确定优先级主要考虑：① 订单完成日期；② 至完成日期剩余的时间；③ 剩余的工序数。

确定工序优先级的前提条件是要有一个可靠的 MPS 和 MRP。由于系统的工作日历是以日为最小时段，目前多数 ERP 中还极少有细化到"班计划"的。

知识拓展 4 - 13　明辉 ERP 项目优先级别确认

4.6.4　常用调度措施

企业按照车间作业计划难以按时完成客户订单且客户订单无法延期交货，此时需要压缩生产周期。一般 ERP 会提供以下几类处理方法。

1. 平行顺序作业

工件在上一个工作中心完成一定数量，不等全部加工完，就部分地传送到下一个工作中心去加工。平行顺序作业可以缩短加工周期，但是由于增加了传送次数，搬运费用相应增加，也就是说，成本会增加。另外，考虑传送的批次时要注意上、下工序加工时间的比值，如果前道工序加工时间很长，或各工序加工时间呈无规律地长短相间，有些工作中心会出现窝工等待，因此,有些工序还会在全部加工完成后再传送给下道工序,形成平行顺序作业和依次顺序作业交替使用的现象。

2. 加工单分批

加工单分批就是把原来一张加工单加工的数量分成几批,由几张加工单来完成,以缩短加工周期。每批的数量可以不相同。采用加工单分批或分割只有在用几组工作中心能完成同样的工作时才有可能。每组工作中心都需要有准备时间,这样准备时间就增加了,此外还可能需要几套工艺装备,这样成本也会增加。有时,上道工序由一台工作中心完成,下一道工序分为由两组不同的工作中心加工,然后又由一台工作中心来完成第三道工序。这种分合交替的作业经常会发生。

3. 压缩非增值作业时间

通常系统会提供人为设定和系统设定的比例压缩两种处理方式,减少排队、等待和传送这类非增值作业时间。当然要有管理措施,系统处理上压缩了不等于实际上压缩了。

4. 替代工序或改变工艺

由于设备临时出现故障或类似原因,暂时由一个看来并不合理、加工成本较高但依然可以保证质量的工艺来完成。

5. 其他

其他处理方法有加班加点、调配人力等。

知识拓展 4-14　**中小型离散制造企业车间生产调度模式的设计**

4.7　ERP 中的计划管理

4.7.1　计划管理系统概述

计划管理内容主要集中在 ERP 的生产制造子系统,本节主要介绍用友 ERP-U8 生产制造系统(简称 U8M)。U8M 以 MRP 为核心,将企业的资料管理、计划、营销、供应、生产、财务等六大管理职能融合为一个有机的整体。

1. 系统特点

U8M 主要面向离散型、半离散型制造企业资源管理需求。离散型企业管理的特点有:经常多品种同时开工;每个品种一次生产的周期通常较短,批量较小;产品品种多,物料种类少;多采用 MTO 方式;订货很少具有连续性;产品销售方式多为直销;销售预测一般仅用来指导采购。通过对以销售订单和销售预测生成的 MPS 的管理,准确预测计划内可承诺的订单量,通过产销排程及模拟运算不断调整 MPS,以最大限度地满足客户的需求,从而增加生产的柔性,适应不断变化的市场需求。通过 MRP 的展开运算可以精确地计算出企业在什么时间需要什么物料或提供什么产品,哪些需要进行采购?哪些需要外协加工?哪些需要生产?而且这种运算充分考虑了企业的安全库存、交货提前期、在单量、在手量以及现有库存等种种复杂因素。为企业在最合适时间提供适合生产的各种物料。

2. 技术特点

U8M 的技术特点有：系统采用 Client/Server 三层架构；采用面向对象方法进行分析设计；完全集成 OLTP；支持多操作系统平台，可应用于局域网或广域网；使用同一个数据库，保证系统的数据准确和及时。

4.7.2　系统总体结构及功能

U8M 逻辑上分为应用客户端、应用主机和资料主机，涵盖了企业的六大管理职能，共有30 多个模块，各模块之间高度集成，如图 4 - 13 所示。其功能包括共用资料子系统、计划子系统、营销子系统、供应子系统、生产子系统。

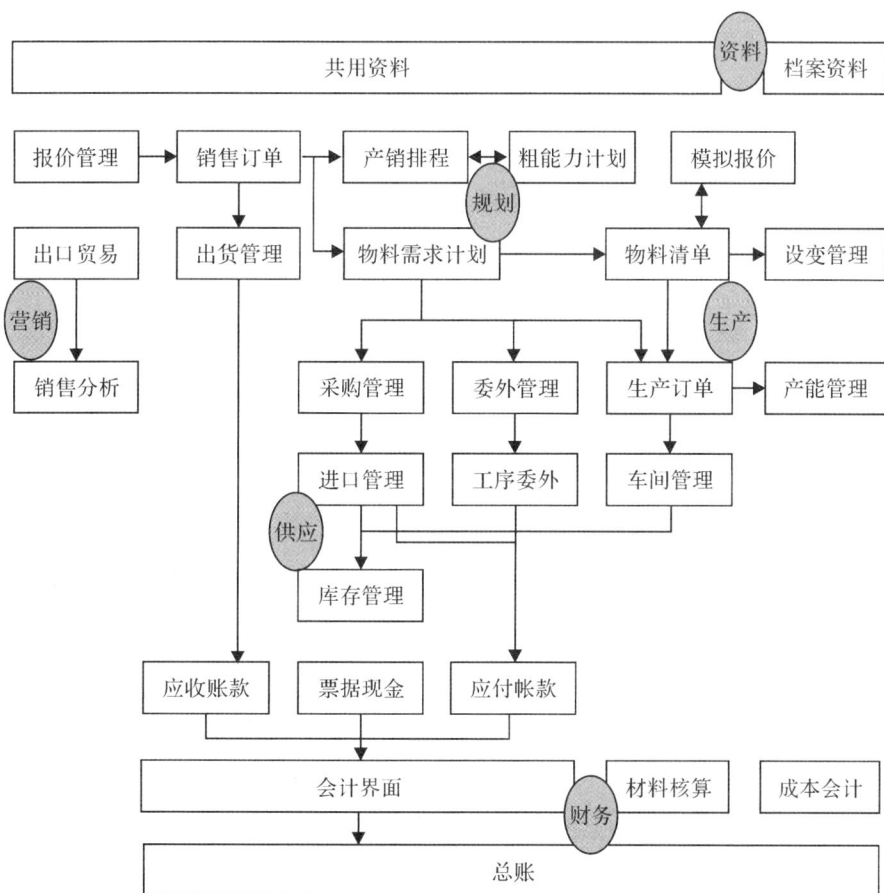

图 4 - 13　U8M 整体结构与流程

1. 共用资料子系统

1）共用资料的意义

（1）共用资料是所有模块的基础。共用资料包括公司共用资料、财务共用资料、物料共用资料、营销共用资料和厂商共用资料。这些共用资料是生产规划、供需管理、营销业务、财务核算的基本前提,各模块中生成的业务单据无一不涉及共用资料中的相关内容。

(2)共用资料设置是否规范将影响各模块的使用。共用资料既然是基础就要保证其准确性,各模块业务资料的生成确认都要依照共用资料中的相关资料,若共用资料不准确,或是没有一个规范统一的标准,可能会造成各模块所生成的相关资料不统一、无法准确核算的情况,这样,从这个模块传入下个模块中的资料也一样不正确,所以共用资料设置要符合一定的规范,否则将影响各模块的使用。

(3)共用资料的合理设置也是企业规范制度、优化管理的过程。以往很多企业在手工管理的情况下没有统一的资料管理标准,物料编码重复,资料不准确,编码随意,客户丢失,造成了很大程度上的管理混乱,ERP就是要帮助企业提升管理,合理规划共用资料,将帮助企业建立和规范制度,在统一标准、明晰权责后,优化企业的管理。因此重视共用资料的合理规划就是在规范企业的管理制度。

2)共用资料的内容

(1)公司共用资料。公司共用资料主要是反映公司的基本概况和一些交易处理原则,是生产制造运行的基础。

(2)财务共用资料。财务共用资料主要反映企业的税别、收付款政策、账务分类及成本基础等内容。财务共用资料是营销业务和财务管理的基础,要依企业实际予以严格设置。

(3)物料共用资料。物料泛指原料、零件、半成品或成品,是每个企业管理经营的重点对象。U8M中所有物料都要在"物料基本资料维护"程序中录入,明确生产经营中所涉及的一切物料;物料的大小分类协助企业按自身的特点对物料进行规范管理;物料采购资料维护可设定物料的采购单位、采购人员,作为采购、验收的依据,帮助企业明确责任;物料规划资料维护和产销排程、需求规划模块密切相关,为企业做好供、产、销三者间的平衡提供基本数据保障。

(4)营销共用资料。U8M在营销系统中体现客户关系管理的新思想,不仅提供了客户基本资料及客户物料的记录功能,还提供了客户信用额度控制功能,为企业在实际营销业务中的客户关系管理提供了有力的保证。

(5)厂商共用资料。厂商共用资料用于维护与企业相关的供应商和委外商,在采购或委外行为时必须先在此加以定义。

2. 计划子系统

计划子系统包括MPS和MRP两个模块。MPS是产销协调的依据和所有作业计划的根据,MRP是U8M的核心。针对物料需求计划件,依客户销售订单或预测销售订单的需求(或主生产计划计算结果),透过物料清单得到毛需求。再与库存情况做比较,最后计算出各采购件、委托件及自制件的需求量,以供后续各系统计划用。

1)MPS

MPS主要用于定义关键物料的预期生产计划。有效的MPS为销售承诺提供基准,并用于识别所需资源(物料、人力、设备与资金等)及其所需要的时机。对交货期要求敏感且按单排产的多品种小批量生产企业,有限的能力如何合理利用是本系统产销排程所要解决的主要目标。系统以图示化工具提供了基于有限能力按工作中心的订单计划与排程,对一个新订单可以对不同生产状态计划有效处理,从而自动完成插单或提出排产建议,优化了能力的使用,大大节省了计划工作量。

2）MRP

MRP 系统针对 MRP 件,依据客户订单或产品预测订单的需求和物料需求计划,通过 BOM 展开,并考虑现有库存和未关闭订单,计算出各采购件、委外件及自制件的需求数量和日期,以供采购管理、委外管理、生产订单系统计划执行。

3. 生产子系统

生产子系统包括物料清单、生产订单、委外管理、车间管理、产能管理、设变管理等模块。

1）物料清单模块

BOM 是 U8M 进行 MRP 的基础,同时也是编制生产与采购计划、配套领料、跟踪物流及生产过程、追溯任务来源、计算成本、投标报价、改进产品设计等参照的重要文件。以上各项业务涉及企业销售、计划、生产、供应、库存、成本、设计、工艺等部门,BOM 如同一个管理枢纽,把企业各个业务部门通过物料有机地联系在一起。因此,物料清单模块也是 U8M 的核心模块之一。

正确的 BOM 是生产订单和采购订单及领用料的依据。但物料的 BOM 出现错误在企业中时有发生,一旦 BOM 出现错误会造成 MRP、MPS 等规划错误,导致供货品种、数量不符合需求,以及领发料错误,可能带来非常大的损失。

本模块提供了 BOM 的建立、修改、校验、查询及打印功能,具体包括如下:①提供 BOM 的维护、资料拷贝、物料删除、替代等功能;②提供 BOM 逻辑查验、低层码推算及卷叠成本计算等功能;③提供多角度物料结构查询功能,可根据母件查询子件,也可针对子件查询子件用途;④提供多角度 BOM 结构打印功能,包括母件结构、子件用途打印及标准物料清单打印等功能。

2）生产订单

制造企业的生产管理和物料管理通常是以生产订单为中心的,即控制其产能的利用、缺料状况、效率和进度等,协助企业有效掌握各项制造活动。

U8M 的生产订单子系统就是针对与自制物料的制造工作有关的作业,同时对由物料需求计划生成的和根据手动输入使用的生产订单进行如下处理:①提供各种角度的跟催信息,从而有效掌握生产进度;②提供缺料模拟分析,用于参考生产进度调整;③提供依生产订单设定特殊用料功能,供替代料及特殊用料使用;④提供用料分析,以有效掌握各生产订单的用料及成本差异信息;⑤针对 MPS 及需求计划生成的建议制造量,提供分批规划和锁定功能,使生产管理作业规划时更有弹性。

生产订单子系统的功能主要集中在与制造活动相关的订单规划、锁定、订单审核、领/备料动作、制品入库和生产订单关闭等处理上。

3）委外管理

随着社会分工的精细化,委外管理作业模式也应运而生。它不仅能利用委外商的专业加工能力降低总制造成本,还可以简化企业内部生产管理,最大限度地保证交货期和供应量,在一定程度上解决了企业产能不足、降低成本、及时交货等问题。目前已成为制造企业不可或缺的一环,也是 U8M 的特色之一。委外管理子系统 U8M 的核心模块之一,提供了从委外的询价开始到委外单的核发、完工验收入库,直至加工款项支付的全部业务处理程序,帮助企业对委外加工的物料和费用进行集成管理。

委外管理子系统的主要功能为:①针对产销排程及需求规划生成的建议制造量,提供分批规划和锁定功能,使委外管理作业规划时更有弹性;②提供各种角度的跟催信息,从而有效掌握委外加工进度;③提供缺料模拟分析,显示各委外单的缺料信息;④提供委外单价和委外加工款的自动结算,对财务和业务进行信息集成处理。

委外管理的作业流程大致可以分为:委外单生成(包括手动输入和电脑规划),委外单审核(包括手动输入、电脑规划和锁定状态的订单),下达委外通知单和委外领料单,委外领/退料,委外物料完工入库,委外金额转应付账款。委外的应付账款的冲销有三种冲销方式,即现金、预付款和应付票据。

例如一家生产电脑桌的企业,其电脑桌的滑轨分别经过冲压切割、打孔、表面打磨、电镀等多道加工工序完成,并分别由多家委外厂商进行这些工序的加工。

一般在委外工序派工之前,企业会先进行委外工序的询价,企业会根据实际情况选定每一个委外加工工序的委外商。选定每一个加工工序的委外商之后,需要在系统中建立物料委外工序资料,详细描述包括料号、委外商、工序号、作业时间、领料信息等详细信息。委外生产订单审核后,需要把委外订单下达给最后的一个委外商,同时使用"委外工序资料处理"进行委外工序的生成,生成的委外工序可以在"委外工序维护"中进行查询或修改。

4)车间管理

车间是企业进行产品制造的加工单位。车间管理解决的主要问题是"如何合理调配各项资源,在合适的时间生产出合适的产品"。在生产订单确定之后,可以使用车间管理来进行生产订单详细工序加工过程的追踪管控。

车间管理的具体内容包括"随时了解与掌握产品的加工进度和完工状况,生产现场的用料和不良品的情况,进行必要的调度,以确保能适时完成生产订单的要求"。

另外,车间管理可以统计各生产订单各完工工序的实际加工工时、用料情况、不良品的回报,提供给生产管理部门和财务部门计算物料成本和工作中心效率。

车间管理的大概作业流程为:首先,进行基本资料的维护,包括工作中心的资料维护,根据工作中心资料进行工序资料和资源资料的设置;再进行物料工序资料维护,物料工序资料维护时,可以把其中的用料信息直接转到BOM,免除建立BOM的重复劳动。其次,在基本资料已经建立的基础上,生产订单管理系统中已经审核的生产订单资料,可以进行"生产订单工序处理",生成相应的工序资料,中间的工序资料如果发生变化,可以进行生产订单工序资料修改。

以上任务完成之后,可以进行车间管理的交易资料处理,包括工序领退料单、完工单、不良品回报等。对于委外工序,可以进行委外金额的审核,并转应付账款系统。

5)产能管理

产能管理用于检查目前各工作中心中各主要资源的可用产能是否满足生产订单的产能需求。具体的流程如下:首先,根据生产订单和物料的工序资料规划生产订单的工序资料。其次,根据生产订单工序资料中各工序经过的工作中心和资源,及各工序的开工时间和完工时间,计算生产订单所需的产能。最后,对比该工作中心、该资源所能提供的产能,进行产能检核。如果产能检核的结果是主要资源的现有产能满足不了生产订单对产能的需求,则需要进行产能调整。重新调整生产订单的开工时间、完工时间,或者各主要资源的可用产能,使资源的配置可以满足现有的生产安排。

产能管理模块对车间的生产资源进行能力检核,用于检查目前生产车间中各工作中心的各资源是否可以满足生产订单的产能需求,提供直观的图表方式的检核报表,协助车间资源的规划。

知识拓展 4-15 某烟厂的生产计划管理系统实施

6)设变管理

企业为了提高产品竞争力,必须不断更新技术,开发出高性能、高质量的产品,控制和降低成本,提高生产率。这就不可避免地要对原有产品的设计尺寸、性能、材质、制造工艺等进行改进,以实现更好的质量、更高的生产效率或更低的成本,这称之为工程变更。这种变更会对生产、采购、质检、产品成本及原材料、在制品甚至产成品的现有库存产生比较大的影响。

因此,管理进入正轨的企业会将工程设计变更作为企业管理的一项重要内容,建立完善的管理制度和监督、执行体系。U8M 设变管理模块可帮助企业监控设计变更过程,有效记录工程变更中有效日期的修改过程,记录各版本的子件变化,并将执行设计变更审核等相关管理工作信息化,及时提供所需的相关信息,以减少设变造成的损失。设变管理模块提供以下功能:① 设计变更申请。提出变更内容和变更原因。②设计变更确认。确认变更的内容和必要性,变更的代价、对成本的影响。③设计变更审批。审核设计变更的必要性决定是否变更及变更时间。④ 设计变更档案。建立设计变更记录档案和设计变更通知,存档并通知相关部门。

知识拓展 4-16 ERP 项目规划中的"三忌"

本章小结

本章主要介绍 ERP 中计划管理相关内容。首先概要描述了 ERP 的计划层次体系,并穿插了与计划管理有关、与时间有关的概念,要求学生在掌握概念的基础上理解各层次间的相互关系;其次,较为详细地介绍了经营规划、销售运作规划、主生产计划、物料需求计划、车间作业计划相关原理,这些原理是本书的重点,也是实验的基础,尤其销售运作规划、主生产计划、物料需求计划部分还用例题辅助讲解以求达到学生自如运用的目的;再次针对企业面对变化的市场及自身资源状况,会对编制完成的主生产计划、物料需求计划进行变化和维护,要求学生掌握计划的重排和修订方法;最后对用友 U8M 进行了功能介绍,该系统功能相对简单,较容易掌握。

习 题

一、选择题

1.在下面关于销售规划和生产规划的陈述中,哪一项是正确的?(   )

A.生产规划必须总是与销售规划完全一致　　B.生产规划不必总是与销售规划完全一致

C.生产规划应当比销售规划多10%　　D.生产规划与销售规划是相互无关的

2.编制销售运作规划涉及哪些职能领域?(   )

A.市场和计划　　　　　　　　　　　　B.计划、生产和财务

C.市场、计划和生产　　　　　　　　　D.市场、计划、生产和财务

3.下面哪项活动属于生产规划活动?(   )

A.确定产品价格　　　　　　　　　　　B.确定产品族的生产率

C.维护产品技术信息的准确性　　　　　D.维护产品成本

4.制定生产规划的目的是什么?(   )

A.确定客户服务水平　　　　　　　　　B.确定毛销售量

C.为制定经营规划作准备　　　　　　　D.确定产品族生产率

5.在一个MTS的企业中采用均衡生产策略编制生产规划,如果期初库存为1000单位,年销售量为5000个单位,期末库存为2000个单位,要制定1年的生产规划,那么,月生产率是多少?(   )

A.300单位　　　　B.400单位　　　　C.500单位　　　　D.600单位

6.下面哪一项是销售运作规划的计划对象?(   )

A.单项物料　　　　B.子项物料　　　　C.产品族　　　　D.维修件

7.下面哪一项用于评估销售运作规划的合理性和可行性?(   )

A.物料需求计划　　B.资源需求计划　　C.主生产计划　　D.经营规划

8.在一个MTS的制造企业中编制生产规划,已知期初库存量=2000,全年预测需求量=13000,预期的期末库存量=1000,基于以上数据,全年生产规划量是多少?(   )

A.10000　　　　B.12000　　　　C.13000　　　　D.19000

9.一个MTO的公司,打算把它的未完成订单量从4个月减少到2个月,如果全年需求1200件产品,全年的生产规划量应当是多少?(   )

A.1000　　　　B.1200　　　　C.1400　　　　D.1600

10.下面哪些是评估销售运作规划的指标?(   )

A.实际销售与预测之比

B.实际销售与预测之比、实际生产与计划生产之比

C.实际销售与预测之比、实际生产与计划生产之比、实际库存与计划库存之比或实际未完成订单与计划未完成订单之比

D.实际库存预计库存值比、年售出货物成本与库存平均价值之比

11.MPS是(   )。

A.关于生产什么产品或最终物料的计划　　B.确定未来客户订单的计划

C. 确定长期的生产设施的计划　　　　　D. 管理层用于决定购买生产设备的工具

12. 如下哪项关于 MPS 的陈述是正确的?(　　　)

A. MPS 是需求预测　　　　　　　　　　B. MPS 是计算机自动生成的

C. MPS 是关于要生产什么的计划　　　　D. MPS 以月作为计划时区

13. 下面哪项工作不是主生产计划员的任务?(　　　)

A. 批准销售运作规划　　　　　　　　　B. 确定工作中心能力

C. 确定产品的生产计划　　　　　　　　D. 维护供需平衡

14. 下面哪一项陈述是正确的?(　　　)

A. 在 MTS 的计划环境中,MPS 要平衡库存投资与客户服务水平

B. 在 MTS 的计划环境中,MPS 要批准每份新订单所使用的原材料和生产能力

C. 在 MTS 的计划环境中,MPS 要确定可用于满足客户订单的原材料和生产能力

D. 在 MTS 的计划环境中,MPS 要确定采购提前期

15. 下述哪一项不是 MPS 的输入信息?(　　　)

A. 销售计划　　　　B. 生产规划　　　　C. 客户订单录入　　　　D. 库存记录

16. 一个 MTS 的制造企业,最有可能存储的物料是什么?(　　　)

A. 原材料　　　　　B. 子装配件　　　　C. 制造件　　　　　　D. 产成品

17. 在制定 MPS 时,以下哪些项目不应当看作需求来源?(　　　)

A. 未完成客户订单　　　　　　　　　　B. 备用件需求

C. 确认的计划生产订单　　　　　　　　D. 需求预测

18. 下面哪一项生产计划方式将产生最长的交货提前期?(　　　)

A. MTO　　　　　　B. ATO　　　　　　C. MTS　　　　　　　D. 连续生产

19. 在如下哪种环境下,公司应当采取 MTS 策略?(　　　)

A. 需求不可预测

B. 所要求的交货提前期短于制造产品所需要的时间,且存在多种产品选项

C. 需求量很大的成熟产品

D. 客户要求特殊的设计

20. 下面哪一项是建立 MPS 所需的信息?(　　　)

A. 能力需求计划　　　　　　　　　　　B. 最终产品的需求预测信息

C. 生产活动控制信息　　　　　　　　　D. 物料需求计划

21. 下面哪一项指出 MPS 中的一个时间点,在其之前如果改变 MPS 将会对子项的计划、能力计划、客户交货和成本产生负面影响?(　　　)

A. 需求时界　　　　B. 预计库存量　　　C. 计划时界　　　　　D. 可承诺量

22. 制订 MPS 的过程是对如下哪组项目进行平衡?(　　　)

A. 预测和订单　　　B. 库存和客户服务　C. 供应和需求　　　　D. 预测和库存

23. 在主生产计划期的哪个时域对客户需求变化的响应最为困难?(　　　)

A. 危险时域　　　　B. 冻结时域　　　　C. 自由时域　　　　　D. 半冻结时域

24. 在接到客户订单时,根据如下哪一项可以确定能否按照客户要求的数量和日期来满足所接到的客户订单?(　　　)

A. 预测消耗　　　　B. 预测错误的度量　C. 可承诺量　　　　　D. 需求时界

25.下面哪些是运行 MRP 的前提条件?(   )

A.每项物料都有唯一确定的物料代码、物料清单

B.每项物料都有唯一确定的物料代码、主生产计划

C.每项物料部有唯一确定的物料代码、主生产计划、物料清单

D.每项物料都有唯一确定的物料代码、主生产计划、物料清单,完整的库存记录

26.下列元素中的哪一项不是 MRP 的输入?(   )

A.主生产计划　　　　　B.物料清单　　　　　C.库存记录　　　　　D.工艺路线

27.在如下关于计划订单和已下达订单的陈述中,哪一个是正确的?(   )

A.计划订单是由人生成和管理的,而已下达订单是由计算机系统生或和管理的

B.计划订单是由计算机系统生成和管理的,而已下达订单是由人生成和管理的

C.MRP 不能修改计划订单,但是能够修改已下达订单

D.只有在计划时界之内,MRP 才能够修改计划订单,而在计划时界之外,MRP 只能够修改已下达订单

28.关于预计可用库存量的计算,下面哪项陈述是正确的?(   )

A.在每个时区,将未完成订单减去毛需求

B.在每个时区,将毛需求减去未完成订单

C 在每个时区,将毛需求减去未完成订单加上到期的计划订单

D 在每个时区,将上个时区预计可用库存量减去本时区的毛需求加上在本时区到期的计划订单

29.如果一项物料的损耗率是 20%,那么,为了得到 200 件的计划接受量,计划量应当是多少?(   )

A.200　　　　　　　B.220　　　　　　　C.250　　　　　　　D.280

30.如下哪一项是 MRP 计算的结果?(   )

A.能力需求　　　　　B.独立需求　　　　　C.净需求　　　　　D.提前期

31.生产计划不能实现的原因是(   )。

A.生产能力不足　　　　　　　　B.物料短缺

C.供应商交货不及时　　　　　　D.上述所有情况都可能

32.计划生产订单的完成日期和开始日期由什么确定?(   )

A.该生产订单的物料清单　　　　B.工艺路线文件中的准备时间和单件加工时间

C.每个工作中心前的工作数量　　D.由 MRP 建立的计划

33.下面哪一项是 MRP 的目标?(   )

A.让工厂总有活干　　　　　　　B.真实地反映物料需求

C.确定预测　　　　　　　　　　D.降低采购费用

34.如下哪一项是 MRP 计算过程中所使用的库存数据?(   )

A.计划订单下达　　　B.毛需求　　　　　C.净需求　　　　　D.计划接收量

35.在如下哪种情况下,MRP 将产生一份计划订单?(   )

A.存在毛需求　　　B.存在净需求　　　C.产生了例外信息　　　D.安全库存为零

36.计划期短于一项物料的累积提前期会出现什么问题?(   )

A.将改善客户服务水平　　　　　　B.物料的累积提前期将缩短

C. BOM 较低层次上的物料将无法计划　　　　D. BOM 较高层次上的物料将无法计划

37. 设某项物料的安全库存为 0,在 MRP 计算预计可用量的过程中,第 1 项净需求出现在什么时候?(　　)

A. 预计可用量变为 0 的时候

B. 预计可用量第 1 次出现负值的时候

C. 在下一个时区,预计可用量将小于毛需求的时候

D. 预计可用量小于订货批量的时候

38. 下面哪一项活动关注生产过程中最短期的计划?(　　)

A. 生产规划　　　　　B. 主生产计划　　　　　C. 物料需求计划　　　　　D. 车间作业计划

39. 流程型生产和离散型生产的区别在于(　　)。

A. 流程型生产是面向订单装配的,离散型生产是面向库存生产的

B. 生产过程中增值的方法不同,增加生产能力的灵活性不同,物料的效能一致性不同

C. 生产过程中成本核算的方法不同,增值的方法不同,物料的效能一致性不同

D. 离散型生产过程中可以出现联产品和副产品,流程型生产过程中只出现在制品

40. 派工单是(　　)。

A. 车间领料单

B. 按优先级顺序排列的生产订单一览表,每天发到工作中心,指明生产订单的优级、要加工的物料数量及能力需求的详细信息

C. 生产订单

D. 详细描述一项物料的制造过程的文件,包括要进行的加工及其顺序、涉及的工作中心以及准备和加工所需的工时定额

41. 确定工序优先级的方法有哪些?(　　)

A. 面向库存生产、面向订单生产、面向订单装配

B. 订货点法、按需订货、经济订货批量

C. 毛需求、净需求、安全库存

D. 紧迫系数法、最小单个工序平均时差法、订单的最早完成日期法

42. 投入产出分析时显示实际投入＞实际产出,则表示(　　)。

A. 生产落后　　　　B. 加工件提前到达　　　C. 在制品增加　　　　D. 准时生产

二、判断分析题

1. MPS 对于企业来说是一种宏观的生产计划。

2. MPS 的计划对象只能是相关需求件而非独立需求件。

3. 需求是无法控制点的,综合计划只需考虑生产能力。

4. MPS 对订单安排生产具有合理的转换作用。

5. 一般而言,距离现在时间较近的订单数据对 MPS 的影响大于预测数据对 MPS 的影响。

6. 相同的 ERP 或生产计划的程序所输出的报告会有所不同。

7. 在 MRP 中,物料主要指的就是原材料。

8. 最终产品都是独立需求件。

9. MRP 的物料不仅仅有独立需求,还有相关需求。

10. 为了保证企业平稳运营,所有部件的安全库存不能为 0。

三、简答题

1. 简述 ERP 计划的层次及作用。

2. 时段和时区分别代表什么含义? 其作用和意义是什么?

3. 为什么跨度比较长的计划往往采用近细远粗的汇总方式呈现出来?

4. 什么是 MPS? 请说明 MPS 的作用及编制步骤。

5. MRP 主要解决哪些问题?

6. 都说准确的 BOM 是有效 MRP 的必要前提,试着结合实例谈一谈。

7. 物料管理和时间之间的关系是什么?

8. 从某种意义上来说,MRP 就是缺料计划。请解释这句话。

9. MRP 能帮助管理者更好地制订生产能力计划吗?

10. 简述 MRP 的处理逻辑流程以及 MRP 的更新方法。

11. 简述 MPS 和 MRP 的关系。

12. 派工单如何生成? 加工单与派工单有何不同?

13. 什么是任务优先级? 企业车间任务如何编排?

14. 车间的投入与产出有什么作用? 如何控制?

15. 利用互联网调查用友 U8M 在中国的用户和使用效果,并写出调查报告。

四、计算题

1. 编制一个 MPS 的初步计划。要决定毛需求量、净需求量、MPS 的计划产出量和预计可用库存量。已知:期初库存为 475;安全库存为 20;MPS 批量为 400;需求时界为 3;计划时界为 6;销售预测在第 1~8 周均为 180;实际需求在第 1~8 周依次为:160,200,90,200,50,250,60,20。

2. 已知一个 MPS 的期初库存为 270;安全库存为 50;MPS 批量为 200;生产提前期是 1;需求时界为 3;计划时界为 6;销售预测在第 1~8 周均为 200;实际需求在第 1~8 周依次为:170,240,180,230,80,200,60,50。计算毛需求量、净需求量、MPS 的计划产出数量和预计可用库存量,完成该 MPS 初步计划的制定?

3. 填写完成表 4-25 所示的 MRP 报表。

表 4-25　MRP 报表

时段	当期	1	2	3	4	5	6
		06/03	06/10	06/17	06/24	07/01	07/08
毛需求		12	8		5	7	6
计划接收量		10					
预计库存量	8	①		8	⑥	⑧	⑨
净需求		②	③		⑦		5
计划产出量			④		10		10
计划投入量		⑤		10		10	

4.下面是某计算机公司计划员的一张计划表,请按照 MRP 原理结合表 4 - 26 表头参数及表体给定的条件,将给有序号的空白处填上正确的数字。(请写清计算步骤)

表 4 - 26　MRP 数据表

物料号:13000　　　　　现有库存量:8

物料名称:轮胎　　　　　安全库存量:5　　　　　计划日期:2020/05/31

提前期:2 周　　　　　批　　　量:10　　　　　计划员:CH

批量	提前期	现有量	分配量	安全库存	低层码	物料号	时段	当期	1	2	3	4	5	6	7	8
1	2	50	10	10	2	C	毛需求	34		40			30	10	30	
							计划接收量	30								
							PAB 初值									
							预计可用库存量									
							净需求									
							计划产出量									
							计划投入量									

5.已知某产品 X 的 BOM 如图 4 - 14 所示,已知产品 X 物料需求计划中的 3 个输入主生产计划单、独立需求和库存文件如表 4 - 27 的 (a)、(b)、(c) 所示。请编制物料 A,B,C 的 MRP。

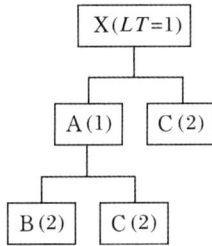

图 4 - 14　产品 X 的 BOM 结构图

表 4 - 27　编制产品 X 的物料需求计划输入数据表

(a)产品 X 主生产计划清单

物料	计划收到量(计划周期)								现有库存	已分配量	提前期	固定批量
	1	2	3	4	5	6	7	8				
A				20					30	5	1	30
B						30			40	5	1	30
C		30							50	5	1	30

(b)物料 C 的独立需求

周期	1	2	3	4	5	6	7	8
产品 X		10	20		10	10	10	20

(c)库存文件

周期	1	2	3	4	5	6	7	8
物料 C	5	5	5	5	5	5	5	5

案例分析

宁波英科特借助 APS＋ERP 提升生产计划管理效率

宁波英科特精工机械股份有限公司(简称宁波英科特),创建于 2003 年,是一家中外合资企业。厂区坐落于中国繁华港口城市之一的宁波市五乡工业园区,曾获 AAA 级资信企业等荣誉称号。

一、信息化现状

从 2017 年开始升级了企业 ERP 系统,从鼎捷易飞 ERP 系统升级为 Infor ERP 系统。使用了财务、仓库、生产管理 MRP 等相关模块。Infor ERP 系统覆盖公司的财务、成本、库存、生产、报工等领域。还有 Asprova APS 系统管理公司的钣金、机加工、轨交三大车间。还有 PDM 产品设计系统辅助研发部门更高效的进行产品设计,人事系统进行员工考勤统计。

二、APS ＆ ERP 集成

宁波英科特 2018 年 3 月开始导入 Asprova APS 系统。从手工 Excel 制作生产计划升级为 APS 系统自动排产。Infor ERP 和 Asprova APS 集成,把 ERP 系统销售订单,库存导出到 APS 系统进行自动化排产,把计划结果输出到现场,指导现场生产,结合现场条码系统及时将报工反馈给 APS,隔天重新进行计划排产。实现了企业生产制造信息一体化。现场布置了条码设备,极大提高了现场人工报工效率,实现了无纸化的报工,为企业高度智能制造的打下了坚实的基础。

1.项目背景介绍

APS 项目实施导入之前,主要是人工在 Excel 制作生产计划。钣金、机加工、轨交三大车间 3 个计划员。大家各自安排自己的生产计划,并且部分产品需要跨几个车间生产,计划非常复杂。其计划流程如图 4-15 所示,生产管理过程中经常面临以下问题:

(1)插单非常多,计划调整困难。

(2)交货期经常发生延误,无法快速回答客户的交货期。

(3)无法准确预测未来机台产能负荷,无法均衡分配产能。

(4)经常发生原材料、零部件的备货不足。

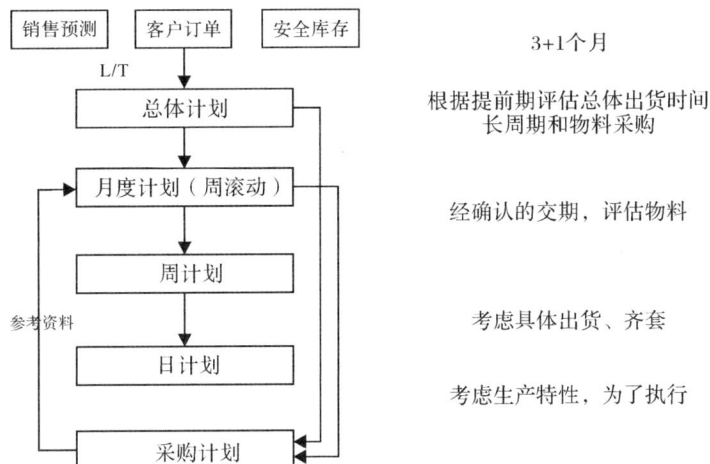

图 4-15　导入 APS 前计划流程

(5)半成品、原材料的库存水平非常高。

(6)前后工序无法准确衔接,导致出现空闲资源。

(7)三个车间计划人员,工作协调性差,效率低而且容易造成经费的浪费。

(8)计划变化过频繁,计划总是跟不上变化。

因此宁波英科特考虑导入 APS 项目。通过 APS 系统对生产过程中需要的人、机、物以及合理的时间计划等资源进行合理利用,实现科学、合理、高效的信息化自动管理。把 ERP 和 APS 紧密联合在一起,实现系统化作业。项目主要目标如下:

(1)APS、ERP 集成实现生产计划标准化、可视化、信息一体化。

(2)制订详细生产计划,提高制作生产计划的效率、准确性和达成率。组装工艺实现半成品齐套。

(3)实现供应链管理(成品、半成品、原料),降低库存。

(4)能够快速应对紧急插单、设备故障、实绩报工等引起的计划变更及影响。

(5)预测未来资源负荷情况。优化资源利用率,负荷均衡生产。

(6)合理、精准生产计划,满足生产过程的实际需要。

2. 项目实施与应用

APS 项目从 2018 年 3 月启动,到 2018 年 8 月切换上线,切换上线后 2 个月系统稳定。运行实施分了 5 个阶段,实施流程如图 4-16 所示,ERP+APS 系统流程图如图 4-17 所示。

(1)需求分析,业务蓝图设计。(1 个月)

(2)APS 建模 0,基础数据整理。(1 个月)

(3)迭代模型 1,少量数据导入,排产规则局部测试。(2 个月)

(4)迭代模型 2,大量数据导入,排产规则总体测试。(2 个月)

(5)上线模型,运用支持。(2 个月)

❖ 迭代实施：计算型系统用户一般看到结果才能发现问题

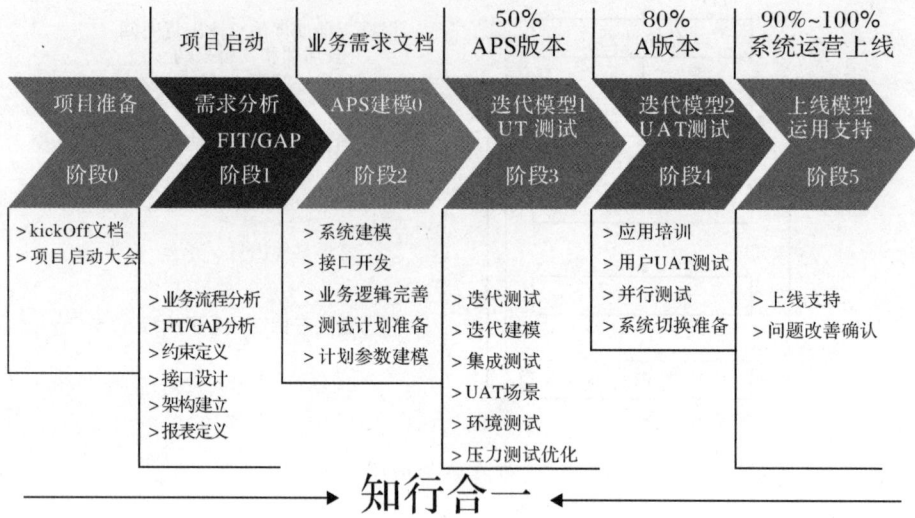

图 4－16　系统实施流程

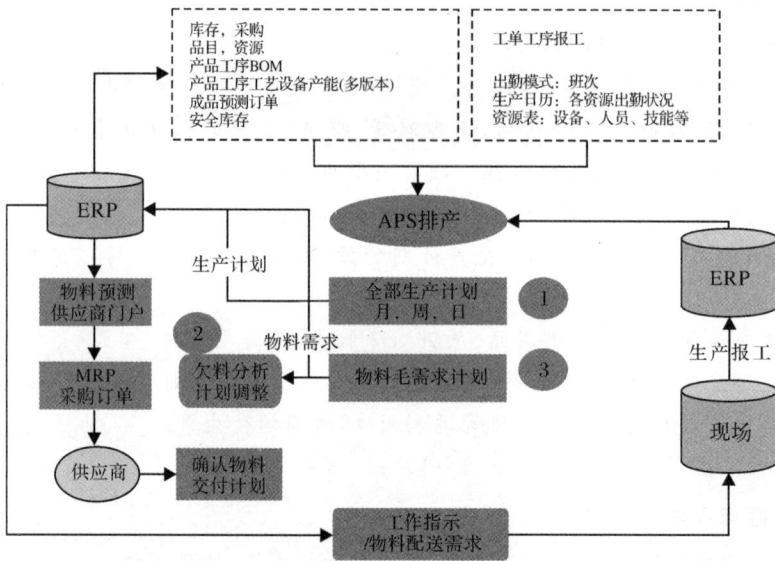

图 4－17　ERP 系统和 APS 系统流程图

三、取得效益

通过导入 Asprova APS 系统,和 Infor ERP 集成,使得整个生产计划管理效率大大提高。

(1)人员效率提高。之前需要 3 个车间分别排计划,导入 APS 系统之后集中一个计划员排计划,减少了每日重复排计划的工作量,把人解放出来,处理一些系统外的异常情况,或者紧急情况。其他的 2 位计划员也从计划排产转化为计划监督、执行。

(2)计划透明性。原本 3 个车间的计划是分别通过 Excel 管理,导入 Asprova APS 之后,3 个车间计划集中管理;原本生产计划只有主管的人员能看到,导入 Asprova APS 之后,销售业务人员也能够查看生产计划结果,信息互通。

(3)减少库存。通过导入 Asprova APS 系统,能够提高生产计划合理性,减少工序衔接、等待时间,从而减少在制品。同时,组装考虑配套拉动,减少半成品库存。

(4)面对插单,能够快速模拟回复客户交期,提升了按期交货率,提高了客户满意度,从而提升了企业的综合竞争力。

资料来源:数字化企业网

问题:

1.宁波英科特借助 APS+ERP 系统集成解决了企业在计划管理过程中存在的哪些问题?

2.宁波英科特借助 APS+ERP 系统集成效益体现在何处? 为什么?

第5章 能力计划——ERP运行的约束条件

本章要点

教学目标

通过本章的学习,熟悉 ERP 的能力计划层次及各层计划的相互关系,重点掌握粗能力计划和能力需求计划相关概念、内容及编制过程,并对能力计划的基础数据如工作中心、工艺路线、工序、工作日历等基本概念在理解的基础上掌握。

教学要求

知识要点	能力要求	相关知识
能力计划层次体系	(1)掌握能力计划层次及各层计划的联系 (2)了解资源需求计划概念及编制过程 (3)掌握粗能力计划、能力需求计划概念 (4)理解和认识生产能力控制相关内容	能力计划层次体系 各层能力计划间相互关系 粗能力计划概念 能力需求计划概念
能力计划基础数据	(1)掌握工作中心的概念及相关数据 (2)掌握工艺路线概念及文件 (3)理解工序、工序能力 (4)理解工作日历与普通日历的区别	工作中心 工艺路线 工序及工序能力 工作日历
粗能力计划	(1)掌握粗能力计划的对象和特点 (2)熟悉资源清单法 (3)学会利用资源清单法编制粗能力计划	粗能力计划特点 资源清单法
能力需求计划	(1)掌握能力需求计划的种类 (2)掌握物料需求计划与能力需求计划关系 (3)理解能力需求计划原理 (4)熟悉能力需求计划编制过程	能力需求计划种类 能力需求计划编制 物料需求计划与能力需求计划关系

引 例

ERP 中供需平衡

ERP 通过对信息进行充分整理、有效传递,使企业的资源在购、存、产、销、人、财、物等各个方面能够得到合理的配置与利用,从而实现企业经营效率的提高。那么 ERP 如何对资源做到合理的配置,那得从 ERP 的供需平衡分析说起。

供应是什么? 需求是什么? 首先对 ERP 涉及的供应与需求进行详细的确定,如表5-1所示。

主生产计划:从销售订单下推给生产的毛需求,有交货日期和客户的要货明细及数量。

内部订单:需求中内部订单为企业内其他事业部发来的委托订单,在供应中的内部订单则为企业内需要委托给其他事业部生产的订单。

预测:事业部或车间根据市场情况预计未来需要生产/采购的物料。

安全库存:在物料属性中设置安全库存,当企业库存低于安全库存量,ERP 将运算出一张数量为(安全库存量-当前库存量)的物料计划订单。

表 5 - 1　ERP 中供应与需求关系

需求	供应
营销配件滚动计划	生产订单
内部订单	采购申请
预测	采购订单
安全库存	物料计划订单
	库存量
	内部订单

物料计划订单:经 MRP 运算后的结果,属于净需求量,提交与审核状态均为有效的供应,手工添加的物料计划订单审核后为有效的供应。

生产订单:由物料计划订单投放的自制计划,保存后即成为有效供应,同时生产订单的备料为有效的需求。手工添加的生产订单通过审核后成为有效的供应。

采购申请/采购订单:从物料计划订单投放的采购申请,采购订单都是有效的供应,手工添加的采购申请、采购订单,审核后成为有效的供应。

不管是采购申请、采购订单、生产订单等,只要手工添加,就会打破 ERP 原有的供需平衡状态。实践中不赞同手工添加的单据,一切应该从源头开始。只有一个例外,当顶层物料还未完全设计完毕,但是需要预投零部件时,可以在物料计划订单进行手工添加。当顶层物料计划投放时,系统会自动扣减已经预投的零部件,从而达到系统的供需平衡。

例 1:物料 A 参加 MRP 运算后,从计划员工作台数据来看系统如何达到供需平衡。当前物料的即时库存有 79 个,总需求量全部由上级物料生产订单的备料单产生:6+12+6+8+16+8+184=240。当前系统存在一个已审核过的物料计划订单"PP - 1907 - 625308"数量为 184。目前为止,供应有两部分:即时库存和物料计划订单,即时库存 79 ＋物料计划订单

184＝263,具体如图 5-1 所示。

	日期	MRP要素	单据号	重排日期	例外信息	需求/供应	可用量	需求/供货组织
1	2019-09-19	即时库存				79.0000	79.0000	
2	2019-09-09	上级物料生产订单的备料单	PO-1908-011451/4			-6.0000	73.0000	缆索事业部
3	2019-09-09	上级物料生产订单的备料单	PO-1908-011341/5			-12.0000	61.0000	缆索事业部
4	2019-09-09	上级物料生产订单的备料单	PO-1908-011447/5			-6.0000	55.0000	缆索事业部
5	2019-09-09	上级物料生产订单的备料单	PO-1909-012082/5			-8.0000	47.0000	缆索事业部
6	2019-10-04	上级物料生产订单的备料单	PO-1908-011485/5			-16.0000	31.0000	缆索事业部
7	2019-09-09	上级物料生产订单的备料单	PO-1909-012084/4			-8.0000	23.0000	缆索事业部
8	2019-07-25	上级物料生产订单的备料单	PO-1907-004536/2			-184.0000	-161.0000	缆索事业部
9	2019-07-25	计划订单	PP-1907-625308/0	2019-09-09	11	184.0000	23.0000	缆索事业部

图 5-1　ERP 中供应与需求关系

然而,需求总量为 240,ERP 中供需已经出现不平衡,系统无法删掉已经审核的物料计划订单,所以经过运算后提供调整建议,取消 23(263－240＝23) 个多余的供应,并且根据日期需求量建议 184 个的计划订单中的 40 个应该把生产日期重排到"2019-09-09",16 个重排到"2019-10-04",这样才能使 ERP 达到供需平衡。从例 1 看出供应与需求不仅仅数量上要满足,在日期上也要满足才行。时间如果提前了,供应则形成了库存积压,占用资金;时间如果推后了,供应又无法满足需求。

例 2:有物料 B,当前结构下有子项 B-1、B-2。参加了 MRP 运算后,物料计划订单有三个订单,分别是 B、B-1、B-2。计划员在确认无误后进行投放。母项生产订单已经投放后,接到设计变更单。变更单提出需要增加子项 B-3。在主生产计划未关闭的情况下再进行全局运算,子项 B-3 的净需求无法跑出来。原因在于,子项的需求从主生产计划已经转移到生产订单的备件了,即母项在结构修改前已经投放,备料已经缺少了 B-3,这个时候再运行全局运算,也是不会运算出来,必须删除母项产品的生产订单,重新运行 MRP 运算才能得出真正的结果。从例 2 可以看出,供应与需求是分不开的,对于生产订单来说是作为供应,但它的备料部分又形成了备料的需求部分,必须由其供应部分来满足。

在企业中,真正好的计划管理子系统,不仅基础数据要完整、准确,执行过程中更是要严格执行系统运算结果,即不能随意从某个环节,比如在生产订单、采购申请、采购订单上修改运算出来的数量,一旦修改,即系统供需平衡打破,就会影响后续计划的正常执行。ERP 如何通过调整能力实现物料供需平衡,即为本章要讲述的内容。

资料来源:梁爱媚,顾潇,邓阳名.ERP 系统中供需平衡[J].电子技术与软件工程,2019(23):143-144.

供需平衡是 ERP 必须遵循的原则,需求由供应保证,如图 5-2 所示。

在制造业,物料供应在很大程度上受能力的制约,包括企业内部的加工能力,以及供应商和运输商的供应能力。要发现并解决能力资源同物料需求的矛盾,解决能力限制,不是听命于限制,而是运行能力计划。能力计划的作用主要体现在:对生产过程所需能力进行核算;分析和检验销售运作规划、主生产计划、物料需求计划的可行性;将生产需求转化为能力需求,协调生产能力和生产负荷的差距。

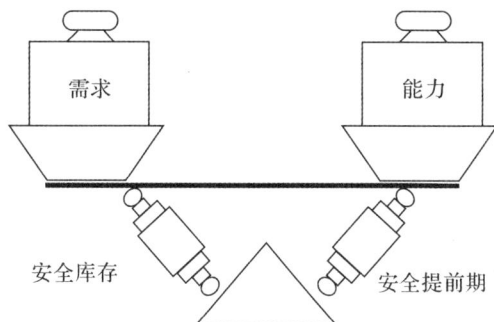

图 5-2　供需平衡

5.1　能力计划层次体系

在 ERP 中,能力计划伴随物料计划,同样是一个由宏观到微观、由粗到细、由远到近的分阶段运行的过程。能力计划体系由远到近依次可分为远期能力计划、中期能力计划、近期能力计划。远期能力计划是指同销售运作规划相伴运行的资源需求计划,中期能力计划是指与主生产计划相伴运行的粗能力计划,近期能力计划是指与物料需求计划相伴运行的能力需求计划。

知识拓展 5-1　利用供需平衡技术提高企业管理效率

5.1.1　资源需求计划层

1. 概念

资源需求计划(resource requirements planning,RRP)与销售运作规划同处在 ERP 计划的第二个层次。资源需求计划所指的资源是关键资源,可以是关键工作中心的工时、关键原材料(受市场供应能力或供应商生产能力限制)、资金等少量关键因素。

资源需求计划是用每一种产品系列消耗关键资源的综合平均指标(如工时/台、吨/台或元/台)来计算。生产规划是一种分时段的计划,计算资源需求量必须同生产规划采用的时段一致(如月),不能按全年总量笼统计算。只有经过按时段平衡了供应与需求后的生产规划,才能作为下一级计划——主生产计划的输入信息。

通过编制资源需求计划,来解决要用哪些资源来生产需要的产品、是否存在足够的资源来生产需要的产品、如果资源不够将如何协调这种差距等三个问题。

2. 编制

资源需求计划编制步骤依次为分析资源清单、计算资源需求、比较可用资源和需求、协调可用资源和资源需求之间的差距。

1)分析资源清单

所谓资源清单是生产单位产品系列所需的材料、劳动工时、设备工时、收入、利润等的数量记录。资源清单的具体形式随不同的产品和不同的企业而不同。在确定资源需求时,首先要审定资源清单,资源清单中的数字表示的是一个产品系列中所有物料的平均值。

2)计算资源需求

在审定资源清单的基础上,一旦确定了生产单位产品系列所需的资源量,就可计算出所需的资源总数。通过计划生产量和资源需求率相乘计算出每个产品系列的资源需求,如果资源由几类产品共享,则汇总所有产品类的资源需求。

3)比较可用资源与资源需求

将资源需求量与现有的或库存的数量进行比较,如果合适的话,则再检查其他资源,包括劳动力和机器等。

4)协调可用资源与资源需求

当资源需求超过可用资源时,将出现资源短缺。在生产规划确定之前,必须解决这一问题。可以根据具体情况采取如下措施加以协调:

(1)物料短缺。增加物料购买、减少生产总量、用其他供给源、用替换物料。

(2)劳动力短缺。安排加班、雇用临时工、转包、减少生产总量、调整生产线。

(3)设备短缺。购买新的设备、升级现有设备、转包作业、改变工艺过程、减少生产总量、调整产品系列或生产线。

总之,资源需求与可用资源之间的差距可通过增加资源、减少需求或进行内部调整的方法来解决。在协调资源短缺的方案时,应考虑生产规划与资源需求之间的平衡、成本与收入的平衡。资源需求计划是一种平衡需求的极其粗略的能力计划,主要是对比关键资源消耗指标,不涉及工艺路线,因此不予重点讨论。

5.1.2 粗能力计划层

粗能力计划(rought-cut capacity planning,RCCP)与主生产计划同处在 ERP 计划的第三个层次。

粗能力计划是对生产所需的关键工作中心的资源进行计算和分析。关键工作中心涉及的资源通常是指瓶颈工作中心、关键供应商、有限自然资源、专业技能、不可外协的工作、资金、运输、仓库等。粗能力计划用于核定主要生产资源的情况,即关键工作中心、人力和原材料能否满足主生产计划的需要,以使得主生产计划在需求与能力之间取得平衡。

粗能力计划只考虑关键工作中心及相关工艺路线,且只考虑计划订单和确认订单,忽略在近期正在执行和未完成的订单,也不考虑在制品库存,因此它是一种计算量较小、占用计算机机时较少、比较简单粗略的快速的能力核算方法,其详细内容将在 5.3 节中讲述。

5.1.3 能力需求计划层

能力需求计划(capacity requirements planning,CRP)是对物料需求计划所需能力进行核算的一种计划管理方法,与 MRP 同处 ERD 计划的第四层次。能力需求计划与物料需求计划相伴而行,根据准备下达、已下达和未接订单的任务负荷,按时段对各工作中心所需的各种资源进行精确计算,得出人力负荷、设备负荷等资源负荷情况,并做好生产能力负荷的平衡工作。

能力需求计划对全部物料需求计划所需要的能力进行核算,因此计算复杂,占用计算机机时比较多,其编制过程将在 5.4 节中予以阐释。

5.1.4　生产能力控制层

生产能力控制(productive capacity control,PCC)主要与车间作业计划所需能力进行核算和控制,与车间作业计划同属 ERP 计划层次的第五层。

生产能力控制主要对生产过程出现的偏差进行控制,其作用如下:

(1)用于车间作业层的协调控制管理。

(2)监测生产过程中实时情况,发现使用能力与计划能力之间的偏差。

(3)通过控制手段处理偏差,使生产按计划稳定、正常工作。

知识拓展 5 - 2　航空制造业典型生产计划能力平衡标准化框架

5.1.5　不同层次能力计划的比较

1. 区别

各层能力计划区别如表 5 - 2 所示。

表 5 - 2　不同层次能力计划

对比项	资源需求计划	粗能力计划	能力需求计划
计划日期	远期	中期	近期
需求信息	产量	独立需求件	相关需求件
能力资源	关键资源	关键工作中心	全部工作中心
能力计算	消耗指标	资源清单	工艺路线
时段	月	周/日	日
订单		计划/确认订单	下达/未给定订单
现有库存		不扣除	扣除
提前期		偏置天数	开始/完工日期
批量计算		因需定量	批量规则
工作日历		通用日历	工作中心日历

粗能力计划和能力需求计划之间还存在如下区别:

(1)参与闭环物料需求计划计算的时间点不一致。粗能力计划在主生产计划确定后即参与运算,而能力需求计划是在物料需求计划运算完毕后才参与运算。

(2)对象不一样。粗能力计划只计算关键工作中心的负荷,而能力需求计划需要计算所有工作中心的负荷。

(3)时间要求不一样。粗能力计划计算时间较短,而能力需求计划计算时间长,不宜频繁计算、更改。

2. 联系

各层能力计划一脉相承,都是对处在同一层次的物料计划与能力计划进行核实和平衡的过程,下一层计划是上一层计划的深化和细化。

5.2 能力计划基础数据

运行能力计划需用一些基础数据,这些基础数据包括工艺路线、工作中心、工序、工作日历,还包括提前期。提前期在计划管理中已经讨论过,本章不再讲述。

5.2.1 工序

1. 定义

一个或一组工人在同一工作地对同一个或同时对几个工件所连续完成的工艺过程称为工序,它是生产过程中最基本的组成单位。工序包括加工、检验、搬运、停留四个环节。工序是生产过程中最基本的组成单位,在生产管理上工序也是制定定额、计算劳动量、配备工人、核算生产能力、安排生产作业计划、进行质量检验和班组经济核算的基本单位,因此,正确划分工序是合理组织生产过程的重要条件。如一个工人在一台车床上完成车外圆、端面、空刀槽、螺纹、切断,或一组工人刮研一台机床的导轨、对一批零件去毛刺、生产和检验原材料、零部件、整机的具体阶段等都算工序。

工序与工作中心的关系十分密切。一般地,一道工序对应一个工作中心,当然也可以多道工序对应一个工作中心。

2. 工序能力

工序能力是指工序能够稳定地生产出产品的能力,也就是说在操作者、机器设备、原材料、操作方法、测量方法和环境等标准条件下,工序呈稳定状态时所具有的加工精度。

知识拓展5-3 **基于工序生产周期的能力计划与控制**

5.2.2 工作中心

1. 定义

工作中心(working center,WC)是基于设备和劳动力状况,将执行相同或相似工序的设备、劳动力组成的一个生产单元。工作中心是各种生产能力单元的统称,可以是由一台或几台功能相同的设备,一个或多个工作人员,一个小组或一个工段,或一个成组加工单元或一个装配场地,甚至一个实际的车间,或是一组设备或一群人或一块地或它们的组合。

工作中心的能力是指工作中心在一定的时间周期内完成的生产率。

工作中心既是物料需求计划与能力需求计划运算的基本单元,又是进行生产进度安排、核算能力的一个基本单位。工作中心能力数据是 ERP 的重要基础数据,利用能力需求计划进行能力核算的基本前提是必须要有完整、准确的工作中心能力数据。

2. 作用

工作中心的作用如下:

(1)工作中心作为平衡负荷与能力的基本单元,是运行能力需求计划的计算对象。分析能力计划执行情况也是以工作中心为对象,进行工作量的投入/产出分析。

(2)工作中心是车间作业分配任务和编制详细作业进度计划的基本单元。派工单是以工作中心为对象,说明工作中心的生产任务,即加工优先级。

(3)工作中心是计算标准作业成本或实际作业成本的最小归集和分配单元。

(4)工作中心是车间实际作业数据采集点。工作中心需要维护基本数据、成本数据、能力数据。

3. 关键工作中心

关键工作中心也称为瓶颈工序,其概念到目前为止还没有一个统一的定论。根据约束理论,关键或瓶颈资源决定产量。由此可知,关键工作中心生产能力决定企业全部的产量,因此在安排主生产计划时关键工作中心要作为粗能力计划的计划对象。

关键工作中心一般具有以下特点:

(1)经常加班,满负荷工作。

(2)操作技术要求高。工人操作技术要求熟练,短期内无法自由增加工人。

(3)受多种限制,短期内不能随便增加负荷和产量。

关键工作中心会随着加工工艺、生产条件、产品类型和生产产量等条而变化,并非一成不变,不要混同于重要设备。

4. 相关数据

1)基本数据

工作中心基本数据,是指工作中心代码、工作中心名称、工作中心说明、车间代码、人员每天班次、每班小时数、设备数及是否关键工作中心等。

2)能力数据

工作中心能力数据,是指工作中心每日可以提供的工时、机器台时或可加工完工的产品数量。工作中心的标准能力数据是由历史统计数据分析得到的,其计算公式如下:

$$工作中心能力 = 操作人数 \times 每日班次 \times 每班工作时数 \times 利用率 \times 效率$$

效率说明实际消耗工时或台时的差别,与工人的技术水平或者机床的使用年限有关,可以大于、等于或小于 100%。其计算公式如下:

$$效率 = 单件产品的定额加工工时数/单件产品的实际实际加工工时数$$
$$= 单位时间内的实际生产量/单位时间内的额定生产量$$

利用率同设备的完好率、工人的出勤率和任务的饱满程度有关,是一种统计平均值,通常小于 100%。利用率还有期望负荷的含义,起调整能力计划的作用,其计算公式如下:

$$利用率 = 实际工作工时数/计划工作工时数$$

【例 5-1】某企业某工作中心由 6 名工人操作 6 台机床,每班 8 小时,每天 1 班,每星期 5 天,利用率 80%,效率 90%,试计算该工作中心的定额能力。

解:该工作中心的一周定额能力=6×8×1×5×0.80×0.90 =172.80(定额工时)

3)成本数据

工作中心的成本数据,是指在工作中心进行生产加工每小时发生的费用,称为工作中心成本费用。工作中心成本费用包括人员工资、直接能源(如电、水、气、汽)、辅助材料(如机床用润滑油等)、设备维修费和资产折旧费等。在核定产品的标准成本、进行产品的成本模拟及成本差异分析时都会用到工作中心的成本数据。其计算单位是元/工时、元/台时,其计算公式如下:

工作中心直接费用=工作中心每日所发生直接费用/工作中心每日工作时数

工作中心间接费用=(分摊系数×车间发生的间接费用)/工作中心每日工作时数

工作中心费率=工作中心直接费率+工作中心间接费率

要注意的是:当能力数据、工作中心费用发生变化时,工作中心的费用也要进行修改。

5. 工作中心能力数据的建立和维护

工作中心的能力用一定时间内完成的工作量即产出率来表示。

1)工作中心能力数据的建立

(1) 选择计量单位,如标准小时、千克或吨、米、件数。

(2)与负荷的计量单位必须一致。

(3)计算定额能力(定额能力:正常生产条件下工作中心的计划能力,定额能力不一定为最大能力)、计算定额能力所需信息。

(4)计算实际能力(也称历史能力:记录某工作中心在某一生产周期内的产出)。

【例5-2】某工作中心在一个星期5天里的定额工时为305、290、300、280、265,试计算该工作中心的实际能力。

解:该工作中心的实际能力=(305+290+300+280+265)/5 =288(定额工时)

2)工作中心能力维护

定额能力与实际能力完全一致是不现实的,因此要对工作中心能力数据及时地进行维护,以确保工作中心能力数据的准确性。若工作中心定额能力与实际能力之差超过允许范围时,应及时检查偏差的原因并给予修正。造成工作中心定额能力与实际能力偏差的主要原因有实际能力的测定时间对工作中心来讲不具有代表性、工作中心的效率或利用率不准确、工作中心变化或停机时间超过计划数、工人没能有效地使用机器而更改了预防性维修、工人过分地加班而降低效率、产品组合改变、工人缺勤高于计划、零件短缺导致停工待料、零件报废过多、出现额外的工程改变、操作人员的熟练程度不够。

5.2.3 工艺路线

1. 定义

工艺路线(routing)主要说明物料实际加工和装配的工序顺序、每道工序使用的工作中心、各项时间定额(如准备时间、加工时间和传送时间,传送时间包括排队时间与等待时间)以及外协工序的时间和费用。

2. 内容

工艺路线的内容包括加工、运输、储存、检验的工序过程,以及每个加工工序的工时定额、所使用的资源、转移批量大小。

3. 工艺路线文件

工艺路线文件主要包括如下数据项：工序号、工作描述、所使用的工作中心、各项时间定额（准备时间、加工时间、传送时间等）、外协工序的时间和费用，还要说明可供替代的工作中心、主要的工艺路线装备编码等，作为发放生产订单和调整工序的参考。工艺路线文件如表 5-3 所示。

表 5-3　艺路线文件

物料代码：80021　　　　物料名称：定位栓　　　　订单号：010135　　　　单位：个
订货量：100　　　　　　生效日期：2020/01/01　　　失效日期：2020/05/01

工序号	部门	工作中心	描述	准备时间	每件加工时间
10	00800	1	下料	0.5	0.010
20	00832	2	粗车	1.5	0.030
30	00833	3	精车	3.5	0.047
40	00811	1	检验		

工艺路线文件是重要的文件，它代表着一项作业在工厂里的运行方式。如果说物料清单用于描述物料是按怎样的层次结构连在一起的，那么，工艺路线则是描述制造每一种物料的生产步骤和过程，并且用于确定详细的生产进度。

4. 作用

工艺路线的作用主要体现在以下几个方面：

（1）用于计算 BOM 的有关物料的提前期。根据 BOM 和工艺路线文件的准备时间、加工时间和传送时间，计算出最长的累计提前期。企业的销售部门可以根据这个信息同客户洽谈交货期限。

（2）用于能力需求计划的分析计算、平衡各个工作中心的能力。工艺路线文件中说明了消耗各个工作中心的工时定额，用于工作中心的能力运算。

（3）用于加工成本的计算。根据工艺文件的工时定额及工作中心的成本费用数据计算出标准成本。

（4）用于下达车间作业计划。根据加工顺序和各种提前期进行车间作业安排。

（5）用于生成各工序加工进度。根据工艺文件、物料清单及生产车间、生产线完工情况可生成各个工序加工进度的数据，进而对在制品的生产过程进行跟踪和监控。

5.2.4　工作日历

工作日历也称为工厂生产日历，它说明企业各部门、车间或工作中心在一年中可以工作或生产日期。在日历中标明了生产日期、休息日期、设备检修日，这样在进行主生产计划与物料需求计划的运算时会避开休息日。不同的分厂、车间、工作中心因为生产任务不同、加工工艺不同而受不同的条件约束，因而可能会设置不同的工作日历。

5.3 粗能力计划

5.3.1 概述

1.定义

粗能力计划(rough cut capacity planning,RCCP)是指与主生产计划相伴运行的、对关键工作中心的能力核算并对其负荷进行平衡的中期能力计划。其计划对象只针对设置为"关键工作中心"的工作能力,因此粗能力计划是一种计算量较小、占用计算机机时较少、比较简单粗略、快速的能力核定方法。

约束理论认为产量和库存量是由瓶颈资源决定的,因此粗能力计划与约束理论的思想一致,即关键资源和瓶颈资源决定了企业的产能,只依靠提高非关键资源的能力来提高企业的产能是不可能的。粗能力计划的运算与平衡是确认主生产计划的重要过程,未进行粗能力平衡的主生产计划是不可靠的。主生产计划的对象主要是最终产品,但也必须对下层的物品所用到的关键资源和工作中心进行确定与平衡。

粗能力计划使用某些有代表性的工艺路线,是一个近似的能力计划。通常,企业要根据与粗能力计划相关的主要资源的情况来核实、批准上层的生产运作规划。

一般情况下,粗能力计划必须用到主生产计划的物料项。例如,资源需求随主生产计划物料的不同组合而有重大的变化,则应直接根据主生产计划来运行粗能力计划。此外,在某些企业中,备用件构成企业全部资源的重要部分。因此,当评估对主生产计划的改变产生影响时,备用件的需求应包括在粗能力计划中。

粗能力计划所用的代表工艺路线把产品系列或单独的主生产计划物料和生产它们所需的关键工作中心联系起来。代表工艺路线包括工作中心标识符、所需工时数、模具数等,以及与生产规划或主生产计划中指出的完成日期的差异。

2.特点

粗能力计划只考虑计划订单和确认订单,忽略正在执行的和未完成的订单,也不考虑在制品库存,简化和加快能力计划的处理过程。一般情况下,它配合主生产计划的处理过程,一般每月处理一次。

1)优点

粗能力计划可以进行生产计划初稿可行性的分析与评价,集中关键资源而不面面俱到,不涉及工艺路线和工作中心的具体细节,编制比较简单,计算量少,前提条件较少,减少后期能力需求计划的核算工作。

2)缺点

粗能力计划具有以下不足:忽略现有库存量和在制量的影响,无法反映计划的动态实际变化;平均批量和生产提前期是假设值,与实际值会存在执行偏差;只包含关键资源,无法彻底保证计划的可信度;对短期计划无用。

5.3.2　编制

1. 步骤

粗能力计划是对生产中所需的关键资源进行计算和分析,目前常用的粗能力计划的编制方法是资源清单法。资源清单法包括四个步骤。

(1)建立资源清单。资源清单是说明每种产品的数量及各自占用关键工作中心的负荷小时数,同时与关键工作中心的能力进行对比的一种表格类文件。需要注意的是,主生产计划的对象主要是独立需求型物料,工艺路线不一定直接含有关键工作中心,关键工作中心往往在子件的工艺路线中出现,因此编制粗能力计划时首先要确定关键工作中心的资源清单(能力清单)。表 5-4 是一个简化的资源清单,只显示某一个月三种产品 A、B、C 的负荷情况,表明这个月里铣镗床能力有问题,但没有超过最大能力,有可能通过加班解决。

表 5-4　资源清单法

需求				供应				
产品				关键工作中心				
	A	B	C	···	编码	名称(能力单位)	月能力(小时)		
							需用	可用	最大
数量(台)	15	60	20	···					
关键工作中心负荷(小时)	20	80	30	···	1100	数控冲床(小时)	130	140	150
	40	120	50	···	4230	大立力(小时)	210	256	320
	130	150	—	···	4700	铣镗床(小时)	280	240	300
	80	300	120	···	5200	装配(平方米)	500	500	500

(2)从销售运作规划中的每种产品系列中选出代表产品。

(3)对每个代表产品,确定生产单位产品对关键资源的总需求量。首先确定该需求量的主要依据:主生产计划、物料清单、工艺路线、定额工时、物料清单中每个零件的平均批量、每个产品系列的每月计划产量,然后再将主生产计划中的计划产量与能力清单中定义的资源需求量相乘,把每个产品系列所需求的能力加起来,最后得到对应计划的总能力。

(4)分析各关键工作中心的能力情况,并提出平衡能力建议。

2. 实例

【例 5-3】根据图 5-5 产品 A 的主生产计划、表 5-6 产品 A 的工艺路线文件和图 5-2 产品 A 的 BOM 结构,物料 H、I、D、G 为外购件,试用资源清单法编制产品 A 的能力计划。

表 5-5　产品 A 的主生产计划

周次	1	2	3	4	5	6	7	8	9	10
主生产计划	25	25	20	20	20	20	30	30	30	25

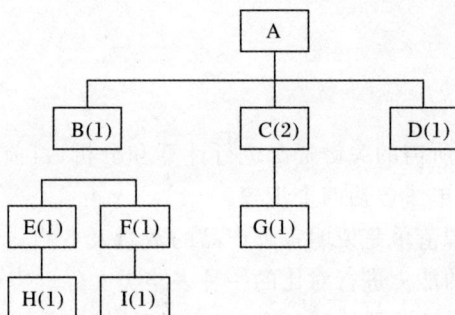

图 5-3 产品 A 的产品结构图

表 5-6 产品 A 的产品结构图

零件号	工序号	工作中心	单件加工时间	生产准备时间	平均批量/件	单件准备时间	单件总时间
A	10	30	0.09	0.40	20	0.0200	0.1100
B	10	25	0.06	0.28	40	0.0070	0.0670
C	10	15	0.14	1.60	80	0.0200	0.1600
	20	20	0.07	1.10	80	0.0138	0.0838
E	10	10	0.11	0.85	100	0.0085	0.1185
	20	15	0.26	0.96	100	0.0096	0.2696
F	10	10	0.11	0.85	80	0.0106	0.1206

解:

(1)首先计算出每一个工作中心(WC)上全部物料的单件加工时间。

工作中心加工时间=加工件数×单件加工时间

① 在 WC-10,有 1 件 E 和 1 件 F,所以工作中心 10 的单件加工时间为

$1 \times 0.11 + 1 \times 0.11 = 0.22$(定额工时)

② 在 WC-15,有 2 件 C 和 1 件 E,所以工作中心 15 的单件加工时间为

$2 \times 0.14 + 1 \times 0.26 = 0.54$(定额工时)

③ 其他工作中心的单件加工时间为

WC-20:$2 \times 0.07 = 0.14$(定额工时)

WC-25:$1 \times 0.06 = 0.06$(定额工时)

WC-30:$1 \times 0.09 = 0.09$(定额工时)

(2)计算每一个工作中心上全部物料的单件生产准备时间。

每个工作中心上全部物料的单件生产准备时间=加工件数×单件准备时间

① WC-10:$1 \times 0.0085 + 1 \times 0.00106 = 0.0191$(定额工时)。

② WC-15:$2 \times 0.0020 + 1 \times 0.0096 = 0.0496$(定额工时)。

③ WC-20:$2 \times 0.0138 = 0.0276$(定额工时)。

④ WC-25:$1 \times 0.0070 = 0.0070$(定额工时)。

⑤ WC - 30:1 ×0.0020＝0.0020(定额工时)。

(3)计算出每个工作中心单件总时间。

每个工作中心单件总时间＝单件加工时间＋单件准备时间

计算结果如表 5-7 所示。

(4)根据产品 A 的能力清单和主生产计划,计算出产品 A 的粗能力计划。

① 用产品 A 的主生产计划表中每个周期的计划产量乘以能力清单中各工作中心的单件总时间值。

② 得到总定额工时表示的能力计划(假设主生产计划的描述对最后一些工序用开工日期表示)。

表 5 - 7　产品 A 的能力清单

工作中心	单件加工时间	单件生产准备时间	单件总时间
10	0.22	0.0191	0.2391
15	0.54	0.0496	0.5896
20	0.14	0.0276	0.1676
25	0.06	0.0070	0.0670
30	0.09	0.0200	0.1100
合计	1.05	0.1233	1.1733
		0.0191	0.2391

以第 7 周各个工作中心总定额工时为例进行计算。

WC - 30:30×0.1100＝3.30(定额工时)
WC - 25:30×0.0670＝2.01(定额工时)
WC - 20:30×0.1676＝7.17(定额工时)
WC - 15:30×0.5876＝17.69(定额工时)
WC - 10:30×0.2391＝17(定额工时)

计算结果如表 5-8 所示。

表 5 - 8　产品 A 的能力计划

工作中心	拖期	周次										总计
		1	2	3	4	5	6	7	8	9	10	
30	0	2.75	2.75	2.20	2.20	2.20	2.20	3.30	3.30	3.30	2.75	
25	0	1.68	1.68	1.34	1.34	1.34	1.34	2.17	2.01	2.01	1.68	
20	0	4.19	4.19	3.35	3.35	3.35	3.35	5.03	5.03	5.03	4.19	
15	0	14.74	14.74	11.79	11.79	11.79	11.79	17.69	17.69	17.69	14.74	
10	0	5.98	5.98	4.78	4.78	4.78	4.78	7.17	7.17	7.17	5.98	
合计	0	29.34	29.34	23.46	23.46	23.46	23.46	35.20	35.20	35.20	29.34	287.46

5.4　能力需求计划

5.4.1　概述

1.定义

能力需求计划(capacity requirement planning,CRP)是对物料需求计划所需能力进行核算的一种计划管理方法。具体地讲,CRP 就是对各生产阶段和各工作中心所有准备下达、已下达和未结订单的任务负荷所需的各种资源进行精确计算,得出人力负荷、设备负荷等资源负荷情况,并做好生产能力负荷的平衡。运行物料需求计划后全部物料都已展开,因此可全面地核查所有工作中心负荷情况。

2.作用

CRP 旨在通过分析比较 MRP 的需求和企业现有生产能力,及早发现能力的瓶颈所在,从而为实现企业的生产任务提供能力方面的保障。

能力需求计划可以解决以各个物料经过哪些工作中心加工、各工作中心的可用能力和负荷是多少、工作中心的各个时段的可用能力和负荷是多少等三个问题。

3.特点

1)CRP 的优点

CRP 是详细的能力计划,将制造订单的排产计划转换成分时段的能力需求。对于产品结构的所有级,它考虑了现有库存和在制品库存(减少执行主生产计划所需的总能力)、实际批量(对每个工作中心的加工时间和生产准备时间的估计更加精确)、制造提前期(生成分时间周期的能力计划)、考虑了维修件及废品和安全库存等因素、可考虑返工所需的能力。

2)CRP 的缺点

(1) CRP 计算量大,处理过程复杂,先决条件比粗能力计划多(涉及 MRP、工艺路线、主生产计划、车间管理等各个层次的大量信息)。

(2)必须用计算机处理大部分机时读取文件数据,减少了真正的 CRP 运算时间。

(3)无限能力假设,即没有考虑工作中心的可用能力。在实际生产中,工作中心的任务按照优先级排列,实际排队时间与平均排队时间相差很大;计划排产中的开始日期和结束日期并没有精确地反映实际情况;如果管理人员对某时间周期的过负荷不作任何处理,订单会拖期,并进一步偏离工序的开始日期和结束日期(也会改变下一时段负荷的分布)。

4.分类

能力需求计划按编制方法可分为无限能力计划和有限能力计划两种。

1)无限能力计划

无限能力计划(infinite capacity planning)是指在编制物料需求计划时不考虑生产能力的限制,而对各工作中心的能力与负荷进行计算,得出工作中心的负荷情况,产生能力报告。当负荷大于能力时,对超负荷的工作中心进行负荷调整,采取的措施有加班、转移工作中心负荷、采用替代加工级别、替代工序、外协加工或直接购买。若这些措施都无效,只有延长交货期或取消订单。这里所说的无限能力只是暂时不考虑能力的约束,尽量去平衡与调度能力、发挥最大能力、进行能力扩充,目的是为了满足市场的需求。现行的多数 ERP 均采用这种方式,这也体现了企业以市场为中心的战略思想。

2)有限能力计划

有限能力计划(finite capacity planning)是指工作中心的能力是不变的或有限的,计划的安排按照优先级进行。先把能力分配给优先级高的物料,当工作中心负荷已满时,优先级别低的物料被推迟加工,即订单被推迟。该方法计算出的计划可以不进行负荷与能力平衡。这里的优先级是指物品加工的紧迫程度,优先级数字越小说明优先级越高,不同的软件有不同的设置方法。

5. 与物料需求计划的关系

物料需求计划是按单个物料(产品或零部件)分别单独展开运算的。只有把对应于某一工作中心的全部物料所需负荷汇总到一起,按时段列出,同工作中心的可用能力(小时数)进行对比,才能看出能力资源是否能满足需求。

加工件是经工艺路线的各道工序逐步形成的,工序对应工作中心。工作中心根据优先级加工各零部件。在离散式生产中,如果需求计划排下来,几个物料(加工件)需要在同一个时段使用同一个工作中心,就有可能出现负荷超过能力的现象。这种矛盾在 MRP 展开运算时还不可能暴露,所以要运行能力计划来发现和解决能力资源与物料需求平衡的问题。

1)区别

有三种物料,各自有一条理想的工艺路线,工艺路线上有若干工序,每一个工序对应一个工作中心,分别要用到 2 至 4 个工作中心。其工作中心 1 和 3 是三种物料都要使用的,如果三种物料都相遇在同一个时段加工,就会出现能力冲突,如图 5-4 所示。

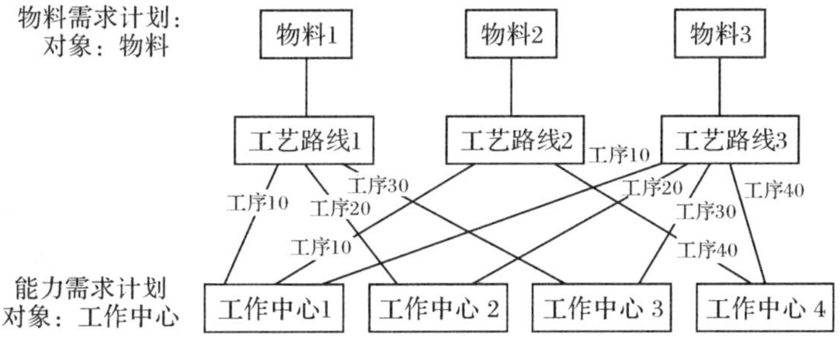

图 5-4 能力需求计划与物料需求计划的关系

由图 5-4 可以看出,能力需求计划与物料需求计划虽同处在 ERP 计划的第四层次,但也存在不同。①对象不同。物料需求计划的对象是物料,能力需求计划的对象是工作中心的能力。②抽象程度不同。物料是具体的、形象的和可见的;能力是抽象的,且随工作效率、人员出勤率、设备完好率等而变化。

2)联系

物料需求计划与能力需求计划可以相互转化,其转化过程如下:

(1) 把 MRP 的计划下达订单和已下达但尚未完工的订单所需求负荷数,按工作日历转换为每个工作中心各时段的能力需求。

(2)根据 MRP 中加工件的数量和需求时段、它们在各自工艺路线中使用的工作中心及占用时间,对比工作中心在该时段的可用能力,生成能力需求报表。

5.4.2　原理

1. 逻辑流程

能力需求计划的运行过程是根据物料需求计划和各物料的工艺路线,对在各工作中心加工的所有物料计算出加工这些物料在各时段要占用该工作中心的负荷数(不考虑有效的能力和限制),当不同的任务单使用同一个工作中心时,将时段合并计算,并与工作中心的能力(即可能提供的能力,如工时、台时等)进行比较,生成能力报表需求。能力需求计划中的能力是指在一定条件下(如人力、设备、面积、资金等)单位时间内企业能持续保持的最大产出,具体如图5-5所示。

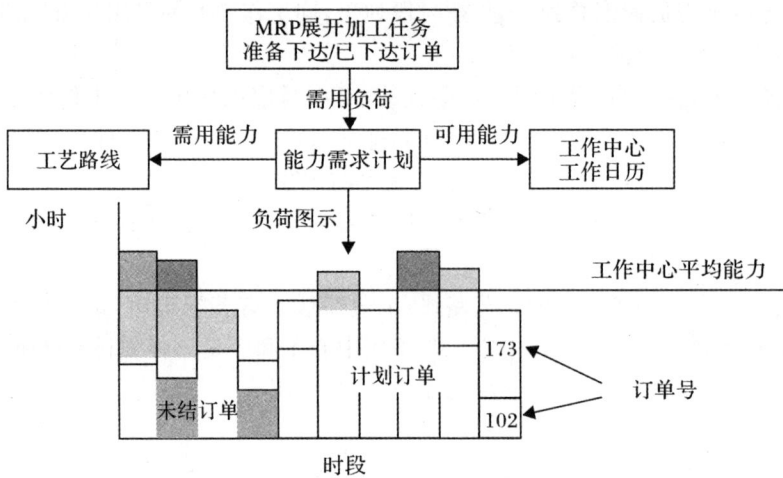

图 5-5　能力计划逻辑流程图

知识拓展5-4　流程型制造企业 ERP 能力需求与排产问题研究

2. 输入

1)工作中心文件

工作中心数据是能力的基本单元,与能力有关的数据有每天班次、每班小时数、每班人数、每班设备数、效率、利用率及超额系数等。

2)工艺路线文件

工艺路线数据是表达 BOM 中制造物料的加工与传递顺序的资料。工艺路线描述一个或若干个物料从现行加工状态到另一个库存状态的过程,工艺路线是能力需求计划运算时的重要信息,主要提供物料加工的工序、工作中心和加工时间等数据。

3）已下达订单

编制 CRP 时必须考虑已下达订单，已下达订单包括已释放或正在加工的订单，它们占用了工作中心的一部分能力，订单中标识了每种零部件的数量、交货期、加工工序、准备时间和加工时间、工作中心编号或部门编号及设备编号等，为了 CRP 的准确性，必须根据生产进度对其进行实时维护。

4）MRP 计划订单

MRP 计划订单来自 MRP 的输出，是通过 MRP 运行计算出的产品零、部件的净需求量和需求日期。MRP 计划订单是 MRP 输出的尚未释放出的订单，它将占有工作中心的能力。

5）工作日历

工作日历是企业用于编制计划的特殊日历，该日历一般将不工作的日期排除（例如，星期六、星期天、法定假日及其他非生产日期等）。所有订单必须根据工作日历考虑工作中心的停工及维修等非工作日，从而确定各工作中心在各时段的可用能力。

系统根据上述信息自动运算，生成工作中心能力负荷报表，说明分时段的能力需求情况。系统先要对所有加工件的工艺路线进行搜索，把同一工作中心各个时段的负荷汇总到一起，既要把准备下达的订单负荷分时段合并到一起，还要考虑已经下达但尚未完成的订单还剩余多少时数没有完成。也就是说，还要根据来自生产作业的工序完工报告随时把已经完工的订单删除，图 5-5 中"未完订单"一旦完成，占用的工作中心负荷会自动减少。系统同时还要将需求信息中的销售订单或车间订单编号显示在相应的直方图上，便于追溯任务来源。

3. 输出

能力需求计划的输出是显示工作中心的负荷情况，可以按时段、按负荷超出的百分比等条件生成不同的报告。哪些时段有能力问题，可以在超负荷的部位标明是哪些产品引发的超负荷。超出工作中心可用能力的负荷，在直方图中用特殊的方式表示，如加大亮度、不同色彩、闪烁等，如图 5-6 所示。

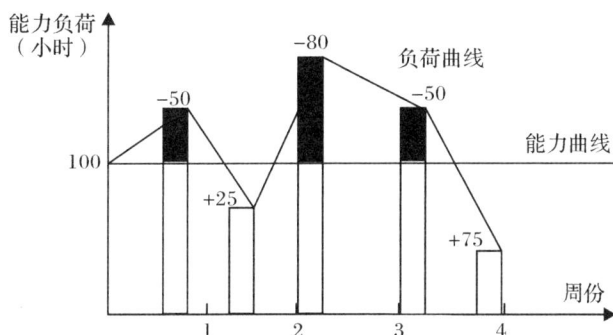

图 5-6　能力计划直方图

如果一个企业有成百上千台工作中心，有上万种物料，这将是一个非常繁重的运算过程。即使只要求系统把有超负荷的工作中心显示出来，或者只显示负荷超过一定百分比的工作中心，报表数量虽然可以少一些，但运算工作量却省不下来。这就是不少企业把 RCCP 做好了，CRP 的工作基本上没做的原因。CRP 的运算是一件极其费时的工作，一般企业只有遇到例外情况才进行 CRP 的工作。

MRP 是一种可以运算的程序,而 CRP 仅仅是反映能力状况的报告。在需求导向的前提下,CRP 不能对需求做任何处理,并不能单独解决需求平衡的问题,最多只能调整可用能力。正因为如此,要做到供需平衡,还要返回到 MRP 进行调整,通过模拟功能寻找方案,经过多次反复 MRP/CRP 试算,才有可能得到满意的结果。所有这些,都要靠计划员的分析与判断,靠计划员对系统掌握和应用的熟练程度。

MRP/CRP 经过反复试算调整后,如果仍无法解决矛盾时就要修正 MPS。只有经过 MRP/CRP 运算后,才能作为 MRP 的建议计划下达给计划的执行层。同时,能力需求计划也有追溯负荷来源的功能,查明超负荷的现象是由于什么订单引起的,便于计划员调整计划时分析参考。例如,某工作中心在 9 月份出现超负荷情况,通过负荷追溯查询,可以知道是由于什么加工单、加工什么物料造成的超负荷,这些物料又是属于哪个销售订单,在修订计划时要考虑对应的客户是不是关键客户,其追踪如表 5-9 所示。

表 5-9 负荷追溯表

工作中心:61214　　　　落地镗床　　　　代码:M　　　　计划日期:2020/07/01

车间:06　　　　　　　　第一金工　　　　班次:2　　　　每日能力:15 小时

日期	加工单号	物料号	需用数量	负荷小时
……	……	……	……	……
2020/09/01	073024	875.432	10	30
2020/09/05	073125	656.7892	25	80
2020/09/11	074265	567.345	40	90
2020/09/15	071378	123.234	15	50
2020/09/20	075321	432.321	25	80
2020/09/29	078765	890.456	10	20
……	……	……	……	……

能力计划主要处理好超负荷的问题,对低负荷问题应具体问题具体分析,不要为了形式上追求满负荷而破坏了物料的均衡流动或增加库存。"最大限度地利用能力资源"的提法值得推敲,如果是关键工作中心或瓶颈工序,应当保证充分利用。从现实生活看,为了提高企业对市场的应变能力,企业有时还需要保留一定的富余能力,而不是单纯追求能力资源的利用率。

能力需求计划还将对企业的技术改造规划提供有价值的信息,找出真正的瓶颈,使投资有一个正确的方向。

为了保证工作中心有持续可靠的能力,一定要做好设备的预防性维护制度,保证设备的完好率,同时要抓好质量管理,消除废品和返修件,防止因追加任务而破坏能力需求计划。核定和维护工作中心能力是 CRP 的一项重要工作,通过分析投入/产出的小时工作量来修正工作中心能力。

知识拓展 5-5　基于启发式调度规则的能力需求计划算法

5.4.3　编制

CRP 把物料需求转换为能力需求,把 MRP 的计划下达订单和已下达但尚未完工的订单所需求的负荷数,按工作日历转换为每个工作中心各时段的能力需求。CRP 的编制过程如下。

1. 输入数据

输入数据包括已下达的订单、MRP 计划订单、工作中心数据、工艺路线数据、工作日历。

2. 计算负荷

将所有的任务单分派到有关的工作中心上(不考虑有效的能力和限制),然后确定有关工作中心的负荷,并从任务单的工艺路线记录中计算出每个相关工作中心的负荷。当不同的任务单使用同一个工作中心时,将时段合并计算。最后,将每个工作中心的负荷与工作中心记录中存储的额定能力进行比较,得出工作中心负荷(需求)和能力之间的对比及工作中心的利用率。

3. 分析负荷情况

能力需求计划指出了工作中心的负荷情况(负荷不足、负荷刚好或超负荷)及存在问题的时间和问题的程度。问题是多种多样的,有 MPS 阶段的问题,有 MRP 存在的问题,也有工作中心和工艺路线方面的问题。对每个工作中心都要进行具体的分析和检查,确认导致各种具体问题的原因,以便正确地解决问题。

4. 结果反馈

超负荷和负荷不足都是应解决的问题。如果超负荷,则必须采取措施解决能力问题,否则不能实现能力计划;如果负荷不足,则作业费用增大。因此,必须对负荷报告进行分析,并反馈信息,调整计划。

1)对工作中心的负荷和能力进行对比分析

如果有很多工作中心表现为超负荷或负荷不足,那么,能力就不平衡了。在进行校正之前,必须分析其原因。

引起能力不平衡的原因可能是 MPS 的问题,也可能是其他问题。在制定 MPS 的过程中,已通过 RCCP 从整体的角度进行了能力分析。因此在制定 CRP 之前就会发现主要问题。但对计划进行详细能力检查时,还会发现在 RCCP 中不曾考虑的因素,如主要的维修件订单未反映在 MPS 中,忽略了拖期订单,RCCP 没有包括所有的工作中心等。

如果在 MPS 中忽略了一项能力影响因素而造成能力不平衡,首先应做的是调整负荷或能力以满足 MPS 对能力的需求,而不是修改 MPS。只有完全必要时,即没有办法满足能力需求时,才修改 MPS。其他诸如提前期也可引起能力问题。例如,在 CRP 中考虑了提前期,而在 RCCP 中不曾考虑。

2)调整能力和负荷

CRP中有两个要素,即能力和负荷。在解决负荷过小或超负荷的能力问题时,应视具体情况对能力和负荷进行调整,调整的方法是增加或降低能力,增加或降低负荷,或两者同时调整。

3)调整能力的方法

(1)调整劳力。如果缺少劳力,则根据需要增加工人。如果劳力超出当前实际需要,则可安排培训提高工人技术水平;或重新分配劳力,把负荷不足的工作中心的劳力分配到超负荷的工作中心。

(2)安排加班。加班只是一种应急措施,经常加班绝不是一种好方法。

(3)重新安排工艺路线。一旦某个工作中心承担的任务超负荷,则可把一部分订单安排到负荷不足的替代工作中心上去,这样可以使两个工作中心的负荷水平都得到改善。

(4)转包。如果在相当长的时间超负荷,可以考虑把某些瓶颈作业转包给委外商。

4)调整负荷的方法

(1)重叠作业。为减少在工艺路线中两个相连的工作中心总的加工时间,可以在第一个工作中心完成整个批量的加工任务之前,把部分已完成的零部件传递给第二个工作中心。

(2)分批生产。将一份订单的批量细分成几个小批量,在同样的机器上同时安排生产。这种调度方法不能降低负荷,而是将负荷集中在更短时间内。

(3)减少准备提前期。将准备过程规范化,可以减少准备时间,从而降低负荷。于是可以把节省下来的能力用于实际的加工过程。

(4)调整订单。考虑可否把一份订单提前或拖后安排或者可否先完成一份订单的一部分,其余部分拖后安排,有些订单是否可以取消等。

5. 确认能力需求计划

经过分析和调整后,将已确定的调整措施中有关修改数据重新输入到相关文件的记录中。通过反复的平衡和调整,在能力和负荷达到平衡时,即可确认CRP,正式下达任务单。

6. 能力控制

能力控制是为了发现企业现存的能力问题并预见潜在的问题以便采取措施。为了保证能力计划的执行,必须做好日常能力检查。日常能力检查主要包括以下几方面内容。

1)投入/产出报告

投入/产出报告是一种计划控制报告,它显示出各工作中心计划投入产出与实际投入产出的偏差。投入/产出报告包含以下信息:

(1)计划投入。它指的是安排到工作中心的计划订单和已下达订单。

(2)实际投入。它指的是工作中心实际接收的任务。

(3)计划产出。它指的是要求完成的任务。

(4)实际产出。它指的是实际完成的任务。

(5)与计划的偏差。它指的是投入偏差和产出偏差。

(6)允许范围。它指的是允许的偏差程度。

投入产出报告中,必须对比计划的投入产出和实际投入产出。

2)劳力报告

劳力的利用率和效率部分地决定企业现有生产能力,所以必须产生劳力报告并进行分析以便发现问题。劳力报告包含以下内容：

（1）出勤记录。如果缺席过多，必定影响企业生产能力；如果人员流动过大，效率必定降低，因为新雇员都要经过一定的培训才能正常工作；如果生产人员被安排做非生产工作，能力会减少。

（2）加班。大量或长期的加班，会降低生产率，从而出现能力问题。

3）设备性能记录

应对设备性能加以检查和记录，并定期进行分析，以便发现潜在的问题。应检查和记录的项目可有：

（1）维修历史。记录维修机器的原因和时间，应特别分析非计划维修，找出潜在原因。

（2）停机时间所占比例。停机时间过长说明机器或机器的维修有问题。

（3）预防性维修规程。检查预防性维修规程，保证适当的维修。设备越陈旧，维修应越频繁，否则往往会增大停机时间。

知识拓展 5-6　能力需求计划在 ERP 中的应用研究

本章小结

本章首先介绍了能力计划的层次体系及层次间的关系。其次介绍了运行能力计划需用的一些基础数据，这些基础数据包括工艺路线、工作中心、工序、工作日历、提前期等，对工序及工序能力的概念、工作中心、工艺路线、工艺路线文件和工作日历进行了介绍。在此基础上对粗能力计划的概念、对象及特点进行了探讨，重点介绍了运用资源清单法编制粗能力计划的过程，并辅以例题进行阐释。最后介绍了能力需求计划的基本概念、内容、分类及编制方法。能力需求计划是对物料需求计划所需能力进行核算的一种计划管理方法。具体地讲，CRP 就是对各生产阶段和各工作中心所需的各种资源进行精确计算，得出人力负荷、设备负荷等资源负荷情况，并做好生产能力负荷的平衡工作。CRP 的编制过程是输入数据、计算负荷、分析负荷情况、分析结果并反馈调整、确认能力需要计划等。

习 题

一、选择题

1. 工作中心的负荷由什么确定？（　　　）

A. 销售计划或预测

B. 把所有已下达订单的工艺路线中所指出的能力需求按时区累加

C. 把所有已下达的和计划订单的工艺路线中所指出的能力需求按时区累加

D. 关键工作中心前的排队数量

2.控制工作中心负荷的最好的方法是什么?(　　　)

A.生产派工单　　　　　　　　　B.投入产出报告

C.新订单下达的报告　　　　　　D.车间主任的建议

3.资源需求计划的作用是什么?(　　)

A.检查生产规划的合理性　　　　B.代替能力需求计划

C.用于大批量重复生产　　　　　D.用于能力计划的详细分析

4.下面哪一项陈述准确地描述了生产规划和资源需求计划之间的关系?(　　　)

A.生产规划的编制和资源需求计划无关

B.生产规划要受到资源需求计划的检验和约束

C.资源需求计划驱动生产规划

D.没有一个均衡的生产规划,资源需求计划不能成功

5.资源需求计划用来检查如下哪一项计划的可行性?(　　　)

A.物料需求计划　　　　　　　　B.生产规划

C.主生产计划　　　　　　　　　D.车间作业计划

6.在资源需求计划过程中,根据什么来构造资源清单?(　　　)

A.典型产品的批量

B.每项产品的批量

C.产品族的一个单位或典型产品的一个单位

D.每项产品的一个单位

7.粗能力计划用来评估哪个层次的计划?(　　　)

A 战略计划　　　　B.经营规划　　　　C.主生产计划　　　　D.物料需求计划

8.下面哪项是把生产计划转换成关键工中心负荷的过程?(　　　)

A.可承诺量　　　　B.资源能力计划　　　　C.粗能力计划　　　　D.多级主生产计划

9.能力计划的目的是什么?(　　　)

A.确定负荷没有超过生产能力

B.确定哪份客户订单可以按时完成,哪份不能

C.对物料需求做出计划,使其和生产能力相吻合

D.做出排产计划以支持客户订单和主生产计划,使工作中心不会出现超负荷或能力闲置

10.一个工作中心由两台机器组成,每天工作 8 小时,每周工作 5 天,利用率为 80%,效率为 90%。每周的额定能力是多少(用整数小时表示))?(　　　)

A.80 小时　　　　B.58 小时　　　　C.40 小时　　　　D.30 小时

11.如下哪条术语表示了工作中心产生的标准小时与实际工作小时的比率?(　　　)

A.效率　　　　B.有效性　　　　C.利用率　　　　D.可承诺量

12.如果 8 小时工作制中,机器只能开动 6 小时,则利用率为(　　　)。

A.80%　　　　B.70%　　　　C.75%　　　　D.133.33%

13.某工作中心每周额定产出 200 标准工时,实际产出 250 标准工时,其效率为多少?(　　　)

A.80%　　　　B.100%　　　　C.75%　　　　D.125%

14. 下面哪一项排产方法是根据订单的完成日期首先对工艺路线上的最后一道工序进行排产?(　　)

A. 向前排产　　　　B. 向后排产　　　　C. 无限能力排产　　　　D. 有限能力排产

15. 在车间作业中,下面哪项提前期的构成元素通常占用了最多的时间?(　　)

A. 加工时间　　　　B. 排队时间　　　　C. 准备时间　　　　D. 搬运时间

16. 能力需求计划的主要目的在于评价如下哪些因素?(　　)

A. 负荷和提前期　　B. 只有负荷　　　　C. 负荷和能力　　　　D. 提前期和能力

17. 下面哪项是能力需求计划的直接输入?(　　)

A. 工作中心负荷报告　　　　　　　　B. 客户订单

C. 工艺路线数据　　　　　　　　　　D. 物料清单

18. 如下哪些措施是增加能力的方法?(　　)

A. 增加班次　　　　B. 安排加班　　　　C. 增加设备　　　　D. 以上所有各项

19. 如下哪一项关于 CRP 的陈述是正确的?(　　)

A. CRP 对每个工作中心负荷和能力的匹配情况提供时段式的可见性

B. CRP 所需要的计算机处理时间很少

C. CRP 能够清楚地表示出修订主生产计划对 ATP 的影响

D. CRP 在任何生产环境中的应用都没有区别

20. 如下哪项用于确定物料需求计划的可行性?(　　)

A. 资源需求计划　　B. 粗能力计划　　　C. 能力需求计划　　　D. 工作中心能力控制

21. 下面哪项是 CRP 的输出?(　　)

A. 工艺路线数据　　B. 工作中心负荷报告　　C. 预防性维修计划　　D. 派工单

22. 如下哪项是关于无限负荷排产的正确陈述?(　　)

A. 在排产过程中,不允许累计的负荷超过能力

B. 无限负荷排产支持向前排产,但是不支持向后排产

C. 无限负荷排产比有限负荷排产更复杂

D. 在每个时区对工作中心累计负荷,而不考虑工作中心的能力

23. 一道工序的准备时间是 2 小时,每件加工时间 10 分钟,该工序加工 100 件需要多时间?(　　)

A. 130 分钟　　　　B. 1000 分钟　　　　C. 1100 分钟　　　　D. 1120 分钟

24. 在大多数情况下,如下哪一项是为满足短期需求而增加能力的方法?(　　)

A. 雇用另外的工人　　B. 加班　　　　C. 获取更多的设备　　D. 转包

25. CRP 的对象是(　　)。

A. 关键工作中心　　B. 工作中心　　　　C. 物料　　　　D. 工艺路线

26. 编制能力计划时按照优先级进行,先把能力分配给优先级高的物料,当工作中心负荷已满时,优先级别低的物料被推迟加工,这种方法是(　　)。

A. 有限能力计划　　B. 资源清单法　　　C. 粗能力计划　　　D. 无限能力计划

27. 工作中心(　　)。

A. 由 MRP 定义　　　　　　　　　　B. 由生产设施具体限制所决定

C. 由能力管理所希望达到的控制程度所决定　　D. 上面说的都不对

28.物料代码与工作中心的关系通过什么来定义?(　　)

A.工艺路线　　　　B.物料清单　　　　C.产品　　　　D.生产

29.下面哪项定义了制造件的工序执行顺序?(　　)

A.物料主文件　　　　B.物料清单　　　　C.工艺路线　　　　D.工作日历

30.在工艺路线中,通常要包括如下哪些数据元素?(　　)

A.准备时间和每件加工时间　　　　　　B.准备时间和平均排队时间

C.每件加工时间和平均排队时间　　　　D.准备时间、每件加工时间和平均排队时间

31.如下哪项措施可以起到缩短提前期的作用?(　　)

A.缩小加工批量

B.缩小加工批量并缩短排队队列

C.频繁变更生产的产品并缩短排队队列

D.频繁变更生产的产品,缩短排队队列,提高工作中心利用率

32.下面哪项定义了制造件的工序执行顺序?(　　)

A.物料主文件　　　　B.物料清单　　　　C.工艺路线　　　　D.工作日历

33.下面哪项陈述准确地描述了物料清单在计划中的作用?(　　)

A.工程设计　　　　　　　　　　　　B.确定订货批量

C.用于制造物料的过程　　　　　　　D.用于表述产品的结构

34.下面哪一项用于评估销售与运营规划的合理性和可行性?(　　)

A.物料需求计划　　　　　　　　　　B.资源需求计划

C.主生产计划　　　　　　　　　　　D.经营规划

二、简答题

1.能力计划的层次体系是什么?对应的物料计划体系是什么?

2.能力计划各层次间的关系是什么?

3.简述粗能力计划、能力需求计划的定义,并指出二者之间的主要区别。

4.简述无限能力计划与有限能力计划。

5.什么是工作中心?工作中心有哪些作用?

6.如何建立工作中心的数据?简述工作中心数据的维护。

7.简述能力需求计划的编制过程。

8.工艺文件的含义和作用分别是什么?

案例分析

能力需求计划的分析与实现

一、实现能力需求计划的基本原理

"能力需求计划"又叫做"细能力平衡"。有时,在"主生产计划"中会出现"粗能力平衡",即将成品按能力清单中的能力需求计算分配到计划生产的那一周。"能力需求计划"与"粗能力平衡"的不同之处在于:能力需求计划需要按照有关数据将每个车间任务以"天"为单位分

解,具体方法是:

(1)从"物料需求计划"已分解的"车间任务主文件"表中读取处于"计划"状态的车间任务,同时还得到任务的"物料代码""任务数量""计划开工日期""计划完工日期"。

(2)在"工艺路线文件"表中按照车间任务的"物料代码"找到此"物料代码"对应的"工序编号""工作中心代码""准备时间"和"加工时间"。

(3)在"工作中心文件"表中按照每个工序对应的"工作中心代码"找到每个工作中心的"标准设备能力"。

(4)计算任务工序时间,在计算的同时,转换"工作日历",保证计算出的车间任务被加工的每一天都处于"工作日历"中的"工作日"。

(5)将计算得出的每个车间任务的工序时间按照"工作中心"和"天"汇总,求每天的能力需求之和,得到"能力需求计划"表。

(6)将计算结果保存在数据库中。

二、实现能力需求计划的基本思路

1. 传统的车间任务工序"倒排"或"正排"方法的局限

一般说来,人们往往在能力需求计划的计算过程中采取"倒排工序时间"的方法来计算。对于每个任务的排序,从这个任务的最后一道工序的计划结束时间开始,计算这道工序的加工时间和准备时间,向前倒推,得出本工序的计划开始时间,也就是它前一道工序的计划结束时间;如此计算,直到这个任务的第一道工序计算完毕,得到车间任务的计划最晚开工日期。

单纯用这种方法计算有一个不足之处,如果最后计算得出的车间任务的最晚开工日期早于主生产计划中的计划下达日期,就无法按照正常的计划来进行生产。由于这个原因,也有人使用"正排"的方法来计算,即从计划下达日期开始从前往后排,先排第一道工序,再排第二道,直到任务的最后一道工序。然而,关于"正排"方法,单独使用它的很少。因为一般来说,企业总希望自己的生产任务在一定的期限内完成,也就更倾向于知道一个最晚能完成任务的时间,即常说的"最晚开工日期",这样只要不晚于这个时间开工,就能保证任务在计划的时间内完成,从而保证生产。而单纯的"正排"只能从计划订单下达时间开始往后排,最高效率也就是用完工作中心每天的标准能力,排到哪天就算哪天,失去了系统控制的意义。

2. "倒排"与"正排"相结合的方法

为了更科学地计算任务的工序排序,建议采用工序倒排与工序正排相结合的方法。也就是先用"倒排"的原理进行排序,如果出现了上述的最晚开工日期早于主生产计划中的计划下达日期的情况,再用"正排"的方法从计划下达日期开始从前往后排,直到任务的最后一道工序。

但不管采取哪种方式,其核心仍是有关任务工序时间的计算,就是要把每个任务的每道工序的所需能力按工作中心的标准能力分配到每一天的相应的工作中心。在这个过程中,会涉及多个表的关联和数值的计算。为了更清楚地表示实现方法,在这里用图 5-7 显示车间任务工序排序的基本思路。

如图 5-7 所示,车间任务 RW-123456781 有三道工序,工序 10、工序 20 和工序 30。对每道工序来说,其基本时间有两个,即"准备时间"和"加工时间"。首先,采取倒排的方法,即从任务的"计划完工日期"那一天开始,按工序号从后往前倒排,即先排工序30,再排前一道工序20,直到第一道工序。

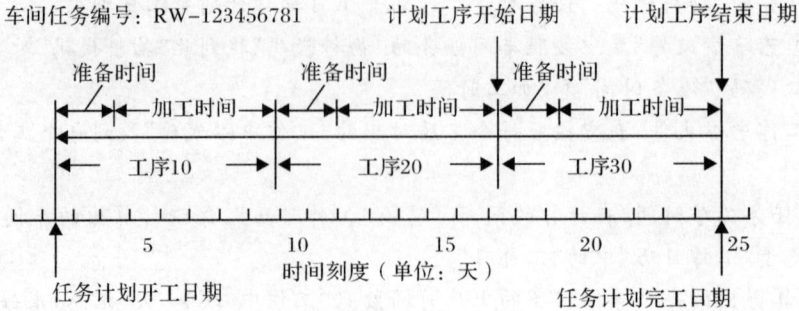

图 5-7　车间任务工序排序基本思路示意图

对于最后一道工序30,其开始排序的那一天就是整个车间任务的计划完工日期,也是这个工序的计划工序结束日期,25号。对每道工序,其工序加工时间＝单件加工时间×任务数量,工序的加工时间要按照其工作中心的能力计算分配到天。工序加工的天数＝工序加工时间/工作中心标准设备能力,得到的数值有可能是小数。对于数值的整数部分,其意义是,在这些整数天中,每天工作中心的标准能力都被100％地占用,而且占用能力的都是加工时间,没有准备时间。小数部分的意义是,在这一天中,任务的加工没有用完工作中心的标准能力,而是有剩余。于是,一个车间任务的准备时间也要安排在这一天,并且这一天是该任务的计划工序开始日期。如工序30的加工时间占据了5个整数天,从20号到24号,同时还占据了19号能力的一部分;而其准备时间占据了19号能力的另一部分。

后一道工序排完之后,要倒排它的前一道工序。在这里有一个问题,就是如何确定前一道工序的"计划工序结束日期",也即它的计划工序结束日期是等同于后一道工序的"计划工序开始日期",还是它的前一天。产生这个问题的主要原因是,后一道工序在它的第一天占用了一部分工作中心的能力,但不能确定这一天的剩余时间是否还能满足前一道工序在其工作中心上的能力需求。如果是的话,就可以将前一道工序的"计划工序结束日期"定为后一道工序的"计划工序开始日期";否则就要往前推一天。如图5-7所示,工序20和工序30在17号这一天交接,因为先排了工序30的能力,所以不能确定17号剩下的时间中还够不够工序20加工能力的分配。如果不够的话,就要安排工序20从16号起倒排。

解决这个问题的办法是,定义一个变量,名称为 xishu(系数),如果(本工序的标准能力—后一道工序这天所用工时)/本工序的标准工时＞xishu ,则本工序的"计划工序结束日期"＝后一道工序的"计划工序开始日期";否则,本工序的"计划工序结束日期"＝后一道工序的"计划工序开始日期"—1。该变量 xishu 可动态赋值,具体的数值可与用户共同商定,如取0.6或0.8。当一个任务的所有工序都排完之后,要判断如果车间任务的计划开工时间早于主生产计划的计划下达日期,就需要在"倒排"的基础上对车间任务的工序再进行进一步的正排。

具体方法是,引入"日期差 int_rqc",设"int_rqc＝车间任务的计划开工时间—物料需求计划分解得到的计划开工日期"。这时需要将任务的有关时间向后推 int_rqc 个天数,如"计划工序开始日期""计划工序结束日期""计划加工日期"等。值得一提的是,"车间任务详细文件"的主码是"车间任务编号""工序号"和"计划加工日期"组成的联合主码,将有关时间向后推,实际

184

上就是将字段的日期加上一个常数。在这个过程中,应该先修改数据库记录中该字段的日期值最靠后的一条,从而避免了可能的主码重复。这时数据库表中的记录是以"正排"为基础的数据,可以在表中用一个标识位来标识"倒排"和"正排"的记录。

这样,采用"倒排"与"正排"相结合的方法,不仅计算出了合理的"任务计划开始日期",而且尽量保证了其他任务的正常进行,较以前的单独使用一种排法更有效。在一个任务的"倒排"和"正排"都结束后,使程序循环到下一个车间任务,继续计算。

值得一提的是,在计算的整个过程中,凡是涉及时间跨度的,一定要转换"工作日历"。从"工作日历"表中找到与某"社会日期"相对应的"工作日序号",加减相应的数目后,再按得到的新的"工作日序号"找到需要的"社会日期"。这样就保证了计算出来的每一天都是车间的"工作日",而不会是"休息日"。

3."倒排"与"正排"相结合方法的不足

用以上所说的"倒排"与"正排"相结合的方法,虽然可以解决一些实际的问题,但同时它还存在着不足之处。比较明显的一点是:经这种算法计算得出的数据有可能在某些工作中心上的能力超出设备的标准能力。因为对于整批计划来说,每个任务之间既相对独立,又相互影响。在任务工序排序时,对于每个任务是独立处理的,并没有考虑其他的任务;而实际上可能是,在某一天多个任务占据了一个工作中心的标准能力,这样就会产生一天的能力不够用的情况。

对于这种问题的解决方法可以分两种:一是在任务排序的过程中,按照有限能力来计算任务工序时间,即在计算任务的每道工序的时候,要考虑其所在的工作中心是否还在加工别的任务,用其实际加工能力来计算。但这种方法的弊端是处理过程复杂,还要考虑任务和工序的优先级。第二种方法是,提供手工修改的功能,由用户在能力需求计划下达之前,检验工作中心的能力负荷,如果不足的话,可以手工进行调整,如调整某任务的数量,或通过加班等来增加某工作中心的能力等。因为要同时调整一批计划中的多个任务,并且要保证不能对整个计划有太大的影响,所以这种方法对用户的要求较高,但通过程序可以简化一些手工的操作,如增加、修改记录的时候,可以提示用程序计算,逐个修改记录,操作者只需选择是手工输入还是程序计算就行了。

在能力需求计划部分,用户往往需要开发人员提供丰富的报表及图表,以显示出当前某工作中心的能力占用情况。这里,用了 Visual Basic 中的 Data Report 来显示报表。这种方法的核心是,将 Data Report 的数据源连接到 Data Environment 中的一个 Command 上,在 Command 中设定有关的数据库的连接和数据的显示。并且注意,一定要在 Command 中的数据的各项分组和排列计算在 Data Report 中设计好了之后,再完善 Data Report 的显示,如字体、对齐等。如果不这样的话,一旦重新 retrieve 结构,则会导致用户的设置退回到原始缺省状态。

资料来源:邹澍,韩伯棠.MRP Ⅱ 中能力需求计划的分析与实现[J].北京理工大学学报(社会科学版),2001,3(4):38-141.

问题:

1.运行能力需求计划需要用到哪些基础数据?

2.车间任务如何既能按照物料需求计划的要求,又能结合车间设备、人员的实际产能进行任务的安排? 哪种方式更好? 理由何在?

第 3 篇　ERP 运行保障

第6章 销售管理——ERP 运行的价值实现

本章要点

教学目标

通过本章的学习,在了解销售管理的基本流程、企业销售管理目标的基础上,理解销售管理的主要功能和原理,掌握销售管理的概念,会根据企业的实际运行状况及销售的不同业务类型,编制销售计划。熟悉销售管理业务流程在 ERP 的实现流程以及 ERP 中的销售管理系统是如何解决传统管理中存在的各种问题的。

教学要求

知识要点	能力要求	相关知识
销售管理	(1)掌握销售管理的概念 (2)理解销售管理与需求管理的区别 (3)熟悉销售管理流程 (4)销售管理中单据处理流程	销售管理概念 销售管理流程 销售分析内容 报价单、订单
销售管理业务类型	(1)熟悉普通销售业务、委托代销业务处理流程 (2)熟悉直运销售业务、分期收款业务处理流程 (3)熟悉销售调拨业务、零售业务处理流程	委托代销 直运销售 销售调拨
ERP 中的销售管理	(1)了解用友销售管理子系统选项设置 (2)掌握销售报价、销售订单处理流程 (3)熟悉销售发货、销售开票等业务流程	销售管理选项设置 销售报价处理流程 销售订单处理流程

引　例

利用知识付费平台实现精准营销

"知识付费"背靠移动互联网而生。自国内互联网经济诞生后,早期的互联网公司为抢夺用户注意力,纷纷将免费作为营销利器。长期以来,互联网内容公司在人口红利下依赖于广告盈利的商业模式;用户习惯于免费获取内容。但随着信息泛滥化、同质化现象严重,人口红利开始消退,广告模式不足以支撑互联网公司的持续性发展。一些公司转变思路,抓住了用户高效筛选与获取信息的需求,知识付费模式应运而生。

当前学界对"知识付费"的概念未有明确界定。综合现有解读,可尝试从以下两个层面理解知识付费:在消费者层面,知识付费即消费者以付费的方式,通过互联网平台获取认知盈余者提供的个性化信息、资源和经验等,从而达到认知提升、情感满足、阶级归属等目的的行为;在互联网企业层面,知识付费是移动互联网时代下,利用生产者与消费者之间的信息差,将知识包装为产品或服务以达到营利目的的商业模式。

过度"精准推送"使人视野受限;平台推荐信息杂乱无序,无效广告过多。大部分知识付费用户的消费心智偏向成熟,已不再满足于千篇一律、类型相似的"精准推送"。大数据时代下,大部分互联网公司致力于分析用户兴趣,进行精准广告推送。但有用户表示"并不愿意一直陷在自己的喜好里",这会使自己的知识面越来越狭隘,甚至失去探索新品类的能力和机会,在一定程度上造成"信息茧房"。用户对知识付费平台的营销活动存在多种不满,主要原因在于各平台在以营利为目的制定营销策略时,对市场变化和用户体验的持续关注不足。针对上述问题反馈,各平台有必要立足现状,探索合理优化路径。

一、方案策略:完善差异化定位＋按需生产

1. 多方面完善差异化定位

知识付费用户期望通过付费给自己做时间上的减法。针对内容同质化问题,平台可从三个方面着手做好差异化定位。

(1)注重内容生产者的差异化。对于专业生产内容 PGC(professional generated content)生产者,一方面只引入行业"最优"个人;另一方面,头部内容生产者资源毕竟稀缺,且部分行业大 V 由于精力有限,无法专注于知识内容的长期产出,因此平台可完善内部 KOL 孵化机制,在内部培养更多细分垂直领域的优质关键意见领袖 KOL(key opinion leader),使其完成从用户生成内容 UGC(user generated content)向专业生产内容 PGC 层面的转变。此外,还可利用大量传统出版企业谋求"转型升级"的趋势,挖掘优质的权威性出版人才进入平台生产。最终形成头部 IP＋腰部 KOL＋传统出版人才的 PGC 内容生产者金字塔。

(2)注重市场定位的差异化。目前知识付费的用户较为集中,多为一、二线城市的年轻群体。要在日益激烈的市场竞争中争取优势,平台可进一步细分市场。对于基数大、互联网渗透率低的三、四线城市人群,可把握他们生活节奏慢、阶层焦虑低的特点,根据其独特的知识需求进行产品定位,实现下沉式发展;对于平台已有用户,亦可通过兴趣爱好、心理特征、生活方式等进一步细分。

(3)注重内容定位的差异化。在内容布局上,向少而优、小而精的方向构建。适度避开热门但泛滥的财经、职场等题材,或在这些题材内探索最新命题,集中力量培养自己的优势产品,使平台从"平面化"向垂直纵深方向发展。

2. 引导用户参与研发

针对内容质量参差不齐以及针对性不强的问题,一方面要将娱乐性内容与知识性内容明确分区,另一方面要坚持以用户需求为中心生产内容。

首先,使用户直接参与内容研发,实现知识付费的"按需生产"。大部分用户表示更享受主动获取信息,不喜欢被动接受信息和知识。因此可设置心愿区,内设不同场景选项,用户能在其中自行建立知识需求主题,并由其他用户投票,平台对票数高的主题进行审核后,匹配相关专家或由用户票选专家,产出相应内容。此外,由于不同知识体系下的用户,对同一知识内容的学习深度要求不同,因此对单个产品,可按服务程度的不同生产多个版本,以满足不同层次用户的需求。

其次,使用户评价与产品价格挂钩,间接参与审核环节。如此,既能实现按需生产,又能让用户始终与产品保持联系。而那些通过噱头抬高用户预期,实际体验却无法达标的"标题党"式产品,生存空间将被挤压。

二、信息策略:"口碑为重",整合信息分享渠道

1. 提升用户主动分享内容的兴趣

口碑是可以增值的,打造高口碑品牌需合理安排广告形式与内容。能对用户产生影响的,往往是其信任的朋友或名人的推荐,而非很多平台上杂乱的"大咖推荐"等广告内容,因而要注重引导用户主动传播产品信息。区别于分发内容赚取提成的分销方式,用户主动传播一般表现为"免费分享给朋友"。目前用户可通过社交平台分享的主要形式是自动生成海报,较为单一,还可开发学习结束后自动生成"学习历程"MV 或 H5、知识生产者的"声音卡"等更生动的形式,推广之外还兼具展示产品功能和使用流程的效果。

2. 注重但不局限于"精准推送"

用户的兴趣不固定,随时可能发生变化,但他本人对这种变化的认知不一定及时,需要平台加以引导。因此可定期统一发放调研表,向用户展示多个领域的最佳内容,并提供不同的兴趣星级选项,定向推送用户的潜在兴趣产品。

3. 在恰当的时间和地点推送恰当的内容信息

用户最常使用知识付费产品进行在线学习的时间是睡前、工作空闲间隙和通勤途中。其中睡前是频率最高的时间段,且人们开始趋向放松,可适度推荐文学、音乐、健康等格调轻松的内容;在通勤途中及工作间隙,人们会更关注专业领域的知识,可利用时间也更零碎,应推荐碎片化程度更高的专业知识。

4. 注重品牌形象塑造

除了整合多种媒体渠道进行宣传外,还可考虑使用"用户代言人"策略,由于其他用户的使用效果对观望者的参考意义较大,"评论"功能又带有较大主观性,从而可定期将一段时期内的"最佳学习"用户作为此阶段的平台代言人,在站内以及电视媒体等站外投放代言短视频,展示

其学习效果、方法和理念,同时也能激励其他用户坚持学习。

资料来源:http://media.people.com.cn/n1/2020/0107/c431273 - 31538435.html

6.1　销售管理概述

德鲁克在《管理:任务、责任和实践》一书中指出,企业的两项基本职能就是市场营销和创新,只有市场营销和创新才产生出经济效果,其余的一切都是"成本"。当前,移动互联网、云计算、物联网等新一代信息技术的应用使企业信息化(乃至社会信息化)空前发展,设备、移动终端设备加入网络,使得营销数据的取得由片面拓展成全面的,由统计级的变成在线的,因此统计数据、交易数据等正持续不断地从各行业迅速产生。大数据应用于营销管理及创新领域,大大帮助了企业精准地挖掘客户需求,极大提升了营销效能。大数据的使用贯穿在整个营销过程的始末,对于营销的效果起着至关重要的影响,大数据的数据来源于 ERP 销售管理运行数据。

6.1.1　销售管理的概念

1. 含义

销售的本质是一种产品或服务从生产领域向消费领域转化的过程。销售是企业供应链中处于市场(客户)与企业(制造商)的供需接口位置,是企业经营活动的起点与终点,销售职能主要是为客户或最终用户提供产品、服务,实现企业的资金转化并获取利润,为企业提供动力源泉,从而实现企业的社会价值和企业使命。现代营销思想的核心在于理解、创造、沟通以及实现客户价值,并不断提高客户满意度。销售管理是对企业需求及企业销售部门的相关业务进行规划、执行和控制的过程。

组织中的销售管理是实现产品的销售预测、产品销售以及售后服务的全过程。企业生产的目的是为了满足客户的某种需要,而企业销售是企业产品的最终实现过程,是企业经营活动的中心,企业的价值和利润主要通过销售来实现。特别是经济全球化的出现,使得企业的销售过程实现更加快速、有效。ERP 的销售管理系统与其他应用系统有效地集成在一起,可以有效地缩短订单的处理时间、降低订单处理的成本与时间、明显减少物流成本、提高服务质量和效率、保证交货效率、增强企业销售数据的透明度、促进企业资金流的回收过程、更加有效促进企业的销售管理。特别强调的是销售系统的兼容性可使信息联动,在规范业务流程、提升工作效率的同时,也能为后续业务提供数据支撑。

2. 与需求管理的区别

需求管理重在市场营销和市场开拓,预测需求,侧重点在战略层,为销售管理服务;而销售管理则是在需求管理基础上执行销售策略,处理实际需求(订单),从订单录入开始到提货交运,侧重点在事务处理。所以,对于企业来说,销售部门是最直接的效益实现者,销售工作的成败直接决定企业的成败。因此企业对销售管理相关内容非常重视。

6.1.2　销售管理流程

企业销售管理流程一般以销售订单为分界点,将销售流程划分为销售订单签订之前的流程和订单处理的流程两个部分。销售订单签订之前的流程通常也称之为售前流程,而将销售订单签订之后的流程称为销售订单处理流程。

1. 售前流程

售前流程如图 6-1 所示。

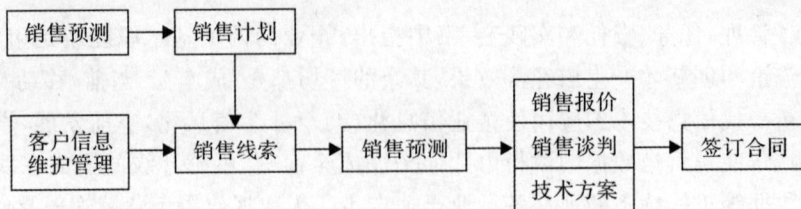

图 6-1 售前流程

1)销售预测

依据客户、竞争者、竞争产品、销售力量、以往销售业绩、区域、消费群体对象等方面数据,对企业未来一个时期内的各种产品总需求量和销售总额进行预测,预测目的是为了帮助企业制订生产计划、协调生产能力,制订未来生产进度计划、采购计划、财务计划、人力资源计划,并依据预测制订销售计划,以此作为对整个销售部门进行销售业绩评估的主要依据。销售预测主要是根据过去和现在的销售状况来推测未来的销售趋势,因此企业必须有完善的过去历史统计资料,同时也必须掌握市场情况。销售计划是按照企业的生产情况、客户情况、销售预测情况对企业一段时期内的销售品种、销售数量、销售价格的规划,企业的销售计划有月计划、季计划、年计划、还有按地区、按销售人员分配的销售计划等,也有一年以上的中、长期发展规划。

知识拓展 6-1 用大数据实现智能销售预测

2)销售计划

销售计划通常按照部门、业务员以及产品进行编制,并将支持年度销售计划的销售额度按规定方法分解到季度、月度销售计划中去,还可以根据设置在部门或者业务员上的分摊比例,自动将全年的计划分摊至每个部门或者业务员,满足企业不同层次的组织结构对销售计划的管理需求。

3)客户信息维护和管理

销售管理从客户的需求出发来规划企业的生产经营活动,在大量的客户信息分析基础上来回答生产何种产品、产品如何定价、产品如何销售、如何为用户服务、如何确定本企业最优的产品组合等诸多问题,因此完整的客户信息不仅是企业销售活动的基础,而且是企业全部生产经营活动的基础。企业的销售对象是企业的现有客户或潜在客户,是企业利润的来源。客户是企业的重要资产之一。企业要有效地开发、维护客户这项资产,培养能够给企业带来价值的好客户。企业客户包括经销商、代理商、最终用户,甚至企业内部的销售分公司、办事处等。销售部门对客户基本信息及其消费行为习惯、个人偏好等进行管理,从而掌握客户的信息并对有潜在消费行为的客户进行精准营销。

4）销售线索

销售部门的重要工作是寻找各种销售线索，并识别出有效的销售机会，这被称之为商机。销售线索和销售机会可以说是所有销售行为的起点。销售人员对销售机会进行的一系列行为，如报价、技术交流、考察等，就是为了将销售机会转化为销售，与客户签订销售合同。

5）销售定价管理

企业必须决定自己产品的定价目标。对于一个已经选定目标市场和已经有明确市场定位的企业来说，其营销战略，包括价格是相当明确的。企业一般通过定价来追求生存、最大当期利润、最高当期收入、最高销售增长、最大撇脂和质量领先等目标。维持生存是企业的主要目标，在敏感型的市场条件下，企业为了维持生存或者库存过剩时，会定一个较低的价格；很多企业试图制定一个能达到最大当期利润的价格，这时需估计成本和需求，这时要求企业必须清楚需求量和成本函数，实践中有时很难准确预测；如有的企业会制定一个最高销售收入的价格，因为销售收入最大会促使企业市场份额的增大，相应利润也会加大；有的企业希望销售量增长最高，从而采用市场渗透定价方法将价格定得特别低，通过增加市场份额增加生产数量，使成本降低，保证企业利润实现；有的企业在推出新产品且同时市场上同类产品较少时，常采用很高的产品定价快速撇脂，等同类产品在市场上较多时其已经赚取了很高的利润，此时再调低市场价格来与对手竞争；有的企业经常为了树立其在市场上同类产品质量领先的地位，采取高价格的定价策略。

企业定价是依据产品需求、产品成本、竞争对手价格，有了这三者就可以确定价格了。定价最低不能低于产品成本，太低不能产生利润，但如果太高又不会有需求。产品的定价方法一般有成本加成定价法、目标利润定价法、认知价值定价法。

成本加成定价法是通过估算总成本，再加上一个特定的加成；目标利润定价法是企业确定的价格能带来它所要求的目标利润，例如利润额为投资额的百分之十；认知价值定价法定价的依据非企业的成本，而是客户对产品价格的认知，其通过营销使消费者在心目中建立对产品的认知价值，企业通过捕捉其认知价值得到产品价格。

选定最终价格时企业还有一些其他附加因素，包括心理定价、广告因素等。大部分企业在执行时制定了价格结构，反映诸如地域区别带来的需求不同和成本不同、市场细分要求的变化、购买时间不同的变化、订单数量水平变化、交货要求的不同以及售后服务的不同等其他因素，采取一定的价格政策，例如按照不同的批量及交货期执行不同的价格等。产品定价管理是业务处理中最复杂的部分之一，价格的计划、设置、维护需要花费相当多的时间。

6）销售报价管理

在交易过程中，企业需向消费者提供特定批次时间的产品价格，也就是形成报价单文件。

报价单文件中不但包括特定产品的销售型号、规格、价格、数量等信息,也包括诸如销售产品的售后服务承诺、验收、交货方式等信息。销售管理部门处理日常的报价事务,进行报价单的跟踪、收集、储存和审核。从企业提出报价、客户确认、达成交易意向的过程,既需要负责任的企业销售人员的销售技巧和策略,又需要大量准确的市场信息、产品信息、竞争者信息,最终才能保证让消费者满意,让企业从销售中获得利润。

销售人员还关注该价格的附加条件,包括预期可交货的日期。需对产品涉及的物料库存、需求采购情况、产品的加工周期以及企业生产能力状况等信息有清楚的了解,在不借助管理信息系统的传统管理模式下,这对于销售部门及销售人员来说,要求显然是太高了。

2. 销售订单处理流程

销售订单是企业安排生产、销售发货和销售货款结算的依据,对销售订单的管理是销售日常工作的核心。销售订单处理是企业根据客户需求信息、双方商定的产品价格、数量信息、产品验收标准、运输、交货约定等相关信息以及生产能力信息制定客户订单,并对企业的成品库存可供货情况及客户信用数据等进行审核,以确认客户订单。

对客户的信用状况进行审核,核定其信用额度。当该客户的应收账款加上本次的交易金额之和大于其信用额度时,一般不进行交易。如果客户的信用审核被通过,接下来需要进行产品库存的查询,以便决定库存的分配发货选择以及发货给客户的策略。当报价、信用、库存各方面信息均已验证之后,就可以与客户进行交易,签订正式订单。有了订单之后,也可以根据需要对订单进行修改、撤销以及跟踪。销售部门将订单信息传递给生产负责人,安排生产,同时进行订单跟踪与管理。产品完工之后,可以开出发票和发货单,并进行货物的发运。

优质的售后服务是企业增值的一种方式。其实售后服务历时较长,会直接影响到企业的信誉以及客户对企业的印象,需要企业售后人员与顾客进行不断的沟通和反馈,良好的售后服务才能成为再营销的开始。此外,ERP 能够为企业收集和维护各种记录信息提供有力的支持。

1)订单处理

销售订单就是企业的销售合同,是客户管理中最具约束力的文件,是处理贸易纠纷的法律依据,企业一定要健全销售合同的管理制度,明确规定合同的签署、执行流程,确保合同的严肃性、科学性、堵塞漏洞。合同必须有专人保管,由专人分门别类建立档案,妥善保管,严防商业机密的泄露。标准的销售合同至少包括以下内容:合同供方和需方的标准全称、地址、法人姓名、代理人姓名、开户行名称、账号、税号,合同签约地点,合同签定时间,合同有效期限,产品名称、规格、生产厂家、数量、单价、金额,质量验收标准,包装物规定,交货期限,付货地点,运输方式,费用支付,结算方式期限,提出异议时间、期限,违约责任及纠纷处理,其他未约定事项。合同需加盖双方合同印章才生效。

2)发货处理

销售部门随时对销售订单的执行情况进行跟踪,随时与生产和库存部门沟通,随时检查客户订单及其产品生产和库存情况以决定交货是否可行,对满足交货条件的销售订单应核对出货的产品名称、规格和数量,确定产品的体积重量,并计算出货的工作量,查询运输线路相关信息,决定产品的批次,进行最后的出厂检验,最后开具提货单、组织货源、包装、组织发货,或者用户直接持提货单到仓库提货。同时应将发货信息及时交付财务部,并及时对销售订单完成情况进行记录,对货运信息记录发货后通知客户提货信息。

3）开具销售发票并进行回收货款日常处理

企业销售部门依据发货单信息和约定开具正式销售发票,并将发票存根联交财务进行应收账款登记和催收货款,企业销售部门应记录销售订单执行环节的发票开具信息,并按照合同约定付款事项配合财务部门催收货款,对所有客户的欠款情况进行跟踪,配合财务部门做好销售货款的回收工作,并对企业的信用情况进行记录,作为以后签定销售合同的依据,为领导决策提供支持。

4）售后服务

售后服务的目的是:解决客户的后顾之忧,客户群体是一个企业的利润中心,企业现有客户是企业未来销售增长的重要源泉;为客户提供产品售后的各种相关服务,为企业进一步稳定现有销售市场与开发新市场打下坚实基础。企业在产品销售后不但要做好送货、产品安装调试、产品维修等工作,同时应做好用户的培训、技术咨询解答等工作,跟踪了解客户对产品质量、服务、交货时间方式的满意程度。要做好售后服务的记录工作,并将有关产品质量的信息及时向质量部门反馈。

5）销售情况统计分析

企业销售部门应定期对企业的销售情况进行统计分析,以便及时掌握产品的销售情况、市场成长的快慢情况、有效区分经销商的优劣,从而采取有针对性的措施,为今后制定计划奠定基础。销售情况的统计主要包括各种产品的订货情况、销售情况、货款回收情况,不能满足订货的情况,销售计划完成情况,销售费用花费情况、销售赢利情况等。同时按不同的需求应分产品统计分析其生产销售赢利情况、按销售地区统计分析地区差别对销售的影响、对每个销售员的销售业绩进行统计分析、对每个经销商的销售情况进行分析比较,应分时间段考察企业在不同时段的销售情况,销售策略不同实现的销售业绩是不一样的,因此对此方面信息也应予以关注。在手工方式下这些统计分析实现是比较烦琐的,只有借助于有效的管理信息系统或 ERP 系统。

6.1.3　销售管理单据处理

销售管理相关单据处理流程如图 6 - 2 所示。

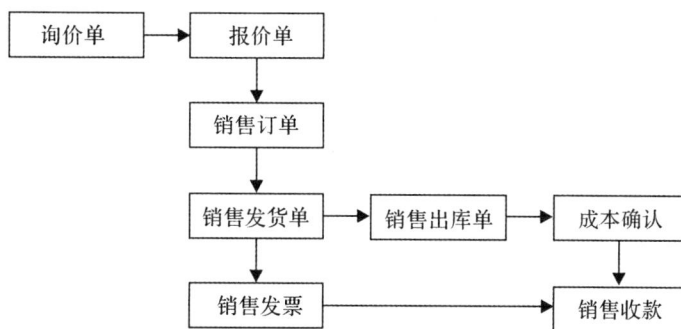

图 6 - 2　销售管理单据处理流程

1. 询价单

询价单是采购方(买方)主动向供货方(卖方)要求报价的书面文件。询价工作是一项长期性、经常性的工作,根据实际情况对具体产品或材料安排询价。如农副产品因其价格变动幅度较大,其询价时间则频繁些,而经销或自营自采产品的询价时间则无须太频繁,以节约采购时间。通过询价活动可以增加对商品采购价格的了解渠道,充分掌握市场行情。降低采购价格成本,为企业赢得效益,对采购部起监督作用。询价是一个与相关商品采购价格进行比较验证的过程,是公司对采购人员考核的重要依据。

2. 报价单

销售报价是获取订单的第一步。销售报价是指销售人员为了满足客户的需求,通过及时准确的预算,向客户提供所需商品的报价信息。企业通过销售报价达到客户满意而赢得客户、赢得市场,从而获取一系列的订单。企业可以针对不同的客户、不同存货、不同批量提出不同的价格,报价单是可选单据,可以根据业务的实际需要选用。接到客户购买需求后,销售部要针对用户和当时的市场需求进行报价,并在系统中维护报价单,客户确认报价单后对报价单进行审核处理,并转为销售订单。

3. 销售订单

销售订单是反映由购销双方确认的客户要货需求的单据,它可以是企业销售合同各种归案与货物的明细内容,也可以是一种订货的口头协议。销售部门在确定销售订单后,根据销售订单组织货源,并对订单的执行进行管理、控制和追踪。协助管理客户销售订单资料的输入和销售订单履行的全过程包括销售订单输入、审核、信用额度控制、出货状况追踪、关闭等,并提供整个过程相关的管理信息。

4. 发货单

发货单可处理发/退货作业有关的交易,包括发/退货单的录入、客户信用额度控制、出货单客户回执追踪、结转应收账款等,并提供相关信息作为销售方给客户发货的凭据,也可作为仓库出货的依据。

发货单是销售方给客户发货的凭据,是销售发货业务的执行载体,无论是工业企业还是商业企业,发货单都是销售管理的核心单据。

5. 出库单

出库单交由仓库管理部门出库处理,出库单将会作为财务部门处理销售成本的原始单据,在库存管理系统用于存货出库数量核算,在存货核算系统用于存货出库成本核算。

6. 销售发票

销售发票是确认销售收入、应交销售税金,计算销售成本、利润和应收账款的依据,也是客户确认实物所有权的凭据。销售发票是销售收入确认、销售成本计算、应交销售税金确认和应收款确认的依据,是销售业务的重要环节。销售发票复核后应收款管理核算应收款,制单生成凭证传递给总账系统。

知识拓展6-4　SAP询报价管理

6.1.4　销售管理与其他业务系统的关系

销售管理与库存、成本、应收账款管理、生产子系统有着密切联系，如图 6-3 所示。企业销售订单满足发货条件时，从产成品仓库出货，产品销售成本、销售税金及销售利润由财务管理系统中的会计成本核算功能实现，企业专门的财务人员根据发货单给客户开具销售发票并据此登记应收账款，及时进行销售账款的催收，销售订单和销售预测的结果需提交生产管理系统进行生产安排。

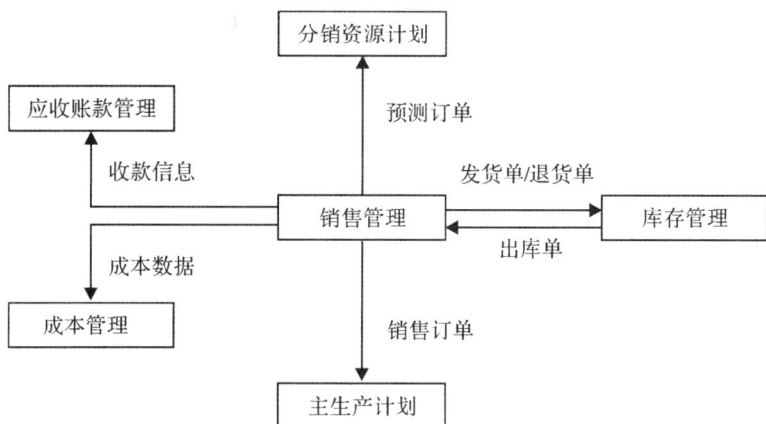

图 6-3　销售系统与其他系统的关系

销售管理与财务管理系统的关系为：客户付款提货后，销售管理系统会将财务系统所需的发票、付款单、提货数据文件等传递至财务管理系统，财务管理系统自动登记相应的应付账款和银行存款、现金等明细账目，同时销售人员应配合财务人员进行应收账款的及时催收，对长期拖欠款项的客户进行信用异常情况处理，并采取限制或暂停发货。同时销售管理系统会同财务管理系统对客户信用管理记录进行更新，通过对客户信用额度限制设定，系统在销售业务每次执行过程中都会对客户信用情况进行检查，对信用异常客户及时进行相应处理，减少了销售死、呆账情况的出现。

知识拓展 6-5　CRM 系统是如何优化销售管理

6.2　销售管理业务类型

对企业而言，增强业务管理监控功能，提供对价格、信用的实时检查控制；支持以订单为核心的业务模式，支持普通批发销售、零售、委托代销业务、直运销售、分期收款销售、销售调拨等多种类型的销售业务，以满足不同用户需求。不同销售业务的业务处理流程各有差异，如表 6-1 所示。

表6-1　六种销售业务类型比较

名称	特点	适用范围
普通销售业务	先发货后开票、先开票再发货	大多数企业的日常销售业务
委托代销业务	受托方只是一个代理商,委托方将商品发出后,所有权未转移给受托方	生产厂商、分销商面向代理商的销售;总公司面向独立核算的分公司销售
直运销售业务	商品购进和销售同时进行,商品不经过企业	销售的商品不经过公司库房,直接将商品从供应商处发送到客户方的销售业务
分期收款业务	一次发货,当时不确认收入,分次确认收入,在确认收入的同时配比性地结转成本	对于产品当月发出或者跨月多次发出后,本月不能全部结算,需要跨月分期进行开票、结转收入成本
销售调拨业务	处理集团企业内部有销售结算关系的销售部门或分公司之间的销售业务	流通行业中的渠道内部进行产成品委托销售
零售业务	销售票据按日汇总,通过零售日报处理	常见于商场、超市及企业各零售店

6.2.1　普通销售业务

普通销售业务支持正常的销售活动,适用于大多数企业的日常销售活动,如图6-4所示。普通销售业务根据"发货-开票"的实际业务流程不同,可以分为两种业务模式:先发货后开票模式和开票直接发货模式。ERP处理两种业务模式的流程不同,但允许两种流程并存。

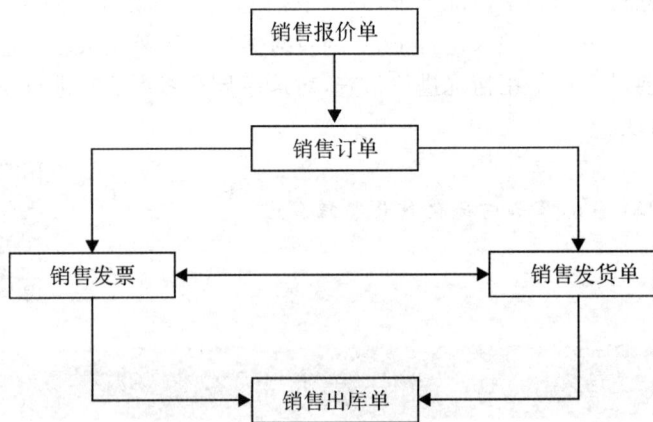

图6-4　普通销售业务流程

1.先发货后开票业务

先发货后开票业务根据销售订单或其他销售合同,向客户发出货物,发货后根据发货单开具发票结算。这类业务需要先处理报价单、销售订单、发货单等单据,发货单审核后根据销售管理系统初始化设置,系统将自动生成销售出库单。如果存货采用先进先出法、后进先出法核算,还可以随时结转销售成本。如果存货采取全月加权平均法、计价法(售价法),则只能在月末计算存货单位成本和结转销售成本。销售发票开具后,可能立即收到货款,根据发票现结处理;也可能尚未收到款项,需要确认为应收账款。该业务处理流程如图 6-5 所示。

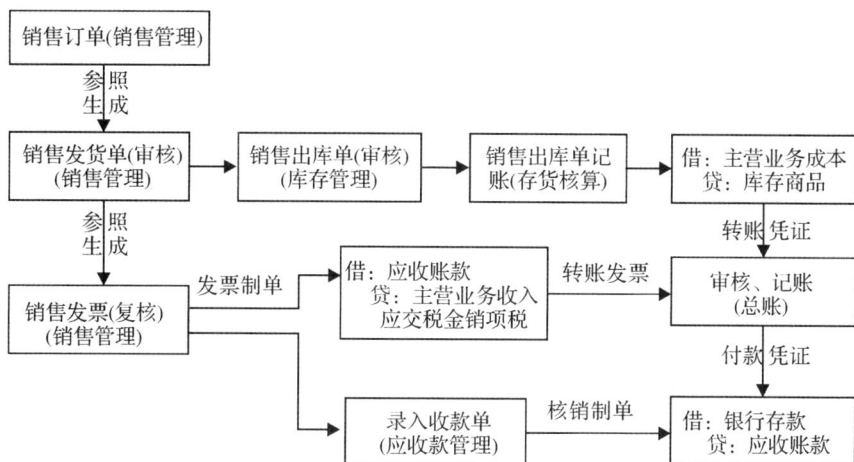

图 6-5　先发货后开票财务处理流程

2. 开票直接发货或者先开票后发货的销售业务

开票直接发货或者先开票后发货的销售业务是根据销售订单或其他销售合同,向客户开具销售发票,客户根据发票到指定仓库提货。开票直接发货业务只适用于普通销售。这两类业务都可以直接开具发票,系统根据发票自动生成发货单,根据发货单系统参照生成销售出库单。这两类业务可以是现销业务,也可以是赊销业务。如果存货采用先进先出法核算,也可以随时结转销售成本。先开票后发货业务的处理流程如图 6-6 所示。

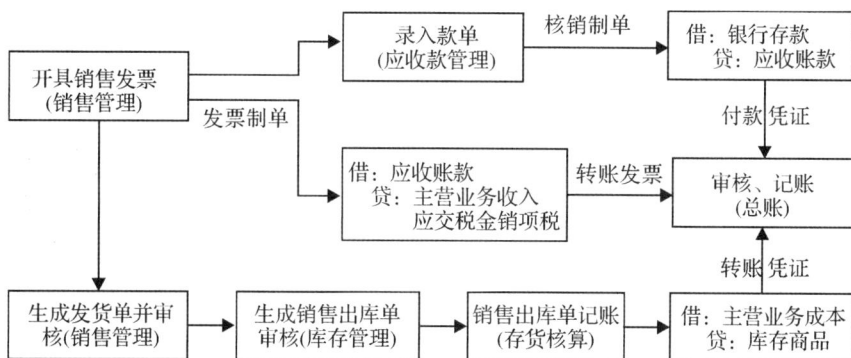

图 6-6　先开票后发货业务处理流程

6.2.2　委托代销业务

委托代销业务是指公司将商品委托给他人销售,但商品所有权仍然属于原企业的销售方式。委托代销商品销售后,受托方与企业进行结算,并开具正式的销售发票,形成销售收入,商品所有权会转移。为了使 ERP 可以根据委托代销业务类型自动生成凭证,需要在存货核算系统中进行委托代销相关科目设置。委托代销业务处理流程如图 6-7 所示。

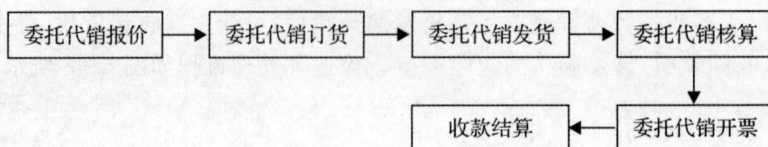

图 6-7　委托代销业务处理流程

只有销售管理和库存管理集成使用时,才能在库存管理中使用委托代销业务。委托代销业务只能先发货后开票,不能开票直接发货。

6.2.3　直运业务

直运业务是指产品无须入库即可完成购销业务,由供应商直接将商品发给企业的客户,结算时,由购销双方分别与企业结算,企业赚取购销间差价。直运业务包括直运销售业务和直运采购业务,没有实物的出入库,货物流向是直接从供应商到客户,财务结算通过直运销售发票、直运采购发票解决。直运业务适用于大型电器、汽车、设备等产品的销售。直运业务处理流程如图 6-8 所示。

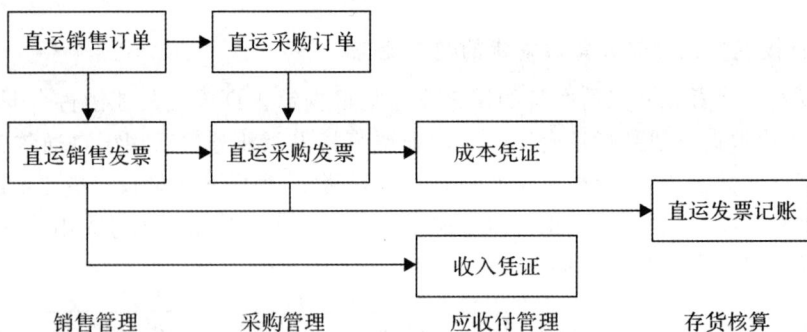

图 6-8　直运业务流程

知识拓展 6-6　直运销售业务处理流程

6.2.4　分期收款销售业务

分期收款销售业务类似于委托代销业务,货物提前发给客户,分期收回货款,收入与成本按照收款情况分期确认。分期收款销售的特点是:一次发货,当时不确认收入,分次确认收入,在确认收入的同时配比性地结转成本。分期收款销售业务流程如图 6-9 所示。

图 6-9　分期收款销售业务流程

知识拓展 6-7　分期收款业务如何记账

6.2.5　销售调拨业务

销售调拨业务一般是处理集团企业内部有销售结算关系的销售部门或者分公司之间的销售业务,客户通过销售调拨单取得货物的实物所有权。与销售开票相比,销售调拨业务只记销售收入,并不涉及销售税金。调拨业务必须在当地税务机关许可的前提条件下方可使用,否则处理内部销售调拨业务必须开具发票。销售调拨业务流程如图 6-10 所示。

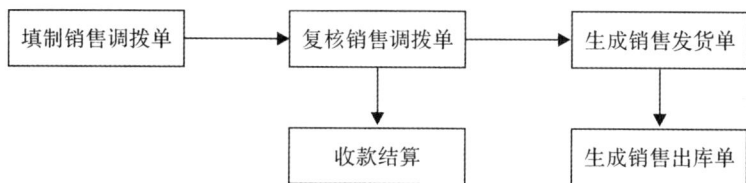

图 6-10　销售调拨业务流程

6.2.6　零售业务

零售业务是处理商业企业将商品销售给零售客户的销售业务,如果用户有零售业务,相应的销售票据是按日汇总数据,然后通过零售日报进行处理。这种业务常见于商场、超市及企业的各零售店。零售业务流程如图 6-11 所示。

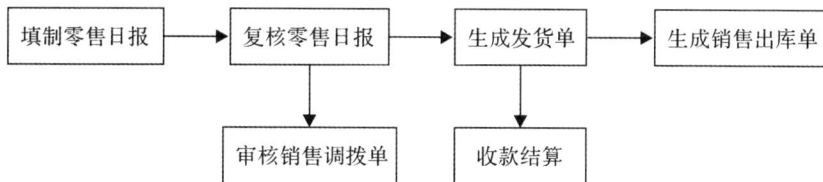

图 6-11　零售业务流程

知识拓展6-8 如何解读"互联网＋新零售"?

6.3 ERP中的销售管理

销售管理归属于企业供应链管理。就其功能而言,与传统的销售管理相比较,ERP的销售管理还具有以下功能:①科学的销售预测功能。其包括客户管理、销售计划管理、销售价格管理、信用管理、销售订单管理、物流管理、资金流管理、批次与追踪管理、远程应用等。②强大的数据转换功能。减少数据的重复输入,提高数据处理效率。③提供各种文件类型,更好地将销售管理与生产管理、财务管理、库存管理无缝集成,更科学、有效地提高交货效率,随时对销售订单执行过程进行查询和跟踪。④提供客户信用管理的完整支持,更科学地进行销售分析工作。

销售管理系统参数设置是在处理销售日常业务之前,确定销售业务的范围、类型及对各种销售业务的核算要求,这是销售管理系统初始化的一项重要工作。因此一旦销售管理开始处理日常业务,有的系统参数就不能修改,有的也不能重新设置,销售系统选项设置,分为"业务控制""其他控制""信用控制""可用量控制""价格管理"五个页签。

6.3.1 销售报价

1.报价单填制

根据需要完成报价单的数据输入、数据修改、删除,报价单在未审核之前随时可以修改。

1)报价单在处理过程中的几种状态

(1)NA(not approved quotation):不能提交给客户的未通过审核的报价单。

(2)OP(open quotation):可以对客户报价的已通过审核的报价单。

(3)CM(comfirm quotation):与客户协商后已确定的报价单,可以直接转换为销售订单。

(4)CL(closed quotation):无法对报价单进行处理的已关闭报价单。

2)有关参数含义

(1)跟催日:业务员在输入时对计划在哪天对客户跟踪联络的日期设定。

(2)允收上限、允收下限:客户可接受产品数量的上限与下限。

(3)有限日期:客户要求的交货日期。

2.报价单审核

操作员将打印出来的报价单交由相关的业务主管审核签字,再由被授权的操作员在计算机上执行审核业务。业务主管也可以直接在计算机上进行审核。报价单经审核后才能作为转入销售订单的依据。已审核报价单需要修改时需经业务主管批准。通过审核的报价单可以打印出来,部门领导签字后,可以交给客户。

3.跟催

跟催是企业将报价单交给客户后,在客户未进行答复时,有关业务员主动与客户联系沟通促成交易的过程。系统到跟催日时为避免业务人员忘记会主动提醒,并对业务员与客户沟通情况进行记录,为各级管理人员随时掌握业务进展情况提供支持。部门主管通过查询报价单,可以随时知道有哪些报价单需要跟催,通过跟催资料查询得知已跟催的报价单与用户沟通结果如何,以便及时对报价单做出调整。跟催资料可以在需要时随时进行修改、维护。

4. 报价单确认

经过与客户协商确认的报价单,要进行"客户确认处理",经过确认处理的报价单可以转为销售订单。

6.3.2　销售订单处理

1. 销售订单生成与维护

有些客户或企业的分销商销售条件早已谈妥,不必经过报价程序而直接输入销售订单,业务员根据与客户达成的交易信息,进行销售订单的维护与录入。销售订单录入后其标志状态为未确认,需进行销售订单审核与确认操作。由报价管理模块转过来的销售订单可以进行查询和修改维护操作。销售订单的操作状态标识有:

(1)NA(not approved order)未确认的销售订单,此时销售订单可进行随时修改。

(2)OP(open order):已确认销售订单。

(3)IN(in progress order):正在执行中的已确认销售订单。

(4)CL(closed order):已关闭不能修改的销售订单。

(5)PE(pending order):客户信用额度不足时,销售状态暂定为保留不能审核确认,这些保留的销售订单在信用额度足够时,在审核确认,这时状态标识由保留 PE 改为确认状态 OP。

2. 销售订单审核处理

待审核的销售订单需打印出来交由主管审核签字。销售主管人员按照订单号码逐笔对订单进行审核。审核内容包括销售订单的所有项目,如销售价格、数量、产品、服务条款以及客户信用额度等。销售订单审核确认时,订单上各项物料的预约量会增加,可用量会相应减少。出货时销售订单未交量及预约量会减少,退货时销售订单未交量及预约量又会相应增加。已审核的销售订单可根据需要对订单内容进行修改,这时须有操作权限的操作人员来进行修改。

3. 销售订单关闭与还原

各产品累计出货量达到销售订单的上下限范围时,销售订单会自动关闭。有时产品出货量未达到上下限范围,但已与客户达成协议不再出货,这时也应关闭此项产品。销售订单可以整张关闭也可以选择序号关闭,即选择一张销售订单中的已满足的几行关闭。销售订单关闭时,系统自动将已关闭销售订单的状态码改为 CL,被关闭产品的预约量自动被置为零,若有未出货部分自动调整信用余额。销售订单关闭后,若有必要,可运行销售订单的还原作业。这时系统自动增加未付货产品的预约量,同时将销售订单的状态码改为 OP。

4. 销售订单跟踪与查询

系统提供从各种角度查询及打印销售订单交货状况功能,主动追踪、查询客户订单。可按订单的日期、号码、出货产品名称数量规格以及订单执行状态等条件打印销售订单的执行进程,以供销售部门、生产计划部门、库存管理部门、企业决策层进行查对。可按客户代码和销售日期的范围打印出客户的信用额度审核表，业务员应将信用额度审核表打印出来交主管审核时做参考。

6.3.3 销售发货

发货单是根据销售订单生单而成的。当发生"库存可用量不足"的情况时，可以尝试在销售管理进行选项设置，设置可用量控制，选择"允许非批次存货超可用量控制""允许批次存货超可用量发货"；同时，进入库存管理进行选项设置，预计可用量控制，"允许超预计可用量出库"。

6.3.4 销售开票

发货单是根据销售订单生单而成的，生成后应复核销售专用发票。

企业在销售产品后，应及时给客户开具销售发票。销售发票根据需要分为专用销售发票和普通销售发票。客户退货时应开具红字专用销售发票或红字普通销售发票。客户根据销售发票的总金额付款。发票应清楚注明发票号码、发票类别、开票日期、产品名称、规格、数量、单价、金额，专用发票还应单独列出不含税产品金额和销售税金额、开票人、审核人等。发票开具后应及时转交财务管理部门登记销售账和应收账，并及时向客户催收货款。系统提供销售发票查询、统计、汇总功能，并在需要时随时提供各种方式的发票查询打印，发票清单列出功能。

知识拓展 6－9 销售发票现结操作向导

本章小结

ERP 中销售管理扮演了极为重要的角色，是 ERP 运行的价值实现和企业收入的直接来源。本章首先介绍了销售管理的含义和内容，并对企业中销售管理的全流程进行了详细的叙述，销售管理人员通过销售报价、销售订单、销售发货等一系列过程将企业产品送交客户手中，通过客户服务和销售分析过程收集产品销售信息和用户反馈意见，改进企业产品生产和服务过程。其次介绍了销售管理六种不同的业务类型，分别是普通销售、受托代销、直运业务、分期收款、销售调拨业务、零售业务等，类型不一样，处理流程也有差异。信息技术在企业的销售过程中在以客户为中心的服务理念践行中提供了直接支持，本章最后以用友ERP 软件的销售管理系统为例进行了介绍，包括销售管理系统的选项设置及普通销售业务的处理流程等。

习 题

一、选择题

1. 属于售前服务阶段信息，记录了对客户的报价信息的是（　　）模块。

A. 录入销货单　　　　　　　　　　B. 录入报价单

C. 录入销售预测　　　　　　　　　D. 录入客户订单

2. 销售订单参照报价单生成，报价单必须符合什么条件？（　　）

A. 已保存、未审核、未关闭　　　　B. 已保存、已审核、未关闭

C. 已保存、已审核、已关闭　　　　D. 任何时候都可以

3. 报价单的状态显示 CM，意味着（　　）。

A. 不能提交给客户未通过审核

B. 可以报价，通过审核

C. 与顾客协商已确定的报价单，直接转换为销售订单

D. 无法对报价单进行处理，已关闭报价单

4. 下面（　　）单据不在销售管理中首次录入。

A. 销售发票　　　　　　　　　　　B. 销售订单

C. 销售发货单　　　　　　　　　　D. 销售出库单

5. ERP 系统中的销售发票生成的依据是（　　）。

A. 销售预测　　　　　　　　　　　B. 客户订单

C. 发货单　　　　　　　　　　　　D. 出库单

6. ERP 系统中，销售管理的主要业务内容包括（　　）。

A. 制订销售计划和产品报价　　　　B. 进行市场销售预测

C. 开具销售发票，向客户催收销售货款　　D. 进行销售与市场分析

7. 销售选项的业务控制选项中，业务控制包括（　　）。

A. 分期收款业务　　　　　　　　　B. 委托代销业务

C. 直运销售业务　　　　　　　　　D. 销售调拨业务

8. 如果销售业务设置普通业务必有订单，则订单是整个业务的核心，订单必须参照（　　）生成。

A. 报价单　　　　　　　　　　　　B. 手工生成

C. 参照订单　　　　　　　　　　　D. 销售发票

9. 开具销售专用发票并复核后，不应在应收款系统中进行的操作是（　　）。

A. 审核销售发票　　　　　　　　　B. 确认收入

C. 生成收入凭证　　　　　　　　　D. 结转销售成本

10. 普通销售支持哪两种业务模式（　　）。

A. 先发货后开票和销售退货业务　　B. 开票直接发货和销售退货业务

C. 必有订单业务和销售退货业务　　D. 先发货后开票和开票直接发货

11. （　　）存货核算方法，只能在月末结转销售成本。

A. 先进先出法　　　　　　　　　　B. 后进先出法

C.全月平均法   D.加权平均法

12.ERP 系统中的供应链主业务流程包括(　　)。

Ⅰ.物流管理　　Ⅱ.财务管理　　Ⅲ.销售管理　Ⅳ.库存管理　Ⅴ.采购管理

A.Ⅰ　Ⅱ　Ⅲ   B.Ⅱ　Ⅲ　Ⅳ

C.Ⅱ　Ⅳ　Ⅴ   D.Ⅲ　Ⅳ　Ⅴ

二、判断分析题

1.同时启用销售系统和应收账款管理系统的情况下,应收账款管理系统可以向销售系统传递记账凭证。

2.直运业务包括直运销售业务和直运采购业务,没有实物的出入库,货物流向是直接从供应商到客户,财务结算通过直运销售发票、直运采购发票解决。

3.销售发票在应收账款管理中审核,进行制单生成凭证。

4.在用友 ERP 中,销售管理和库存管理的接口体现为销售出库单。

5.在销售管理系统中录入的发票若未经过复核,则不能在应收账款管理系统中审核。

三、简答题

1.企业销售管理的主要业务范围与职能有哪些?

2.销售业务类型通常有哪些?

3.直运销售业务的特点是什么?

4.普通销售业务有哪两种类型? 差别在哪里?

5.简述销售管理系统与其他子系统的关系。

6.实施 ERP 后,销售系统所带来的变化有哪些?

7.详细描述 ERP 中销售订单的生成过程。

8.为了实现对供应链的管理,用友 ERP 销售管理系统和哪些模块集成使用?

9.销售发票参照销售订单生成,销售订单必须符合什么条件?

10.用友 ERP-U8 供应链管理的销售环节中哪些是必选单据?

案例分析

海尔大数据交互营销

现在海尔提出"人人创客"。海尔正从制造产品的企业转型为制造创客的平台。青岛海尔、海尔电器两大平台上聚合了海量创客及创业小微。在开放的平台上,海尔生态圈资源聚集了大量的用户资源。海尔提出"无交互不海尔,无数据不营销"。

海尔 SCRM(社交化客户关系管理)会员大数据平台,就是这样一个帮助企业切换视角,在网络化时代为用户提供精准营销与互动服务的平台,这个平台 2013 年 1 月开始运营。有一个听起来很精美的故事:SCRM 会员大数据平台从亿万人群中精准预测出,住在北京景泰西里小区的外企高级经理陈然可能需要购买能除 PM2.5 的海尔帝樽空调,果然,陈然在获得海尔提供的精准信息服务后高兴地在 5 月 1 日购买了帝樽空调。让我们来看看这个有趣的故事是如何折射大数据营销的。

弱水三千,只取一瓢

2012 年,海尔创新推出帝樽空调。因其外形由方到圆的颠覆性创新,被 ICEC(世界创意经济研究中心)评为"影响世界的十大创意产品"。这款产品已被数以万计的用户所选购。如何精准地预测还有哪些用户可能选购呢?如何及时送去个性化的服务方案?这是每个营销人员殚精竭虑寻找的答案。

2013 年 4 月,海尔把探针伸入了 SCRM 会员大数据平台:提取数以万计的海尔帝樽用户数据,与中国邮政的名址数据库匹配,建立"look-alike"模型。这个模型可以将已经购买帝樽空调的几万名用户所在的小区分成几类,并打上标签。拥有帝樽用户的上海虹桥新城小区被打上了一系列标签。再把这些数据标签映射回中国邮政的名址数据库,找到有相似特点的所有小区。这类小区在北京就有 65 处,北京景泰西里小区就是其一。

事实上,这一数据处理过程,有点"物以类聚、人以群分"的哲学意味。然而,纵使人以群分,终究千人千面,海尔 SCRM 会员平台同几家旅游、健康类杂志合作,作为杂志订户关怀活动的一部份,为北京地区订户提供购买帝樽空调的优惠。就像判断一个人的品味可以先看他交什么样的朋友,同样,看一个人的特点可以先看他订阅什么样的杂志。

北京景泰西里小区有人订阅旅游杂志,其中一位是陈然。显然,他对环境、自然应该感兴趣。海尔 SCRM 会员大数据平台由此预测:陈然极有可能对帝樽空调除 PM2.5 感兴趣。大数据大海捞针,陈然这位潜在用户终于浮出水面。几天后,陈然收到了海尔投递的一封直邮单页,除了送去公益环保知识之外,重点介绍了帝樽空调的除 PM2.5 功能。

5 月 1 日,陈然带着收到的直邮单页,来到北京杨桥国美店。陈然对店员说:他这段时间正在费力寻找能除 PM2.5 的空调,恰好收到了海尔给他直邮的资料,上面的内容正是他想看到的,省掉了他到处搜寻的时间。现场体验海尔帝樽空调后,陈然付款购买了一套。成交后,陈然登录官方网站,自主注册为海尔梦享会员。通过海尔的精准营销,陈然享受到了个性化服务。

不是结束,只是开始

故事结束了吗?不,只是开始。海尔不是把成交看成销售的结束,而是看成互动的开始。5 月 6 日,通过陈然留下的手机号码,梦享会员专线 400 - 999 - 8888 回访陈然,告知他不仅可以通过购买获得会员"消费积分",而且可以通过互动获得会员"创新积分"。交流中,陈然还透露出打算购买彩电。当天,陈然关注了海尔官方微博。相应地,SCRM 大数据平台获取了他在微博上的公开数据。微博的文字、照片、视频等结构化数据和非结构化数据,往往能完整地勾勒出博主的性格、兴趣、形象。陈然的微博同样如此。

海尔 SCRM 会员大数据平台利用智能语义分析工具,从陈然的微博中得出信息:陈然是一名体育爱好者。微博中不断出现的格隆,就是例证(格隆是厄瓜多尔的一位足球名将)。爱看足球,则一定常看电视体育节目,对画面流畅一定很看重。很快,海尔 SCRM 会员大数据平台将海尔智能电视高速画面无拖尾的特点精准地推送给了陈然。

不过,这一次不再是直邮单页,而是 SCRM 会员大数据平台发的电子邮件。因为陈然自主注册会员后,SCRM 会员大数据平台已经获得了他自愿提供的电子邮箱地址。注册会员时,陈然接受了"同意信息推送服务"条款。5 月 12 日,陈然再次购买了一台海尔彩电。

陈然很高兴,作为用户他说:"海尔的这种精准服务信息是我需要的。"彩电送货安装后,陈然在自媒体微博上发帖讲述这次愉快的购物体验,传播口碑"海尔售前售后服务都很好"。

在 SCRM 会员大数据平台上,海尔与用户互动梳理工作变得如此井然有序:基于数据分析信息,基于信息做出预测,基于预测优化用户体验。让人放心的是,海尔 SCRM 会员大数据平台有着严格的消费者隐私保护与数据安全规范。其获取的数据来源于用户、服务于用户:来自用户在互联网上发表的公开信息,以及注册海尔会员时自主填写的信息。海尔分析这些数据的目的只有唯一的指向:预测用户需求,优化用户体验,就如帮助陈然省下四处寻找除PM2.5 空调的时间。

来自美国的 ACXIOM 公司,是海尔 SCRM 会员大数据平台的主要运营服务商。成立于1969 年的 ACXIOM 是全球营销技术和服务领域公认的领导者,曾获得国际隐私专业人员协会(IAPP)所颁发的隐私保护先锋奖(privacy vanguard award)。为更好地服务于中国的客户,ACXIOM 与 AMTIO 中国领先的管理+IT 咨询服务机构进行战略合作,致力于通过先进的大数据平台帮更多客户实现真正的个性化精准营销。

若环无端,莫辨首尾

第三次工业革命的浪潮,将企业、用户都推到了网络化的浪尖。你无法改变风向,但可以调整风帆。海尔将风帆指向了"网络化战略",与用户虚网互动、实网体验,打造出无边界的企业、无尺度的供应链,即平台型企业,大规模定制。2012 年,海尔创新会员制,吸引用户自主注册,建立了一个精准细分、高活跃度的 SCRM 会员大数据平台。

这一大数据平台定位于与企业内部的全流程数据动态打通,以用户最佳体验为导向,驱动产品数据、销售数据、供应链数据、服务数据等全流程数据优化增值,同时与企业外部的全网络数据动态联接,最终形成全流程用户体验生态圈。建平台获取数据不是目的,用平台黏住用户才是根本。先有设计还是先有营销?先有销售还是先有服务?如果在一个基于大数据平台的网状节点组织里,这是在"为错误问题寻找正确答案"。

陈然在与梦享会员专线 400-999-8888 互动时,说他父母家用的是海尔燃气灶,但因为小区年代久,燃气不稳定,点火费劲。他听说海尔开发了零水压洗衣机,问能否开发零气压燃气灶。这一建议通过 SCRM 大数据平台传导到企划平台闭环优化。

海尔有一个营销理念:用户参与设计才是真正的营销。事实上,在 SCRM 大数据平台上与陈然的互动已经不只是精准营销,而是让用户参与设计,与用户分享价值。

陈然与基于大数据平台的开放的海尔网状组织任一节点接触,都将触发整张网络的联动。营销可以驱动企划,售后可以拉动售前,企业围绕用户精准服务,用户参与企业前端设计,内部与外部没有边界,员工与用户不分你我。

资料来源:http://www.xujiansheng.cn/2014/04/haier-the-true-story-of-big-data-marketing/

问题:

1.分析海尔 SCRM 大数据平台是如何精准追踪到客户陈然的。

2.讨论海尔全流程用户体验生态圈的优势。

3.结合所学知识,讨论获得数据不是目的,用平台黏住客户的必要性及其意义。

第7章 采购管理——ERP 运行的物料来源

本章要点

教学目标

通过本章的学习,在了解企业采购重要性及目标的基础上,掌握采购、采购管理的定义,熟悉采购管理的内容、采购管理的流程,理解常见的采购模式,会根据企业的实际运行状况编制采购计划,进行采购模式和采购业务类型选择,按流程处理采购业务。熟悉 ERP 中采购管理流程。

教学要求

知识要点	能力要求	相关知识
采购及采购模式	(1)掌握采购的含义 (2)理解采购的5R目标 (3)熟悉常用的采购模式	采购的概念 采购的目标 采购的模式
采购管理概述	(1)掌握采购管理的定义 (2)理解采购管理的内容 (3)熟悉采购管理流程	采购管理的定义 采购管理的内容 采购管理流程
采购管业务类型	(1)理解普通采购类型及其业务处理流程 (2)熟悉委托代销业务、直运业务、采购退货业务处理流程	普通采购业务类型 委托代销 直运业务
ERP 中的采购管理	(1)了解用友采购管理子系统选项设置 (2)掌握请购、采购订货、采购到货等采购业务的处理流程	采购管理选项设置 请购、采购订货、采购到货等处理流程

引 例

京东基于翼彩平台的采购之路

2014 年下半年,京东正式对外发表了京东企业级市场战略,叫"阳光云采",在发布会上正式推出了京东 3 个采购平台"智采、慧采、云采"。而 ERP 的采购电商化有了一个新的路径,那就是内网和京东企业级采购平台的对接。果不其然,到了 2014 年 8 月 31 日,京东再次与联合利华、飞利浦、欧莱雅、怡安翰威特咨询、舍弗勒、普莱克斯、诺和诺德、必维国际检验集团召开"京东企业购与世界知名企业签约仪式暨翼采平台分享会",这是继京东与世界 500 强之一、全球电力和自动化技术领域的领导者 ABB(中国)有限公司达成合作后进一步的企业级合作,ABB 也正式成为了第一个通过翼采平台与京东企业购达成合作的外企。

首先,需要系统能够适配外企的 ERP 系统,这就要求京东的翼采能够适配 SAP/ ORACLE/IBM 的 ERP 系统,这个适配技术京东花了三年多的时间来研发,现阶段已经能做到快速联接所有外企的 ERP 系统,将 ERP 涉及的审批流程、供应商管理系统、财务管理系统都通过联接机制能够跟京东的交易无缝地联接在一起。

其次,要将线上采购的选品和线下的服务完全嵌入 ERP 系统,这也是京东翼采第二个很重要的特征,之前是通过给企业重新建立一个内部采购商城,这种模式与嵌入 ERP 系统的不同在于服务的联接紧密度。整个电商企业采购平台嵌入 ERP 之后,内部采购人员通过内网及内部账户在公司内部的 ERP 系统就能够完成采购工作,后续涉及的金融、折旧、售后等服务与内部的流程完全对接起来了。

最后,也是最关键的就是电商化,翼采通过无缝联接之后,选品和京东 2C 的选品是一样的,比之前的采购选品形成采购订单来得高效得多。选品完成后可以直接对购物车里的商品进行审核,审核完之后自动发出采购申请,通过京东的 211、隔日达快速实现供应。电商化之后整个采购过程和体验成本非常的低,也无须对采购人员过多培训,因为他们已经非常熟悉自己的 ERP 系统。

不过对于外企来说,系统的对接涉及信息安全。京东作为纳斯达克的上市公司,加上世界500 强之首的沃尔玛入股成为股东之一,以及 2015 年京东 2C 系统承受 4600 多亿美元销售额的考验,结合后端的仓储、物流配送、售后系统,京东在 2B 系统的信息安全已经具备极强的背书,这也是 ABB 的 ERP 系统在成功接入仅一个多月之后,包括联合利华、飞利浦在内的多家大型外企都选择与京东合作的原因。

当然,外企 ERP 作为内部管理系统,能够通过这种方式陆续实现开放,在京东 2B 业务端陆续电商化,还涉及企业经营的三个关键维度:第一个维度是成本,缩短采购流程、无须额外付费创建系统、无须进行长周期的人员培训等都使得企业采购成本大大降低;第二个维度是效率,接入周期短、减少对长尾供应商数量、缩短采购流程等都使得 ERP 在企业采购时效率大为提升;第三个维度是风控管理,基于在沃尔玛中国总部的工作经历,外企对于风险控制是非常严格的,特别是采购部分。

资料来源:https://www. sohu. com/a/114180435_123660

7.1 采购及采购模式

采购工作主要是为企业提供生产与管理所需的各种物料,任何企业要向市场提供产品或服务都离不开采购原材料、零配件或消耗品,可见对采购的管理在企业经营管理中占据着非常重要的位置。大多数制造企业大约需要将其销售收入的 50% 用于购买原料件、零部件和其他备品备件,因此科学地采购可以大大降低企业的生产经营成本,给企业带来很大的利润空间。而互联网技术的飞速发展给企业提供的全渠道订货平台、移动终端,助其实现全球采购、及时采购,为其进一步降低采购成本带来了更多的可能。

7.1.1 采购的含义

采购,是指企业在一定的条件下从供应市场获取产品或服务作为企业资源,以保证企业生产及经营活动正常开展的一项企业经营活动。

产品质量的第一道关卡,也就是说企业产品质量不仅要在企业内部控制好,更多的应首先控制供应商的质量管理过程的源头。供应商质量控制得好,可以降低质量成本、减少企业来货检验费等。一旦放松,即使后期再投入数倍的精力与成本都难以弥补,最终影响的将是客户的满意度与企业品牌的荣誉。因此,企业要始终对采购严格把控,加强采购部门和采购人员的工作培训,让他们认识到采购管理的重要性。采购既服务于质量、成本、设计、进度等,又影响质量、成本、设计、进度。

7.1.2 采购的作用

采购部门早已不是成本中心,而是企业真正的利润中心之一。采购作为企业的生命源泉,保障了生产的顺畅,同时保障了产品的质量。无论是从采购的理论角度,还是从在实际工作所扮演的角色,它对企业利润的贡献是不可估量的。例如,石油炼油企业的原材料成本占销售额的 80%,对于占用最少原材料的制药业,其原材料成本也占了销售额的近 30%。由此可知,采购成本的节约会直接增加企业的利润。

举一个简单的例子来说明这个问题。例如一个企业将其收入的 50% 用于购买物料,最终有 20% 税前净利。那么企业每销售 10000 元,其中 5000 元用于购买各种物料,3000 元用于其他费用。那么,该企业的税前净利是 2000 元。如果在采购中由于采用了好的管理方法,使得采购成本降低至 4500 元(采购成本降低了 10%),其他费用由于销售收入未变还保持 3000 元,则税前净利变为 2500 元,净利增长到 25%。由此可知,采购管理在企业管理中相当重要,它能在投资额不变的情况下,大幅增加获利能力。

因此,采购的重要性体现在如下方面:①采购是保证企业生产经营正常进行的必要前提。②采购是保证质量的重要环节。③采购是控制成本的主要手段之一。④采购可以帮助企业洞察市场的变化趋势。⑤采购是科学管理的开端。

7.1.3 采购的目标

从合格的供应商处,在需要的时间内,以最优的价格得到数量正确的物料,满足品质要求的物料与服务等都是一次成功的采购行为所需要达到的目标。采购直接影响库存价值,过去大多数采购人员的时间花在了缩短提前期实现采购物料,对已过期的采购订单催货,把已经发出的采购订单日期提前或推迟等方面。现代采购的 5R 目标具体如下:①在需要的时间和地点向需要的部门提供符合规格、质量和数量要求的物料。②以最经济、最合理的价格获得所需物料及服务。③保证物料供应的的稳定性和可靠性。④尽量缩短采购周期,降低库存。⑤开发和维护与供应商的良好关系。

知识拓展 7-1　数据化采购开启采购新时代

7.1.4　采购模式

1. 传统采购模式

传统采购模式以申请为依据,以填充库存为目的,库存积压大。

2. 订货点采购模式

订货点采购是由采购人员根据各个物料的需求量和订货的提前期的大小,确定每个品种的订购点、订购批量或订货周期、最高库存水平等,然后建立一种库存检查机制,当发现到达订购点,就检查库存,发出订货,订购批量的大小由规定的标准确定。订购点采购包括两大采购方法,即定量订货法和定期订货法。

定量订货法,是预先确定一个订货点和一个订货批量,然后随时检查库存,当库存下降到订货点时,就发出订货,订货批量的大小每次相同。

定期订货法,是预先确定一个订货周期和最高库存水准,然后以规定的订货周期为周期,周期性地检查库存,发出订货,订货批量每次都不一定相同,订货批量的大小都等于当时的实际库存量与规定最高库存水准的差额。

订货点采购模式都以需求分析为依据,以填充库存为目的,采用一些科学方法,兼顾满足需求和库存成本控制,原理比较科学,操作比较简单。但是由于市场的随机因素多,使得该方法同样具有库存大、市场相应不灵敏的缺陷。

3. MRP 采购模式

MRP 采购模式主要应用于生产企业。它是由企业采购人员利用 ERP 中的 MRP 模块,制订采购计划而实施采购的。MRP 采购是根据 MPS 和 BOM 以及产品及其零部件的库存量,逐步计算出产品的各个零部件、原材料所应该投产时间、投产数量,或者订货时间、订货数量,也就是产生出所有零部件、原材料的生产计划和采购计划。然后按照这个采购计划进行采购。MRP 采购模式也是以需求分析为根据,以满足库存为目的。由于计划比较精细、严格,所以它的市场响应灵敏度及库存水平都比以上方法有所进步。

4. JIT 采购模式

JIT 采购,又称为准时化采购,是一种完全以满足需求为依据的采购方法。需求方根据自己的需要,对供应商下达订货指令,要求供应商在指定的时间将指定的品种、指定的数量送到指定的地点。JIT 采购做到了灵敏地响应市场,满足用户需求,又使得用户的库存量最小。由于用户不需要设置库存,所以实现了零库存。JIT 采购是一种比较科学、理想的采购模式。

降低企业原材料库存不仅取决于企业内部,而且取决于供应商的管理水平。JIT 采购模式不仅对企业内部的科学管理提出了严格的要求,而且对供应商的管理水平提出了更高、更严格的要求。JIT 采购不仅是一种采购方式,也是一种科学的管理模式,JIT 采购模式的运作在客观上将在用户企业和供应商企业中铸造一种新的科学管理模式,这将大大提高用户企业和供应商企业的科学管理水平。JIT 采购可以使原材料和外购件库存降低 40%～85%,有利于企业减少流动资金的占用,加速流动资金的周转,同时也有利于节省原材料和外购件库存占用空间,从而降低库存成本。

知识拓展 7-2　海尔 JIT 采购策略

5. VMI 采购模式

供应商管理库存(vendor managed inventory,VMI)采购,是指供应链机制下,采购不再由采购者操作,而是由供应商操作。VMI 采购是用户只需把自己的需求信息向供应商及时传递,由供应商自己根据用户的需求信息,预测用户未来的需求量,并根据这个预测制订自己的生产计划和送货计划,用户库存量的大小由供应商自主决策的采购模式。

VMI 就是供应商把产品放在客户的仓库,客户消费一件,付费一件,消费之前,库存属于供应商。在供应链管理领域中,VMI 介于采购商和供应商之间,消除不必要的库存,减少资金占用和积压,提高对采购商需求的反应速度,提高整条供应链的效率。VMI 采购是一种比较理想、科学的采购模式,最大受益者是用户,但是供应链采购对企业的信息系统、供应商的业务运作要求高。

VMI 管理模式是从快速响应(quick response,QR))和有效客户响应(efficient customer response,ECR)基础上发展而来,其核心思想是供应商通过共享用户企业的当前库存和实际耗用数据,按照实际的消耗模型、消耗趋势和补货策略进行有实际根据的补货。由此,交易双方都变革了传统的独立预测模式,尽最大可能地减少由于独立预测的不确定性导致的商流、物流和信息流的浪费,降低了供应链的总成本。

知识拓展 7-3　VMI 采购正确的打开方式

6. 电子采购模式

电子采购是企业与企业间通过互联网采购和销售物品及服务的行为。包括从认定采购需求直到支付采购贷款的全部过程,也涵盖延迟付款这类活动,例如合同管理、供应商管理与开发等。电子采购比一般的电子商务和一般性的采购在本质上有了更多的概念延伸,它不仅仅完成采购行为,而且利用信息和网络技术对采购全程的各个环节进行管理,有效地整合了企业的资源,帮助供求双方降低了成本,提高了企业的核心竞争力。

根据企业采购的特点、应用的规模大小,电子采购一般分为生产型采购、非生产型采购、集中采购、集团采购管控、供应商管理、废旧物资处理六大类型的采购管理方法。

知识拓展 7-4　麦夫网电子采购系统云平台

7.2 采购管理概述

传统采购只关注采购单价,忽略了质量、库存、交期与服务等其他因素对采购成本的影响。现代采购不仅关注单价,更关注采购总成本,并且把单价看作总成本的一部分。采购总成本指从与供应商谈好单价,到材料交付、运输、检验、储存、使用,转化成相应的产品,直至产品被客户接受或者被客户投诉并处理完投诉的整个过程(整个生命周期)中附加在单价之上的各种费用支出之和,也叫作生命周期成本。

7.2.1 采购管理的定义

采购管理是对整个企业采购活动的计划、组织、协调和控制的管理活动。它面向整个企业全体采购员,也面向企业其他人员(进行有关采购的协调配合工作),调动整个企业的所有资源,保证整个企业的物资供应。

采购管理的目标可以归纳为以下几个方面:

(1)为企业提供所需的物料和服务,以使整个组织正常运行。原材料和零部件的缺货可能需要支付固定成本,导致运营成本提高,无法兑现客户的交货承诺,给企业造成极大的损失。例如,缺少零件,企业不可能生产出整个产品。

(2)争取最低成本。采购部门的资金用量相对比较大,在确保质量、配送和服务前提下,采购部门还应尽量以最低的价格获得所需的原材料和服务。

(3)降低存货和损失。保证物料供应不间断的一个方面是保持大量的库存,保持库存必然占用资金,一般库存成本占库存商品价值的 20%~50%,如果可以用 100 万的库存(而不是原来的 200 万)来保证企业的正常运作,那么库存的减少 100 万不仅意味着节省 100 万的流动资金,而且也节省 20 万~50 万的存货费用。

(4)提高产品或服务的质量。为了保障产品生产或提供服务,任一物料的投入都要达到一定标准的质量要求,否则会影响最终产品或服务的质量。若想挽回低质量物料投入生产造成的损失,所花费的成本可能是巨大的。

ERP 中,采购管理就是通过各种可能的采购流程对采购业务进行有效的控制和管理,帮助企业降低采购成本来提升企业竞争力的控制系统。总之,采购管理是企业为了完成销售计划、生产计划、库存计划,确保适当的品质下,在当的时期以适当的价格,从适当的供应商购入必须数量的物料所采取一切管理活动。

7.2.2 采购管理的内容

1.货源调查和供应商评审

建立供应商档案(供应商主文件)、记录有关信息,其包括如下:

(1)供应商代码、名称、地址、电话、状态(已得到批准或试用)、联系人。

(2)商品名称、规格、供方物料代码。

(3)价格、批量要求、折扣、付款条件、货币种类。

(4)发货地点、运输方式。

(5)供应商信誉记录,包括按时交货情况、质量及售后服务情况。

(6)供应商技术水平、设备和能力。

2. 选择供应商和询价

查询档案记录,选择适当的供应商,并就商品价格、技术和质量条件和供应商进行洽谈。

3. 核准并下达采购订单

(1)根据 MRP 所产生的计划采购订单,核准采购的必要性和采购条件的正确性。

(2)与供应商签订供货协议、确定交货批量和交货日期:确定收货地点、运输和装卸方式、明确责任;确定付款方式、地点、银行账号。

4. 采购订单跟踪

采购员的一项职责就是订单跟踪,以确保供应商能够按时发货。根据与供应商的关系以及供应商执行供应商计划状况的不同,跟踪的程度会有很大不同,有的可能需要跟踪得很细,有的也许完全不需要跟踪。如果需要跟踪,可以在供应商计划中设置一个跟踪日期。对于采购订单上的每个物料设置一个跟踪日期,到了这个日期,系统会对采购员或供应商计划员给出提示信息。如果还需要再次跟踪,那么采购员或供应商计划员应当重新设置这个日期。

5. 到货验收入库

到货验收入库包括验收报告登录、库存事务处理、退货、退款、补充货品、返工处理。

6. 采购订单完成

采购订单完成包括采购订单费用结算,费用差异分析,供应商评价并登录,维护采购提前期数据,维护订货批量调整因素。

知识拓展 7-5　西门子对供应商的分类依据

7.2.3　采购管理流程

采购过程是采购工作中的重要一环,从确定待购的产品及服务的要求、供货源的选择到确定价格和采购条件,以及对货物的接收、检验等一系列过程是采购流程需要注意的关键内容。采购管理主要流程如下:采购计划管理、请购管理、采购订单管理、收退货管理、采购结算和结清。

1. 采购计划管理

制造业在自购原料、物料后,经过加工制造或经过组合装配成为产品,再通过销售过程获取利润。其中如何获取足够数量的原料、物料,即是采购计划的重点所在。因此,采购计划是为维持正常的产销活动,在某一特定时期内,应在何时购入何种材料的估计作业,这是采购计划的主要目的。采购计划管理主要实现采购计划的生成以及采购计划信息的维护等功能。

1)生成采购计划

采购计划是采购管理作业的源头,以需求计划的处理为采购的业务起始点。采购计划根据 MRP 及库存子系统生成的物料需求(订货点控制、订货周期控制等生成的请购计划)来生成采购计划(或采购建议订单),采购计划的信息包括物料名称、规格、型号、数量、需求日期等。为保证生成数据的合理性和采购可行性,计划员还可以修改其中的数量、日期等信息,并综合考虑物料的订货批量、采购提前期、库存量、运输方式以及计划外的物料申请,进行系统自动物料合并或人工干预和修改。对于采购提前期很长的原物料,采购计划应经过销售、财务与计划等部门的综合讨论与评估来确定所需的数量和时间,然后制定原物料的中期或长期采购计划。

2)生成用款计划

完善的采购计划是生成用款计划的前提,生成采购计划后,根据采购物料的价格信息生成用款计划,并根据询价结果进行维护;然后提交财务部门,由其对用款计划进行确认,以判断用款计划是否合理,并由上级领导进行批示,再由财务部门将意见反馈给采购部门。若通过则形成正式的用款计划,并下达采购计划。

2. 请购管理

请购管理是根据下达的采购计划,自动生成请购单或者手工输入请购单,填写限价信息,确定供应商及采购单价,最后经主管审核通过后,合并请购并下达,生成采购订单。可将一项请购拆成不同供应商、交货日期及交货地点的多项请购。对于没有通过审批的请购单,可以将其置为待定状态,暂停生成订单。

3. 采购订单管理

根据通过审核的请购单生成采购订单,执行采购工作,并跟踪采购订单执行的全过程。对于已经到期或即将到期的订单,生成催货单,并对过期订单记录催货次数。对于供应商送来的物料,生成到货单,下传到收退货管理业务。生成采购订单和订单跟踪管理是采购订单管理的两个主要内容,如图 7-1 所示。

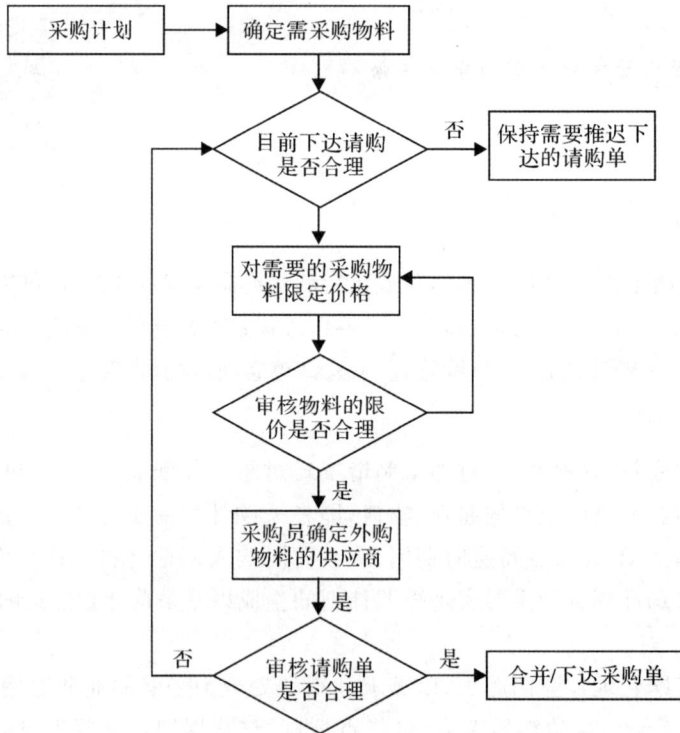

图 7-1 采购订单生成过程

1）下达采购单

根据订货数量、采购提前期、库存量、运输方式、用款计划以及计划外的物料申请进行物料合并，生成采购订单，并经过确认后即可进行订单输出，最后下达给供应商，也可以网上发布订单。对于临时追加的采购任务，可以通过与供应商协商直接下达采购单。

2）采购单跟踪

所谓的采购单跟踪管理主要是指跟踪、查询供应商加工进展情况，控制采购进度，从而保证订单按期、按质、按量交货。采购业务人员对下达的采购订单按计划进行跟踪，可以设置跟踪的时间周期，在跟踪的过程中，要了解供应商的生产进度及质量情况，并及时对供应商给予支持。

4. 收退货管理

收货、退货业务的处理用于记录有关收到产品的数量、单价、成本及标准成本的差异，建立收货单、退货单、装箱单、货运单等单据，并对这些单据进行处理。其内容如图 7-2 所示。

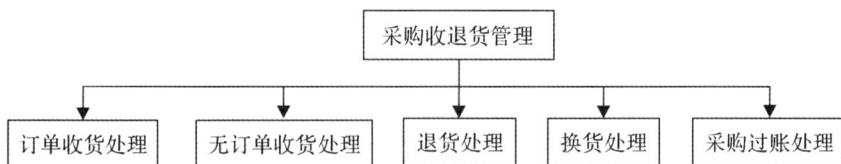

图 7-2　收退货管理示意图

采购收退货管理最主要的两项业务为收货检验作业和退货管理。

1）收货检验

由专门的质检部门根据采购单编号直接查找未收完物料的采购单，对物料进行质量检验。收货检验分为抽检和全检，检查合格则收货入库，否则退货或换货。

2）采购收退货

由采购人员对采购的物料按订单与发票进行验收，并录入收货单与发票。也可以根据企业的实际流程，直接由货物检验人员（或物料管理员）对来料按订单验收。对于有订单的到货，可按订单生成到货单；对于没有订单的到货，人工录入到货单与供应商相关的信息。经过质检部门验收货品后，在到货单上填写合格品数量，主管对到货产品的价格和质量进行审核，不合格品生成退货单，经审核退货，并维护供应商管理中的供货情况记录。退货时先根据发票建立一个退货请求，待货物出库后再根据出库结果建立退货说明并修改收货、付款情况。

5. 采购结账和结清

1）结账与费用核算

结账付款工作应由采购部门配合财务部门来完成，并根据物料的采购结算单据对采购各种费用分摊，计算出物料的采购成本。

2）采购单结清

在采购订单交货、收货、入库、付款和考核后，要及时结清采购订单。结算的类型有交货、收货、入库、付款、考核等结算方式，一般按付款结清的方式处理，也可以进行强制结算。

知识拓展 7-6   采购结算后应付款管理的操作向导

7.2.4   采购管理与其他业务系统的关系

采购管理系统是对企业全部生产和销售提供采购的管理系统,其他的很多系统都是通过采购订单和该系统进行对接,其数据传递关系如图 7-3 所示。

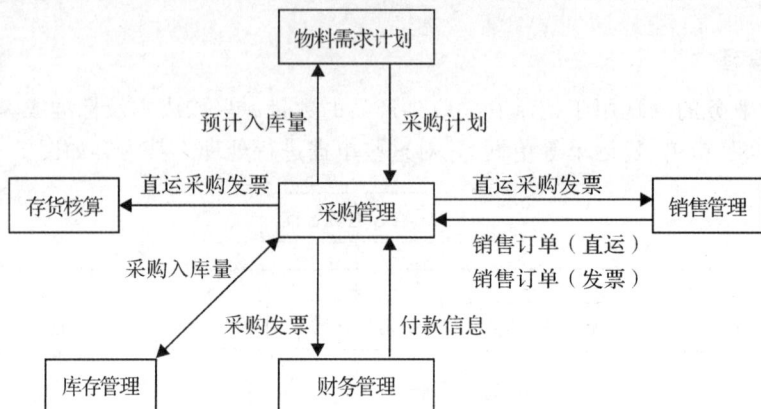

图 7-3   采购管理与其他系统的关系

MPS/MRP 中的采购计划是请购单、采购订单的来源之一,请购单、采购订单可以通过复制采购计划生成,也可以在采购计划的基础上进行"批量生单"。已审核采购订单增加预计入库量,为 MRP 的运算提供数据基础。

采购管理系统可以参照销售管理系统的销售订单生成采购订单。直运业务比较特殊,直运业务必有订单模式下,直运采购订单必须参照直运销售订单生成,直运采购发票也必须参照直运销售发票生成,直运采购发票可以和直运销售发票互相参照。

在库存管理系统中,手工录入入库单,也可以参照采购订单、到货单生成采购入库单。

用采购发票和采购入库单进行结算,结算方式可以为自动结算、手工结算,结算成功之后在应付账款管理中进行采购发票的制单生成凭证,进行付款之后可以核销相应应付单据后进行核销制单。然后采购入库单在存货核算系统进行制单,生成采购成本的相应凭证。

7.3   采购业务类型

随着产业升级不断迭代发展,制造型企业不断向服务型企业转变,资源整合背景下的服务型企业、商业企业层出不穷,对于不同企业的日常采购活动,由于采购方式、客户类型以及采购物料所有权等问题,导致不同的企业采购流程会有所差异,从而产生了不同的采购业务类型及业务应用模式。常见的采购业务类型包括普通采购业务、受托代销业务、直运业务、退货业务等。

7.3.1　普通采购业务

普通采购业务适合大多数企业的一般业务类型,提供对采购请购、采购订货、到货检验、采购入库、采购发票、采购结算、采购成本核算、采购付款全过程管理。用户可以根据企业的实际业务应用,结合采购流程进行可选配置。在采购流程中,采购请购单、采购订单、采购到货单为可选单据,用户可以使用,也可以不使用,采购入库单是必选流程。

1. 票货同到业务

票货同到业务是最基本的采购流程,主要涉及采购管理、库存管理,在应付账款管理系统中生成采购凭证,形成应付账款并传递给总账,存货核算系统为采购管理系统提供采购成本的确认。票货同到业务主要由请购单、采购订单、到货单、入库单、采购发票、应付单等单据构成。票货同到业务流程如图 7-4 所示。

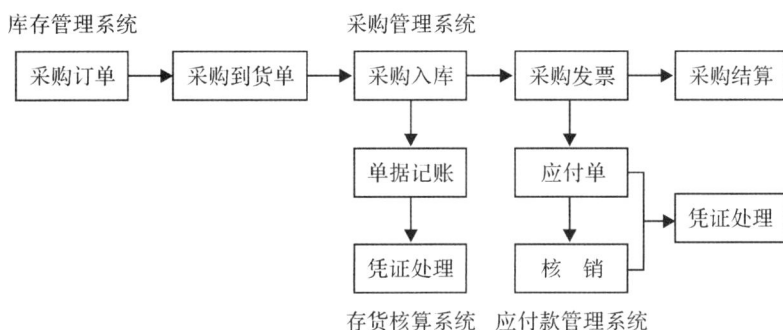

图 7-4　票货同到业务流程

2. 在途业务(票到货未到)

如果先收到了供货单位的发票,而没有收到供货单位的货物,可以对发票进行压单处理,待货物到达后,再一并输入系统做报账结算处理。但如果需要实时统计在途货物的情况,就必须将发票先输入计算机,待货物到达后,再填制入库单,并做采购结算。

3. 暂估业务(货到票未到)

暂估业务是指企业购买的商品已经验收入库,但在月末并未收到该业务相关发票的业务。月末企业在入账时,为了正确核算该业务相关商品的成本,需要先对该业务商品的成本进行暂估入账,对待收到发票时再按照发票的金额进行相应的回冲处理业务。暂估业务的成本可以按照合同价、协议价、当月同类商品的购进成本等方式进行合理估计。

暂估业务的处理方式具体可以分为单到回冲、单到补差、月初回冲三种处理方式。单到回冲是指暂估业务月末先将商品暂估入账,下月或以后月份收到发票时先将原来的暂估入库单全部回冲,再按发票金额入账并按实际成本生成暂估的蓝字回冲单。单到补差是指当月末先将商品的成本暂估入账,下月或以后月份结算时将暂估成本与实际成本之间的差异形成入库调整单,将原来的暂估成本调整为实际成本。月初回冲是指暂估业务月末先将商品暂估入账,下月初回冲形成红字回充单,重回上月暂估的业务,下月再按发票金额记账并按实际成本生成暂估的蓝字回冲单。三种回冲方式具体解释如表 7-1 所示。

表 7 - 1   三种回冲方式比较

回冲方式	具体解释
单到回冲	自采购暂估后,直到收到采购发票,不进行任何处理。当收到采购发票后,把原来的暂估金额完全回冲掉,然后按照发票金额重新入账
单到补差	自采购暂估后,直到收到采购发票,不进行任何处理。当收到采购发票后,根据发票金额与原暂估金额的差额做补差处理
月初回冲	每个月初,把上月末采购暂估的全部金额回冲掉,月末再把结算余额与本月新增的暂估金额重新暂估(有了 ERP 后企业一般不再使用该方式)

不同的回冲方式所对应的会计处理也会有所差异,如表 7 - 2 所示。

表 7 - 2   回冲方式的会计处理

当月暂估入账	借:原材料(暂估金额)	贷:在途物资(暂估金额)
下月初红字回冲	借:原材料(暂估金额)	贷:在途物资(暂估金额)
单到结算后(蓝字回冲)	借:原材料(结算金额)	贷:在途物资(结算金额)

7.3.2 受托代销业务

受托代销业务适用于商业或者医药流通行业。这种模式可以节省商家的库存资金,降低其经营风险。其他企业委托该企业代销其商品,代销商品的所有权仍归委托方,代销商品销售后,该企业与委托方进行结算,委托方给该企业开具正式的销售发票,商品所有权转移。受托代销业务的流程如图 7 - 5 所示。

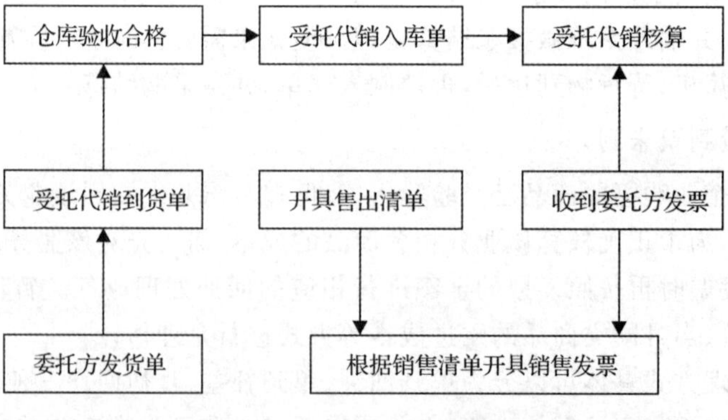

图 7 - 5 受托代销业务流程

受托代销有视同买断与收取手续费两种形式。以视同买断方式代销商品,代销方可以自己制定销售价格,销售价格与买断价格之间的差额为代销方的利润。以收取手续费方式代销商品,代销方只能按代销协议确定的代销价格销售代销商品。

受托代销业务与普通采购业务的区别主要体现在,受托代销业务是根据销售发票进行采购结算的,而普通采购业务是根据采购入库单进行结算的,其他业务流程与普通采购相同,受托代销商品不是企业的存货。受托代销商品是指接受他方委托代其销售商品,受托方并没有取得商品所有权上的主要风险和报酬,不符合资产的定义。因此,代销商品应作为委托方而不是受托方的存货处理,不能确认为受托方的资产。受托代销业务账务处理如表 7-3 所示。

表 7-3　委托代销账务处理

收到委托方发来的货物时	借:受托代销商品	贷:受托代销商品款
销售并向委托方提交代销清单时	借:银行存款	贷:主营业务收入 应交税费-应交增值税-销项税
收到委托方开来的增值税专用发票时	借:受托代销商品款 应交税费-应交增值税-进项税	贷:应付账款

知识拓展 7-7　"营改增"后受托代销业务的异同

7.3.3　直运业务

直运业务是指产品无须入库即可完成购销业务,由供应商直接发给企业的顾客,结算时,由购销双方分别与企业结算。直运业务没有实物的出入库,货物流向直接从供应商到客户,财务结算则通过直运销售发票和直运采购发票来进行。

直运业务适用于大型电器、汽车、设备等产品的销售。直运业务有两种类型:普通业务、必有订单业务。

必有订单的直运业务流程如图 7-6 所示:① 用户录入直运销售订单。② 直运采购订单必须参照直运销售订单生成,可以拆单,不能拆记录,每行销售订单记录只能被采购订单参照一次。③ 直运采购发票参照直运采购订单生成。④ 直运销售发票参照直运销售订单生成。

图 7-6　直运业务流程

7.3.4　采购退货业务

采购退货业务是指采购货物的数量、质量、品种等不符合要求而将已购物料退回的业务,根据退货发生时间节点的不同,处理方式也不尽相同。

1. 入库前退货

本业务属于入库前部分退货业务,需要录入采购订单、采购到货单、退货单,并根据实际入库数量输入采购入库单。操作流程如图 7-7 所示。

图 7-7 入库前退货流程

2. 入库且收到发票后退货,未办理结算

本业务属于结算前退货业务,需要编制退货单,根据退货数量录入红字入库单,进行红蓝入库单和采购发票的自动结算。操作流程如图 7-8 所示。

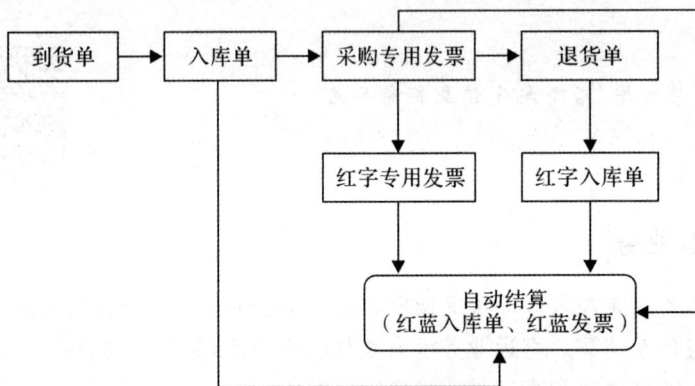

图 7-8 入库后退货,未办理结算流程

3. 入库后退货,后收到修改后的发票,办理结算

本业务属于结算前退货业务,需要编制退货单、红字入库单,其中发票上的数量＝原入库单数量－红字入库单数量。这时需要采用手工结算方式将红字入库单与原入库单、采购发票进行结算,以冲抵原入库数量。操作流程如图 7-9 所示。

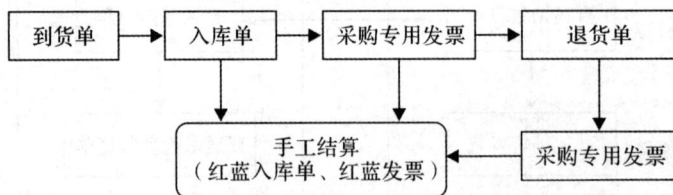

图 7-9 入库后退货,办理结算流程

4. 已结算,办理退货

本业务属于已经办理结算手续的采购退货业务,需要输入退货单、红字采购入库单和红字采购发票,红蓝发票的结算必须进行手工结算。操作流程如图 7-10 所示。

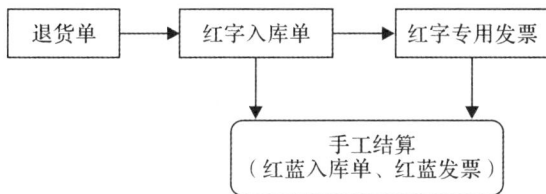

图 7-10　已结算本例退货流程

知识拓展 7-8　退货业务相关知识

7.4　ERP 中的采购管理

采购管理系统是用友 U8 供应链管理的重要组成部分。在此系统中可进行请购、订货、到货（退货）、入库、开票和采购结算的全部采购流程。用户还可根据实际情况进行采购流程定制。

采购业务分为普通采购、受托代销、直运业务三种业务类型，可选的采购流程为用户可以根据企业的实际业务应用，对采购流程进行可选配置。在采购流程中，采购请购单、采购订单、采购到货单为可选单据，用户可以使用，也可以不使用。

7.4.1　系统选项设置及期初记账

1. 采购系统选项设置

系统选项也称系统参数、业务处理控制参数，是指在企业业务处理过程中所使用的各种控制参数，系统参数的设置将决定用户使用系统的业务流程、业务模式、数据流向。

用户在进行选项设置之前，一定要详细了解选项开关对业务处理流程的影响，并结合企业的实际业务需要进行设置。由于有些选项在日常业务开始后不能随意更改，用户最好在业务开始前进行全盘考虑，尤其一些对其他系统有影响的选项设置更要考虑清楚。该选项设置将对采购管理的所有操作员和客户端的操作生效，故要慎重设定或修改。

采购系统选项设置分为业务及权限控制、公共及参照控制、其他业务控制、预算控制四个页签。

1）业务及权限控制

业务及权限控制中的一些选项解释如下。

（1）订单业务模式。

①普通业务是否必有订单：打勾选择，可随时修改。

②直运业务必有订单：显示销售管理中设置的选项，在此处不可修改。

（2）超订单控制。

是否允许超订单到货及入库：勾选此项表示允许超订单数量，但不能超过入库上限，计算方法为：订单数量×（1＋入库超额上限）。如不勾选此项，则参照订单生成到货单和入库单时，不可超订单数量，对于一次订货多次到货的入库业务，每次到货后入库，系统会自动减少可以到货或入库的数量。入库超额上限在存货档案中设置。

(3)超计划订货。

打勾选择,可随时修改。如不允许,则参照采购计划生成采购订单时,累计订货量不可超过采购计划的核定订货量。

(4)价格管理。

①入库单是否自动带入单价:单选,可随时更改。只有在采购管理不与库存管理集成使用时可设置。

②订单、到货单、发票单价录入方式:单选,可随时修改。A.手工录入:用户直接录入;B.取自供应商存货价格表价格:带入供应类型为"采购"的无税单价、含税单价、税率,可修改,若无,则手工录入;C.最新价格:系统自动取最新的订单、到货单、发票上的价格,包括无税单价、含税单价、税率,可修改。另外,还可对历史交易价参照设置、最高进价控制口令、修改税额时是否改变税率、结算选项及权限控制做出选择。

2)公共及参照控制

在公共及参照控制中可以查看采购系统启用的会计月和启用日期,还可对浮动换算率的计算规则、公共选项、参照控制等进行设置。

3)其他业务控制

在采购预警和报警中可以对提前预警天数、逾期报警天数进行设置。

4)预算控制

可以在预算控制中选择不同的采购类型,采购类型有普通采购或委外采购。

知识拓展 7-9 SAP 服务型订单替代方案

2.采购期初记账

在初次使用采购管理系统时应输入期初数据。在进行采购期初记账前应先将暂估入库、期初在途存货和期初受托代销商品录入采购系统中。期初记账是将采购期初数据记入有关采购账;期初记账后,期初数据不能增加、修改,除非取消期初记账。

7.4.2 采购管理系统操作流程

如果采购系统设置成"必有订单"模式时,除请购单、订单外,到货单、入库单、发票(普通、专用)不可手工填制,只能参照生成。

1.请购单

1)请购单录入

(1)请购单可以手工增加,也可参照 MPS/MRP 生成,还可以拷贝已经存在的请购单生成,减少录入的工作量。

(2)请购单可以修改、删除、审核、弃审、关闭、打开、锁定、解锁、复制。

(3)已审核未关闭的请购单可以参照生成采购订单,或比价生成采购订单。

2)请购单列表

请购单列表将符合过滤条件的请购单记录以列表的格式显示,便于用户快速查询和操作单据。在"采购管理""请购"下单击"请购单列表",出现"采购请购单过滤窗口",在此窗口中输入过滤条件,会出现请购单列表。

3)请购单执行统计表

请购单执行统计表可以查询符合条件的请购单记录的执行情况,即请购单记录生成采购订单记录的情况。同时,还提供通过销售订单号追查相应请购单执行情况的功能。

2. 采购订货业务

采购订单可以根据请购单直接生单而成,也可以选择请购比价生单而成。

1)采购订货比价生单(采购订货-请购比价生单-采购订单)

在"生单选单列表"中按"比价"系统自动进行比价,并将供应商存货价格表中供应类型为采购的该存货最低进价的供应商及其单价、税率带入,系统比价时,根据不含税单价进行比价。用户可以在"供应商简称"栏目重新参照,将供应商存货价格表中供应类型为采购的存货有单价的供应商带入单价、税率、币种。没有单价的,仍为原有的价格、税率、币种。选择供应商后,还可以手动修改数量、价格、税率、币种等内容。

按"生单"后,会提示用户所选择的请购单成功生成了一张"采购订单"对话框。可在"采购管理"→"采购订单"中查到这张订单。

2)到货明细表

可通过"采购订单列表"将符合过滤条件的采购订单记录以列表的格式显示,便于用户快速查询和操作单据。可通过"订单执行统计表"查询符合条件的订单记录的执行情况,用户可以查询某订单或某采购员的订单执行情况,还可以查询某供应商的订单执行情况。同时,还提供通过销售订单号和采购合同号追查相应采购订单执行情况的功能。并且可执行"联查单据"功能,如可根据选中的订单行记录和联查界面中定义的联查对象,联查对应的到货明细表、采购明细表。

3)采购明细表

根据在采购系统选项中对"预警和报警"的设置,进入"采购管理"系统进行预警信息显示。

3. 采购到货(退货)业务

发货单是根据采购订单生单而成的,生成后应审核到货单。

1)采购到货单

采购到货单可以手工新增,也可以参照采购订单生成;但必有订单时,采购到货单不可手工新增。采购到货单可以修改、删除,也可以参照生成,还可以只录入数量,不录入单价、金额。

2)到货明细表

单击"到货单列表"显示过滤窗口,不输入过滤条件,则把现在所有的到货单显示出来。

4. 采购入库

采购入库单是根据到货单生单而成的,生成后应审核到货单。

在库存管理系统中生成的采购入库单会传递给采购系统的采购入库单。采购管理系统中的采购入库单是不能增加的,是由库存管理系统传递过来的。本月存货已经入库,但采购发票尚未收到,可以对货物进行暂估入库;待发票到达后,再根据该入库单与发票进行采购结算处理。

5. 采购发票

发货单是根据采购入库单生单而成的并生成采购专用发票。

采购发票是供应商开出的销售货物的凭证,系统将根据采购发票确认采购成本,并据此登记应付账款。企业在收到供货单位的发票后,如果没有收到供货单位的货物,可以对发票压单处理,待货物到达后,再输入系统做报账结算处理;也可以先将发票输入系统,以便实时统计在途货物。采购发票按业务性质可分为蓝字发票、红字发票;按发票类型可分为增值税专用发票、普通发票、运费发票。

增值税专用发票的单价为无税单价。普通发票包括普通发票、废旧物资收购凭证、农副产品收购凭证、其他收据,这些发票的单价、金额都是含税的。普通发票的默认税率为 0,可修改。运费发票中运费主要是指向供货单位或提供劳务单位支付的代垫款项、运输装卸费、手续费、违约金(延期付款利息)、包装费、包装物租金、储备费、进口关税等。运费发票的单价、金额都是含税的。运费发票的默认税率为 7,可修改。

(1)填制采购发票,可手工填制,也可参照单据生成。

(2)财务部门通过应付款管理系统对采购发票审核并登记应付明细账,并回填采购发票审核人。

(3)由于材料不合格或其他原因,企业如果发生退货业务,且发票已付款或对应的入库单已记账,则应输入红字发票进行冲销。若发票未付款或对应的入库单未记账,则可通过取消结算,修改发票即可。

6. 采购结算

采购结算也称采购报账,是指采购核算人员根据采购发票、与之匹配的采购入库单进行核算采购入库成本。采购结算的结果是采购结算单,它是记载采购入库单记录与采购发票记录对应关系的结算对照表。采购结算从操作处理上分为自动结算、手工结算两种方式。采购结算的运费发票可以单独进行费用折扣结算。

自动结算和手工结算时,可以同时选择发票和运费同时与入库单进行结算,将运费发票的费用按数量或按金额分摊到入库单中,将发票和运费分摊的费用写入采购入库单的成本中。

知识拓展 7-10 采购损耗谁来买单?

知识拓展 7-11 发生溢余或短缺的采购结算

7. 采购发票制单

应付单必须审核才能够进行制单处理。应付单据审核后,制单生成转账凭证。

8. 采购成本记账

必须对采购入库单进行记账，才能制单。

9. 生成采购成本结转凭证

正常记账之后，选择未记账凭证，生成转账凭证。

7.4.3　其他采购流程

企业不一定需要按上述流程进行采购业务，还可以按以下几种方式进行。

1. 无订单的单据流程

参照到货单填制入库单，参照入库单填制发票。

2. 无采购到货单的单据流程

参照订单填制入库单，参照订单或入库单填制发票。

3. 最短的单据流程

用户只使用采购入库单、采购发票，可以参照采购入库单生成采购发票，同时自动结算。

本章小结

本章主要介绍了采购管理的相关知识，涵盖了采购、采购模式及采购管理定义、内容、流程。首先引入采购的概念，同时阐释采购在企业的重要作用及采购所要达到的目标；在此基础上介绍采购管理的概念、内容及业务流程。采购管理业务流程包括采购计划管理、请购管理、采购订单管理、收退货管理、采购结账和结清等内容。其次介绍了采购业务的不同类型，分为普通采购业务、受托代销业务、直运业务、采购退货业务等。最后以 ERP 中的采购管理为例介绍了采购管理系统的系统设置、普通采购业务的单据填制和业务处理流程等。采购是 ERP 供应链的基本模块，主要实现对从 MRP 产生采购订单开始到收到货物的全过程进行管理。

习　题

一、选择题

1. 下面哪一项陈述是恰当的？（　　　）

A. 制造业的一个共同特点是必须购进原材料才能进行加工

B. 生产计划的实现要受到采购作业的约束

C. 采购物料的价值和采购费用在很大程度上影响产品的成本和企业的利润

D. 以上说的都对

2. 以下哪一项不属于采购管理的工作内容？（　　　）

A. 货源调查和供应商评审　　　　　　　　B. 采购订单跟踪

C. 到货验收入库　　　　　　　　　　　　D. 制订采购计划

3.下列哪一个单据不是在采购管理模块首次录入的?( )

A.采购订单   B.采购到货单

C.采购入库单   D.采购发票

4.在采购业务期初记账之前,应该录入系统的单据有( )。

A.期初采购入库单   B.期初专用发票

C.到货单   D.采购发票

5.在采购流程中,哪个单据是必选流程?( )

A.请购单   B.采购订单

C.到货单   D.入库单

6.下面关于采购管理与应付管理描述错误的是( )。

A.采购发票可以在应付管理制单,也可以在采购管理中制单

B.采购管理和应付管理有采购发票的接口

C.采购发票在应付管理中审核后可生成应付凭证

D.应付单据的核销必须在应付管理中进行

7.采购选项设置中如果选中"普通业务必有订单",意味着( )单据不可手工新增。

A.请购单   B.采购发票

C.到货单   D.入库单

8.与采购模块有数据接口的模块有( )。

A.物料需求计划   B.库存管理

C.存货核算   D.销售管理

9.直运业务中,ERP系统应该首先录入( )。

A.销售订单   B.采购订单

C.销售发票   D.采购发票

10.受托代销的形式有( )。

A.视同买断方式   B.收取手续费

C.赚取差价   D.委托代销

11.采购结算是指将( )进行勾稽。

A.采购发票   B.采购订单

C.采购入库单   D.到货单

12.常用的采购业务包括( )。

A.普通采购业务   B.受托代销业务

C.直运业务   D.采购退货业务

二、判断分析题

1.已审核未关闭的采购订单可以参照生成采购到货单、采购入库单、采购发票。( )

2.采购结算也称为采购报账,是指采购核算人员根据采购入库单、采购发票核算采购入库成本。采购结算的结果是生成采购结算单,它是记载采购入库单记录与采购发票记录对应关系的结果对照表。( )

3.库存管理与采购管理集成,采购入库单可以参照采购发票生成。( )

4.暂估业务是指发票已到货未到的业务。（　　　）

5.采购订单是必选单据。（　　　）

三、简答题

1.什么是采购管理？采购管理的目标是什么？

2.常见的采购模式有哪些？

3.简述采购管理的流程。

4.企业采购时如何进行供应商选择及评价？

5.请简述在用友 ERP 的采购系统中请购业务、采购订货、采购到货、采购入库业务及采购发票的生成如何处理？

6. 采购管理中涉及哪些其他模块的具体操作？

7.选择你所感兴趣的企业，谈了该企业在基于互联网＋信息化采购下可能面对哪些挑战？

8.有效的采购管理是降低企业经营成本的重要环节，为什么？谈谈你的看法？

9.采购退货业务处理有哪些？

10.举例说明采购流程在现实生活中的应用。

案例分析

大数据驱动联合利华供应

消费者从超市货架上取走一瓶联合利华生产的洗发水,对联合利华(中国)来说,这就意味着它的 1500 家供应商、25.3 万平方米的生产基地、9 个区域分仓、300 个超商和经销商都因此而受到牵动。

这是构成公司供应链体系的一些基本节点。它的一头连接着来自全球的 1500 家供应商,另一头则是包括沃尔玛、乐购、屈臣氏和麦德龙等在内的总共约 300 个零售商与经销商所提供的超过 8 万个销售终端。此外是清扬洗发水、力士香皂、中华牙膏、奥妙洗衣粉等 16 个品牌将近 3000 多种规格的产品,以及在中国超过 100 亿元人民币的年销售额。每当消费者买走一件产品,联合利华整条供应链的组织运转就会受到影响。

1. 深度数据挖掘与需求分析

不同于家电、汽车等耐用消费品比较容易预测消费趋势和周期,快速消费品行业由于其消费者的购买频次更高,消费结构更为复杂,以及销售过程中充满许多不确定性,企业较难对它做出需求预测。最头疼的情况是大客户采购,这种情况可能使超市的现有库存顷刻间耗尽。为了避免类似的手忙脚乱,又不想增加库存、加大成本,更不想丢失客户,联合利华需要准确地预测未来的销售情况。每天,分散在全国各地的业务人员巡店后,将销售数据输入到一个手持终端,源源不断地把销售情况汇总到公司的中心数据库里。与此同时,直接与公司总部数据库对接的诸如沃尔玛 POS 机系统和经销商的库存系统等,将店里的销售和库存数据及时反映到公司的中心数据库中,使不论上海中国总部还是伦敦全球总部的管理人员,都能了解到中国超过 1 万家的零售门店在任何一天内的销售情况和业务数据。其余还有 7 万多个销售终端,数据更新以周为单位,这些大样本的数据来源,可以保证销售预测的波动(例如令人头疼和难以预料的团购情况)能被控制在合理的范围内。

但仅仅通过汇总购买行为这类数据,还不足以准确预测出未来一段时间内的需求,那些代表预测销量和实际销量的分析曲线,只是依赖数学模型和复杂的计算完成了理论上的工作,还需要做进一步的分析。这就需要其他的业务数据,例如对某产品制定的促销方案是降价还是买赠、在某时段内投入了多少宣传力度、覆盖了多少区域或渠道等,都会影响到该产品最终增加的销量,同时还要与其他业务部门如生产、采购、财务、市场等团队进行协同,共同利用这些数据,预测和分析结果。

联合利华按照 16 个品牌的产品形态划分出四大业务类别,每个品类都有一个团队来预测产品的销售情况,并分析进一步影响采购、生产环节的实际运作。当洗发水以瓶为单位售出后,采购部门得到的信息则是原材料 A 和包装材料 B 又将会有新的需求,在系统里一瓶洗发水会被分解成 40 多种原材料,这些数据会落实在其 BOM 上。

2. 全球协同采购

按照公司实行的全球化范围的采购与生产体系,消费者购买行为对采购、生产的影响就是全球性的。目前,公司旗下 400 多个品牌的产品在六大洲 270 个生产基地生产,所有涉及原料和包装材料的采购问题,包括采购地和供应商的选择,以及采购规模与频次的安排,都是由全球统一进行调配。这种全球化的操作在成本集约上体现出规模效应,但同时也对公司的供应商管理水平提出了挑战。2002 年,公司在上海成立了全球采购中心,从中国向全球出口原料及成品,这里生产的牙膏最远销售到智利,中国的供应商总数规模在 1500 家左右。利用大数据与业务分析,一些能够同时提高合作方效率的合作会在这里开展:一些在内部被评定为 A 级的供应商被视作战略合作伙伴,它们会为生产提供定制化的材料,而自己的设计与研发人员也会对供应商的设备、流程等十分熟悉,双方会针对一款新产品在早期就开始合作,联合利华会从技术方面对供应商提供指导。

联合利华利用大数据对供应商进行管理,有一套全球共同执行的标准。一个跨部门的管理团队每年会重新审核供应商等级,对 A 级供应商更是到场审计两次,不仅是技术水平、产品质量、资金规模等常规指标,还包括绿色、环保、用工条件等社会责任方面的情况,如果在其中哪个方面没能达到要求,就将面临从采购名单里消失的风险。

3. 高效协同生产

每当商品售出时,生产部门就要和计划部门对接,对售出产品的数据做出响应。根据售出产品的相关数据,生产计划经理进行分析并做出决策。除了通过需求计划经理得到需求预测,他还必须获得其他业务信息,例如通过采购团队掌握所有供应商的交货能力,通过工厂负责人了解目前生产线上的实际产能等。然后,将这些信息汇聚在一起统筹分析,做出下一段时期内的产能供应水平。

根据这些大数据,工厂最终制定出生产安排,指挥一个年产值为 140 亿元的生产系统在每一周、每一天里如何调度它的每一家工厂、每一条生产线、按照速度和专长的不同安排生产(洗发水生产线就有十多条),完成 300 多个规格的洗发水生产,以尽可能达到产能最大化,以满足那些分散在全国各地甚至世界其他地区不断增长的购买需求。关于消费者打算在何时何地购买这瓶洗发水的行为,也给联合利华的分析人员带来一道复杂的统筹问题。

4. 渠道供应链管理

联合利华在全国设有 9 个销售大区,首先成品从合肥生产基地的总仓发往上海、广州、北京、沈阳、成都等 9 个城市的区域分仓。为了保证洗发水能够准时到达最终的货架，分销资源计划员既要规划路线，又要考虑库存成本和各条运输线上波动的运输能力。比如，春节是联合利华产品的销售旺季，而临近春节时往西方向的铁路线会很拥挤，公路运输也比较忙，还得考虑很多发生在路上的突发状况。因此，必须有充足的数据进行详细周密的分析，并与其他业务部门协商，做出如"规划如何在西区提前建立库存"等的决策。

联合利华用活了数据，从超市货架上每个产品的变化，一直到自己的供应商，这是一条能产生出高价值的数据链路，而利用链路上每一节点的数据来优化和改进业务，使得业务运营获得了骄人的好成绩。例如通过对缺货的分析，找出导致一瓶洗发水在货架上缺货的真正原因：是门店方面没有及时下单，还是系统虚库存，又或者是因为库存堆放问题等，找到了真正的原因，改进了缺货率，使其重点门店的货架满足率提高到了 98%，上升了 8%（货架有货率每提高 3%，就会带动产品销售提高 1%）；又如与超商启动了回程车项目优化，在联合利华合肥总仓、乐购嘉善总仓、乐购合肥门店之间，把双方的取货、发货和运输线路放在一起进行分析和优化设计，减少了返程时的空车率，节约了 10% 左右的物流成本，同时也完成了公司对碳排放降低的要求；再如，通过分析与优化，提升了服务效率和客户的投资回报率。实现了它"赢在客户"的目标规划，无论在它的销售、采购、库存、生产，还是在物流等方面的业务都有了很大的提升。

问题：
1. 在联合利华的全球采购策略中，供应商分级是如何实施的？
2. 请结合所学知识，对联合利华的供应链管理做出评论。

第8章 库存管理——ERP运行的物料追踪

📖 **本章要点**

教学目标

通过本章的学习,在了解库存作用的基础上掌握库存的概念,会根据企业实际经营状况进行库存分类、计算库存成本,理解库存管理的概念、库存管理与仓库管理、存货管理的区别,并能结合企业实际,选择不同库存控制策略以达到有效控制企业库存水平、降低企业成本负担、提高企业市场竞争力、保持高水平的客户服务。熟悉不同的存货计价方法,能利用 ERP 进行入库、出库、盘库等库存管理日常业务。

教学要求

知识要点	能力要求	相关知识
库存相关概念	(1)掌握库存的概念 (2)了解库存的作用 (3)掌握库存分类的不同方法 (4)掌握库存成本构成	库存的概念 库存的分类 库存成本
库存管理概述	(1)掌握库存管理的概念 (2)理解库存管理的内容 (3)熟悉库存管理模式 (4)掌握库存控制策略	库存管理的概念 库存管理的内容 JMI、VMI、CFPR EOQ 模型
ERP 存货核算方法	熟悉常用的先进先出法、后进先出法、个别计价法、全月平均法、移动平均法、计划成本法	存货计价方法
ERP 中的库存管理	(1)了解库存管理子系统选项设置 (2)掌握入库、出库、调拨等业务处理流程	库存管理选项设置 库存管理操作流程

引 例

互联网时代下如何真正玩转"零库存"

提到零库存模式,许多人首先联想到小米。正如雷军说的"专注、极致、口碑、快",依靠这种互联网思维来做零库存管理,是快的表现。所以这么一来,零库存模式就仿佛是手机制造业傍上互联网,变成了"互联网＋"的产物。

然而事实却并不是这样。早在 20 世纪 80 年代,日本制造业就已经广泛采用零库存的管理方式,丰田则是这种管理方式最成功的实践者,它以零库存为核心的供应链体系早就运作得相当成熟。如此溯源可以发现,像"零库存模式"这样的看起来非常互联网化的思维和管理模式,其实真正的源头在传统企业。

由此得出一个结论:"互联网＋"并非处处都是互联网在关系链中处于优势地位,传统行业的一些管理方法、思维理念,处处启发着企业的互联网之路。既然小米零库存模式源于传统企业管理思想,那么由此可以推测:小米所谓的饥饿营销,根本上也来源于传统行业基因。理由很简单,小米的饥饿营销与它的零库存模式是紧紧绑在一起的。如果不是因为害怕手机市场瞬息万变从而产生大量滞销库存,小米就不可能采用零库存模式,既然是零库存,当然要考虑预售和每批次出货量等问题,饥饿营销自然也就产生了。这么说来小米的"互联网玩法",其实是外界从表象的误读,而非事物的本质。

既然零库存模式有着顽强的传统基因,其应用面也是非常广泛的。在拉夏贝尔、汽服云等企业,零库存模式几乎都属于管理上的"标配"。

拉夏贝尔是一家本土多品牌运营的自有品牌服装连锁零售企业,2014 年在港交所上市,是时装业一匹号称"中国 ZARA"的黑马,它的"全直营、全渠道"模式在行业内最为著名。凭全直营全渠道,拉夏贝尔已经实现线上线下一体化的"同步上新、同款同价、商品共享",规避线上线下购物体验割裂的弊端(比如货品不统一、价格不统一、异地无法退换货等),缩短客户提货物流时间,同时也降低运营成本。但实际上拉夏贝尔能实现这一切的前提,就是降低库存,它本质还是"零库存"思维在起作用。假设没有电商参与,拉夏贝尔的"全直营、全渠道"模式能够自主运转吗?答案是肯定的。只不过在电商发展的繁盛时期,线上线下的营销、流量、商品、库存、支付、会员等全部打通形成无缝对接,所以全渠道电商 O2O 的"互联网＋"也就这么搭建起来了。

相比之下,汽服云的商业模式在零库存模式的应用上做得更彻底一些。作为汽车同质配件平台,汽服云是车主可以享受一站式综合服务的互联网生态系统,"一个电商平台＋三个体系＋一朵云＋N 项综合增值服务"把整个汽车后服务市场同质配件体系路径都打通了。总结汽服云这一系统的最大特色,就是在降低成本和压缩汽车配件流通渠道的情况下,实现存货共享、短链高效、扫码追溯,保证配件产品集约高效供应,提供专业和放心的服务。可以看出,它同样是零库存思想的显著体现。

综合看来,现在许多人把零库存模式看做是"互联网＋"的直接产物,其实这是认识上的一个误区。正本清源,互联网有时候并没有我们想象中的那么具有超越性,它的很多元素其实还是基于传统企业的思想。雷军说小米真正学习的是同仁堂、海底捞、沃尔玛和 Costco,此言不虚,传统企业在进行互联网化转型时,不妨从借鉴零库存管理模式入手,先把核心资源的运营效率提高,下面介绍五个招数。

第一招,打通渠道级库存。即把大仓与门店之间的库存打通,实现门店线上接单、大仓均可发货。

第二招,打通门店级库存。即 A 店可卖 B 店货品,顾客在任何门店可以买到整个公司所有库存货品。

第三招,打通企业间库存。特别是长尾商品库存,实现 A 公司可卖 B 公司货品。

第四招,可以通过产品生命周期中科学下首单和快反补单体系建设,提高运营管理水平。

第五招,可以通过预售模式实现以销定产。

就像拉夏贝尔和汽服云,它们紧紧抓住由传统发展而来的零库存模式,在此基础上加入电商及外包商等因素,快速实现了互联网平台运转,这种发展路径非常值得思考。

所以对于传统企业来说,转型虽然迫切,但自身也不必过于惊慌。只需把利于推动竞争的核心资源牢牢掌握在自己手里,同时以外包、结盟等形式抓取互联网渠道、技术与平台,打通信息时代需要的速度、规模和效率。传统企业通过这样的方式来促进和实现互联网转型,应该说能够起到事半功倍的作用。

资料来源:https://www.cyzone.cn/article/142210.html

8.1 库存相关概念

库存是企业用于暂时存放准备生产或准备销售的物料或者产成品,所有的商业或非商业机构都需要库存,库存的目的主要是为了保证生产和销售的正常进行。维持销售产品的稳定,维持生产的稳定,平衡企业物流,平衡流通资金的占用。库存是对生产的支持,又是生产的结果。企业如同海水的航船,库存量如同海水量,水位高了会淹没海水下的"礁石",这些"礁石"如同企业管理工作中的问题,如采购不力、生产不均衡、产品质量不稳定及市场销售不力等。水位高了,虽然有利于通航,但这些被掩盖的问题却不能暴露出来,也不能得到彻底解决,以至于随时可能出现问题。一旦海水退去,这些礁石就暴露出来,容易造成触礁事故。由此可知,库存量过大被喻为"众弊之源"并不为过。因此,控制库存量是企业经营管理的一项重要内容。

知识拓展 8-1 小米的新零售

8.1.1 库存的含义

库存是指一切目前闲置的、用于未来的有经济价值的资源。APICS 将库存定义为:"以支持生产、维护、操作和客户服务为目的而存储的各种物料,包括原材料和在制品,维修件和生产消耗品,成品和备件等。"这些资源包括原材料、在制品、最终产品、在途产品以及用于维护、修理和日常运作的物料(maintenance repair operating,MRO)。企业为了保证生产经营的连续,必须有计划地购入、耗用和销售库存。

库存管理工作包括物料的存储、收发、使用、计划、控制等相关内容。库存管理通过对库存物料的入库、出库、移动和盘点等操作进行全面的控制和管理,降低库存,减少资金占用,杜绝物料积压与短缺现象,保证生产经营活动顺利进行。

8.1.2　库存的作用

1. 库存的优势

库存普遍存在于国民经济的各个领域,但持有库存的理由在不同情况下、不同企业会有所不同,作为暂时闲置的有价值的资源,库存具有如下优势。

1)维持销售产品的稳定

MTS 型企业对最终销售产品必须保持一定数量的库存,其目的是应付市场的销售变化。这种方式下,企业预先并不知道市场真正需要什么。只是按对市场需求的预测进行生产,因而产生一定数量的库存是必需的。但随着供应链管理的形成,这种库存也在减少或消失。

2)维持生产的稳定

企业按销售订单或销售预测安排生产计划,并制订采购计划,下达采购订单。由于采购的物料需要一定的提前期,这个提前期是根据统计数据或者是在供应商生产稳定的前提下制订的,但存在一定的风险,有可能会拖后而延迟交货,最终影响到企业的正常生产,造成生产的不稳定。为了降低这种风险,企业就会增加原材料的库存量。

3)平衡企业物流

企业在采购材料、生产用料、在制品及销售物料的物流环节中,库存起着重要的平衡作用。采购的材料会根据库存能力(资金占用情况等)协调来料收货入库。同时生产部门的领料应考虑库存能力、生产线物流情况(场地、人力等)平衡物料发放,并协调在制品的库存管理。另外,对销售产品的物料库存也要视情况进行协调。

4)平衡流通资金的占用

库存的材料、在制品及成品是企业流通资金的主要占用部分,因而,库存量的控制实际上也是在进行流通资金的平衡。例如,加大订货批量会降低企业的订货费用,保持一定量的在制品库存与材料会节省生产准备次数,提高工作效率,但这两方面都要寻找最佳控制点。

5)应对不确定因素

一个企业在经营过程中,往往要面对许多不确定因素,如需求的不确定、供应商交货期的不确定、产品质量的不确定,现实中这些不确定因素是难以把握的。当市场产生了需求而企业无法及时满足,可能会导致需求的损失。因此,企业为了不失去更多的客户,一个可行的办法是预备一定量的库存来应对这些不确定因素。

2. 库存的弊端

以上是库存有益的一面,但是这些库存的作用都是相对的。客观地说,任何企业都不希望存在任何形式的库存,无论原材料、在制品还是成品,企业都想方设法降低库存,最好能实现零库存。库存的弊端主要表现在以下几个方面:

(1)占用企业大量资金,增加了企业的产品成本与管理成本。大量库存的存在,不仅提高了企业的各项成本,而且还增加了企业的经营风险。特别是在市场竞争日趋激烈的今天,市场的需求瞬息万变,企业产品升级换代的速度也在不断加快,由此造成了商品价格与需求量的时效性不断增强。库存量越大的商品面临贬值、淘汰的危险就越大。我国的电子产品市场如手机(电视机、空调等也相似),各种型号手机的市场价格下滑十分迅速,大量的库存积压必然导致时间上的风险损失,所以许多厂家都采取小批量、多批次的生产方式以适应风云变幻的市场竞争,对零库存的需求也更加迫切。同时,风险成本的另一种表现形式是商品折旧的存在,大幅度地降低库存可以将企业的相关折旧损失有效地转移出去,这也是一条降低企业成本的有效途径。库存材料的成本增加直接增加了产品成本,而相关库存设备、管理人员的增加也加大了企业的管理成本。同时,大量库存会掩盖企业众多管理问题。

(2)市场价格波动风险。如果原材料价格下降,那么过高的库存会承担价格下降的风险,并且使资金流动性变差。

(3)技术进步带来的风险。随着科学技术的进步,生产产品所承担的成本越来越低,而成品的技术含量却越来越高,过时产品也越来越不能满足市场需求。如果库存过高,会导致产品销售不出去,同样占用资金,并且增加管理成本。

8.1.3 库存的类型

库存的分类方法有多种,可从以下几种角度来讨论库存的分类。

1. 按价值划分

按价格划分,库存可分为贵重物料和普通物料,如库存 ABC 分类法就属于按价值分类的方法。

2. 按生产过程划分

按生产过程划分,库存可分为原材料库存、半成品库存和产成品库存。如果供应准确地满足需求,那就不需要什么库存。产品生产的速度与需求的速度相等,因此没有库存积压。如果想要这种情况出现,需求必须在一个长时期内可以预测,应保持稳定,且工厂要生存下去,需求数量还必须足够大。而对于大多数产品的需求,不满足这样的条件,不能建立线性流动生产系统,只能采用批量的方式进行生产,工作站以机器设备的功能布局安排,工作按照工艺流程的要求从一个工作站以批量的方式搬到下一个工作站。所以一定会产生原材料库存、半成品库存和产品库存。

3. 按库存的形成原因划分

按库存的形成原因划分,库存可分为安全库存、储备库存、在途库存和正常周转库存。

在批量生产环境中,库存的作用是连接供给和需求。库存在供给和需求、客户需求和成品、成品和配件、作业需求和前一步作业的产出、生产启动所需的配件等和供应商之间作为缓冲,所以会形成上述几种库存。

(1)安全库存是为了应付需求、制造与供应的意外情况而设立的一种库存。如果需求或供应周期大于预测,缺料的情况就会发生。安全库存的目的就是要避免生产过程的中断或者对客户交货的中断。

(2)储备库存(或预期库存)一般是企业用于应付季节性市场采购与销售,如采购困难、材料涨价和销售旺季等而设置的库存。这种库存是为了帮助平衡生产,降低不断改变生产节奏所引起的成本。

(3)在途库存是由于材料和产品运输而产生的库存量。这种库存产生的原因是物料从一个地方搬到另一个地方需要时间,例如从工厂运到配送中心或者送至客户处。在途的平均库存量是:假设 I 为在途的年平均库存量,t 是以天计算的运输时间,A 为年需求量,则 $I = \dfrac{tA}{365}$。其中在途库存并不取决于运输量,而是取决于运输时间和年需求量。所以,减少在途库存的唯一方法就是减少运输时间。

（4）正常周转库存是指一般用于企业生产经营需要而产生的库存，如按生产计划采购的物料等。

4. 按物料需求的相关性划分

按物料需求的相关性划分，库存可分为独立需求库存与相关需求库存。独立需求库存是指某一物料的库存需求与部分物料没有直接关系，库存量是独立的。相关需求库存是指某一物料的库存量与部分物料有关系，存在一定的量与时间的对应关系。例如，MRP 引起的计划物料均属相关需求型库存物料，其订货时间和订货量是相关的、确定的。

5. 按物料需求的重复程度划分

按物料需求的重复程度划分，库存可分为单周期库存与多周期库存。单周期库存，即偶尔发生的对某种物料的需求，仅仅发生在比较短的一段时间内或库存时间不可能太长的需求，以及经常发生的对某种生命周期短的物料的不定量需求。多周期库存指在足够长的时间里对某种物料的重复的、连续的需求，其库存需要不断地补充。

知识拓展 8-2　人工智能改变库存管理

8.1.4　库存成本的构成

库存资金占用的大小与库存的具体费用有关。过多的库存费用会使库存资金的占用比例加大，不利于企业资金的运转，进而导致企业经营不畅。库存成本包括以下内容。

1. 物料本身的价值

物料本身的价值是指物料的单位标准成本、计划价格或实际采购价格。

2. 订购成本

由于订购分为向供应商采购和向生产部门下达生产订单，前者的订购成本指每进行一次订货时所发生的费用，主要包括差旅费、通信费、运输费以及有关跟踪订单的成本。订购成本与每次订购量的多少无关，在需求量一定的情况下，订购次数越多，则每次订购量越少，而全年订购成本越大，分摊每次订购成本也越大。后者的订购价格为单位成本，即直接劳力、直接材料和管理成本之和。

3. 保管成本

库存保管成本是指为了保管、存储物资而发生的费用，它包括存储设施的成本、报废费用、损坏费用、税金、保险费、管理费用、保管费用，以及库存投资所占用资金的机会成本等多项费用。显然这些费用随着库存的增大而增多。

4. 缺货成本

缺货成本是指由于缺货而不能满足客户订单，导致延期交货、取消订货、生产线停工，造成利润损失、市场机会损失以及客户罚款等费用。

一般地，缺货成本的发生概率和发生额越高，企业需要保持的安全库存量就越大。增加安全库存量，尽管可能减少缺货成本，但会给企业带来保管成本的额外负担。在实际操作中，订购成本与保管成本反向变化,不确定性带来的风险使得这个这个自出现商品流通以来就出现的问题一直没有得到有效解决。

8.2 库存管理概述

传统的狭义观点认为,库存管理主要是针对仓库的物料进行盘点、数据处理、保管、发放等。这只是库存管理的一种表现形式,或者可以定义为实物库存控制。那么,如何从广义的角度去理解库存管理呢?库存管理是供应链中节点与供应链集成管理之间合作的关键。库存管理从未独立,尤其是库存和财务联系更紧密。

库存管理是为了达到公司的财务运营目标,特别是现金流运作,通过优化整个需求与供应链管理流程,合理设置 ERP 控制策略,并辅之以相应的信息处理手段、工具,从而实现在及时交货前提下,尽可能降低库存水平,减少库存积压与报废、贬值的风险。库存也会导致一定的库存管理成本,这将在一定程度上削弱公司的盈利能力和核心竞争力。库存管理的目的是有效地控制和管理企业的库存水平,降低企业的成本负担,提高企业的市场竞争力,同时保持高水平的客户服务。

8.2.1 库存管理的概念

1. 含义

库存是联系供应、生产、销售的枢纽,库存管理是在供、需之间建立缓冲区,达到缓和用户需求与企业生产能力之间、最终装配需求与零件配套之间、零件加工工序之间、生产厂家需求与原材料供应商之间的供需矛盾。库存还可以用来吸收因销售量、生产的优化等因素所引起的物料存储起伏,作为企业和要求快速响应的多变的市场之间的缓冲区。因此,合理的库存可以增加生产过程的柔性,提高客户服务水平,以使企业应付复杂多变的内外部环境。

库存管理是指对制造业或服务业生产、经营全过程的各种物料、产成品以及其他资源进行管理和控制,使其储备保持在经济合理的水平上。库存管理的内容包括物料的出入库、物料的移动管理、库存盘点、库存物料信息分析。

2. 与仓储管理的区别

仓储管理也叫仓库管理(warehouse management,WM),指的是对仓储货物的收发、结存等活动的有效控制。库存管理是优化供应链管理流程,设置合理的库存控制策略,并通过信息处理手段,达到降低库存水平、减少积压风险,实现及时交货的一种帮助实现公司财务运营目标的手段。仓储管理与库存管理的区别如下。

1)概念不同

仓储通俗地说是物资存放停滞的位置状态;库存是指物资实际存有量的量化状态。

2)性质不同

仓储管理是对物资存放、形态、区域、布局等全方位的管理控制;库存管理则是属性的要求,是对物资本身量的管理控制。

3)目的不同

仓储管理的侧重点是通过账卡物的一致性而保证库存数据的及时准确,但是库存量的多少与仓储管理是没有关系的。其目的是为企业保证仓储货物的完好无损,确保生产经营活动的正常进行,对各类货物的活动状况进行分类记录,并以明确的图表方式表达仓储货物在数量、品质方面的状况,以及目前所在地理位置、部门、订单归属和仓储分散程度等情况的综合管理形式。

库存管理是指在物流过程中商品数量的管理,重点在于确定如何订货、订购多少、何时订货,要让物料的库存数量维持在一个合理的区间内,既不会因为库存不足而影响日常使用,又不会因为库存超储而带来物料呆滞,进而影响库存周转率。

4)内容不同

仓储管理的内容是指库存物料的科学保管,以减少损耗,方便存取;库存管理则是要求控制合理的库存水平,即用最少的投资和最少的库存管理费用维持合理的库存,包括入库、出库、移库、库存盘点、库存无聊信息分析,以满足使用部门的需求,减少缺货损失。

5)侧重点不同

仓储管理需要仓储管理团队来协调配合,侧重于管理仓储团队人员;库存管理主要由物料计划来完成,侧重于数据上的处理。

仓储管理和库存管理也存在一定的联系。仓储管理的范畴要比库存管理的范畴要大,库存管理属于仓储管理的子系列。除了库存管理外,仓储管理还要包括收、发、存、环境、安全等其他方面的管理。因此仓储管理包括库存管理,而库存管理又精于仓储管理,二者不能互相代替,也无法代替。

3. 与存货管理的区别

库存管理主要从数量的角度管理存货的出入库业务,能够满足采购入库、销售出库、产成品入库、材料出库、其他出入库、盘点管理等业务需要,提供多计量单位使用、仓库货位管理、批次管理、保质期管理、出库跟踪入库管理、可用量管理等全面的业务应用。通过对货物的收、发、存业务处理,及时地掌握各种库存存货,以免材料短缺影响生产。

存货管理主要是从资金的角度管理存货的出入库业务,掌握存货耗用情况,准确地把各类存货成本归集到成本项目和成本对象上。存货管理主要用于核算企业的入库成本、出库成本、结余成本,反映和监督存货的收发、领退和保管情况;反映和监督存货的资金占用、变动情况;提供存货资金周转和占用分析,以降低库存,减少资金积压。

知识拓展 8-3 电子之家首创的"共享库存"服务

8.2.2 库存管理的内容

除了控制库存水平外,库存管理的内容包括物料的入库、出库、移动管理、盘点,不外乎三种情况。①物料位置变化的管理。存放位置的变化即物料的移动。②物料数量变化的管理。在存放位置未变的情况下发生数量的变化。一般情况是物料入库则数量增加,出库则数量减少。或者由于盘点时盘赢盘亏也会相应调整物料的数量。③物料价值变化的管理。在存放位置和数量都未变化的情况下,物料的价值由于质量、过时废弃等原因在金额上的调整。

1. 物料的入库

物料入库包括采购订单的到货入库、生产完工入库、生产剩余物料入库以及销售退货入库等。对采购订单的到货入库根据采购订单对物料安排检验,办理入库手续,开具入库单(到货单),分配材料库存货位,同时监督来料是否与订单相符,对不符合部分按照规定进行相应处理;生产完工入库要进行生产成本的计算,数据转入财务系统处理;销售退货有不同的处理方式,例如扣减货款、换货等处理,相关数据都转入财务系统。

2. 物料的出库

物料出库有生产领料、非生产领料与销售提货。生产计划的领料按车间订单(加工单、组装计划,它们都来源于主生产计划)与工序用料,并可以根据物料清单与工艺路线自动生成工序领料单;非生产领料有多种形式,可以自由定义领料的类别;销售提货按销售订单或合同生成出货单据,并可自动生成出货单。上述过程都应给财务系统传递相关数据及生成财务记账凭证。

3. 物料的移动管理

在实际工作中,由于仓库位置的变化、物料状态的改变和管理方式的调整等原因,经常需要把物料从一个仓库移送到另一个仓库,这种库存管理方式也称为物料调拨。这种物料可以不经过检验(但经过长途运输也要检验,可以通过设置系统参数进行控制),也可以根据系统参数设置要求生成凭证(如果是财务的材料明细账还应分仓库核算)。

4. 库存盘点

库存盘点是保证准确的库存记录的必要手段。库存盘点是对每一种库存物料进行清点数量、检查质量以及登记盘点表的库存管理过程,其主要目的是为了清查库存的实物是否与账面数相符。实物数与账面数有出入的,要调整物料的账面数量,做到账实相符,并且要按规定做相应的会计处理。每种库存物料都设立相应的盘点周期,并可以通过系统自动输出到期应盘点的物料。

(1) 按是否需停止出入库操作可将盘点方法分为冻结盘点法和循环盘点法。冻结盘点的物料需停止进行出入库操作,而循环盘点则可以同时进行出入库处理。

(2)按是否定期进行可将盘点方法分为永续盘点和定期盘点。

①永续盘点是对库存物料每发生一次数量变化就进行一次盘点的方法。每当库存物料发生变化时,就进行记录,然后将库存量与订货点相比较,如果库存量等于或小于订货点就发出一份固定批量的订单。如果库存量大,则不采取行动。永续盘点适用于价值高而需要严格控制的 A 类物料,因为它利用了一个有效和有意义的订货批量,仅在提前期内才需要有安全库存,对于预测和参数的改变不太敏感,库存的核对与其使用有关,对使用率较低的物料不需要太多的注意。

永续盘点需要不停地加以盘点,然后将盘点结果与计算机内的连续记录进行比较和分析。

②定期盘点是每隔一定的时间间隔对库存物料盘点一次,补充批量的大小决定于该时间的库存量。因此,订货批量随时间而变化,并根据需求率的变化来改变订货量。

定期盘点时要进行某种形式的实际清点,在许多情况下,可以使用销售的记录,但信息系统的准确性可能要求做实际盘点,也可以使用连续的库存记录,但是否需要订货则可以在预先确定的基础上做出,而不需要经过实际清点。对重新入库的物料、业务计算的错误、丢失的物料以及损耗物料需要做出处理。

5. 库存物料信息分析

从各种角度对库存物料信息做分析。例如,可以对物料的日常入库或出库的数据进行分析,对物料占用资金情况进行分析,对物料的来源与去向进行分析等,以便为高层进行决策时提供相应的数据和依据。

知识拓展 8-4　数字化盘库技术

8.2.3　库存管理模式

企业要有效地缓解供需矛盾,尽可能均匀地保持生产,甚至参与投机,都必须持有一定的库存。但是库存常常掩盖生产经营过程中不确定的需求与预测、不可靠的供应产品与服务的质量问题以及生产能力不足等诸多问题,因此企业必须要尽力减少库存来暴露上述潜在问题,从而提高企业的经营管理水平和快速应变能力。供应链中存在的不确定性和由此造成的"牛鞭效应",增加了供应链体系中的整体库存,给供应链中各节点企业带来了不必要的成本负担。但是谁在这个链条中承担的负担更重呢? 谁来现划与管理链条中的各种库存呢?

供应链的库存管理不是简单的需求预测与补给,而是要通过库存管理获得客户服务与利润的优化,其主要内容包括:采用先进的商业建模技术来评价库存策略、提前期和运输变化的准确效果;决定经济批量时考虑供应链企业各方面的影响;在充分了解库存状态的前提下确定适当的服务水平。通过对客户、生产、运输等资源的平衡利用,企业对供应链中不确定性产生的缺货、延迟等风险进行有效的识别、缓解与控制。根据供应链中的库存管理主体及内涵的不同,库存管理主要存在以下四种模式。

1. 传统的库存管理模式

各节点企业的库存管理是各自为政的,物流渠道中的每一个部门都各自管理自有库存,都有自己的库存控制策略而且相互封闭。供应链中传统库存管理模式是基于交易层次之上的由订单驱动的静态单级管理库存的方式。

2. 联合库存管理模式

联合库存管理模式(joint managed inventory,JMI)是一种基于协调中心的库存管理模式,更多地体现了供应链节点企业之间的协作关系,能够有效解决供应链中的"牛鞭效应",提高供应链同步化程度。在这种模式下,强调供应链节点企业同时参与、共同制订库存计划,从而使供应链管理过程中的每个库存管理者都能从相互的协调性来考虑问题,保证供应链相邻两节点之间的库存管理实体对需求预测水平的高度一致,从而消除需求变异放大。任何相邻节点需求的确定都是供需双方协调的结果,库存管理不再是各自为政的独立运营过程,而是供需的连接纽带和协调中心。

在联合库存管理模式中,风险分担思想、减少库存浪费思想、供应商战略联盟思想和避免需求放大思想得以充分展示。

3. 供应商管理库存模式

供应商管理库存模式(vendor managed inventory,VMI)是一种战略贸易伙伴之间的合作性策略,是一种库存决策代理模式。它以系统的、集成的思想管理库存,使供应链系统能够同步化运行。在这种库存控制策略下,允许上游组织对下游组织的库存策略、订货策略进行计划与管理,在一个共同的框架协议下以双方都获得最低成本为目标,由供应商来管理库存,由供应商代理分销商或批发商行使库存决策的权力,并通过对该框架协议经常性的监督和修正使库存管理得到持续的改进。VMI 的好处是可以更好地提高客户服务水平,增加企业的竞争力,提供更精确的预测,降低营运成本,计划生产进度,降低库存量与库存成本,实施有效的配送。

4. 协同式供应链库存管理模式

协同式供应链库存管理模式(collaborative planning forecasting& replenishment,CPFR)是一种协同式的供应链库存管理模式,也叫协同规划、预测与补货模式。该模式建立在 JMI 和 VMI 的最佳分级实践基础上,同时抛弃了两者缺乏供应链集成等的主要缺点,能同时降低分销商的存货量,增加供应商的销售量。它应用一系列处理过程和技术模型,覆盖了整个供应链合作过程,通过共同管理业务过程和共享信息来改善分销商和供应商的伙伴关系,提高预测的准确度,最终达到提高供应链效率、降低库存、提高客户满意度的目的。CPFR 的最大优势是能及时准确地预测由各项促销措施或异常变化带来的销售高峰和波动,从而使分销商和供应商都做好充分的准备,赢得主动。CPFR 采取了多赢的原则,始终从全局的观点出发,制定统一的管理目标和实施方案,以库存管理为核心,兼顾供应链上其他方面的管理。因此,CPFR 更有利于实现伙伴间更广泛深入的合作,帮助制订面向客户的合作框架、基于销售报告的生产计划,进而消除供应链过程约束等。

知识拓展 8-5 沃尔玛的 CPFR 如何实现多赢

8.2.4 库存管理策略

ERP 中库存管理除了要解决传统库存问题外(如何时订货,订多少货,保障供应且库存最小),同时要解决诸如在"哪里库存、存什么货、物料种类及仓库如何搭配、仓位如何管理"等新问题,其根本目的是谋求"通过适量的库存达到合理的供应,使得总成本最低"。现代企业管理者必须保证企业物料的供应和产品的分配像流水线一样顺畅,又不占用过多的企业资金。

为了实现上述目标,库存管理对库存量的控制需要建立在合理的库存控制策略上,好的库存控制策略可以减少企业的成本,支持企业均衡生产,充分地利用市场,给企业带来实在的经济效益。

1. 安全库存

1)设置安全库存的必要性

安全库存是为防止由于不确定因素(如订货期间需求率增长、到货期延误等)引起缺货而设置的一定数量的库存。如果某一期间的需求是固定的,则没有设置安全库存的必要。但是,市场需求和生产中对物料的需求在大多数情况下是波动的,补充库存的交货期也会出现提前或延迟的现象。此外,生产过程中出现的破损,仓库台账上出现的记账误差以及物料计算差错等都会导致库存与需求发生偏差。安全库存正是为了避免出现库存不足,对库存进行适当管理的需求而设置的。

安全库存量是最低库存量,在一般情况下不动用,若一经动用,则应在下批订货到达后立即补齐。安全库存的数量除了受需求和供应的不确定性影响外,还与企业希望达到的客户服务水平有关,这些是安全库存决策时要考虑的主要因素。

安全库存确定的依据是建立在数理统计理论的基础之上的。首先,假设库存的变动是围绕着平均消费速度发生变动,大于平均需求量和小于平均需求量的可能性各占一半。如果实际需求量大于平均需求量则会出现缺货。也就是说,按照平均消费速度确定的库存量,发生缺货的概率是 50%,这在经营中是不允许的。为了避免出现缺货或降低缺货率,需要在库存降低到订货点之前,提前发出订单。高于订货点的部分就相当于安全库存。

安全库存越大,出现缺货的可能性就越小。安全库存过高,会导致剩余库存的出现,占用大量资金,而且从经济性的角度看,保持 100% 的库存服务率付出的成本代价是非常大的。

知识拓展 8-6　SAP 系统安全库存的设定方法

安全库存是作为一种缓冲器来补偿在订货提前期内实际需求超过期望需求量或实际提前期超过期望提前期所产生的需求。安全库存对公司成本有双重影响:降低缺货损失费,提高服务水平,但会增加库存维持费用,即使有安全库存的存在,仍不能保证顾客的每一次需求都能得到保证,因此缺货是不可避免的。

表 8-1 是美国贝尔电话研究所统计的缺货率与安全库存量之间的关系,不难看出,保证绝对不发生缺货付出的代价是非常高的。从经济的角度考虑,应该根据不同物料的用途及客户的要求,将缺货率保持在适当的水平上,允许一定程度缺货。

表 8-1　缺货率与库存量关系表

发生缺货的允许概率	必要库存量
1 年 1 次	7600000
2 年 1 次	10000000
5 年 1 次	13400000
10 年 1 次	16700000
不发生缺货	27600000

2)安全库存的计算

安全库存的计算与需求量变化、提前期有关。假设需求的变化服从正态分布,由于提前期固定,因而可以根据正态分布图直接求出在提前期内的需求分布的均值和标准差,或通过直接

的期望预测,以过去提前期内的需求情况为依据,确定需求的期望平均值和标准差。在这种情况下,安全库存的计算公式为

$$S = Z\sigma_d \sqrt{L}$$

式中:

σ_d——提前期内的需求量的标准差;

L——提前期;

Z——定服务水平下需求量变化的安全系数,可根据服务水平由正态分布表查出。

客户服务水平与安全系数对应关系的常用数据如表 8-2 所示。

表 8-2　服务水平与安全系数关系表

服务水平	0.9998	0.99	0.98	0.95	0.9	0.8	0.7
安全系数	3.5	2.33	2.05	1.65	1.29	0.84	0.53

【例 8-1】某企业的某种物料平均每天需求量为 800 件,并且该物料的需求情况服从标准差为 30 件/天的正态分布,如果提前期是固定的常数 6 天,要求客户服务水平不低于 95%,试确定安全库存量的大小。

解:根据公式得:$S \geqslant 1.65 \times 30 \times \sqrt{6} = 121.25$(件),服务水平不低于 95%,确定最小安全库存量为 122 件。

还可以根据提前期变化、客户需求量固定以及两者同时发生变化,分别求安全库存量。

2. ABC 分类法及其库存控制策略

1)ABC 分类法

ABC 分类法又称帕累托分析法,它是根据事物在技术或经济方面的主要特征进行分类排队,分清重点和一般,从而有区别地确定管理方式的一种分析方法。由于它把被分类对象分成A、B、C 三类,所以称为 ABC 分类法。

一般情况下,库存物料存在着这样的规律:少数库存物料占用着大部分库存资金,相反,大多数的库存物料只占用小部分库存资金。ABC 分类法就是利用库存资金占用之间的这种规律对库存物料进行分类,如图 8-1 所示。

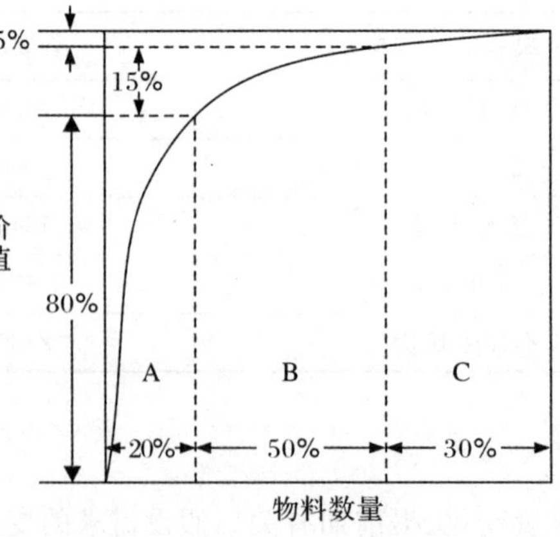

图 8-1　库存的 ABC 分类法

A 类库存物料,即高价值物料,往往占有 70％～80％ 的库存资金,而其品种数只占库存物料总数的 10％～20％。

B 类库存物料,即中价值物料,占有 15％～20％ 的库存资金,品种数占 20％～25％。

C 类库存物料,即低价值物料,占有 5％～10％ 的库存资金,品种数占 60％～65％。

许多公司在此基础上可做进一步分类,例如加一个 D 类或把 A 类再细分为 AAA 与 AA 和 A 三等。

ABC 分类法的意义在于根据库存物料重要程度的不同,实施不同的库存控制策略。例如,对 A 类物料的订货点、订货量及库存信息的准确性要求比 C 类物料高得多。

【例 8-2】利用 ABC 分类法对只有 10 种物料的企业的库存(见表 8-3)采用分类库存控制策略。

解:第一步,列出这些物料及其年度使用量,然后用单位成本乘以年度使用量,得到每种物料的年度使用金额,如表 8-3 所示。

表 8-3　物料年度使用金额汇总

物料编号	物料每年使用件数	单位成本/元	年度使用金额/元	序号
P-201	40000	0.07	2800	5
P-202	215000	0.17	36650	1
P-108	4000	0.10	400	9
L-101	100000	0.05	5000	3
L-511	2000	0.14	280	10
L-674	240000	0.09	21600	2
L-221	16000	0.08	1280	6
O-821	80000	0.06	4800	4
O-910	10000	0.07	700	7
O-101	5000	0.09	450	8

第二步,按年度使用金额对这些物料进行降序排序,按序号排列这些物料,并计算出累计年使用金额(将所有物料的年使用金额加起来确定总的年使用金额)。将每种物料的年使用金额数除以总金额,得到每种物料占总使用金额的百分比,在此基础上再计算累计百分比,如表 8-4 所示。

表 8-4　物料年度使用金额累计百分比排序

物料编号	物料每年使用件数	单位成本/元	年度使用金额/元	所占百分比	累计百分比	序号	类别
P-202	215000	0.17	36550	49.49％	49.49％	1	A
L-674	240000	0.09	21600	29.24％	78.73％	2	A

物料编号	物料每年使用件数	单位成本/元	年度使用金额/元	所占百分比	累计百分比	序号	类别
L-101	100000	0.05	5000	6.77%	85.50%	3	B
O-821	80000	0.06	4800	6.50%	92.00%	4	B
P-201	40000	0.07	2800	3.79%	95.79%	5	B
L-221	16000	0.08	1280	1.73%	97.52%	6	C
O-910	10000	0.07	700	0.95%	98.47%	7	C
O-101	5000	0.09	450	0.61%	99.08%	8	C
P-108	4000	0.10	400	0.54%	99.62%	9	C
L-511	2000	0.14	280	0.38%	100.00%	10	C

第三步,检查年使用金额和物料数的分布情况,并根据相对年使用金额和物料数的百分比对物料进行分组。考虑影响物料重要性的其他因素,调整物料分类。假定 A 类物料占总年度使用金额百分比是 80% 左右,B 类所占百分比是 15% 左右,且 B 类物料数占总物料数的30%。则 A 类将包括第一与第二两种物料,第三到第五这三类项目将属 B 类物料,其余 50%的物料将属 C 类。ABC 分类结果如表 8-5 所示。

表 8-5　基于 ABC 分类法的物料分类结果

	占总项目数的百分比	每组的年使用金额	占总金额的百分比
A=P-202,L-674	20%	58150	78.73%
B=L-101,O-821,P-201	30%	12600	20.29%
C=所有其他	50%	3110	4.21%
总计	100%	73860	100%

企业把最大精力集中于 A 类物料,可使其库存压缩 25%。这就会使总库存成本显著下降,即使 C 类物料由于控制不严而增加了 25% 也不要紧。

2)基于 ABC 分类法的库存控制策略

(1)控制程度。

对 A 类物料,尽可能地严加控制,包括最完备、最准确的记录,最高层监督的经常评审,供应商按订单频繁交货,车间紧密跟踪以压缩提前期等。一般可以每月或每周盘点一次。

对 B 类物料,正常控制,包括良好的记录与常规的关注,一般可以每季或每月盘点一次。

对 C 类物料,尽可能使用最简便的控制方法,诸如定期目视检查库存实物,简化记录或采用最简单的标志法表明存货已经补充了,采用大库存量与订货量以避免缺货,在安排车间作业计划时给以低优先级就可以了。一般可以每年或每季盘点一次。

(2)库存记录。

A 类物料属库存控制重点对象,要严格按照物料的盘点周期进行盘点,检查其数量与质量情况,并要制定不定期检查制度,密切监控该类物料的使用与保管情况,要求最准确、最完整的明细记录,频繁甚至实时地更新记录。对事务文件、报废损失、收货与发货严密控制。

B 类物料只需进行正常的记录处理、成批更新等工作即可。

C 类物料不用进行记录(或只做最简单的记录)、成批更新等工作,以大量计数予以简化即可。

(3)优先级。

在一切活动中,给 A 类物料以最高的优先级以压缩其提前期与库存;对 B 类物料只要求正常的处理,仅在关键时给以较高的优先级;给 C 类物料以最低的优先级。

(4)订货过程。

对 A 类物料提供准确的订货量、订货点与 MRP 数据,对计算机数据需用人工核对,再加上频繁的评审以压缩库存。

对 B 类物料每季度或发生主要变化时评审一次经济订货批量与订货点,MRP 的输出按例行公事处理。

对 C 类物料不要求做经济订货批量或订货点计算,订货往往不用 MRP 做计划,手头存货还相当多时就订下一年的供应量,使用目视评审等即可。

ABC 分类控制法简单、易用,长期以来为许多企业所采用,但 ABC 分类法主要用于最终物料,其核心就是控制关键物料。

3. 经济订货批量模型

经济订货批量(economic order quantity,EOQ),是指库存总成本最小的订货量。

模型假设:①每次订货的订货批量相同;②订货提前期固定;③需求量固定不变;④所有产品的需求都能满足。

经济订货批量的确定是通过某项库存物料的年成本达到最小来确定相应的订货批量,如图 8-2 所示。

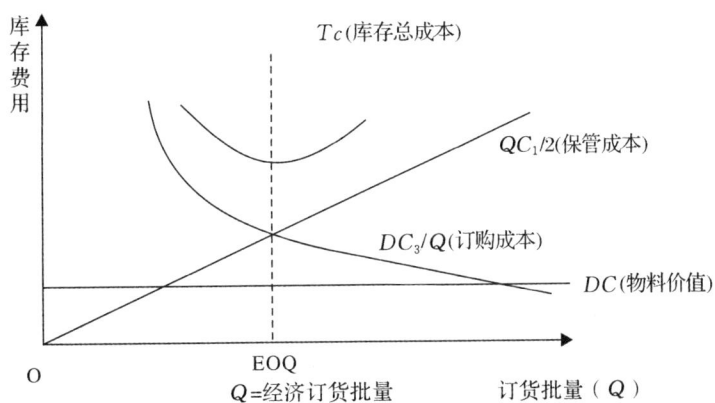

图 8-2　经济订货批量模型图

由图 8-2 可见,库存保管成本随着订货批量增大而增大,订购成本随着订货批量增大而减少,当两者成本相等时总成本(T_c)曲线达到最低点,此时的订货批量为 EOQ。

不同的条件下经济订货批量的计算方法不同,下面是两种情况下 EOQ 的计算方法。

1)理想的经济订货批量

理想的经济订货批量是指不考虑缺货,也不考虑数量折扣以及其他问题的经济订货批量。在不允许缺货,也没有数量折扣等因素影响的情况下:

$$库存的年度总成本 = 物料价值 + 订购成本 + 保管成本$$

即

$$T_c = DC + DC_3/Q + QC_1/2$$

式中：

D——某库存物料的年需求量(件/年)，根据模型的假设条件(3)，可知 D 为常量；

C——库存物料单价(元/件)，不考虑折扣，它也是常量；

C_3——单位订购成本(元/次)；

Q——每次订货批量(件)；

C_1 或 CF——单件库存平均年库存保管费用(元/件·年)；

F——单件库存保管费用与库存单价之比。

若使 T_c 最小，将上式对 Q 求导后令其等于零，得到经济定购批量 EOQ 的计算公式为

$$EOQ = \sqrt{2C_3D/C_1} \text{ 或} \sqrt{2C_3D/CF}$$

经济定购批量 EOQ 对应的库存总成本为

$$T_c = \sqrt{2C_1C_3D} + CD$$

【例 8-3】设某企业年需 A 设备 1000 件，单价为 40 元/件，年保管费率为 25%，每次订购成本为 450 元。求其经济订购批量 EOQ。

解：由题意知，$D=1000$ 件，$C=40$ 元/件，$F=25\%$，$C_3=450$(元/次)，代入上述公式得

$$EOQ = \sqrt{\frac{2 \times 1000 \times 450}{40 \times 25\%}} = 300(件)$$

库存总成本 $T_c = 1000 \times 40 + \frac{1000 \times 450}{300} + \frac{300 \times 40 \times 25\%}{2} = 43000(元)$

即每次订购货批量为 300 件时，库存总成本最小为 43000 元。

2)允许缺货的经济订货批量

在实际生产活动中，订货的到达时间和每日耗用量不可能稳定不变，因此有时难免要出现缺货。允许缺货的经济批量是指订购成本、保管成本和缺货成本最小时总成本最小的批量，其计算公式为

$$EOQ = \sqrt{\frac{2C_3D}{C_1}} \times \sqrt{\frac{C_1+C_2}{C_2}}$$

其中，C_2 为单位缺货成本，其他字母含义与理想的经济订货批量相同。

【例 8-4】在【例 8-3】中，允许缺货，且单位缺货损失 1 元。如果其他条件不变，求允许缺货的经济批量。

解：根据上述公式可得

$$EOQ = \sqrt{\frac{2 \times 450 \times 1000}{40 \times 25\%}} \times \sqrt{\frac{40 \times 25\% + 1}{1}} = 995(件)$$

知识拓展 8-7　TIM 全面库存管理

8.3　ERP 存货核算方法

　　存货是企业一项重要的流动资产，其价值在企业流动资产中占有很大的比重。存货核算是指对企业存货价值(即成本)的计量，用于工商业企业存货出入库核算、存货出入库、凭证处理、核算报表查询、期初期末处理及相关资料维护。ERP 中，存货核算系统与采购、销售、库存管理系统集成使用，才能实现信息在企业内部的传递。为了满足不同行业的需求，存货核算系统提供了不同的计价方法，为不同业务类型的企业提供成本核算，进行出入库成本调整，处理各种异常；方便的计划价/售价功能调整、存货跌价准备提取，可以帮助企业仓库管理人员对库存商品进行详尽、全面的控制和管理；提供的各种库存报表和库存分析可以为企业的决策提供依据，实现降低库存、减少资金占用，避免物品积压或短缺，保证企业经营活动顺利进行。

　　存货计价方法在企业会计政策中是一个重要的生产经营项目，其内涵主要是为了确认存货每次领用消耗与剩余存货的价值。按进货批次的不同，存货的计价也各不相同，新企业会计准则规定，企业应当采用先进先出、加权平均法、个别计价法计算出发出存货实际的成本，并且后进先出法的计价方法在新的准则里被撤销。

8.3.1　先进先出法

　　先进先出法是先购入的物料先出货，其成本属于实物成本，计算机处理时成本价格应由计算机自动分析获得，其单位成本价格应不具有可修改性，出货时用户只录入出货数量，不录入成本单价，由计算机自动分析获得成本单价。为此，计算机必须按时间先后顺序记录购货数量及成本额。该方法的出货成本是按最早的购货价格确定的，用户不能随意挑选存货价格以影响当期利润，因此其存货成本最接近现行的市场价格，能较好地反映资产负债表存货的价值。某企业采用先进先出法进行存货核算实例如表 8-6 所示。

表 8-6　先进先出法

日期(月/日)	业务类型	数量	单价/元	金额/元
	期初结存	10	15	150
1/1	购入	6	16	96
1/2	发出	13		

　　该方法先入库的存货先发出去，计入销售或耗用存货的成本应根据收入存货批次的单位成本 15 元和 16 元依次计算，1 月 2 日总共发出数量满足 13 即可。

$$1月2日　发出成本=10×15+3×16=198(元)$$

8.3.2　后进先出法

　　后进先出法是后购入的存货先出货，和先进先出法一样，其成本应由计算机自动分析获得，其单位成本价格应不具有可修改性。为此，计算机必须按时间先后顺序记录购货数量及成本，出货时由用户录入出货数量，不录入成本单价，由计算机按照和先进先出法相反的顺序分析获得成本。该方法的出货成本是按最近的购货价确定的,用户也不能随意挑选存货计价以影响当期利润。由于后期的价格在正常情况下可能较早期高,因此计价成本可能较高,故可使本期利润降低,但该方法也因此符合会计上的稳健性原则。某企业后进先出法进行存货核算实例如表 8-7 所示。

表 8-7　后进先出法

日期(月/日)	业务类型	数量	单价/元	金额/元
	期初结存	10	15	150
1/1	购入	6	16	96
1/2	发出	13		

后进先出法与先进先出法正好相反,它是假定"后购入的存货先发出",因此最先发出的存货应该按最后购入的单位成本 16 元、其次是最先购入的单位成本 15 元计算。1 月 2 日总共发出数量满足 13 即可。

$$1 月 2 日　发出成本 = 6 \times 16 + 7 \times 15 元 = 201(元)$$

8.3.3　个别计价法

个别计价法对出货成本进行个别计价,适合于对成本较敏感的企业,如大型医院,存货部门购入存货后,要由各部门领用,在成本核算较严格的情况下,各部门的领入成本直接和效益奖金挂钩,这时候必须对成本进行个别计价,即必须按照部门所需产品的市场价格进行计价。在计算机处理上,必须使用户既能录入数量,又能录入成本单价。该方法最接近会计上按成本进行计价的原则,但相对也比较复杂,即使采用计算机,工作量可能也比较大,适用于一般不能互换使用的存货或容易识别、存货品种数量不多、单位价格较高的产品。某企业个别计价法进行存货核算的实例如表 8-8 所示。

表 8-8　个别计价法

日期(月/日)	业务类型	数量	单价/元	金额/元
	期初结存	10	15	150
1/1	购入	6	16	96
1/2	购入	20	17	340
1/3	发出	13		

如果用户选择先发出 1 月 1 日购入的存货,再选择发出 1 月 2 日购入的存货,1 月 2 日总共发出数量满足 13 即可。

$$1 月 3 日　发出成本 = 6 \times 16 + 7 \times 17 = 215(元)$$

8.3.4　全月加权平均法

全月加权平均法是根据期初存货结存和本期收入存货的数量和进价成本,于月末一次计算存货的全月平均单价,以求得本期发出存货成本和结存存货成本。这种方法必须到月底才能获得成本价格,这和计算机即时即得的管理特点相违背,因此没有采用其管理的必要性。某企业全月平均法进行存货核算的实例如表 8-9 所示。

表 8-9　全月加权平均法

日期(月/日)	业务类型	数量	单价/元	金额/元
	期初结存	10	15	150
1/1	购入	10	13	130
1/2	发出	5	14	70
1/3	购入	10	14	140
1/4	发出	4	14	56

采用加权全月平均法,以期初存货数量和本期各批收入存货的数量为权数,去除本月全部收获成本加上月初存货成本,计算加权平均单位成本,据以对存货进行计价。

加权平均单价=(期初结存金额+本期入库金额)/(期初结存数量+本期入库数量)

则全月平均单价=(10×15+10×13+10×14)/(10+10+10)=14(元)

8.3.5　移动平均法

移动平均法是指每次收货后,立即根据库存存货总数量和总成本,计算出新的平均单位成本的一种方法。这种方法因为操作简单,是计算机软件设计中普遍采用的一种方法,软件工程师在设计存货管理程序时,可能不知道这种管理方法的会计学名称,但都采用该方法的管理思路。按照这种方法,在入库时,计算机增加存货的库存量和库存额,在出库时库存额除以库存量即为单位成本。该方法是手工管理下非常繁琐的一种方法,但在计算机管理下却是程序设计最简单的一种方法,因此大多数软件供应商都把这种方法作为存货管理的主要方法。某企业采用移动平均法进行存货核算的实例如表 8-10 所示。

表 8-10　移动平均法

日期(月/日)	业务类型	数量	单价/元	金额/元
	期初结存	10	15	150
1/1	购入	10	13	130
1/2	发出	6	14	84
1/3	购入	10	14	140
1/4	发出	4	14	56

对于出库业务,取当前的结存单价作为出库单价,并自动计算出库成本。

1 月 2 日发出成本单价=(10×15+10×13)/(10+10)=14(元)

发出成本=14×6=84(元)

$$1月4日发出成本单价＝(10×15＋10×13－6×14＋10×14)/24＝14(元)$$
$$发出成本＝14×4＝56(元)$$

8.3.6 计划成本法

计划成本法按计划成本进行度量,在每一种产品上设置该产品的单位计划成本额,出库时由计算机自动获得该成本。计划成本法下计划成本额的确立需要建立在充分调研且具有充分可行性的基础上,但确立的存货计划成本往往随着时间的推移越来越不具有可操作性,因此在存货管理软件和实际管理工作中用得并不多。

知识拓展8-8 存货计价方法的选择对纳税筹划的影响

8.4 ERP中的库存管理

8.4.1 库存管理系统简介

库存管理系统是供应链的重要组成部分,它能够对各种入库业务、出库业务和盘点管理业务进行处理,还可提供仓库货位管理、批次管理、保质期管理、出入跟踪和可用量管理等功能。库存管理系统可单独使用,也可以与采购管理、销售管理、物料需求计划和存货核算、主生产计划、需求规划、车间管理、生产订单等集成使用,进行更全面的管理,发挥更加强大的应用功能。

库存管理可以参照采购管理的采购订单、采购到货单生成采购入库单,并将入库情况反馈到采购管理。

库存管理系统拥有多种多样的管理方式,可以灵活选取。

(1)取价方式。用户可以设置自动带入单价的单据,设置入库单成本来源、出库单成本来源;在填制出入库单时系统可自动带入单价。

(2)多计量单位应用。一个存货可以有多个计量单位,根据换算率的不同,可分为无换算、固定换算率、浮动换算率。固定换算率支持多计量单位,浮动换算率只支持双计量单位。

(3)仓库管理。用户可以按照仓库对存货进行管理,同一存货在不同仓库设置不同的盘点周期、安全库存参数。

(4)货位管理。通过货位管理,可以加强企业对出入库和仓储的管理。

(5)批次管理。用户通过存货的批号,可以对存货的收、发、存情况进行批次管理,可统计某一批次所有存货的收发存情况或某一存货所有批次的收、发、存情况。

(6)保质期管理。用户可以对存货的保质期进行管理,进行保质期预警和失效存货报警。只有批次管理时,才能进行保质期管理,即要进行保质期管理必须先要进行批次管理。

(7)出库跟踪入库。在出库时出库跟踪入库的存货,用户需输入相应的入库单号,可实现对存货的出入库跟踪,同时也是计算存货库龄的依据。

(8)自定义/自由项管理。存货、客户、供应商可设置固定值的自定义项;存货可设置自由项,单据可设置单据头、单据体的自定义项,该自由项、自定义项为可变项。

(9)倒冲业务。对于因包装的不可分割或价值较低的材料,通常会存放在生产线或委外商处(将材料从普通仓库调拨到现场仓库或委外仓库),在产品完工后由系统根据完工或入库产品耗用的材料自动倒扣现场仓或委外仓的材料数量。

(10)权限管理。对操作员的权限进行管理,包括功能权限、数据权限、金额权限,还可对当前系统是否进行有关档案的数据权限控制进行设置,包括仓库、存货、货位、部门、操作员。

(11)订单预留。实现面向客户订单的成品以及所需原材料的现存量的预留,保证客户订单能够有效地得以满足,并按照客户的需求量、供给情况的变化而进行预留量的调整。

(12)库存量管理。对现存量、可用量、预计入库量、预计出库量进行管理。

知识拓展 8-9　盒马鲜生的库存一体化

8.4.2　库存管理系统的初始设置

初始设置包括系统选项设置和期初结存处理。

1. 系统选项设置

库存管理的系统选项设置包含五个选项卡,分别是通用设置、专用设置、预计可用量控制、预计可用量设置、其他设置。

在通用设置中可对业务设置和业务校验等内容进行设置。如在业务校验中可对出库跟踪入库存货入库单审核后才能出库进行设置:打勾选择,默认为否,可随时修改。若选择此项,则出库跟踪入库时只能参照已审核的入库单。还可对"倒冲材料出库单自动审核"进行设置:打勾选择,默认为否,可随时修改。若选择此项,则倒冲生成的材料出库单及盘点补差生成的材料出库单自动审核。

在系统选项中可设置的项目很多,在进行选项设置之前,一定要详细了解选项开关对业务处理流程的影响,并结合企业的实际业务需要进行设置。由于有些选项在日常业务开始后不能随意更改,最好在业务开始前进行全盘考虑,尤其一些对其他系统有影响的选项设置更要考虑清楚。

2. 期初结存处理

期初结存处理用于录入使用"库存管理"前各仓库各存货的期初结存情况。如果系统中已有上年的数据,在使用"结转上年"后,上年度各存货结存自动结转本年。

不进行批次、保质期管理的存货,只需录入各存货期初结存的数量。

进行批次管理、保质期管理、出库跟踪入库管理的存货,需录入各存货期初结存的详细数据,如批号、生产日期、失效日期、入库单号等。进行货位管理的存货,还需录入货位。

知识拓展 8-10　库存期初结存操作向导

8.4.3　库存业务处理

基础设置完成后,就可以进行日常的业务处理,包括入库、出库、盘点、调拨、组装拆卸、形态转换和不合品等业务。

1.入库业务

入库业务是指仓库收到采购或生产的货物,仓库保管员验收货物的数量、质量、规格型号等,确认验收无误后入库,并登记库存账。入库业务单据主要包括采购入库单、产成品入库单、其他入库单。

1)采购入库单

采购入库单按进出仓库方向分为蓝字采购入库单、红字采购入库单;按业务类型分为普通采购入库单、受托代销入库单(商业)、委外加工入库单(工业)。红字入库单是采购入库单的逆向单据。在采购业务活动中,如果发现已入库的货物因质量等因素要求退货,则对采购业务进行退货单处理。

如果发现已审核的入库单数据有错误(多填数量等),也可以填制退货单(红字入库单)原数冲抵原入库单数据。原数冲回是将原错误的入库单,以相等的负数量填单。

(1)采购入库单可以手工增加,也可以参照采购订单、采购到货单(到货退回单)、委外订单、委外到货单(到货退回单)生成。

(2)与质量管理集成使用时,可以参照来料检验单、来料不良品处理单生成。

(3)采购入库单可以修改、删除、审核、弃审。

(4)根据修改现存量时点设置,采购入库单保存或审核后更新现存量。

(5)与委外订单关联的采购入库单保存时,如果有倒冲料则系统自动生成材料出库单。

注意:参照采购订单、委外订单可以填制红字采购入库单,出库数量不得大于累计入库数量。

2)产成品入库单

对于工业企业,产成品入库单一般指产成品验收入库时所填制的入库单据。产成品入库单是工业企业入库单据的主要部分。只有工业企业才有产成品入库单,商业企业没有此单据。

产成品一般在入库时无法确定产品的总成本和单位成本,所以在填制产成品入库单时,一般只有数量,没有单价和金额。

3)其他入库单

其他入库单是指除采购入库、产成品入库之外的其他入库业务,如调拨入库、盘盈入库、组装拆卸入库、形态转换入库等业务形成的入库单。盘盈业务自动生成的其他入库单,也可手工填制。

2.出库业务

出库业务是指仓库进行销售出库、材料出库。出库单据包括销售出库单、材料出库单、其他出库单。

1)销售出库单

销售出库单是销售出库业务的主要凭证,在库存管理系统中用于存货出库数量核算,在存货核算系统中用于存货出库成本核算(如果在存货核算系统中销售成本的核算选择依据销售出库单)。

对于工业企业,销售出库单一般指产成品销售出库时所填制的出库单据。对于商业企业,销售出库单一般指商品销售出库时所填制的出库单。

2)材料出库单

对于工业企业,材料出库单是领用材料时所填制的出库单据,当从仓库中领用材料用于生产或委外加工时,就需要填制材料出库单。只有工业企业才有材料出库单,商业企业没有此单据。

对于生产倒冲或委外倒冲的材料,在产成品入库或委外入库(指业务类型为委外加工的采购入库)保存时,系统按规则自动生成材料出库单。

材料出库单可以手工增加,可以配比出库,可以参照生产订单系统的生产订单用料表生成,可以参照委外管理系统的委外订单用料表生成,或根据限额领料单生成;材料出库单还可以在产成品入库单、采购入库单、生产订单工序转移单保存后由系统自动生成;倒冲仓库盘点的盘点单审核后可自动生成材料出库单。

材料出库单可以修改、删除、审核、弃审,但根据限额领料单生成的材料出库单不可修改、删除;自动倒冲或盘点补差生成的材料出库单不允许删除;自动倒冲或盘点补差生成的材料出库单根据倒冲材料出库单自动审核设置,可自动审核。

根据修改现存量时点设置,材料出库单保存或审核后更新现存量。

3)其他出库单

其他出库单是指除销售出库、材料出库之外的其他出库业务,如调拨出库、盘亏出库、组装拆卸出库、形态转换出库、不合格品记录等业务形成的出库单。盘亏业务自动生成的其他出库单,也可手工填制。其他出库单还可参照设备作业单生成,实现备件的领用。

3. 盘点业务

1)业务流程

盘点业务流程有以下步骤:选择盘点类型以增加一张新的盘点表,打印空盘点表,进行实物盘点并将盘点的结果记录在盘点表的盘点数和原因中,实物盘点完成后根据盘点表将盘点结果输入计算机的盘点表中,打印盘点表且将打印出的盘点报告按规定程序报经有关部门批准,将经有关部门批准后的盘点表进行审核处理。

盘点所需单据为盘点单,它是用来进行仓库存货的实物数量和账面数量核对工作的单据,用户可使用空盘点单进行实盘,然后将实盘数量录入系统,与账面数量进行比较。

2)业务规则

普通仓库盘点的盘点单审核时,根据盘点表生成其他出入库单,业务号为盘点单号,单据日期为当前的业务日期。所有盘盈的存货生成一张其他入库单,业务类型为盘盈入库。所有盘亏的存货生成一张其他出库单,业务类型为盘亏出库。

倒冲仓库盘点的盘点单审核时,盈亏量不为 0 的记录生成其他出入库单或材料出库单。盈亏量不为 0 且盘点会计期间内有材料耗用时,将盈亏量分摊到生产订单上,按正数、负数且部门相同的分别生成不同的材料出库单:正数的生成红字材料出库单,负数的生成蓝字材料出库单。盈亏量不为 0 但盘点会计期间内没有材料耗用,则与普通仓库盘点相同,审核时生成其他出入库单。

盘点单弃审时,同时删除生成的其他出入库单、材料出库单;生成的其他出入库单、材料出库单如已审核,则相对应的盘点单不可弃审。

除上面介绍的入库、出库和盘点业务外,库存管理还涉及调拨、组装拆卸、形态转换和不合品等业务。

本章小结

本章涵盖了库存概念、类型、成本构成及库存管理概念、模式、控制策略、存货核算方法等内容。首先引入库存的概念、作用、分类及库存成本的构成,在此基础上介绍了库存管理与仓储管理、库存管理的区别,库存管理的内容和库存管理模式,重点涉及经济订购批量模型和ABC分类法和安全库存等。其次介绍了库存控制策略、存货核算的不同方法,介绍了先进先出法、加权平均法、个别计价法等计算存货的实际成本。最后对库存管理的功能和业务流程进行了简单分析,并介绍了库存管理在 ERP 软件中的实现流程。因为库存管理是 ERP 供应链的基本模块,对企业物料的入库、出库、盘点进行管理,是采购管理与销售管理的主要信息来源。

习 题

一、选择题

1.下面不属于库存管理作用的是( )。

A.提供稳定的销售产品 　　B.保证生产的正常进行

C.平衡企业流通资金的占用 　　D.协调各部门的工作

2.下面( )用于应对供需波动。

A.周转库存 　　B.普通库存

C.安全库存 　　D.在途库存

3.库存的 ABC 分类法是根据( )的物料分类方法。

A.物料功能 　　B.物料类型

C.存储要求 　　D.年使用价值

4.库存管理中的库存成本主要包括( )。

A.物料本身的价值 　　B.订购成本

C.保管成本 　　D.缺货成本

5.按照经济订货批量法,如果一项物料的订货成本增加,将产生什么影响?( )

A.订货量将增加 　　B.订货点将增加

C.订货量将减少 　　D.订货点将减少

6.如果订货数量增加,而年需求量不变,如下哪种情况将会出现?( )

A.保管成本增加,订购成本也增加 　　B.保管成本增加,而订购成本减少

C.保管成本和订购成本都不变 　　D.保管成本减少,订购成本也减少

7.如果物料的保管成本提高,而其他参数保持不变,经济订货批量将有什么变化?( )

A.仅在一个订货周期稍有降低

B.将增加,且直到保管成本再次调整之前保持不变

C. 将减少,且直到保管成本再次调整之前保持不变

D. 没有影响

8. 根据经济订货批量的原则,如果增大订货批量,下面哪一项成本将增加?(　　)

A. 年库存保管成本　　　　　　　　　B. 订货成本

C. 生产运作成本　　　　　　　　　　D. 客户服务成本

9. 常用的库存管理策略包括(　　)。

A. 批次管理　　　　　　　　　　　　B. 序列号管理

C. ABC 库存管理　　　　　　　　　　D. 订货点法

10. 常见的库存业务包括(　　)。

A. 入库业务　　　　　　　　　　　　B. 出库业务

C. 物料调拨　　　　　　　　　　　　D. 盘点业务

11. 下面哪些库存事务应当在计算机中进行处理?(　　)

A. 当一些物料从一个库位移到另一个库位时

B. 当从某供应商那里接收货物时

C. 当一些物料从一道工序移到下一道工序时

D. 上面说的各种情况

12. 存货管理主要是从(　　)角度管理存货的出入库业务。

A. 数量　　　　　　　　　　　　　　B. 资金

C. 价值　　　　　　　　　　　　　　D. 质量

13. 常用的存货计价方法有(　　)。

A. 全月平均法　　　　　　　　　　　B. 移动平均法

C. 先进先出法　　　　　　　　　　　D. 后进先出法

14. ERP 库存管理系统出现盘亏时,库存管理系统会自动生成一张(　　)。

A. 其他入库单　　　　　　　　　　　B. 其他出库单

C. 采购入库单　　　　　　　　　　　D. 销售出库单

15. 准确的库存记录必须包含如下(　　)信息。

A. 物料的代码、描述、数量和位置

B. 物料成本、订货点和安全库存

C. 销售记录、预测和生产计划

D. 订货点、数量和成本

二、简答题

1. 什么是库存? 给出常见的库存分类。

2. 库存成本包括哪些内容? 在此基础上简述经济订货批量法原理。

3. 库存管理是什么? 简述它与仓库管理、存货管理的区别。

4. 库存管理模式包括哪些?

5. 存货计价方法有哪些? 存货会计计价方法对存货管理模式有何影响?

6. 怎样理解库存控制策略在企业中的作用?

7. 企业设置安全库存的目的何在?

ERP 原理与应用（第二版）

8. 简述 ABC 分类法。

9. 简述在 ERP 中库存管理系统入库、出库及盘点业务如何处理。

10. 举例说明库存记录准确程度的高低是 ERP 系统实施成败的标志。

三、计算题

1. 设某企业年需 A 设备 1200 件，单价为 45 元/件，年保管费率为 20%，每次订购成本为 350 元，求其经济订购批量 EOQ。允许缺货，且单位缺货损失 1 元，其他条件不变，计算允许缺货的经济订购批量。

2. 某企业的某种物料平均每天需求量为 1000 件，且该物料的需求情况服从标准差为 20 件/天的正态分布，如果提前期是固定的常数 5 天，要求客户服务水平不低于 90%，在需求量变化、提前期固定的条件计算安全库存。

3. 某公司以单价 10 元每年购入某种产品 8000 件，每次订购费用为 30 元，资金年利息率为 12%，单位库存保管费按库存货物价值的 18% 计算。若每次订货的提前期为 2 周，试求经济订货批量、最低年库存总成本、年订购次数和订货点。（本题符合经济订货批量假设条件）

案例分析

优衣库的"零库存"管理

让每一款产品大卖，不积压库存是许多企业的终极梦想，这个梦想优衣库实现了。日本连续 20 年通货紧缩，经济萎靡不振，但优衣库却逆市而上，营业额增长 160 倍，利润增长 1500 倍。优衣库之所以能够如此强悍，其核心"杀伤性武器"是"零库存"。所谓"零库存"不是仓库里没有库存，而是指物料（包括原材料、半成品和产成品等）在采购、生产、销售、配送等一系列经营环节中，快速周转的状态，是通过上下游企业的协同作战，实现了库存量的最小化。优衣库平均库存的周转天数是 83.72 天，比国内服装企业快到至少一半以上，那么优衣库著名的"零库存"是通过哪几种方式来实现的？

1. 挑战"常识"

在产品开发模式上，优衣库采用完全不同的产品开发模式，进军所有年龄段和性别都能穿的基本款，在基本款上深度开发。犯错率降低，库存压力很轻；面对的消费者比较全面，而不是局限在某些特定人群，从而形成更大的市场规模；能帮助优衣库在非标准化的服装行业里面挖掘出标准化的品类，使得终端管控标准简单可复制，并在店铺形象、产品展示等方面能呈现一体化的管理。

优衣库的 SKU（库存量单位，保存库存控制的最小可用单位）常年保持在 1000 款左右，而本土休闲服饰企业基本在 2000~5000 款。学习优衣库的电商品牌凡客诚品，最高时 SKU 达到 9 万，有 30 多个库房。尽管 SKU 数不多，但优衣库对每一款都进行了深度开发，一款单品，往往分圆领、V 领，男女老少款全覆盖，尤其在颜色体现上，每个 SKU 多有四五种颜色。

2. 80% 的调控杠杆

优衣库根据上年销售，定下年产量。很多公司制订销售计划和产量计划时，总习惯性加一个增长率，作为公司增长目标。优衣库也有增长预期，但是它的增长更像是水到渠成，而非凭

258

经验人为加上一个增长率。它只把今年的产量计划定为去年 80%，有了这个弹性杠杆，进可以短期内调整产量，退可以保证库存积压。

3. MD 确保 80% 的正确率

MD（商品企划）负责门店的需求测算、需求汇总、模拟整理、每周的监控等。优衣库有一个叫 MD 的部门，负责公司的市场运营。尽管优衣库的规划能力并不突出，但 MD 是个运转稳定的机器，所以能确保 80% 的正确率。不管出现什么错误的决定，商品都能卖光，这个能力才是最恐怖的。优衣库每次周会都会讨论每个部门要放多少货架，提前确定好什么时候卖光，然后每周开会讨论，按照上一周的销量预估商品还有几周能卖光。每周调整促销计划、周计划、月计划、季度计划，然后当周反映在店头的布置上，这是执行力的具体体现。

4. 销售靠数据

优衣库的员工从进公司第一天开始就要观察数字、理解数字、感受数字的变化，然后创造出数字。20 多年来，通过收集每天每时每刻、每款每色每码、每个店铺所有的销售数据，优衣库形成了一个庞大的数据库。通过实时监控、分析销售数据来制定生产量，调整营销方案，优衣库最终基本上做到了零库存。

中国优衣库老总潘宁说："很多企业都苦恼库存的问题，但优衣库没有被'缠住'，与我们随时都能从整体店铺到每一款产品的销售数据得到的支撑密不可分，数字可以说明一切。"

5. "周" 是优衣库管理产品周期的基本单位

7 天，在优衣库什么都有可能发生，店长会根据每周的数据，决定增加某款短裤 S 码的生产量，停止生产某款 T 恤的黄色款，甚至去掉某款外套左胸前的口袋，或者推出某款男士大衣的女士款。这些或大或小的调整都基于消费者对商品的反应。优衣库对销售数据的跟踪以 7 天为单位，销售数字实时地反映出了库存的变动，所以商品摆到架上两个星期后，当季的销售情况基本上就一目了然了。国内许多服装企业习惯靠感觉、经验判断来预测市场，这种做法在过去虽然有效，但是精确性不如数据，也适应不了今天快速变化的市场。销售预测出现偏差，库存积压自然难免。

6. 开店准确率高，靠的也是大数据

优衣库在 2009 年建立天猫旗舰店，在 2018 年双十一前推出"优衣库掌上旗舰店"App，利用天猫旗舰店和掌上旗舰店后台数据可以分析出哪些人在买、单次消费金额、消费频率等，利用这些数据可以精准地指导优衣库将新门店开在中国哪些区域。而准确的开店率，也使得优衣库能最大限度地避免了库存损失。

国内大多服装企业在数字分析能力上滞后许多，一天卖多少货，补货情况怎么样，哪些好销哪些不好销，国内同行能看到一个月前的数据就算不错的了。其实，硬件大家都有，但很少把店铺里发生的事情进行数据总结，以前生意太好做，大家没去重视这个东西，何必这么细这么烦？第二年的产品计划拍拍脑袋就做了，而不是根据数据分析做出的决策。

7. 自下而上的店铺推动总部策略

不同于很多零售商依靠总部发号命令、店铺来执行的做法，优衣库恰恰相反，它认为，总部员工是收集不到信息的，必须通过店员、店长去实现。因此，店铺才是真正推动总部发展的动力。优衣库的经营理念里有一条"商品和店铺是我们跟顾客唯一的接点，店铺是唯一创造利润的场

所。"参加每周一、周二的例行会议是所有中高层最重要的工作,就是讨论店铺里正在发生的事情。

一线员工们的建议经常会导致新畅销单品的产生。2010年秋季男式羊仔毛外套上市后,中国门店的员工发现S号在上市一周后就销售一空,而购买者都是女性顾客,这个信息被反馈到总部,很快,女式羊仔毛外套被迅速生产出来,搁上货架。优衣库的热门商品都是根据店员观察顾客的反应、然后结合店长意见制做出来的。成品商品化后,第二年再根据市场实际反应做出改善,在第三年依然如此,不断收集顾客意见,最终成为引发热潮的畅销商品。

8.发展直营店而不是加盟商

第一时间掌握店铺里发生的事情,在"快时尚"行业尤为重要,季节更迭和时尚潮流的变化导致服装需求变化快,对一线销售做出快速决断,往往能把握住转瞬即逝的商机。除了数据管理,优衣库可以在第一时间掌控到真实有效的信息,最根本的原因在于其直营店模式。

很多服装品牌在零售端采取加盟模式,虽然能带来巨大现金流和深入的渠道,方便企业快速扩张,却使得信息收集环节出现断层,根本无法掌控消费终端最真实的数据,知道消费者要什么。库存问题就是集中反映。

问题:

1.优衣库真正意义上的"零库存"是什么?

2.优衣库通过哪些举措来实现"零库存"?

3.结合所学知识,搜集数据化背景下企业库存控制策略。

第9章 财务管理——ERP 运行的资金流监控

本章要点

教学目标

通过本章的学习,在了解财务管理基本内容的基础上,掌握 ERP 总账管理、报表管理、固定资产管理、应收账管理、应付账管理等概念,理解财务管理各组成部分的主要功能和业务流程,熟悉用友财务管理系统相关功能;掌握成本管理的作用,熟悉企业成本构成,会进行产品成本计算,会利用作业成本法进行成本分析和核算;了解 ERP 中财务管理子系统是如何解决传统财务管理中存在的各种问题和挑战的。

教学要求

知识要点	能力要求	相关知识
总账管理	(1)掌握总账管理的作用和功能 (2)掌握企业的会计循环及账务处理程序 (3)了解 ERP 中报表管理的基本操作	总账管理 会计循环 账务处理程序
应收账管理	(1)掌握应收账管理的作用和功能 (2)了解应收账管理的基本操作	应收账作用 应收账功能
应付账管理	(1)掌握应付账管理的作用和功能 (2)了解 ERP 应付账管理的基本操作	应付账作用 应付账功能
固定资产管理	(1)掌握固定资产管理的作用和功能 (2)了解 ERP 固定资产管理的基本操作	固定资产管理的作用 固定资产管理的功能
成本管理	(1)掌握成本管理的作用、功能及成本构成 (2)掌握作业成本法(ABC)的基本内容 (3)了解成本分析过程	成本构成 成本分析 作业成本法

引 例

华为财务共享、财务智能化支持企业业务拓展

随着企业发展战略的变化调整,传统的财务管理逐渐暴露出流程复杂、数据滞后、效率低、只懂财务不懂业务等问题,严重影响到集团企业的管理和决策,财务共享中心已然成为当下财务转型最受肯定和欢迎的方式。而每一次信息技术的变革,必然引发财务运作流程与组织模式的变革。在大数据、云计算等信息技术的推动下,智能化必将对管理会计和财务转型产生颠覆性影响,财务智能化转型已经成为大势所趋。

华为作为一家产品和解决方案供应商,其产品已经应用于140多个国家的信息与通信解决方案,其财务组织着眼于如何更好服务企业在全球范围内的拓展。在华为的组织架构中,财经体系是一个独立的部门,集中管理公司所有财务人员。华为的整个财务职能大体被分为三块:会计核算(账务)、财经管理和审计监控(内审),只有同时保障账务和内审的财务数据是足够准确的,财经管理的决策才值得信任。

自2006年起,华为在全球范围内统一体系规范,陆续建立了七大区域账务共享中心。共享中心的建立和网络的完善,加强了公司总部对全球业务的财务控制,成为财务内控有效实施的最强有力的保障;同时通过持续推动流程的标准化与简化,大幅提升了财务专业流程的运行效率,创建了财务职能卓越专精、精益管理的领先实践。构建全球共享服务网络,对于华为而言是创建了一个全球标准化的财务会计处理与核算管理平台,为华为在过去10多年业务的腾飞提供了很好的财务资源保障和风险控制基础。共享的首要目标不是为了成本的节约,而是集团企业加强财务管控的强有力的手段。财务共享最终是为业务服务的,因此共享的运营模式配合业务布局来设置。

在全球统一核算方面,华为的账务集中管理模式在数据处理上有个基本要求:每个数据进行多维度的运算。尽可能把所有数据的维度体现在核算中,未来才能根据不同需要生成各类报表。如向税务报税时,需要根据数据的维度提取法人实体报表;当用于内部考核时,就可以提取出相应的区域报表、产品线报表、客户群报表。

如今,华为账务核算已经实现了全球7×24小时循环结账机制,充分利用了其共享中心的时差优势,在同一数据平台、同一结账规则下,共享中心接力传递结账作业,极大缩短了结账的日历天数。24小时系统自动滚动调度结账数据,每小时处理4000万行数据,共享中心循环结账,以最快的速度支撑着经营数据的及时获取。

资料来源:https://www.360kuai.com/pc/955cbbfd4dafc66fe? cota = 3&kuai_so=1&sign=360_57c3bbd1&refer_scene=so_1

9.1 财务管理概述

目前国内企业的信息化程度参差不齐,不少企业的会计电算化软件只是单纯地从财务处理的角度减轻了会计人员的负担,仅仅实现了由手工到计算机自动操作的步骤,与业务的结合并不紧密,从而没有发挥出财务管理的重大作用。ERP中销售业绩、库存成本、采购管理、绩效考核等数据都需要在财务模块中集中体现;企业的每一项经营活动几乎都与成本、费用或业

绩挂钩,管理会计思维跃然纸上。因此,财务管理对于企业而言非常重要,加强 ERP 中财务管理模块与业务模块的集成性具有重要的研究意义。

国内 90% 以上的企业都采用了计算机管理财务,部门级的财务软件虽然提高了财务人员的工作效率,但实际上形成了信息孤岛,并未给企业整体效益带来明显提高。已形成的工作习惯在一定程度上阻碍了财务与业务的信息集成,甚至有企业片面强调财务信息的重要性而坚持让财务信息管理处于自成体系状态。实际上,企业的财务信息,无论是管理会计的预算、控制等信息,还是财务会计的应收、应付日常业务信息,都与企业生产经营业务有着不可分割的紧密联系。因此,ERP 的财务管理模块与其他业务模块之间有着密切的数据交流关系。

9.1.1　财务管理与其他子系统的关系

财务管理上接企业高管,下接每位员工;左接采购、运营,右接营销、服务;前接核算报表,后接分析决策。因此,企业的财务管理涉及企业的各个职能部门。比如,采购部门根据采购计划下达采购订单,采购合同接受财务部门的监督;供应商根据采购订单和合同送货,企业物流部门根据订单验收货物,签收收货单并交财务;来料检验合格后入库,仓库开具入库单并交给财务部门,财务部门记入相应科目,并按协议与供应商结算,记入银行存款和现金科目;生产部门统计生产工时、物料耗费等报给财务部门,财务部门根据各个部门和岗位的工资卡片计算应付工资和结账人工成本等,并根据材料成本核算生产成本;销售部门销售产品、服务,由库存部门开具出货单交财务部门,销售发票交财务处理,有关的销售费用单据也交财务部门,财务部门根据有关原始单据凭证等记入销售收入等科目,所有科目汇入总账,月末财务进行结转利润和费用等。ERP 中财务子系统与其他子系统的关系如图 9-1 所示。

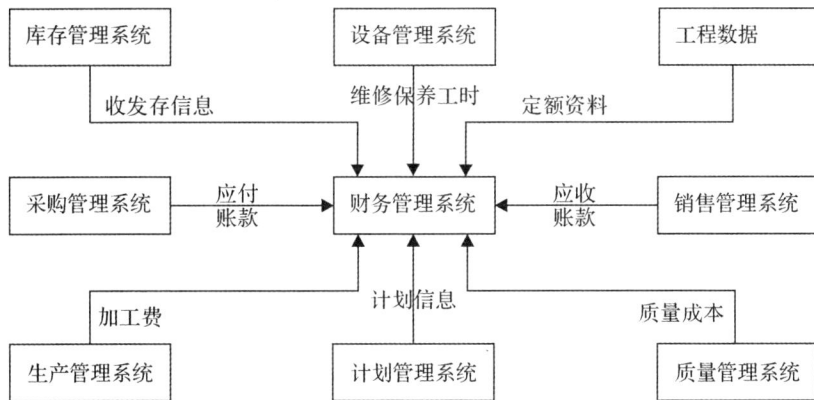

图 9-1　ERP 中财务管理子系统与其他子系统的关系

9.1.2　财务管理的内容

ERP 财务管理涉及财务会计和管理会计内容,如 ERP 中的账务处理、应收账管理、应付账管理、固定资产管理等为财务会计的内容,成本管理则采用管理会计方式。

由于 ERP 的财务管理集成了采购管理、销售管理、库存管理、设备管理、固定资产管理等所有与企业有关的财务活动,因而它比单一的计算机财务系统集成度高、信息处理及时。根据集成财务系统的特点,ERP 财务管理职能通过总账管理模块、应收账模块、应付账模块、银行账管理模块、现金管理模块、固定资产管理模块、工资管理模块和成本核算模块等实现,各模块间的关系如图9-2所示。总账管理是财务管理的核心,其他模块都以总账模块为核心来传递信息。

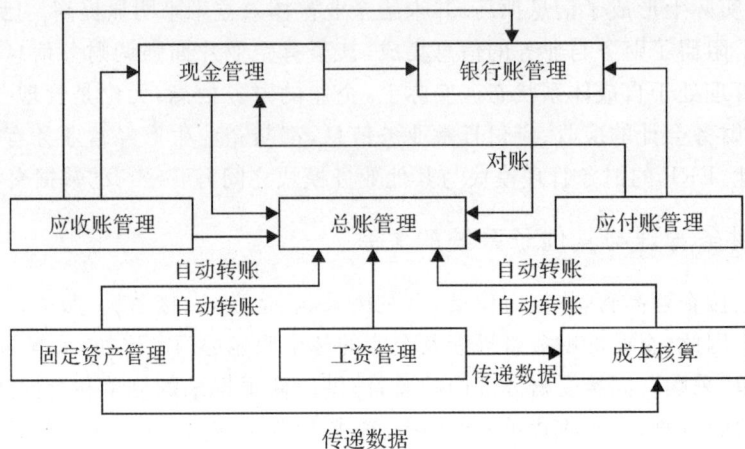

图9-2　财务管理各职能模块的联系

后续章节内容将对 ERP 财务管理中的总账、应收账、应付账、工资、固定资产、现金管理、成本管理、财务分析与决策等功能模块进行介绍。

知识拓展9-1　智能财务引领企业数字化的全面转型

9.2　财务管理主要模块

ERP财务管理包含会计核算和财务管理两方面的功能。会计核算功能通过总账管理、应收账管理、应付账管理、现金管理、固定资产管理、工资核算、成本核算等来实现。会计核算是财务管理的基础。

财务管理功能主要通过财务计划实现,包括根据前期财务分析做出下期的财务计划、预算等。财务分析主要进行财务绩效评估,一般来说可以完成比率分析(如资产管理比率分析、负债比率分析等)、结构分析(如资产负债结构分析、损益结构分析、各项收入和各项费用结构分析等)、对比分析(如本年与上年同期对比分析、实际数与计划数对比分析等)和趋势分析(如任意会计科目各期变动情况分析等)。财务决策的中心内容是做出有关资金的决策,包括资金筹集、投放及资金管理。

9.2.1　总账管理

从本质上讲,总账是企业所有业务交易的完整记录。总账及整个财务信息系统的范围包括库存管理的物料进出单据、应收账管理和应付账管理的收款单等交易明细资料。总账处理包含记账凭证输入、登录,输出日记账、明细分类账和总分类账,编制主要会计报表工作。

1. 企业的会计循环

企业在一个会计期间内,其会计工作必须经历填制和审核会计凭证、登记会计账簿、结账与编制会计报表、会计报表分析利用等一系列会计程序。这些会计程序从一个会计期间的期初开始,至会计期末结束,循环往复,周而复始,故称之为会计循环。

(1)填制和审核会计凭证。首先,取得或编制原始凭证,即企业发生经济业务和会计事项后,必须取得或编制有关原始凭证,然后会计人员对性质相同的原始凭证汇总后,作为记账的依据。其次,编制记账凭证,即会计人员根据审核无误的原始凭证或原始凭证汇总表,根据已设置的账户,采用复式记账原理,编制记账凭证。

(2)登记账簿。根据审核无误的记账凭证中的借方、贷方账户和金额,登记日记账、明细分类账和总分类账。根据权责发生制的原则,调整有关账户的经济业务,处理会计期间需要递延或预计的收入和费用项目。

(3)编制会计报表。根据结账的账户余额、本期发生额和相关资料,编制资产负债表、利润表、现金流量表等会计报表。

2. 会计程序中涉及的凭证、账簿和报表

(1)原始凭证。原始凭证又称原始单据,是在经济业务发生或完成时取得或填制的,用以记录、证明经济业务已经发生或完成的原始证据,是进行会计核算的原始资料,如购买商品时取得的发票、材料入库时填制的入库单。原始凭证按照填制人的不同,可分为自制原始凭证和外来原始凭证两种。自制原始凭证一般包括领料单、工资结算单、费用分配表等凭证;外来原始凭证一般包括发运单、购货发票、银行进账单等凭证。

(2)记账凭证。记账凭证是会计人员根据审核无误的原始凭证或汇总原始凭证,按照经济业务的内容加以归类、整理,用来确定会计分录而填制的直接作为登记账簿依据的会计凭证。编制记账凭证可以看成是一种"翻译"工作,会计人员通过记账凭证用会计特有的语言重新描述了企业发生的经济业务。记账凭证通常采用收款凭证、付款凭证和转账凭证三种。

(3)日记账。日记账又称序时账,是按照经济业务发生的先后顺序登记的账簿。日记账一般分为两种,即现金日记账和银行存款日记账。

(4)明细分类账。明细分类账简称明细账,是根据记账凭证或原始凭证登记的一种账簿。每一企业必须设置各种明细分类账。明细分类账簿的账页格式一般需要根据所反映内容的不同,在借贷余三栏式账页、数量金额式账页和多栏式账页中选择。

(5)总分类账。总分类账简称总账,是根据总分类科目设置的,一个企业都要有一本总账,而且只能有一本。总分类账簿的账页格式采用三栏式账页。

(6)会计报表。财务报告包括会计报表(主表和附表)、会计报表附注和财务情况说明书。会计报表是财务报告的主干部分,是以企业的会计凭证、会计账簿和其他会计资质为依据,以货币作为计量单位总括地反映企业的财务状况、经营成果和现金流量,按照规定的格式、内容和填报要求定期编制并对外报送的书面报告文件。由于它一般以表格的形式简明扼要地体现出来,因而称为会计报表。企业应该对外提供的会计报表主要包括资产负债表、利润表和现金流量表。会计报表附注是财务报告不可缺少的组成部分,是对会计报表本身难以充分表达或无法表达的内容和项目,以另一种形式(如脚注说明、括弧旁注说明等文字形式)对会计报表的编制基础、编制依据、编制原则和方法及主要项目所做的补充说明和详细解释。财务报告体系中包括一定量的报表附注,可以提高会计报表内有关信息的可比性,增进会计报表内有关信息的易懂性,详细说明,重点披露,突出有关会计信息的重要性。

3. 总账管理的功能

在 ERP 中总账管理主要有以下功能:定义会计核算单位,定义会计科目和会计期间,定义记账本位币、税率、银行账号,通过手工输入或自动方式制作各类记账凭证,记账凭证过账,建立日记账、总分类账和明细分类账,进行试算平衡并编制试算平衡表,计算费用摊销,编制资产负债表、利润表和现金流量表,提供多公司账务合并和公司内部往来账务处理,具有自动制表功能,可以计算汇兑损益。

9.2.2 应收账管理

1. 概念

应收账是指企业因销售商品、材料、物资或提供劳务等业务应向客户收取的账款。应收账可以按照不同货币和不同客户设立账户。在应收账的账务处理中,往往会产生各种应收票据,如期票、汇票和支票,这些应收票据要有收到和签发处理、到期收回和偿付处理、贴现处理、票据登记处理,还要有坏账处理和客户账龄报告和分析。

应收账款记录和管理客户的核算资料是销售管理的一部分,同时应收账款的所有交易(如应收账款的产生、收款作业等)资料也将进入总账管理,即应收账管理不仅是财务会计的一部分,同时通过与销售管理集成,向销售管理提供有效的进行客户管理所需的信息。

2. 功能

(1)发票管理。发票管理将订单信息传递至发票,并按订单查询发票和信用证的功能,列出需要审核的发票和信用证,打印已审核的发票和信用证,提供发票调整的审计线索,查询历史资料。

(2)客户管理。提供有关客户的信息,如使用币制、付款条件、折扣代号、付款方式、付款银行、信用状态、交易信息(如交易金额、折扣额)等。

(3)付款管理。付款管理提供多种处理方法,如自动处理付款条件、折扣、税额和多币种的转换,列出指定客户的付款活动及指定时期内的信用证的应用情况。

(4)账龄分析。建立应收账客户的付款到期期限,为客户打印结算单的过期信息,并打印对账单。

(5)借贷通知单。当发票过账至应收账,产生汇票、计算财务费用或接受未指定用途的付款都会产生借贷通知单,并且所有的借贷通知单的金额将会汇总起来得出客户的余额。

(6)生成会计分录。应收账管理能够自动地生成有关应收账的全部会计分录,这些分录可以自动过到总账中去,当然在过账之前,需要认真地检查会计分录是否准确无误。

9.2.3 应付账管理

1. 概念

应付账是企业应付的购货账款,是企业向外赊购商品的会计处理。企业在购入商品时,按照发票价格分别记入购货和应付账账户,如果附有折扣条件的,则在按期偿付账款时将取得的折扣数额贷入购货折扣的账户,一般设有应付账账户。

在应付账的账务处理中,往往会产生各种应付票据,如期票、汇票和支票,这些应付票据要有发出和签发处理、到期偿付处理、贴现处理、票据登记处理、税金处理和账龄分析。应付账款记录和管理供应商和委外商的核算资料,并成为采购管理和委外管理的一部分,同时应付账款的所有交易(如应付账款的产生、付款作业等)资料也将进入总账管理。

2. 作用

(1)减少处理应付账款时间。应付账简化了发票付款的处理流程,在发票与采购入库匹配时,大大减少了执行三方核对的时间。由于现金需求分析可模拟付款决策的效果,能方便而准确地计算出推荐的支付金额。应付账可以自动打印支票,并提供对关键信息的联机查询以支持付款决策。

(2)改进现金支付的控制。现金支付的控制保证了由供应商开出的所有发票以及开给供应商的所有支票都经过了审核。这样,很容易在支票发出前的付款处理的每一步,验证入库和付款信息。支票发出以后,也可以执行支票核对。

(3)提高商业信用。应付账可以协助企业及时向供应商付款并获得折扣,由此得到更大的优惠。利用该功能能够更好地理解现金需求,有更多的时间进行决策。应付账协助企业更有效的利用商业信用、改进现金周转、发票自动传递功能,从而避免了重复劳动。

3. 功能

应付账管理主要具有发票管理、供应商管理、付款管理、账龄分析等功能。

(1)发票管理。将发票输入后验证发票上所列物料的入库情况,核对采购订单物料,计算采购单和发票的差异,查看指定发票的所有采购订单的入库情况,列出指定发票的有关支票付出情况,制定供应商的所有发票和发票调整情况。

(2)供应商管理。提供每个物料的供应商信息,如使用币别、付款条件、折扣代码、付款方式、付款银行、会计科目和交易信息。

(3)付款管理。可以处理多个付款银行与多种付款方式,能够进行支票验证和重新编号,将开出支票与银行核对,查询指定银行开出的支票和作废支票。

(4)账龄分析。可以根据指定的过期天数和未来天数计算账龄,也可以按照账龄列出应付账款的余额。

9.2.4　固定资产管理

1. 概念

固定资产是指一个企业在生产经营中使用比较持久性的而不打算出售的各项资产。固定资产是企业的重要资源,由于它占用企业大量的资金,因此,固定资产管理是企业一项重要的基础性工作。企业应根据自身的情况制定固定资产目录与分类方法、各类或各项固定资产的折旧年限和折旧方法,这些方法可作为企业固定资产核算的依据。

固定资产管理的基础数据有固定资产分类、固定资产科目设置(如固定资产、累计折旧、租金费用等)和固定资产卡片等。企业固定资产的业务处理有固定资产增减、出租与租入、修理与折旧等。

2. 功能

ERP 的固定资产管理主要有基础数据维护、固定资产折旧管理、固定资产增减管理、固定资产维修管理和固定资产租赁管理等功能。

(1)基础数据维护。对固定资产分类,定义固定资产科目(如固定资产、累计折旧、租金费用等),维护和管理固定资产卡片。

(2)固定资产折旧管理。所谓资产折旧,是指将固定资产的原始成本分配到使用资产的各个会计期间的过程。固定资产折旧管理主要通过设置折旧参数和折旧方法来计算折旧费用,并自动生成记账凭证。其中,折旧参数主要包括折旧基数、净残值、折旧年限等。

(3)固定资产增减管理。固定资产增减管理包括固定资产的增加和固定资产的减少两个功能。其中,固定资产增加包括投资者投入固定资产、企业购入固定资产、接受捐赠固定资产、盘盈固定资产、融资租入固定资产等处理功能;固定资产减少包括出售固定资产、报废固定资产、事故毁损固定资产、投资转出固定资产、盘亏固定资产等处理功能。

(4)固定资产维修管理。固定资产的维修按照其修理范围的大小和修理时间长短,可分为经常性修理和大修理。对经常性修理所需的费用,因数额较小,一般在发生时就直接计入当期损益。对大修理费用,因数额较大,一般采用预提方法或待摊方法。

(5)固定资产租赁管理。固定资产租赁管理包括对固定资产的租入和租出的租赁合同管理及租金管理。其中,租赁合同将作为计算相应费用的依据,其内容包括租赁起始日期、结束日期、费用计算方法、费用明细、付款方式等。租金管理则分为两种情形:对于固定资产的租入,为取得使用权而发生的租金费用应列入当期的有关成本费用中,租入的固定资产不作为自有固定资产入账,而只需要在备查簿中做辅助登记;对于固定资产的租出,由于只暂时转让固定资产的使用权,资产的所有权并未丧失,因此固定资产仍要反映在租出方的账簿中,并计提折旧,而取得的租金收入则列作当期的其他业务收入。

各功能模块之间的业务往来如图 9-3 所示。

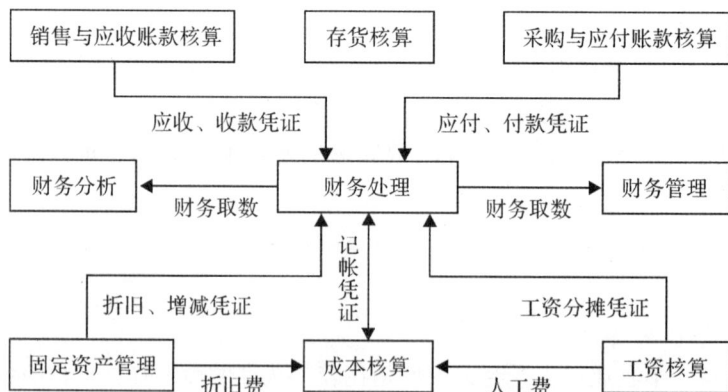

图 9-3 各功能模块之间的业务往来

知识拓展 9-2 我国固定资产折旧年限

9.3　成本管理

成本是指企业在生产经营过程中对象化的、以货币表现的、为达到一定目的而应当（或可能）发生的各种经济资源的价值牺牲或代价。成本是体现企业生产经营管理水平高低的一个综合指标。因此，成本管理不能仅局限于生产耗费活动，已经扩展到产品设计、工艺安排、设备利用、原材料采购、人力分配等产品生产、技术、销售、储备和经营等各个领域。参与成本管理的人员不仅仅是专职成本管理人员，还包括各部门的生产和经营管理人员，并实行全面成本管理，从而最大限度地挖掘企业降低成本的潜力，提高企业整体成本管理水平。

ERP 中，成本管理的数据源是相同的、标准的，没有差异性，成本和收入的监控是每个部门都必须参与进去的，这样就能实现业财一体化。即时性和集成性是 ERP 系统的重要特点，财务会计、管理会计、成本会计相互融合，能够实现对业务数据的精准记录和计量。同时，还能对信息进行加工，使得管理会计能够落到实处。充分利用 ERP 资源能提升成本管理的效率。

9.3.1　成本管理的内容

成本管理是由成本规划、成本计算、成本控制和业绩评价四项内容组成。

（1）成本规划是根据企业的竞争战略和所处的经济环境制定的，也是对成本管理做出的规划，为具体的成本管理提供思路和总体要求。

（2）成本计算是成本管理的信息基础。

（3）成本控制是利用成本计算提供的信息，采取经济、技术和组织等手段实现降低成本或成本改善目的的一系列活动。

（4）业绩评价是对成本控制效果的评估，目的在于改进原有的成本控制活动，激励、约束员工和团体的成本行为。

9.3.2　企业成本的构成

ERP 中成本计算主要包括采购成本、材料定额、各种费用率等，这些基本数据是分别在物料主文件、物料清单、工作中心和工艺路线等文件中保存。这些基本数据，分为数量性数据（工时定额和材料定额等）和价格性数据（材料价格和各种费率等）。数据的准确性直接影响了成本计算的效果。进行成本计算首先需要确定计算成本的对象，然后确定相应的计算周期，核算出成本的实际情况，再分配各项费用，最后确定出成本。

一般成本的计算方法是滚加法，按照低层向高层逐步累积计算，涵盖了成本的全部相关者。这样成本的发生和累积就能够与生产制造过程同步，随着生产制造过程的进行，在材料信息和生产计划信息动态产生的同时，成本信息也就随之生成了。但是根据企业的实际情况不同，其中的细节可能存在一些差异。

变动成本法与完全成本法是管理会计中两种重要的成本核算方法，这两种方法因为对成本的核算切入角度不同，因而在产品成本、存货计价、收益计算方法及提供的信息用途等方面都存在着很大的差异。变动成本法只把产品生产耗费的直接材料、直接人工和制造费用计入产品成本，不包括间接成本，所以也称之为"直接成本法"。所有的固定成本（包括固定制造费用）都作为期间成本，从营业收入中扣除，冲减当期的利润额。因为固定费用为企业提供一定生产经营条件而发生,与产品的实际生产无直接联系,而与时间联系较密切。采取变动成本法的企业其全部成本构成如图9-4所示。

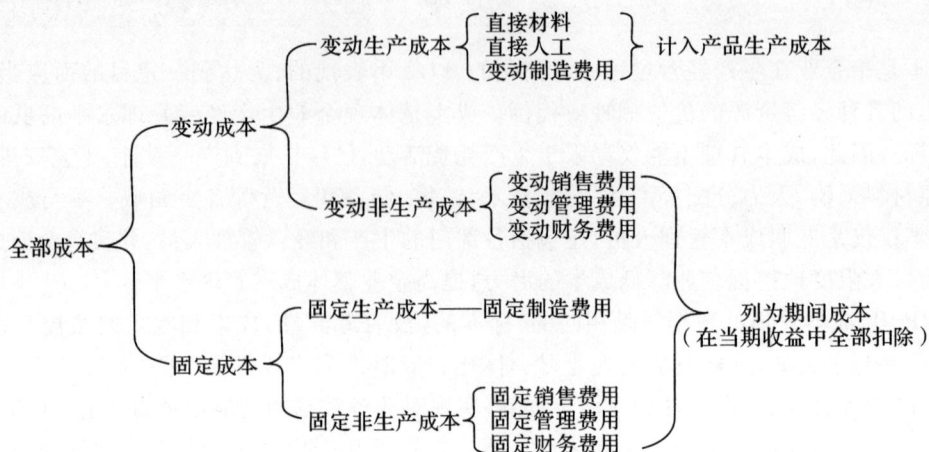

图9-4　变动成本法的成本构成

直接材料是指企业生产经营过程中实际消耗的原材料、辅助材料、备品配件、外购半成品、燃料、动力、包装物以及其他直接材料。可直接取自会计产品成本核算的"直接材料"项目。如企业未按直接材料、直接人工、制造费用设置成本核算项目,则可从会计生产成本科目的借方发生额中,将属于直接材料消耗的项目汇总后填报。

直接人工是指直接改变原材料的形态或性质的所用人工在工作中所耗用的费用。它是直接从事产品制造的生产工人的工资费用,主要有工资、奖金、津贴、补贴和福利。制造费用是企业为生产产品和提供劳务而发生的各项间接成本,包括产品生产成本中除直接材料和直接工资以外的其余一切生产成本。

变动成本法的依据是费用与收益相配比的会计原则,管理费用虽然是企业生产经营过程中发生的费用,但不是在产品制造过程中发生的,其数额的多少不与产量的高低相联系,而与企业生产经营持续期长短相关,不应该递延到下一个会计期间,因而不应计入产品成本,而应与当期收益相配比,直接计入当期损益。

完全成本法是把企业某一会计期间发生的全部生产经营费用,即与产品联系的制造成本和与会计期间联系的管理费用均计入产品生产成本的一种成本计算方法。采用完全成本法的企业的全部成本构成如图9-5所示。

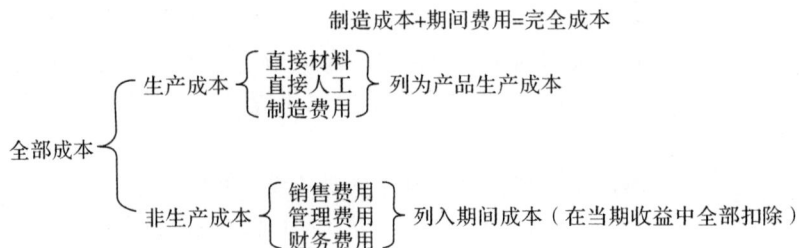

图9-5　完全成本法的成本构成

　　完全成本法下,产品成本中包含直接材料、直接人工和为生产产品而耗费的全部制造费用(包括变动制造费用和固定制造费用),成本随着产品的流转而结转。完全成本法就是在计算产品成本和存货成本时,把一定期间内在生产过程中所消耗的直接材料、直接人工、变动制造费用和固定制造费用的全部成本都归纳到产品成本和存货成本中去。所以不把固定制造费用作为期间成本来处理,而要把当期发生的固定费用分摊到完工产品和在制品中去。

　　由于完全成本法是将所有的制造成本,不论是固定成本还是变动成本,都吸收到单位产品上。在完全成本法下,单位产品成本受产量的直接影响,产量越大,单位产品成本越低,该方法能刺激企业提高产品生产的积极性。但该法不利于成本管理和企业的短期决策。

知识拓展 9-3　变动成本法与完全成本法有何区别

9.3.3　产品成本的计算

1. 直接材料费的计算

　　直接材料费计算的基础是产品的物料清单,计算步骤一般是从最底层的原材料采购开始,逐层往上累加。其相关计算公式如下:

$$本层物料(产品、部件、零件)直接材料费$$

$$= \sum 下层制造件的直接材料费 + \sum 下层原材料的材料费$$

$$材料费 = 材料采购价格 + 采购间接费$$

　　例如,产品甲的 BOM 如图 9-6 所示,根据该图可得到有关产品、部件、零件的直接材料费。

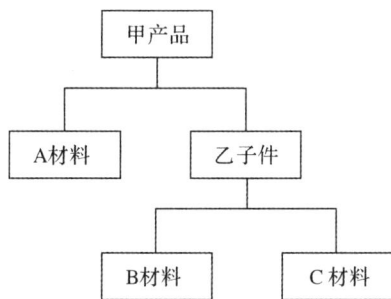

累计材料费(乙子件)=B 材料费+C 材料费
累计材料费(甲产品)=乙子件累计材料费+A 材料费
　　　　　　　　　＝C 材料费+B 材料费+A 材料费
材料费 = 原材料的采购价格 + 采购费用
其中: 采购费用为材料的运杂费、挑选费等相关费用

图 9-6　产品材料费的计算

2. 直接人工费的计算

　　直接人工费是指企业直接从事产品生产人员的工资、福利费、奖金津贴和补助等。其计算公式如下:

$$某产品(或零件)的直接人工费用 = 人工费率 \times 该产品(或零件)实际工时$$

$$人工费率 = \frac{生产人员的工资总额}{各种产品实际工时之和}$$

直接人工费一般采用成本滚动计算法(cost roll-up),其基本思想是利用产品的物料清单从底层逐层往上累加,直至计算出最顶层的最终产品直接人工费。结合图 9-6 的产品 A 的 BOM,可以得到直接人工费的计算过程,如图 9-7 所示。

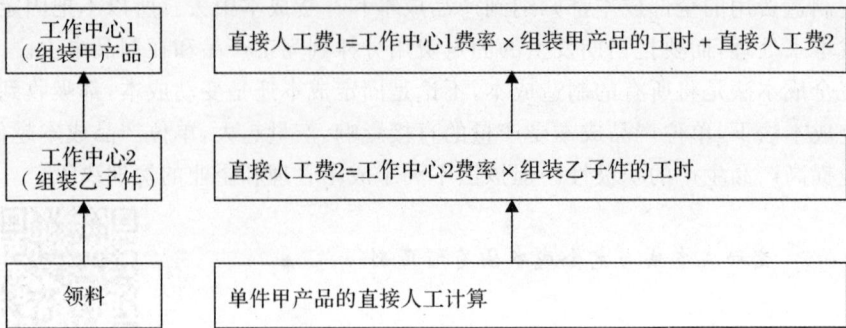

```
┌──────────┐    ┌────────────────────────────────────────────┐
│ 工作中心1  │ ←  │直接人工费1=工作中心1费率×组装甲产品的工时+直接人工费2│
│(组装甲产品)│    └────────────────────────────────────────────┘
└──────────┘                          ↑
     ↑
┌──────────┐    ┌────────────────────────────────────────────┐
│ 工作中心2  │ ←  │直接人工费2=工作中心2费率×组装乙子件的工时        │
│(组装乙子件)│    └────────────────────────────────────────────┘
└──────────┘                          ↑
     ↑
┌──────────┐    ┌────────────────────────────────────────────┐
│  领料     │ ←  │单件甲产品的直接人工计算                         │
└──────────┘    └────────────────────────────────────────────┘
```

图 9-7 直接人工费的计算

3. 制造费用的计算

产品间接成本(制造费用)的计算采用制造成本法。间接费用只计算到车间一级,且由于车间的加工成本主要是在工作中心发生的,因此间接成本要分配到工作中心。另外,企业的管理费用不再计入产品成本。间接成本的计算方法主要由下述三个步骤构成。

(1)确定分配依据。根据企业的有关历史统计资料,结合会计期间生产部门(车间、工作中心)的产能、效率和能力,将辅助生产部门(如锅炉房、动力站、工具及机修车间等)的间接成本分配给各生产车间。不同的成本项目,其分配依据不同。表 9-1 所示为某企业的间接成本分配方案。

表 9-2 企业间接成本分配方案

间接费用成本项目	分配依据
照明费、空调费	建筑面积、空间或使用时间
电力费	用电设备额定功率、使用时间
折旧、保险费、维修费	固定资产价值
车间管理人员工资、福利费、办公费	员工人数
搬运费	搬运物料的次数

(2)计算工作中心的间接费率。分配到生产车间的间接费还要进一步分配到工作中心,为此必须确定各工作中心的间接费率。间接费率是指在一定产量规模、效率和能力水平条件下工作中心的分配系数,因此又称为分配系数或分配率,其单位一般为元/工时或元/台时。间接费率的计算公式如下:

$$某工作中心间接费率=\frac{本期工作中心的间接费用总金额}{本期工作中心的工作小时}$$

(3)归集产品的间接费用。将有关间接费用归集到各个产品,归集方法如下:
某产品在某工作中心的费用额=该产品在该工作中心的间接费率×该产品占用工作中心工时

9.3.4　作业成本法

随着生产自动化程度的提高,在产品成本结构中人工费用的比例日渐减少,而间接费用的比例日益增加。传统的间接费用计算方法已不能反映不同产品消耗间接费用的真实情况,不利于定价,不利于分析各种产品的盈亏,不利于分清增值作业和无效作业。总之,不利于正确决策。而生产产品或提供劳务都需要通过一系列的作业实现,任何作业都要消耗资源并发生成本。作业成本法是通过分析各种作业如何消耗资源,分析消耗资源的合理性以及作业的必要性,从而减少或消除无效作业,实现降低成本的目的。同时,也便于分析生产各种产品具体发生的作业量,使间接费用按照作业量分配,更接近实际,从而使产品定价更合理,也便于真实地分析各种产品为企业带来的利润。成本计算精确,在分析零部件是自制还是外协时也便于正确决策。

作业成本法(activity-based costing,ABC)最早由美国哈佛大学教授卡普兰(R. S. Kaplan)和罗宾·库柏(Robin Cooper)提出。1988 年,他们在《哈佛商业评论》(Harvard Business Review)发表的论文《正确计量成本才能做出正确决策》中详细论述了作业成本法的原理。

1. ABC 法的基本原则

采用 ABC 法,应遵循下述两个基本原则:

(1)作业消耗资源,产品消耗作业,产品产出量的多少决定着作业的消耗量。

(2)生产导致作业的产生,作业导致成本的发生。

2. ABC 法的基本原理

在作业成本法下,间接费用和直接费用都被视为企业为产品消耗作业而付出的代价。对于直接费用的确认和分配,作业成本法与传统的成本计算方法一样;但对于间接费用的分配,则与传统的方法不同。在作业成本法下,间接费用分配的对象不再是产品,而是作业。分配时,首先将资源消耗的成本分配到各作业中心去;然后再将上述分配给作业中心的成本按照各自的成本动因,根据作业的消耗数量分配到各产品。在作业成本法下,对于不同的作业中心,由于成本动因的不同,使得间接费用的分配标准也不同,如图 9-8 所示。

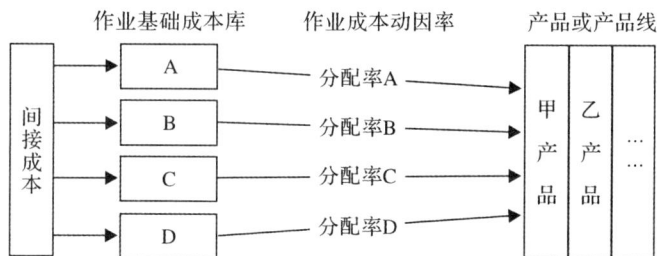

图 9-8　作业成本分配

(1)作业基础成本库。作业基础成本库是指引起间接记入成本的主要作业项目,如生产准备、机器消耗、设备维护、订购事项、材料处理、完工产品存储、发出商品、动力与销售等。

(2)作业成本动因。作业成本动因是定量计量上述作业基础成本库某一项目的某一因素。由于在作业成本法下,可选取使用的成本动因很多,因而应选择容易获得的信息作为成本动因。例如,作业基础成本库中生产准备项目,选择准备时间作为成本动因,而订单事项则选择订货次数作为成本动因。

(3)作业成本动因率。成本动因率是指作业基础成本库的成本数据与成本动因的比率。

3. ABC 法的计算步骤

(1)定义作业(工作点、工作中心)。如果定义某工作中心为 ABC 法计算的作业中心,那么在计算间接费用时,凡是在该工作中心加工的各个产品都会按照 ABC 法进行计算、归集。例如,企业现有的工作中心 WC01。

(2)确定作业成本库中的作业项目(元素)。现有 X、Y 两产品经过工作中心 WC01 进行加工,所对应的作业成本库的元素如表 9－2 所示。

表 9－2 工作中心 WC01 的作业成本集

作业基本成本库元素(简称作业成本元素)	成本金额/元
生产准备	3000
机器消耗	6000
设备维护	2000

(3)确定成本动因。确定两种产品的成本动因,如表 9－3 所示。

表 9－3 成本动因表

成本动因	产品 X	产品 Y
准备时间(小时)	10	20
机器消耗时间(小时)	20	40
设备维护时间(小时)	5	5

(4)计算成本动因率。计算成本动因率,并分配到产品,如表 9－4 所示。

表 9－4 成本动因率及其成本分配表

作业成本元素	成本动因率(＝成本/动因值)	产品 X 的间接成本	产品 Y 的间接成本
生产准备	3000/30＝100	100×10＝1000	100×20＝2000
机器消耗	6000/60＝100	100×20＝2000	100×40＝4000
设备维护	2000/10＝200	200×5＝1000	200×5＝1000

知识拓展 9－4 作业成本法应用的局限性

9.3.5　ERP 在成本控制中的应用

利用 ERP 可以帮助企业在采购、生产、库存、销售和资金等环节控制成本。

1. 采购成本

利用 ERP 控制采购成本,就是要把整个采购过程公开化、透明化、制度化。利用计算机网络,把不同供应商的报价收集在一起,企业的管理人员很容易地调出同一物料不同供应商的报价。同时,建立起对统一供应商的同一物料的质量统计分析,由企业的检验部门、技术部门、供应部门做质量检验。

2. 生产成本

利用 ERP 控制生产过程的成本,目前大多数 ERP 供应商所提供的软件主要是控制废品率、次品率和物料的耗费。首先要设定一个废品率,如果实际废品率在计划成本控制之下,就没有问题。而控制次品率的方式就是利用 ERP 明确哪一个人在哪个时间段生产了哪批产品,以明确该生产者的责任,加强责任心。其次是利用 ERP 控制物料耗用。有了 MRP,各个环节都有详细的物料清单,对于将要生产多少产品,需要多少物料很清楚,可以有效地避免生产环节的物料浪费。

3. 库存成本

利用 ERP 可以解决从原材料库存、半成品库存到产成品库存这个库存环节的成本控制问题。有了 ERP,使得 JIT 在生产环节和库存管理的应用成为可能。JIT 的核心思想就是企业所需物料或产品在恰恰需要的时间、地点和正好需要的数量及时到位,这就需要考虑安全库存和提前期这两个因素。ERP 可以按照生产的节拍和节奏计算出加工批量,并计算出前一个工序什么时候把一个批量给下一个工序,从而使得整个库存的结构都非常合理。

4. 销售成本

利用 ERP 进行销售成本控制也是遵循了计划和控制的思想。利用 ERP 不仅可以更有效地控制和管理应收账款,还可以对销售网络中各网点的库存结构进行动态管理。对于不能按照计划收回的应收账款,ERP 会马上产生一个信息,来控制管理过程,促使应收账款的收回。另外,越来越多的企业存在分销的问题,也就是把产品放在分销网点销售。如何把分销网点的库存结构控制好,是企业控制销售成本的关键。当网点多,产品系列、品种和规格很多时,仅仅依靠人工很难把握销售网点的库存结构,况且网点的销售和库存是动态的,这就必须借助 ERP 来帮助控制。

5. 生产环节的资金运作

生产环节的资金运作也可利用 ERP 进行管理。利用 ERP,可以计划出在什么时间将要购进什么物料或产品,使得提前的时间刚好够用,并且所支付利息的时间尽量缩短。ERP 能够做到工序级的管理,使企业通过 ERP 很清楚地知道企业计划要支出的费用,可以使企业对资金的需求计算得更精确,减少企业在资金上的不合理占用,降低财务成本。总之,企业根据自身的情况,分阶段、分级别地使用 ERP,即使不能达到供应链的零库存的境界,至少也能在不同程度上控制成本。

9.4 ERP中的财务管理

9.4.1 总账管理的初始设置

在用友 ERP - U8 中,一个账套可以由多个子系统组成,这些子系统共享公用的基础信息。在启用新账套时,根据企业的实际情况及业务要求,先手工整理出一份基础资料,然后将这些资料按照系统的要求录入到系统中,以便完成系统的初始建账工作。ERP 总账子系统是对总账管理业务的实现,是财务会计核算的核心,会计核算各模块以总账为核心来进行相互之间的信息传递,业务数据在生成凭证后,全部归集到总账系统进行处理。总账子系统的初始设置需要先启动"总账"模块,再进行该账套基础档案的设置。基础设置的内容主要包括部门档案、职员档案、客户分类、客户档案、供应商分类及供应商档案等。

在"企业应用平台"窗口中,启用总账子系统后,在"设置"选项卡的"基础档案"中进行系统基础信息的设置,设置结果都是为其他模块所共享的。

1.启用总账子系统

(1)单击"开始"按钮,依次指向"程序"→"用友 ERP - U8"→"企业门户"。

(2)单击"企业门户",打开"注册企业门户"对话框,并注册。

(3)单击"确定"按钮,打开"用友 ERP - U8 门户"窗口。

(4)单击"基础设置",双击"基本信息",打开"基本信息"窗口。

(5)在"基本信息"窗口中,双击"系统启用",打开"系统启用"窗口。

(6)在"系统启用"窗口中,选中"GL 总账"前的复选框,弹出"日历"对话框。

(7)选中"日历"对话框中的要求日期后单击"确定"按钮,出现提示信息。

(8)单击提示信息中的"是"按钮,完成总账子系统的启用。

2.设置部门档案

(1)在"用友 ERP - U8 门户"的"基础信息"窗口中,双击"基础档案",打开"基础档案"窗口。

(2)双击"部门档案",打开"部门档案"窗口。

(3)双击"增加"按钮,录入相关信息。

(4)单击"保存"按钮。

3.设置职员档案

(1)在"用友 ERP - U8 门户"的"基础信息"窗口中,双击"职员档案",打开"职员档案"窗口。

(2)单击"增加"按钮,录入相关信息。

(3)单击"保存"按钮。

4.设置客户分类

(1)在"基础档案"窗口中,双击"客户分类",打开"客户分类"窗口。

(2)单击"增加"按钮,录入相关信息。

(3)单击"保存"按钮。

5.设置客户档案

(1)在"基础档案"窗口中,双击"客户档案",打开"客户档案"窗口。

(2)单击左窗口中"客户分类"下的"兰州地区"。

(3)单击"增加"按钮,录入相关信息。

(4)单击"保存"按钮。

6.设置供应商档案

(1)在"基础档案"窗口中,双击"供应商档案",打开"供应商档案"窗口。

(2)单击"增加"按钮,录入相关信息。

(3)单击"保存"按钮。

9.4.2　总账管理的功能实现

用友 ERP - U8 的总账管理系统是财务以及企业管理软件的核心系统,适合于各行各业进行账务核算和账务管理,因此又称之为账务处理系统。总账管理系统既可单独运行,也可同其他系统协同运作。具体包括以下内容:

①系统初始化。它是为总账子系统日常业务处理工作所做的准备,主要包括设置系统参数、设置会计科目体系、录入期初余额、设置凭证类型、设置结算方式等。

②日常业务处理。它主要包括填制凭证、审核凭证、出纳签字、记账、查询和汇总记账凭证。

③出纳管理。它提供支票登记簿功能,用来登记支票的领用情况,并可以查询银行日记账、现金日记账以及资金日报表,定期将银行日记账与银行对账单进行核对,并编制银行存款余额调节表。

④账簿管理。它提供按多种条件查询总账、日记账以及明细账等,具有总账、明细账和凭证联查的功能。

⑤期末处理。完成期末自动转账处理,进行试算平衡、对账、结账以及生成月末工作报告。

总账子系统的日常业务处理流程如下。

1.设置系统参数

(1)在"用友 ERP - U8 门户"中,双击"财务会计"中的"总账",打开总账管理系统。

(2)在总账管理系统中,单击"设置"→"选项",打开"选项"窗口。

(3)在"选项"窗口中,单击"编辑"按钮。

(4)单击"允许修改、作废他人填制的凭证"前的复选框;再单击"凭证审核控制到操作员"前的复选框。

(5)单击"确定"按钮。

2.指定会计科目

(1)在总账管理系统中,单击"设置"→"会计科目",打开"会计科目"窗口。

(2)单击"编辑"→"指定科目",打开"指定科目"窗口。

(3)在"指定科目"窗口中,单击">"按钮。

(4)单击"银行总账科目"前的复选按钮,再单击">"按钮。

(5)单击"确认"按钮。

3. 增加会计科目

（1）在总账管理系统中，单击"设置"→"会计科目"，打开"会计科目"窗口。

（2）单击"增加"按钮，打开"会计科目-新增"窗口。

（3）依次录入科目编码、科目中文名称等。

（4）单击"确定"按钮。

4. 修改会计科目

（1）在"会计科目"窗口中，双击待修改的科目。

（2）在"会计科目-修改"窗口中，单击"修改"按钮。

（3）对该科目进行修改。

（4）单击"确定"按钮。

5. 设置项目目录

（1）在总账管理系统中，单击"设置"菜单中的"编码档案"→"项目目录"菜单，打开"项目档案"窗口。

（2）单击"增加"按钮，打开"项目大类定义-增加"对话框。

（3）录入新项目大类名称"自建工程"。

（4）单击"下一步"按钮，打开"定义项目级次"对话框，在"定义项目级次"对话框中单击"下一步"按钮，打开"定义项目栏目"对话框，在"定义项目栏目"对话框中，单击"完成"按钮，返回"项目档案"窗口。

（5）单击"项目大类"栏下三角按钮，选择"自建工程"，再单击"核算科目"页签，单击"＞"按钮。

（6）单击"确定"按钮，单击"项目分类定义"页签。

（7）录入分类编码，结束后，单击"确定"按钮。

6. 设置凭证类型

（1）单击"设置"→"凭证类型"，打开"凭证类型预置"窗口。

（2）在"凭证类别预置"窗口中，单击符合要求的凭证类别。

（3）单击"确定"按钮，打开"凭证类别"窗口。

（4）在"凭证类别"窗口中，对凭证类别按照实际要求进行修改。

（5）单击"退出"按钮。

7. 录入期初余额

（1）单击"设置"→"期初余额"，打开"期初余额录入"窗口。

（2）在"期初余额"窗口中，依次录入各个明细账户的期初余额。

（3）全部结束后，单击"退出"按钮。

（4）单击"试算"按钮，系统进行试算平衡。

（5）单击"确认"按钮。

8. 设置结算方式

（1）单击"设置"→"结算方式"，打开"结算方式"窗口。

（2）单击"增加"，录入结算方式编码及结算方式名称。

(3)单击"退出"按钮。

9. 填制记账凭证

(1)单击"凭证"→"填制凭证",打开"填制凭证"窗口。

(2)在"填制凭证"窗口,单击"增加"按钮或按"F5"键。

(3)单击凭证类别的参照按钮,选择合适的凭证类型。

(4)按照经济业务的实际情况,填制记账凭证。

(5)在"填制凭证"窗口,单击"保存"按钮。

10. 审核记账凭证

(1)单击"凭证"→"审核凭证",打开"审核凭证"对话框。

(2)在"凭证审核"对话框中,单击"确认"按钮,打开"凭证审核"情况窗口。

(3)在"凭证审核"情况窗口中,单击"确定"按钮,打开待审核的记账凭证。

(4)单击"审核"按钮,直至有关记账凭证均审核结束。

(5)单击"退出"按钮,退出。

11. 出纳签字

(1)单击"凭证"→"出纳签字",打开"出纳签字"对话框。

(2)在"出纳签字"对话框中,单击"确认"按钮,打开"出纳签字"情况窗口。

(3)在"出纳签字"情况窗口中,单击"确定"按钮,打开待签字的记账凭证。

(4)单击"签字"按钮,单击"下张"按钮,再单击"签字"按钮,直到将所有的收款凭证和付款凭证进行出纳签字。

(5)单击"退出"按钮,退出。

12. 记账

(1)单击"凭证"→"记账",打开"记账-选择本次记账范围"对话框。

(2)在"记账-选择本次记账范围"对话框中,单击"下一步"按钮,打开"记账-记账报告",再单击"下一步"按钮,打开"记账-记账"对话框。

(3)单击"记账"按钮,打开"期初试算平衡表"窗口。

(4)在"期初试算平衡表"窗口中,单击"确认"按钮,出现"记账完毕"提示信息。

(5)单击"确定"按钮。

13. 录入银行对账期初数据

(1)单击"出纳"→"银行对账"→"银行对账期初",打开"银行科目选择"窗口。

(2)单击"确定"按钮,打开"银行对账期初"窗口。

(3)在"银行对账期初"窗口中,分别单击"日记账期初未达项"和"对账单期初未达项",依次录入日记账和对账单的期初未达账项。

(4)单击"保存"按钮,单击"退出"按钮,返回"银行对账期初"窗口。

(5)单击"退出"按钮,退出。

14. 录入银行对账单

(1)单击"出纳"→"银行对账"→"银行对账单",打开"银行科目选择"窗口。

(2)单击"确定",打开"银行对账单"窗口。

(3)在"银行对账单"窗口中,单击"增加"按钮。

(4)录入银行对账单数据。

(5)单击"保存"按钮,单击"退出"按钮。

15. 银行对账

(1)单击"出纳"→"银行对账"→"银行对账",打开"银行科目选择"窗口。

(2)单击"确定",打开"银行对账"窗口。

(3)在"银行对账"窗口中,单击"对账"按钮,出现"自动对账"条件窗口。

(4)在"自动对账"条件选择窗口中,单击"确定"按钮。

(5)单击"对账"按钮,出现对账结果。

(6)单击"退出"按钮,退出。

16. 输出余额调节表

(1)单击"出纳"→"银行对账"→"余额调节表查询",打开"银行余额调节表"窗口。

(2)单击"查看"按钮,打开"用户余额调节表"窗口。

(3)单击"详细"按钮,打开"余额调节表(详细)"窗口。

(4)单击"退出"按钮,退出。

17. 查询余额表

(1)单击"账表"→"科目账"→"余额表",打开"发生额及余额查询条件"对话框。

(2)在"发生额及余额查询条件"对话框中,单击"确定"按钮,打开"发生额及余额表"窗口。

(3)单击"专项"按钮,打开余额表中的专项资料。

(4)单击"退出"按钮,退出。

18. 设置期间损益结转转账凭证

(1)单击"期末"→"转账定义"→"期间损益",打开"期间损益结转设置"窗口。

(2)单击"凭证类别"栏下的三角按钮,选择"转账凭证",在"本年利润科目"栏录入"3131"或单击参照按钮选择"3131 本年利润"。

(3)单击"确定"按钮。

19. 生成期末自动结转的转账凭证

(1)单击"期末"→"转账生成",打开"转账生成"窗口。

(2)在"转账生成"窗口中,单击"期间损益结转"前单选按钮。

(3)单击"全选"按钮(或选中要结转的凭证所在行),单击"确定"按钮。

(4)单击"保存"按钮,单击"退出"按钮。

20. 结账

(1)单击"期末"→"结账",打开"结账-开始结账"对话框。

(2)单击"下一步"按钮,打开"结账-核对账簿"对话框。

(3)单击"对账"按钮,系统进行对账,当对账完毕后,单击"下一步"按钮,打开"结账-月度工作报告"对话框。

(4)单击"下一步"按钮,完成月度结账工作。

9.4.3　UFO 报表管理系统

用友 ERP - U8 的 UFO(user friend office)报表管理系统是报表事务处理的工具,利用它既可以编制对外报表,又可以编制各种内部报表。其主要任务是设计报表的格式和编制公式,从总账管理系统或者其他系统中取得有关会计信息自动编制各种会计报表,对报表进行审核、汇总,生成各种分析图,并按照预定的格式输出各种会计报表。UFO 报表包括以下内容:

①文件管理。它对报表文件的创建、读取、保存和备份进行管理,能够进行不同文件格式的转换,支持多窗口同时显示和处理,可以同时打开的文件和图形窗口多达 40 个,提供标准财务数据的"导入"和"导出"功能,可以和其他流行软件交换数据。

②格式管理。它能提供丰富的格式设计功能,如定义组合单元、画表格线、调整行高和列宽等,可以制作各种要求的报表。

③数据处理。UFO 以固定的格式管理大量不同的表页,能够多达 99999 张,具有相同格式的报表资料统一在一个报表文件中管理,并且在每张表页之间建立有机的联系。它提供排序、审核、舍位平衡以及汇总功能,还提供绝对单元公式和相对单元公式,可以方便迅速地定义计算公式,提供了种类丰富的函数,可以从用友财务系统以及其他系统中提取数据,生成财务报表。

④图表功能。它将数据表以图形的形式进行表示。采用图文混排,可以很方便地进行图形数据组织,制作包括直方图、立体图以及折线图等 10 种图式的分析图表。可以编制图表的位置、大小及标题等,打印输出图表。

⑤二次开发。提供批命令和自定义,自动记录命令窗口中输入的多个命令,可以将有规律的操作过程制成批处理命令文件,可以在短时间内开发出本企业的专用系统。

用友 ERP - U8 的 UFO 报表中"资产负债表"主要业务流程如下。

1. 利用报表模版建立"资产负债表"

(1)在 UFO 报表管理系统中,单击"文件"→"新建",打开报表"格式"状态窗口。

(2)在报表"格式"状态窗口下,单击"格式"→"报表模版",打开"报表模版"对话框。

(3)单击行业栏下的三角按钮,选择"新会计制度科目",再单击财务报表栏下的三角按钮,选择"资产负债表"。

(4)单击"确认"按钮,系统提示:"模版格式将覆盖本表格式! 是否继续?"

(5)单击"确定"按钮,系统自动打开按"新会计制度科目"设置的"资产负债表"模版。

2. 设置关键词

(1)在报表"格式"状态窗口中,单击选中 A3 单元格,将"编制单位"删除。

(2)仍选中 A3 单元格,单击"数据"→"关键字"→"设置",打开"设置关键字"窗口。

(3)在"设置关键字"窗口中,选择"编制单位"。

(4)单击"确定"按钮。

3. 录入关键词并计算报表数据

(1)在报表"格式"状态窗口中,单击"数据"按钮,系统将提示:"是否确定全表重算?"

(2)单击"否"按钮,进入报表的"数据"状态。

(3)在报表的"数据"状态窗口中,单击"数据"→"关键字"→"录入",打开"录入关键字"窗口。

(4)在"录入关键字"窗口,录入关键字。

(5)单击"确定"按钮,系统提示:"是否重算第1页?"

(6)单击"是"按钮,系统自动生成资产负债表的数据。

4.保存资产负债表

(1)单击"文件"→"保存",打开"保存文件路径"对话框。

(2)修改文件名为所需文件名。

(3)单击"另存为"按钮。

知识拓展 9-5　在 UFO 报表系统中的报表状态

9.4.4　固定资产系统

固定资产系统主要提供固定资产管理、折旧计算、统计分析等功能。其中固定资产管理主要包括原始设备的管理、新增资产的管理、资产减少的管理和资产变动的管理等,并提供资产评估以及固定资产减值准备的计提等功能,支持折旧方法的变更;还可以按月计提折旧,生成折旧分配凭证,同时输出有关的报表和账簿。固定资产系统可以用于固定资产总值、累计折旧数据的动态管理,协助设备管理部门做好固定资产实体的各项指标的管理、分析工作。其具体内容以下:

①初始设置。它根据用户的具体情况,建立一个合适的固定资产子账套的过程。初始设置包括系统初始化、部门设置、类别设置、使用状态定义、增减方式定义、折旧方法定义、卡片项目定义、卡片样式定义等。

②卡片管理。固定资产卡片在企业中分为两部分,一是固定资产卡片台账管理,二是固定资产的会计处理。系统提供的卡片管理功能主要包括卡片录入、卡片修改、卡片删除、资产增加以及资产评估等,不仅实现了固定资产文字资料的管理,而且实现了固定资产图片的管理。

③折旧管理。一般采用自动计提折旧,并形成折旧清单和折旧分配表,按分配表自动制作记账凭证,并传递到总账管理系统。在对折旧进行分配时,可以在单位和部门之间进行分配。

④月末对账处理。月末按照系统初始设置的财务系统接口,自动与总账系统进行对账,并根据对账结果和初始设置决定是否结账。

⑤账表查询。通过"我的账表"对系统所能提供的全部账表进行管理,资产管理部门可随时查询分析表、统计表、账簿和折旧表,提高资产管理效率。另外,提供固定资产的多种自定义功能。

用友 ERP-U8 的固定资产管理系统的主要业务处理流程如下。

1.建立固定资产账套

(1)在"用友 ERP-U8 门户"中,双击"财务会计"中的"固定资产",系统提示:"这是第一次打开此账套,还未进行过初始化,是否进行初始化?"

（2）单击"是"按钮，打开"固定资产初始化向导-约定与说明"窗口。

（3）单击"下一步"按钮，打开"固定资产初始化向导-账套启用月份"窗口。

（4）单击"下一步"按钮，打开"固定资产初始化向导-折旧信息"窗口。

（5）单击"下一步"按钮，打开"固定资产初始化向导-编码方式"窗口。

（6）单击"下一步"按钮，打开"固定资产初始化向导-财务接口"窗口。

（7）在固定资产对账科目栏输入"1501"，在累计折旧对账科目栏输入"1502"。

（8）单击"下一步"按钮，打开"固定资产初始化向导-完成"窗口。

（9）单击"完成"按钮，系统提示："已完成了新账套的所有设置工作，是否确定所设置的信息完全正确并保存对新账套的所有设置？"

（10）单击"是"按钮，系统提示："已成功初始化本固定资产账套。"

（11）单击"确定"按钮。

2. 设置部门对应折旧科目

（1）单击"设置"→"部门对应折旧科目"，打开"部门编码表-列表视图"窗口。

（2）单击"人事部"所在行，再单击"编辑"按钮，出现快捷菜单。

（3）单击"修改"按钮，打开"部门编码表-单张视图"。

（4）在折旧科目栏录入或选择"5502"。

（5）单击"保存"按钮。依此方法继续录入其他部门对应的折旧科目。

3. 设置固定资产类别

（1）单击"设置"→"资产类别"，打开"类别编码-列表视图"窗口。

（2）单击"增加"按钮，打开"类别编码-单张视图"窗口。

（3）在类别栏、使用年限栏、净残值率栏录入相关资料。

（4）单击"保存"按钮，继续录入其他固定资产类别资料。

（5）单击"固定资产分类编码表"中的固定资产类别，再单击"增加"按钮，在类别名称栏中录入固定资产类别名称。

（6）单击"保存"按钮，依此方法继续录入其他的固定资产分类。

4. 设置固定资产增减方式

（1）单击"设置"→"增减方式"，打开"增减方式-列表视图"窗口。

（2）单击选中"直接购入"所在行，再单击"修改"按钮，打开"增减方式-单张视图"窗口，在对应入账科目栏中录入"100201"。

（3）单击"保存"按钮。依此方法继续设置其他的增减方式对应的入账科目。

5. 录入固定资产卡片

（1）单击"卡片"→"录入原始卡片"，打开"资产类别参照"窗口。

（2）双击固定资产分类编码表中符合需要的类别。

（3）单击"确认"按钮，打开"固定资产卡片-录入原始卡片"对话框。

（4）在"固定资产卡片-录入原始卡片"对话框中，录入固定资产的相关资料。

（5）单击"退出"按钮，系统提示："是否保存数据？"

（6）单击"是"按钮，系统提示："数据保存成功。"

（7）单击"确定"按钮，依此方法继续录入其他的固定资产原始卡片。

6. 增加固定资产

(1)单击"卡片"→"资产增加",打开"资产类别参照"窗口。

(2)双击固定资产分类编码表中的符合需要的类别。

(3)单击"确认"按钮,打开"固定资产卡片-新增资产"对话框。

(4)在"固定资产卡片-新增资产"对话框中,录入固定资产的相关资料。

(5)单击"退出"按钮,系统提示:"是否保存数据?"

(6)单击"是"按钮,系统提示:"数据保存成功。"

(7)单击"确定"按钮。依此方法继续录入其他的新增固定资产卡片。

7. 计提固定资产折旧

(1)单击"处理"→"计提本月折旧",系统提示:"计提折旧后是否需要查看折旧清单?"

(2)单击"是"按钮,系统提示:"本操作将计提本月折旧,并花费一定时间,是否继续?"

(3)单击"是"按钮,打开"折旧清单"窗口。

(4)单击"退出"按钮,打开"折旧分配表"窗口。

(5)单击"凭证"按钮,系统自动生成记账凭证。

(6)修改凭证类型为转账凭证。

(7)单击"保存"按钮。

(8)单击"退出"按钮。

8. 生成增加固定资产的记账凭证

(1)单击"处理"→"批量制单",打开"批量制单-制单选择"窗口。

(2)单击"全选"按钮,或单击制单栏,选中要制单的业务。

(3)单击"制单设置"页签,在第一行科目栏中输入"1501"。

(4)单击"制单"按钮,系统自动生成记账凭证。

(5)修改凭证类型为转账凭证,并输入凭证的业务摘要。

(6)单击"保存"按钮。

(7)单击"退出"按钮。

9. 对账

(1)单击"处理"→"对账",打开"与账务对账结果"对话框。

(2)单击"确定"按钮。

10. 结账

(1)单击"处理"→"月末结账",打开"月末结账"窗口。

(2)单击"开始对账"按钮,出现"与总账对账结果"对话框。

(3)单击"确定"按钮,出现系统提示。

(4)单击"确定"按钮。

11. 查询固定资产原值一览表

(1)单击"账表"→"我的账表",打开"固定资产-报表"窗口。

(2)单击"账簿"中的"统计表"。

(3)双击"(固定资产原值)一览表",打开"(固定资产原值)一览表"窗口。

(4)单击"退出"按钮。

知识拓展9-6　　固定资产系统解决方案

本章小结

本章主要介绍ERP财务管理相关内容,财务管理是ERP中采购管理、销售管理、库存管理的前提和基础,其重要性无须多说。首先概要阐述了财务管理中的总账管理、应收账管理、应付账管理、固定资产管理等相关概念、作用、功能,以及各部分在ERP中的实现。其次,介绍了企业成本构成、产品成本计算及作业成本法;最后,综合了财务管理和成本核算的相关知识,对用友ERP-U8中财务管理的系统设置、基础设置、总账管理、UFO报表管理和固定资产管理等系统的应用进行了简单介绍,更深入的内容需要通过软件操作来提升。

习题

一、选择题

1.关于财务会计的陈述下面哪些是正确的?(　　　)

Ⅰ.主要目的在于为企业外部的利害关系集团和个人提供全面反映企业财务状况、经营成果和财务状况变动的信息

Ⅱ.这些信息要详细到可供计划、控制和决策使用

Ⅲ.所报告的信息反映已经发生的情况

Ⅳ.所遵循的约束条件是外部强制的标准、会计原则、方法及程序

A.只有Ⅰ和Ⅱ　　　　　　　　　　B.只有Ⅱ和Ⅲ

C.只有Ⅱ和Ⅳ　　　　　　　　　　D.只有Ⅰ、Ⅲ和Ⅳ

2.下面关于管理会计的陈述哪些是正确的?(　　　)

Ⅰ.主要目的在于为企业内部各级管理部门和人员提供进行经营决策所需的各种经济信息

Ⅱ.这些信息要详细到可供计划、控制和决策使用

Ⅲ.所提供的信息既有历史信息,也有预测信息

Ⅳ.所遵循的约束条件是外部强制的标准、会计原则、方法及程序

A.只有Ⅰ和Ⅳ　　　　　　　　　　B.只有Ⅰ、Ⅱ和Ⅲ

C.只有Ⅱ和Ⅳ　　　　　　　　　　D.只有Ⅰ、Ⅲ和Ⅳ

3.ERP财务管理主要包括(　　　)。

A.总账管理　　　　　　　　　　　B.应收账管理

C.应付账管理　　　　　　　　　　D.固定资产管理

4.在总账管理系统中,系统初始化工作不包括(　　　)。

A.机构人员　　　　　　　　　　　B.客商信息

    C. 财务设置　　　　　　　　　　　D. 业务设置

5. 记账凭证主要包括(　　　)。

    A. 收款凭证　　　　　　　　　　　B. 付款凭证

    C. 转账凭证　　　　　　　　　　　D. 原始凭证

6. 哪些属于自制原始凭证?(　　　)

    A. 领料单　　　　　　　　　　　　B. 采购发票

    C. 银行进账单　　　　　　　　　　D. 工资结算单

7. ERP 中企业固定资产的业务处理有(　　　)。

    A. 固定资产增减　　　　　　　　　B. 固定资产出租

    C. 固定资产折旧　　　　　　　　　D. 固定资产分类

8. 直接材料费一般采取的成本滚动计算法,将物料清单(　　　)进行累加。

    A. 从底层向上　　　　　　　　　　B. 从上往下

    C. 从左往右　　　　　　　　　　　D. 从右往左

9. (　　　)又称为账务处理,是企业财务管理软件的核心系统。

    A. 总账　　　　　　　　　　　　　B. 应收款管理

    C. 应付款管理　　　　　　　　　　D. 报表管理

10. 管理会计中常用的两种成本核算方法是(　　　)。

    A. 完全成本法　　　　　　　　　　B. 利润法

    C. 作业成本法　　　　　　　　　　D. 变动成本法

11. 作业成本计算法的计算对象为(　　　)。

    A. 资源　　　　　　　　　　　　　B. 作业中心

    C. 费用　　　　　　　　　　　　　D. 最终产品

12. 不能向总账系统传递数据的是(　　　)。

    A. UFO 报表　　　　　　　　　　　B. 应收款管理

    C. 应付款管理　　　　　　　　　　D. 成本管理

二、判断分析题

1. 总账管理系统是财务管理系统的一个基本子系统,并在财务管理系统中处于中枢地位。(　　　)

2. UFO 报表可以向总账管理系统传递报表数据,供生成凭证使用。(　　　)

3. 财务会计是向企业外部提供财务信息的会计事务。(　　　)

4. 账务处理系统都不具有处理往来业务的功能。(　　　)

5. 实行 ERP 财务管理以后,真正的目的是减轻财务人员繁琐的手工劳动强度,将工作重点转移到管理会计上来。(　　　)

6. 因为工资子系统是独立的子系统,所以工资系统中的数据不能传递给总账管理。(　　　)

三、简答题

1. 说明会计循环和账务处理程序。

2. 简述 ERP 条件下财务管理系统各组成部分之间的关系。

3. 简述变动成本法和完全成本法的区别。

4.简述作业成本法(ABC)的基本内容。

5.企业为什么要进行财务报表分析?

6.说明总账管理的业务流程。

7.说明报表管理的业务流程。

8.说明固定资产管理的业务处理流程。

9.ERP 中财务管理系统与传统会计电算化软件相比,有哪些优势?

10.ERP 成本信息中,哪些属于数量性信息,哪些属于价格性信息?

案例分析

德勤财务机器人正式上岗

"我们预计到 2025 年,基础财务都会被机器人替代。"这可不是危言耸听,事实上,它出自一位行业专家之口。

一、德勤财务机器人正式上岗

现如今,德勤智能机器人中心已经与多家企事业单位建立合作,提供财务自动化流程解决方案。机器人提升了"出勤人"财务部门的工作效率,帮助财务人员完成大量重复规则化的工作。

案例 1:增值税发票管理

随着全国金税三期实施的深入,"以票控税"的理念进一步执行,税务局对增值税发票管理的要求越来越严格;目前大部分企业会针对增值税专用发票进行查验,鉴别发票真伪,确保发票合规,以便进行进项税抵扣和纳税申报。众多大企业,尤其是在财务共享服务中心模式下,由于纳税主体多,收票量大,目前的发票管理和进项税确认申报工作繁重,造成了财税流程自动化建设中的一大瓶颈。

"小勤人"可以将财务人从重复劳动中解放出来。只需要财务人员把增值税发票放入扫描仪中进行扫描,剩下的工作全部都由"小勤人"完成了。配合 OCR(optical character recognition,文字识别)技术和 Insight Tax Cloud 发票查验云助手,不到一分钟的时间,"小勤人"已经成功查验了一张发票并在 Excel 表中登记了结果。然后财务人员将增值税发票移送到税务部门,税务人员会启动"小勤人",让它自动去发票选择确认平台下载增值税发票批量勾选文件,再根据刚刚登记的发票清单去匹配,自动判断是否可以认证抵扣。"小勤人"会把需要勾选的发票整理成批量勾选上传文件,再导入到发票选择确认平台中,就可以抵扣进项税啦。

价值收益:一个"小勤人"3～4 个小时就完成了财务人员一天的工作。财务人员可以把精力放到日常沟通和分析的工作中去了。

案列 2:开票新玩法

对于大型企业,随着企业规模不断扩大、销售业务不断拓展,现有的财务部门开票会感受到日益增长的工作压力。每月需要收集全国数百余家销售客户的数万份销售记录,按照客户的需求开具五千余张增值税发票。繁重的日常工作经常压得开票人员喘不过气,到了月末更是需要夜以继日地加班加点。

在开票过程中,还需要收集并识别符合开票标准的销售单类型,再根据客户需求选择特定金额的销售单,从 SAP 系统中导出待开票的数据,并经手工修改特定要求后,导入金税系统中完成开票操作,并将开票完成的记录回传进 SAP,才能最终完成一份开票操作。

引入"小勤人"之后,通过机器人流程自动化技术的运用,提高了财务部门人员配置的合理性和有效性,达到了人力资源和工作强度的"削峰填谷"。

原有的开票人员可以从机械的劳动工作者,转变成了机器人的管理者,原有的大多数开票操作都可以交给机器人自主完成,他们只需要负责等待发票打印完成、审核盖章即可。

价值收益:预计每个开票流程可由 20 分钟缩减到 5 分钟,每天缩短每个 FTE(full-time employee,全职人力工时) 6H 的工作时间(75%效率提升)。此外,月末关账的峰值时段,机器人的 7×24 不间断工作,能够很好缓解财务人员的工作压力。

案例 3:往来结转和盘点新玩法

某餐饮集团当前门店数量近 200 家,随着业务持续扩张,报销、收入确认、往来结转和月末盘点等流程的处理难度不断加大,效率较低,人力成本逐年增加;门店和共享服务中心财务人员合计近 200 人,由于还未形成统一标准化的管理,报销审核、收入对账的流程周期长,异常处理滞后。

200 家门店的盘点数据必须在每月 1 号当天完成录入、过账和差异分摊,最熟练的成本会计完成一家门店的操作需要 40 分钟,于是所有的凭证都在争分夺秒卡着点完成。盘点做完了,战役却还没结束,门店和供应商对账结转往来,门店、子公司和母公司每个层级按序结转和抵消应收应付,在连续 3 天导账、核对、做账、修改、冲销、检查的来回往复中,财务部的又一个月结在兵荒马乱中终于结束了。

引入"小勤人"之后,月结周期开始的第一天,财务人员将收集到的门店盘点结果放在了公共盘,维护好了公司代码主数据,并且给机器人专用邮箱发送了作业开始的指令,5 分钟后第一家门店的结转已经完成,一刻钟后第一家门店的盘点已经被标记为已完成。机器人在工作日结束的时候发来了邮件告知任务结果,附件包含了所有生成的凭证。

价值收益:通过实施机器人自动化,企业减少门店向共享服务中心提交审核的相关流程,缩短财务处理周期,便于及时发现账实不符等异常情况,并及时响应;实现门店的统一管理,优化财务处理流程,加强内控,提高整体财务服务水平。

二、财务岗位将被重新定位

许多财务,尤其是从事基础工作的财务人,看完"小勤人"这些操作应该都感到了危机感,因为他们现在每天那些占用大量时间的、基础的、繁琐的工作,机器人几分钟就能完成。

但事实上,研发财务机器人的目的并不是为了取代人类,而是帮助人类从基础的重复劳动中解放出来,关注更高价值的任务上。

目前大部分的财务工作中,财务系统操作、内部控制、报告生成、执行记账等基础生产工作占到了极大比例,真正需要时间思考的分析决策工作则被挤压。

德勤认为,通过机器人技术的实现,高技能和受过培训的财务员工可以根据自己的能力被重新定位。

未来,机器人处理基础业务+人力员工审计/检查的人机交互和服务交付新模式将被广泛应用于企业。所以被取代的,不是所有财务。

问题:

1.请结合实际,简述传统财务会计中存在的问题有哪些?

2.随着人工智能的全面升级,财务岗位将如何被重新定位?

第4篇　ERP 实施

第 10 章 ERP 实施与运行管理

📖 **本章要点**

教学目标

通过本章的学习,了解和认识 ERP 在企业是以承载先进管理思想的载体——软件形式呈现,会对 ERP 软件所涉及的管理数据进行分析,熟悉 ERP 实施流程。ERP 实施作为一个特殊的项目,具备项目管理的共性内容,也具有自身特性,ERP 实施项目总有结束的时间,但企业总会有新的发展和业务需求出现,要保持 ERP 软件的长期稳定运行,需不断实现 ERP 软件与企业管理的协同,因此企业要建立长期稳定的运行管理体系。在 ERP 稳定运行基础上,了解 ERP 为企业带来的效益,掌握 ERP 实施效益的评估方法。

教学要求

知识要点	能力要求	相关知识
ERP 实施流程	(1)理解 ERP 实施流程 (2)理解 ERP 需求分析方法 (3)了解 ERP 选型的原则和步骤 (4)掌握 ERP 选型的常见方法 (5)熟悉 ERP 知识培训内容 (6)理解 ERP 知识培训类别	ERP 实施流程 ERP 需求分析 ERP 选型原则 ERP 选型方法 ERP 知识培训内容
ERP 实施项目管理	(1)理解 ERP 实施项目管理的特点 (2)熟悉 ERP 实施项目范围管理的内容 (3)掌握 ERP 实施项目风险管理的步骤	ERP 实施项目管理
ERP 运行维护管理	(1)掌握 ERP 运行维护管理的内容 (2)理解 ERP 运行维护管理的三个阶段 (3)熟悉 ERP 运行维护体系的建立	ERP 运行维护管理 ERP 运行维护体系
ERP 实施评价	(1)了解 ERP 实施成功的标准 (2)掌握 ERP 效益评估的方法	效益曲线图 平衡计分卡

引　例

ERP 实施与买洗衣机

经常听到一种说法,"我们工厂基础很差,流程很乱,我们计划先自己把内部理顺后再考虑上 ERP";或者说,"我们先搞 ISO 管理体系,把流程规范后再搞 ERP"。

站在企业管理者的角度这也许有一定的道理,因为说这话的人肯定是对 ERP 不怎么了解或者是之前用过一些小型软件系统,认为只有企业本身很规范才能上 ERP。实际上并非如此。这些管理者可能认为 ERP 是个很高深的东西,应用起来要求非常高。但是,只要了解ERP 就可以理解在什么情况下不能上 ERP 了。

ERP 其实就是一个管理工具,管理者不要去想它是怎么开发出来的,因为这样会把你带入误区。可以想象一下,大家购买洗衣机的时候考虑些什么? 无非就是洗衣机能否能把衣服洗干净,并且比较节电和节水。谁去想洗衣机内部有些什么尖端科技,然后去想需要做怎样的准备才能把它给购买回来。这样一类比大家就会大致明白 ERP 其实也就是为企业服务的一个管理工具而已。

要了解 ERP 到底是否应该上,最好能了解 ERP 的实施过程。ERP 实施过程中会对企业流程进行改造和优化,在此阶段会将企业的现有流程和 ERP 结合起来,重新制定新的作业流程和作业规范。如果企业在 ERP 实施之前就开始去做了企业内部流程和管理优化的工作,在实施 ERP 的过程中还是需要再修订。ERP 的实施过程也就是企业内部管理理顺的过程,所以无须担心企业内部流程是否非常顺畅。

曾经有个生产汽车配件的企业,企业内部的管理非常好,5S、及时化(JIT)生产、全面生产管理(total productive management,TPM)等都在企业应用得非常好。按常理这个企业上ERP 应该是很好的,流程非常畅顺,企业管理也不会有什么问题。但在上线后发现,企业车间材料的用量跟标准耗用总是对不上,最后查出问题还是在流程上,信息没有及时到达需要的人员手中。当然这里只是在讨论上 ERP 的时机,并不是在讨论是否需要理顺企业内部管理,一个管理好的企业当然会比一个企业规范性差的企业更容易实施 ERP,这一点是无容置疑的。

说到此可能有人会问了,那是不是上了 ERP 就不需要再做 ISO 认证? 当然不是,虽然ERP 会去规范企业的流程,但还有很多 ISO 的内容是 ERP 做不到的,两者并不矛盾。但在实施的先后顺序上,如果企业还没有实施 ISO 体系,建议企业先上 ERP,再上 ISO 管理体系,这样所花费的工作量比较小,不用做很多重复的工作。还有一个好处就是,ERP 实施上线过程除了流程外,还需要很多的制度支持,这些制度文件就可以纳入到 ISO 管理体系中,以 ISO 的标准加以管理,所以说两者还是互为补充的。

资料来源:沈俊杰.先理顺内部管理还是先上 ERP? [J].石油石化物资采购,2009 (10):71.

10.1 ERP 实施流程

21 世纪以来,随着经济全球化的进一步加强,企业所面临的市场由过去的单一化、稳定性逐渐向多元化、变动性发展,如何在纷繁变化的市场中寻求一席之地,是每个企业所面临的共同问题。从目前已有的相关资料可知,信息化不仅能够提高企业信息的流动速度,还能减少决策的时间,提高决策的正确率。ERP 是信息时代公认的帮助企业提升信息化水平和提高管理水平的管理工具,但 ERP 实施项目高额的费用支出和不高的成功率也让企业颇为头痛。

业内曾经有一句话"企业不上 ERP 是等死,企业上 ERP 是找死",意思是不上 ERP 将不能够适应市场的变化,导致企业最终走向失败;企业如果实施 ERP,又会因为 ERP 的投入巨大而带来巨大的风险,一旦项目失败,也会导致企业走向失败。

企业能不能够不上 ERP? 不行。企业上 ERP 是不是就一定是"找死"? 不一定。如何降低企业实施 ERP 的风险,不让企业自己"找死",是摆在各家企业面前的难题,解决这一难题最好的方法就是控制住实施过程的整体风险。企业应选择一家合适的软件供应商,在实施项目时严格制订项目计划,逐项完成项目实施,控制项目风险,推动 ERP 实施的顺利完成。"工欲善其事,必先利其器",虽然 ERP 实施项目涉及企业资金、人力、物力等长期性投入,涉及企业既得利益者的收益变动,ERP 实施项目要成功必须要求企业从原来的粗放式管理模式过渡到精细式管理,要求企业不但有管理制度,还要保证管理制度到位。

ERP 实施从企业的现状分析出发,进行企业诊断和需求分析,以此进行目标定位和 ERP 支持机制的引入,进而站在企业信息化的高度进行 ERP 规划,以及 ERP 管理模式的详细设计,并经过投资预算分析和可行性论证,才正式立项,开展项目管理工作。在系统设计时,可以先期进行企业"信息资源规划",描绘出企业的数据信息模型和功能模型,作为后续工作的参考和软件选型的技术依据。在系统实施的全过程,均可借助于企业建模的方法,获得全过程的支持。

ERP 实施成为 ERP 应用的关键环节,与 ERP 软件研发共同构成 ERP 厂商致力研究和解决的重点问题。越是复杂的系统,都有相应的实施流程和规范。一个典型的 ERP 实施流程主要包括以下几个阶段,如图 10-1 所示。

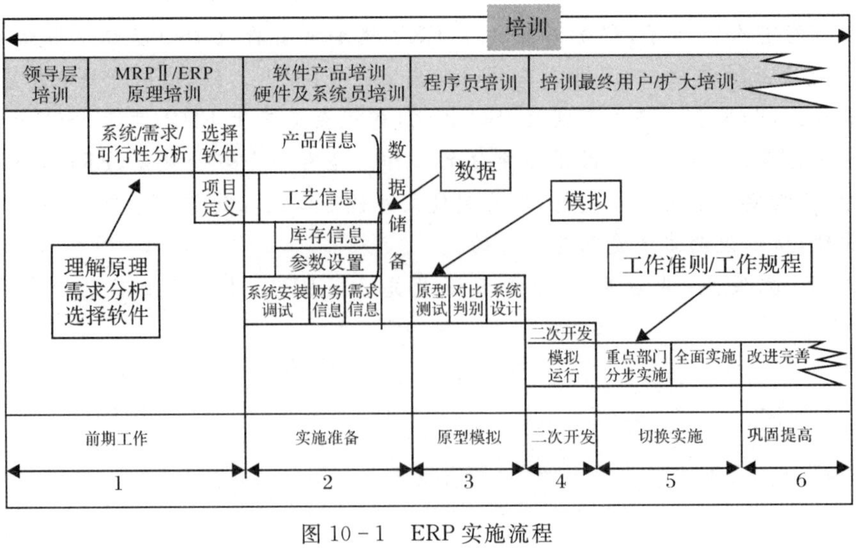

图 10-1 ERP 实施流程

"良好的开始是成功的一半",ERP 实施的前期工作关系到是否能够取得预期效益的非常重要的一步。实施 ERP 的前期工作流程包括立项分析、ERP 选型和 ERP 知识培训。

10.1.1　立项分析

企业在准备应用 ERP 之前,需要理智地进行立项分析,立项的目的是定义项目目标,了解业务环境,并且在优化业务流程和结构的方法上达成共识。

ERP 立项分析的具体问题包括:企业的销售与生产环境、竞争地位与影响竞争力的主要因素;瓶颈环节及 ERP 可解决的主要问题;本企业对 ERP 软件功能的特殊要求;企业是不是到了该应用 ERP 软件的阶段;企业当前最迫切需要解决的问题是什么,ERP 软件是否能够解决;ERP 软件的投资回报率或投资效益怎么样;在财力上企业能不能支持 ERP 的实施;为什么上 ERP,希望 ERP 软件到底解决哪些问题和达到哪些目标;基础管理工作有没有理顺;人员的素质够不够高;等等。然后,将分析的结果写成需求分析和投资效益分析书面报告,根据企业生产经营目标制定 ERP 项目的目标,并根据问题的轻重缓急确定项目实施方案。

ERP 的立项分析工作主要做好两份报告:需求分析报告和投资效益分析报告,合称为可行性分析报告。这里以需求分析为例进行简单阐述。

需求分析可分为宏观和微观两个方面。宏观需求分析是从整体和战略的高度出发,全面分析、规划企业的需求,是企业制定 ERP 实施目标的基础;而微观需求分析是针对企业具体的业务流程,甚至是具体产品的分析。

1. 宏观需求分析

宏观需求分析是企业制定 ERP 实施目标的基础。企业是否需要上 ERP,完全取决于在全球市场环境下的竞争需求。如果没有这种需求,没有竞争的压力,就会缺少实施 ERP 的动力。因此,企业在对待是否上 ERP 时,存在一个认识和时机的问题。宏观需求分析主要包括分析企业目前的管理方式是否适应市场竞争的要求、理清企业的业务流程、分析企业的管理机制。

以图 10-2 为例,从图中企业"利润率低"这个管理症状入手,采用最简便易行的"鱼刺法"

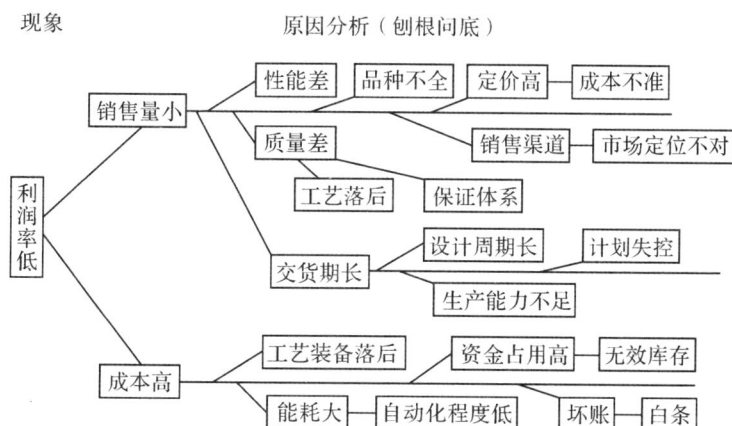

图 10-2　基于鱼刺法的企业"利润率低"管理症状诊断分析

来进行分析,图中粗线条的方框是采用 ERP 可以解决的问题,而这些问题又恰恰是企业目前存在的最主要问题,此时上 ERP 是很有必要的,若相反就得寻找其他管理方法和措施来解决。通过这类分析来确定上 ERP 的目的和时机。

2. 微观需求分析

经过宏观需求分析并提交可行性报告后,如果认为 ERP 确实是市场竞争中的有用武器,而且先天条件基本具备,人力和资金到位,应当不失时机地采用 ERP,这样就要进入详细的微观需求分析阶段。

1)分析业务流程

微观需求分析从业务流程分析入手,分析业务流程的主要目的是要找出哪些不利于快速响应的环节,借助信息技术来加快物流和资金流的流速(反映生产周期和资金周转周期)、加大流量(反映销售量和销售收入)。在分析现有业务流程的基础上,提出改进业务流程的解决方案和必要的条件,提出企业对 ERP 的"个性化"要求,作为选择软件和业务重组的主要依据。

2)分析数据流程

分析数据流程主要是由企业的各级领导提出自己所关心的数据指标(包括关键业绩指标的内容和查阅各项指标的时间频率),或进行各类决策时需要的信息,由项目筹备小组根据其需求分析得出这些数据、信息和指标的数据流程,再结合业务流程分析,找出响应迟钝、数据不准、信息不畅等问题的症结所在,进一步研究采用信息化以后的管理方案。

对 ERP 的功能,不同行业和企业往往有一些特殊的要求,下面就几个值得注意的带有共性的、最基本的方面进行概括:软件必须能够正确描述企业的产品结构和工艺流程;对财务成本和税务流程,在符合会计法、税法、财务通则、会计准则等国家法律的原则基础上,各个企业往往有一些特殊的要求,应认真分析;对有进出口贸易的企业,必须有多语种、多币值、多种税务处理的功能,并能方便切换;软件应当能够适应企业业务流程的变化和组织机构的调整。

10.1.2 ERP 选型

在做了上述充分的准备之后(知己),企业就要有针对性地对当前市场上出现的纷繁复杂的 ERP 产品进行选择,在 ERP 选型中,企业也要根据一定的规则步骤,详细了解 ERP 产品的功能状况(知彼),进行一个有效的选择。

ERP 选型是 ERP 实施项目的最重要的阶段之一,这直接决定了整个项目的成败。所谓 ERP 选型,就是指企业在实施 ERP 项目时对 ERP 软件和项目实施公司的选择,ERP 项目选型实际是一个选择购买的过程。由于实施 ERP 投资比较大,选定之后很难转向另一个,因此,一旦选型失败,基本意味着项目失败。二次选型的风险和阻力将远远大于第一次。

ERP 选型主要涉及三个角色:企业、咨询机构和 ERP 供应商。企业是选型决定过程中的主导者,是决策过程的主体。咨询机构和 ERP 供应商是选型过程的辅助因素。咨询机构主要为企业提供技术、方案咨询、选择和实施等,是企业的决策参谋;ERP 供应商为企业提供产品并获取销售利润,是决策的利益关联方,其产品是企业决策的客体。

因此,提高 ERP 实施项目的成功率要从源头做起,选择一套适合企业的 ERP 是每个企业信息化建设取得成功的关键因素之一。但 ERP 产品市场中可以选择的产品非常多,有些系统功能丰富强大,复杂庞大,价格昂贵;有些系统价格便宜,但功能简单。这些 ERP 产品让企业的信息技术人员和管理人员看得眼花缭乱,不知如何选择。下面从选型的原则、步骤、方法等方面对这一问题进行展开。

1. 选型的原则

1)选择应服务于企业战略定位

不同行业的企业对 ERP 的需求固然不同,同一行业不同行业地位的企业对 ERP 的需求也不尽相同,甚至同一行业同等规模以及同行业地位的企业由于其核心竞争力、企业发展战略和管理目标不尽相同,它们对 ERP 的需求也会存在差异。企业的 ERP 选型一定要从企业自身的实际出发,选择一个最为实用和适用的 ERP 产品来促使企业管理目标的达成,既不要攀比,一味追求所谓"最好""最贵""最大"的 ERP 产品,也不能把选型的依据单纯制定为价格最低或简单拷贝同行的选型决策。

2)兼顾产品的功能性与技术先进性

进行 ERP 选型时,既要考虑软件产品的功能,又要考虑其底层的技术;既要满足当前的企业需求,又要考虑未来一定时期内企业的发展。企业当然希望选择技术先进、功能完善的软件,但在现实环境中,往往是难以兼得的。

Gartner Group 提出的 ERP 软件技术功能矩阵,可以帮助企业综合考虑功能和技术的平衡问题。这是一个两维矩阵,纵坐标表示功能的完备程度,横坐标表示技术水平的高低。按照功能的完善程度、技术水平高低,将矩阵划分为 4 个区域,如图 10－3 所示。

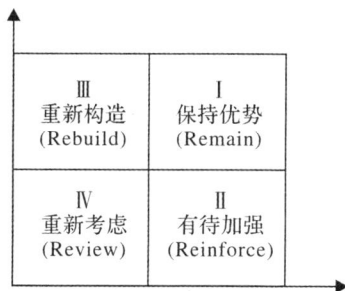

图 10－3　Gartner Group ERP 软件功能技术矩阵

企业在 ERP 选型时,可把纳入考察范围的各种 ERP 软件产品的功能和技术水平分别放置在不同的区域。区域 I 称为保持优势(remain)区域,该区域内的软件在功能和技术两方面都是很好的,是 ERP 软件产品的市场领导者;区域 II 称为有待加强(reinforce)区域,该区域内的软件产品技术先进,但功能有待完善和加强;区域 III 称为重新构造(rebuild)区域,该区域内的软件产品功能比较完善,但技术已经落后,从长远来看这些软件的发展有很大的局限性,因此,必须采用新的技术来重新构造;区域 IV 称为重新考虑(review)区域,该区域的软件产品在技术和功能两方面都比较落后,因此企业需要重新审视是否选择或继续使用该 ERP 软件产品。对于区域 I 的 ERP 产品,往往价格比较昂贵。企业在选型时,应关注这类产品对于企业自身的适用性和价格的可接受性。区域 II 的 ERP 产品适合发展较快、对系统技术要求高的企业使用,这类 ERP 产品虽然技术先进,但价格较区域 I 便宜很多,但企业应综合考虑在后续项目实施中由于功能不够完善带来的二次开发工作量和成本。区域 III 的 ERP 产品价格一般,较区域 I 低廉,适合业务模式非常稳定、未来也没有太多变化而且该 ERP 产品又能满足企业绝大多数功能需求的企业选用。但由于企业选型团队或其决策人员对技术和功能的喜好不同，企业还应结合自身的其他情况做出选择。

3)选择性价比高且成熟的 ERP 产品

性价比是大多数企业采购决策的重要依据。ERP 软件的性能包括其功能完整性、配置方便性、平台开放性、查询及报表执行效率、界面美观性、操作易用性、开放性、技术先进性等多方面，企业可以采用定量打分的方法综合评估。但性能好的 ERP 产品往往价格昂贵，科学的方法是选择性价比最优的产品。计算每种 ERP 软件产品的价格时，不仅应包含 ERP 软件标准产品的购买价格，还应考虑后续可能支出的二次开发费用、维护费用、实施费用等。正确的购置成本应是上述价格之和。

此外，由于 ERP 作为一个软件产品，在实施完成之前，其性能本身的不确定因素难以评估，那么降低选型风险的重要原则之一就是要选择有成功用户先例的、比较成熟的软件产品。因为成功的用户可以验证软件产品及其相关服务的有效性。

4)选择企业现状适应性、管理实践借鉴性并重的产品

在实践中，经常有企业前期工作做得比较细致，选型人员对自己的业务也非常熟悉。在考察 ERP 产品时，选型人员经常要求 ERP 软件完全按照企业现有业务进行系统功能的模拟。这样做的好处是可以清楚地了解软件能够实现自身业务功能的情况，但缺点是有时会忽视 ERP 软件设计中蕴含的先进管理思想和优秀的管理实践。因此，在选型时，应在关注企业现状业务在系统中实现的同时，关注 ERP 软件是否能够提供更好的管理经验和实践，而不是一味按照企业的现状对 ERP 软件进行匹配选择。

5)选择实施团队

一般来说，企业不但要购买供应商的 ERP 产品，还要购买相应的实施服务。在 ERP 应用领域存在这样的经验之谈，即"ERP 应用成功三分软件，七分实施"。虽然企业最终应当立足于依靠自己的力量去使用和维护 ERP，但是在开始阶段，供应商所提供的培训、实施咨询和技术支持能力，特别是供应商的实施顾问、培训教师及其他技术人员的资历和经验，对于成功实施和应用 ERP 是非常重要的。因此，选择实施团队甚至比选择软件产品更为重要，所以，选型工作除了要考察软件产品的性能之外，对供应商的实施团队进行评估，一定要作为产品选型的重要工作内容。

知识拓展 10-1　北京三露与联想的不欢而散

2. 选型的步骤

ERP 的选型过程较之一般的系统选型更为复杂。ERP 选型工作大致分为五个阶段，分别是选型准备、需求调研与分析、考察与评估、商务技术谈判、商签合同。每个阶段都需要完成一定的工作内容，企业可以遵循这样的基本步骤完成 ERP 的选型工作。

1)选型准备

选型准备的主要工作内容包括明确项目基本目标及范围、组建选型工作团队、必要的 ERP 知识培训、制订必要的选型工作计划。

ERP 实施是按照项目来组织和管理的，在选型之前，必须按照企业的信息化战略规划的

要求,明确 ERP 实施项目的基本目标和范围。再根据制定的目标及范围,选择合适的人员组建选型工作的团队。一般而言,ERP 选型工作团队的成员应包括企业主管领导、管理业务骨干、计算机技术人员及适当的外部行业 ERP 应用专家或顾问。当然,既懂管理业务又懂计算机软件技术的复合型人才,是选型团队的最佳人选。选型团队中的全部或部分成员会逐步成长为实施团队的核心力量。

明确选型工作团队之后,还需要对团队成员进行有关 ERP 基础知识培训。企业可以邀请内部或外部的 ERP 应用专家对整个选型工作团队进行必要的短期 ERP 知识培训。培训的目的在于使得团队成员对 ERP 有一个初步的概念,培训的内容包括 ERP 的基本原理、标准模块配置、主要业务功能及特点、ERP 能够解决的主要问题和可以取得的效益分析。通过培训可以增强团队成员选型 ERP 的识别能力和判断能力,从而提高选型工作的质量,加快选型工作进度,避免不必要的时间和资源浪费。

ERP 软件选型工作团队的第一个工作成果就是制订选型工作计划。在选型工作计划中,要明确 ERP 选型的基本目标和应用的范围,对选型工作步骤进行分解,估计工作进度和费用开支,明确责任和工作制度。

知识拓展 10 - 2　上海百事全员参与 ERP 选型

2)需求调研与分析

知己知彼,百战不殆。选型工作团队在开始企业选型 ERP 之前,必须对企业进行一个全面的调研,系统地了解当前存在的各种问题,深入分析造成这些问题的真正原因,真正地理解应该需要的 ERP 产品,这种 ERP 产品应该具备哪些功能、解决哪些具体的问题。只有对企业的运行状况有了透彻的了解,才能对 ERP 选型有正确的认识。对于规模较小的企业,需要通过 ERP 解决的问题及其解决方案往往比较准确明了;但对于较大规模企业来说,其问题的准确定位需要对企业各管理职能及业务进行细致、系统的分析。可以借助 PIECES 框架对企业的 ERP 需求进行分析。

知识拓展 10 - 3　PIECES 框架

知识拓展 10 - 4　ERP 选型与销售过程中的博弈与双赢

3)考察与评估

选择 ERP 及实施服务提供商,应从以下四个方面进行考察与评估。

(1)ERP 功能的考察与评估。

要考虑软件功能的合理性,例如:实现企业各项业务处理的能力;软件的连通性,是否具有数据接口和第三方程序接口,以便于二次开发;软件的输出报告是否满足企业的要求;软件的运行时间和响应时间;软件的兼容性以及软件是否简明、易学、易用等。

另外,软件的文档对于软件的应用是非常重要的。软件文档包括使用手册、帮助文件、在线学习工具和培训教材。不仅要考虑软件文档是否齐全,还要考虑文档组织的逻辑性,是否有有效的索引,是否叙述清楚、简明、易读,而不是烦琐冗长。对于国外的 ERP 产品,还要考察评估其界面和内核汉化的程度与质量。

考察与评估 ERP 产品的功能,可以通过 ERP 产品的文档、供应商技术顾问对功能的介绍等手段来实现;还可以通过使用企业业务数据,在 ERP 软件中模拟企业实际业务执行的方法来检验。

(2)ERP 的技术性考察与评估。

从系统的角度考虑,ERP 产品所用的技术是否具有先进性,如 Gartner Group 关于 ERP 的定义中所强调的技术都可作为考虑的对象。

系统的可开放性也是应当考虑的问题,在实施应用 ERP 之前,企业往往已经有了一些在某个方面应用较好的子系统。所以,在实施 ERP 时,有些企业希望能保留这样的子系统;又或者随着形势的发展,企业可能要开发某个不是 ERP 软件功能能够覆盖的子系统。在这些情况下,都需要把这些子系统与 ERP 系统连接起来,实现数据共享。还有的时候,需要把 ERP 中的数据成批地提取出来进行处理,或者把一批数据导入到 ERP 内。凡此种种,都需要 ERP 具有在程序级或数据级上的开放性。

(3)考察与评估软件供应商的实力以及实施服务提供商的技术支持能力。

实施应用 ERP,就要和软件供应商进行很长时间的合作。ERP 产品供应商也会不断对其产品进行升级和改进。出现软件 BUG 问题,还需要通过软件供应商消除软件缺陷。因此,在进行软件选型时考察 ERP 软件供应商的各项实力是非常重要的。通过评估软件供应商的经济实力,可以确定该供应商是否具备长期升级和改进产品以及提供必要服务内容的能力。

对于实施服务提供方的考察与评估重点是对其委派的实施顾问的考察与评估。具备丰富业务应用经验和 IT 项目管理能力的项目实施团队,是 ERP 应用成功的保证,也是 ERP 实施项目达成预期功能、性能、费用、进度目标的最为关键的成功因素。

知识拓展 10-5 ERP   选型要注意软件厂商的五大隐藏陷阱

(4)考察 ERP 的用户。

通过考察 ERP 产品的用户群,特别是同行业用户,可以了解用户对软件的使用情况和满意程度,了解供应商对用户的培训、实施指导与帮助是否得力,了解供应商对用户的技术支持是否及时有效,了解其供应商的用户成功率等。

知识拓展 10-6   电子制造企业 ERP 如何选型

4）商务技术谈判

商务技术谈判是企业针对 ERP 实施项目进行合作伙伴的最终确认。在这阶段,多数企业会采用招标的方式进行。ERP 招标的主要活动包括以下几项内容:制订招标计划、编写招标文件、发布招标公告或投标邀请书、开标与评标、编写评标报告、定标。

5）商签合同

签订 ERP 供货及实施服务合同是 ERP 选型的最后一项任务。该阶段的主要目标就是根据上一阶段商务技术谈判的招标文件方案和投标文件方案,用户和中标厂商签订具体的 ERP 供货及实施服务合同。合同内容应该详细规定双方的权利和义务。合同是一份重要的法律文书,是整个选型工作的最终成果。需要注意的是:合同的某些具体条款需要双方经过商务谈判来最终确定;该合同应该在中标通知书发出之后的规定时间内完成。

知识拓展 10-7　中型企业 ERP 选型全纪录

3. 选型的方法

ERP 选型是一项复杂的系统工程。一方面,ERP 选型评价指标众多,指标的选取建立在评价者知识水平、认识能力和个人偏好的基础上,所以要对评价信息进行量化分析;另一方面,由于评价指标中包含许多具有模糊性的主观指标,反映了人们主观认识的差异,其内涵和外延具有模糊性。

企业在选择 ERP 产品时,主要有定性的方法和定量的方法两种,定性的方法以头脑风暴、德尔菲(Delphi)法、专家会议法为主。这些方法与第 3 章需求预测方法相似,请参阅 3.3.5 相关内容。定量的方法主要有指标百分比法和决策树法。

1）指标百分比法

企业在 ERP 选型时,最头痛的问题在于每个可供选择的软件都有自己的优缺点,从不同角度来看,不同的软件都有一定的可取性,为了让 ERP 最大程度地满足企业的需要,通常会采用指标百分比法。

指标百分比法的实施步骤如下:

(1)指标选定。企业根据自身的情况,选择需要的指标,如企业规模、企业行业背景、企业市场占有率、企业的可持续发展、软件的可扩展性、软件的稳定性、软件的二次开发能力、咨询实施服务、价格等。

(2)权重设置。企业根据自己需求的重点,给所选择的指标设置一个权重。所有指标权重相加应等于 1。

(3)打分。企业可采用专家会议法或德尔菲法对各个候选软件的各项指标进行打分,将专家打分的结果整理汇总后,形成各项指标最终的分数。分数可采取百分制。

(4)将各个候选软件的指标得分与指标所占权重相乘,得到各项指标的最终得分,再把各项指标的最终得分相加,得到各个候选软件的最终得分。

(5)排名。将各候选软件的最终得分进行排列,从中得出企业应选择的软件。

表 10-1 所示是某企业 ERP 选型应用指标百分比法的情况。

表 10-1　ERP 选型表

	A 软件			B 软件			C 软件		
	得分	比重	得分×比重	得分	比重	得分×比重	得分	比重	得分×比重
企业规模	90	5%	4.5	80	5%	4	80	5%	4
行业背景	85	5%	4.25	75	5%	3.75	75	5%	3.75
市场占有率	85	5%	4.25	80	5%	4	70	5%	3.5
可扩展性	70	15%	10.5	70	15%	10.5	65	15%	9.75
稳定性	85	10%	8.5	75	10%	7.5	75	10%	7.5
二次开发	80	20%	16	80	20%	16	80	20%	16
咨询实施	85	20%	17	80	20%	16	70	20%	14
价格	70	20%	14	90	20%	18	80	20%	16
总分	79			79.75			74.5		

指标百分比法的优点是企业可以根据自己的情况选择需要的指标，并按照自己的需求情况给各个指标设置权重，以此标准选择出来的软件一定是能够最大程度地符合企业需求的 ERP 软件。其缺点在于指标的选择、权重的设置以及最后打分都需要专业性很强、对企业本身很了解的人完成；否则，差之毫厘，谬以千里。

知识拓展 10-8　选择 ERP 时需要问的 41 个问题

2）决策树法

ERP 选型时，大部分企业都会受到成本的限制。企业实施 ERP 所投入的成本不仅仅局限于 ERP 软件的购买成本、咨询实施成本以及后期维护成本，还包含企业实施 ERP 项目时所投入的人力成本、时间成本、机会成本。ERP 项目投入大，时间长，前景不明确，一旦失败会给企业带来巨大的损失，这是很多企业实施 ERP 的障碍。

为了控制企业实施 ERP 项目的风险，选择可以接受的方案，通常使用决策树的方法对候选方案的成本进行评估。

决策树法的实施步骤如下：

（1）测算每个候选方案项目成功给企业带来的收益和项目失败给企业带来的损失。

（2）测算每个候选方案项目成功和失败的可能性，两种可能性相加应为 1。

（3）计算每个候选方案项目成功的可能收益和项目失败的可能损失。

（4）计算每个候选方案的项目收益值。

【例 10-1】某企业在 ERP 选型时，有 3 个候选方案，分别是方案 A、方案 B、方案 C。该企业经过仔细测算后发现，这 3 个候选方案的成功、失败比率与损益各不相同，形成如图 10-4 所示的决策树。

解：各方案的获益情况计算如下：

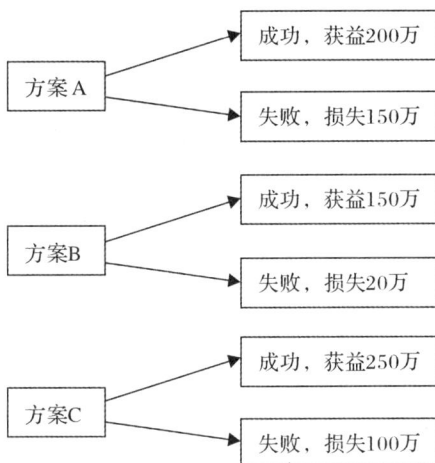

图 10 - 4　决策树模型

方案 A:200×70%－50×30%＝130－15 ＝125(万元)

方案 B:150×60%－20×40%＝90－8＝82(万元)

方案 C:250×50%－100×50%＝125－50＝75(万元)

对于该企业来讲,选择方案 A 更符合其利益。

10.1.3　ERP 知识培训

ERP 是一个庞大的系统,涉及企业内各个职能部门的人员,每个成员对 ERP 的理解各不相同,因此有必要在实施 ERP 之前对企业内部的各个相关成员完成 ERP 相关知识的培训,这样有利于项目的顺利完成。

ERP 知识培训工作贯穿于整个 ERP 实施过程,实施在各阶段的侧重点、培训内容、培训的人员各有不同。培训工作要分层次,不断深化。可以将 ERP 实施过程分为三个阶段,前期的准备工作阶段、项目实施阶段、项目评估阶段。针对各个不同的阶段,企业必须有针对性地对各级管理层以及员工进行培训。

培训含有教育和训练两重含义,前者侧重于哲理和概念,讨论 ERP 的原理和运行机制,如何运用 ERP 解决经营生产业务中发生的问题,主要说明"为什么要这样做? 有什么必要? 有什么效益",是一种面向业务的培训;后者侧重于应用方法,主要说明"怎样做",是一种面向软件的培训,一般安排在"教育"之后,结合 ERP 软件的实施进行。

1. 培训的目的

根据培训对象的不同,培训的目的也是各不相同的。ERP 知识培训不仅仅是开一到两次的培训讲座,而应该由 ERP 项目咨询实施方形成一个整体的培训方案,对企业的各个层面、各个角色都进行一次脱胎换骨的大改造。ERP 知识培训的目的主要有以下几点。

1)统一认识

对于 ERP 的上线,企业内部可能存在不同的声音,赞成的、反对的、心存疑虑的、觉得事不关己的,这些不同的声音、不同的想法都可能会成为 ERP 实施项目的障碍,影响 ERP 实施项目的成功。所以,必须要先排除掉这些潜在的问题。

什么是 ERP？实施 ERP 会给企业带来哪些好处？实施 ERP 会给自身的工作带来哪些改变？这些会造成企业内部成员人心不稳的问题都可以通过培训来解决；目前世界上先进的管理思想，其他企业的成功案例与失败的经验也可以通过培训来传递。

ERP 相关知识培训可以让企业内部统一思想、统一认识，清除企业内的反对意见；可以让中低层管理者和基层员工看到决策层实施 ERP 的决心；可以让企业内部认识到实施 ERP 的必要性与急迫性；可以让企业内部上下一心，为成功实施 ERP 而努力。

2)为 ERP 上线做好准备

进行 ERP 知识培训之前，包括 ERP 选型、项目组设立、项目启动、需求分析确定等许多工作都只涉及企业内的少部分人，大部分成员还没有真真正正、实实在在地接触到 ERP 项目，不少人还认为 ERP 项目与自己无关，还抱着旧有的工作方式不放，不愿意接受改变。

(1)通过培训，一方面让企业内部成员对 ERP 实施上线做好心理准备，让大家意识到 ERP 已经真正运用起来了，原来的工作方式将要被新的工作方式所取代；另一方面，也给企业内部成员一种变革的力量，改变过去那种效率低下的工作方式，采取更高效的工作方式。通过培训，改变企业成员的观念，使之不再局限于传统的思维模式，而是与世界先进的管理思想接轨。

(2)通过培训让企业成员对 ERP 实施做好技术上的准备。ERP 模块众多，模块之间的关联甚多，必须要经过专门的培训才能够熟练使用。很多企业成员素质参差不齐，不少年纪偏大的员工对计算机的使用还存在问题，这些问题都必须要经过一次甚至多次培训才能解决。

3)建立沟通渠道

建立健全完善的沟通机制是 ERP 实施成功的先决条件。ERP 培训中，尤其是集中培训时，参与培训的人员往往是企业的业务骨干、核心客户，这个时候建立沟通渠道，能够将所有核心客户全部掌握。另外，也可依靠培训时建立的客户关系，为以后的现场实施打下良好的基础。

2. 培训分类

按照不同的方式，ERP 知识培训可划分为不同的种类。

1)按照用户的管理层次分类

针对用户不同的管理层次，ERP 知识培训可分为企业决策层培训、企业管理层培训、企业操作层培训。

企业决策层培训是针对用户的决策层、高层管理者进行的 ERP 知识培训，这个层面的培训又被称作"理念培训"，培训的主要内容是 ERP 的管理思想。对于企业的决策层来讲，他们更关心：如何运用 ERP 这种先进的管理思想提升企业的管理能力；行业内使用 ERP 的成功经验；运用 ERP 后，目前他们所关心的企业存在的问题是否可以解决；等等。在进行企业决策层培训时，教师选择以行业内专家或者资深管理者为宜，既要求培训教师有理论基础，又要求培训教师有在相关企业工作的实际经验，这样既满足企业决策层对先进理念的渴求，又能够针对企业普遍存在的问题提出相应的解决方案。

企业决策层培训一般不在培训会议上对系统的具体操作进行讲解，即便要讲解，也应该采取个别培训的方式。

企业管理层培训是针对用户的中低层管理者进行的 ERP 知识培训。这个层面的培训既要注重理念的培训，又要注重实际操作的培训。这个层面的管理者是高层管理者和基层工作者的桥梁和纽带，是整个企业的支柱，这个层面的培训做好了，以后实施 ERP 就会很顺利。

企业操作层培训是针对用户的基层工作人员,也就是现场一线人员而进行的培训。企业操作层培训主要是 ERP 的操作培训。企业的基层工作人员都将直接使用 ERP,培训成果的好坏直接关系到 ERP 实施的成功与否;企业基层工作人员人数众多、素质参差不齐,培训的质量很难保证,所以对这一层面的培训要非常重视,多管齐下,将集中培训和现场培训、个别培训相结合,一定要保证培训按质按量完成。

企业操作层培训讲究以点带面。在培训时,时间有限,培训人员的精力也有限,很难做到使所有工作人员都能够百分之百地完成培训任务,百分之百地掌握如何使用系统。为了使企业操作层能够尽快地学会使用系统,培训时需要关注重点人员,即在每个职能部门里重点培养1~2名骨干成员,将这些骨干成员的培训做扎实,用他们来带动其他成员。这样,即使还有人员对操作理解不是很清楚,也可以在培训结束之后,通过相互之间的交流解决操作不熟练的问题。

2)按照培训内容分类

按照培训内容分类,ERP 知识培训可以分为理念培训、操作培训。

理念培训的主要内容包括 ERP 的概念、发展以及目前在国内外的运用,企业运用 ERP 的成功经验与失败的教训,ERP 能够解决的问题、给企业带来的效益等。

理念培训的目的是为企业带来管理上的新思想、新理念,让企业能够接受新鲜事物,不要因循守旧、固步自封,尤其对于企业的高层管理者而言,吸收外来的先进思想是提高自身工作质量的有效方法。

操作培训的主要内容是 ERP 的实际操作,包括不同操作人员所应用的操作。操作培训的目的是使具体的操作人员熟练掌握 ERP 的使用,能够独立完成 ERP 的运转。

3)按照操作人员的角色分类

按照操作人员的角色分类,ERP 知识培训可以分为系统管理员培训、普通操作人员培训。

系统管理员培训是指针对系统管理员的培训。ERP 系统管理员是指进行 ERP 系统日常管理、维护的人员,通常由企业信息中心的员工承担。这部分的培训内容主要是 ERP 的日常管理工作、系统备份、系统恢复、系统日志的查看、操作人员的增减等。系统管理员培训通常采用个别培训的形式,因为企业里系统管理员只有 1~2 名,人数有限。

普通操作员培训是指对所有使用 ERP 人员所做的培训,重点在于使被培训人员能够熟练使用系统。ERP 涉及的模块不同,操作也不尽相同,培训时可以将操作相同的人员集中在一起进行培训,一方面节约成本,另一方面也便于培训人员相互之间的交流。

3. 培训计划的制订

ERP 知识培训时,咨询方应制订完善的培训计划,并交由客户方审查通过。这既是文档规范化的要求,也可以让客户方提前安排参训人员,做好工作上的安排。培训计划通常应包括以下几个方面。

1)培训目的

明确培训目的是培训成功的前提。培训目的是由用户使用系统的目的决定的。

设计培训方案时,目的相同的培训应尽可能地一次性完成,这样有利于提高效率、控制成本。目的相同的培训如果必须要安排多次,那么在培训地点、培训教师的选择上,应该保持一致,实在无法保证一致的,也必须选择水平一致的培训教师,保证培训质量。同一对象不同内容的培训,也应该尽可能安排在一次培训中完成,这样有利于节省用户时间,从而减少用户的抵触情绪。

2)培训对象

确定培训对象才能做到有的放矢,培训教师应针对不同的培训对象调整培训内容,这样才能达到更好的培训效果。

ERP 实施是一个全员参与的项目,培训对象应该是企业中的所有成员,培训对象的选择通常由用户方根据情况自行决定,但需要提前通知参与培训的人员及其部门领导,以便于其工作的安排。

首次集中培训对象的选择必须慎重,一般为业务骨干、关键岗位人员和容易接受新事物的员工。首次培训人员要承担"火种"的任务,即将 ERP 的管理思想、技术方法传递给周围的同事,成为企业中的"内部教师"。所以,最初的人选特别重要,"好的开头等于成功的一半",第一次的成功会为整个项目的实施带来一个非常好的局面,有利于提高实施项目的成功率。

3)培训时间

在培训时间的安排上,咨询顾问应该事先和用户做充分的沟通,了解用户什么时间段工作最忙,什么时间段相对轻松,可以进行相关的培训,这样的时间安排既不影响用户的工作,又能够得到很好的效果。例如,10月份是生产制造企业制定下一年度全年生产计划的时候,这个时间段就不宜安排生产都门的人员进行培训;同样,每个月中旬财务部门工作相对轻松,对财务人员的培训一般可以考虑在这个时间段进行。

决策层培训的时间需要特别注意,要和相关人员仔细确认后才能确定时间,以免到时主要领导无法参加,达不到培训效果。

培训时间一经确定,除有特殊原因,不要轻易改变。

理论培训的时长一般应控制在 2 个小时以内,操作培训则可根据培训内容的多少安排在一天或几天进行,但要注意培训课间休息时间和培训内容的合理安排,以提高受训者的学习兴趣,提升培训效果。

4)培训地点

选择培训地点的原则有两条:有相关的培训设施以及能够容纳所有参培人员的场地。

不同的培训方式要求不同的培训设施。理论讲授要求有投影仪、投影屏以及相关的音响设备;如需要上机操作的培训,则需要使用机房。

如果是一个部门、一个子公司培训,参与培训人员有限,应尽量选择在企业内部的会议室举行,这样不仅便于集中培训人员,熟悉的环境也有利于培训人员集中精神学习。如果参与培训的人员较多,必须在企业外部进行,需要组织人员先考察培训地点,保证安全,并且在企业外部进行的培训要特别注意培训纪律。

5)培训纪律

良好的培训纪律是保证培训效果的必要手段。参与培训人员应严格遵守培训纪律,这在培训开始前必须和参与培训的人员说清楚。

培训纪律主要有:确定参加培训的人员必须参加培训,由于特殊情况不能参加时必须书面提出申请,并得到项目管理小组的同意;培训人员应按时到达指定的培训场所,不得迟到、早退;培训人员应按时签到;培训人员应认真听讲,做好笔记;培训时手机应关机或调成震动,培训时不得接听手机;培训后测试应自己完成,不得抄袭;测试成绩将与绩效考核挂钩。

6)培训内容

不同岗位的培训内容应该有所区别。工作内容不同,使用系统的目的不同,培训内容也有所不同。培训教师应根据参加培训的部门的情况,讲解用户工作中使用的重点部分,以确保达到培训质量的要求。表 10-2 是某公司 ERP 培训内容列表。

表 10-2　培训内容表

培训对象	培训内容														
	ERP理念	项目管理	软件功能	软件模块	实施方法	数据标准	数据整理	物料定义	物料编码	业务流程	系统调研	系统模拟	系统上线	持续改进	应用扩展
总经理	√	√	√	√	√									√	√
ERP领导小组	√	√	√	√	√									√	√
ERP实施小组	√	√	√	√	√	√	√	√	√	√	√	√	√	√	√
部门经理	√	√	√	√	√		√	√	√	√	√	√	√	√	√
关键岗位	√	√	√	√	√		√	√	√	√	√	√	√	√	√
一般员工	√		√				√	√	√	√			√		

7)培训方式

培训方式主要有理论讲授、上机操作和答疑等几种方式,培训教师可以根据需要灵活运用。理论培训以讲授为主,操作培训以上机和答疑为主。通常来讲,操作培训一般采用先讲授,后操作、答疑的方式。

8)培训教师

有些 ERP 供应商在实施过程中会配置专门的培训教师,负责客户的 ERP 知识培训;有些 ERP 供应商则采取由咨询顾问担任客户的培训工作。这两种方式各有利弊。专职教师在整体教学安排、调动用户积极性等方面比较好,但是在解决用户的实际问题方面却差于咨询顾问。另外,咨询顾问担任培训工作还有一个好处,就是可以先与客户建立关系,便于日后现场实施时与客户的交流。

实例　咨询顾问小王进入某 ERP 软件公司的第一份工作就是给用户做操作培训。为了这次培训,小王可是卯足了劲,他查阅了大量的资料,又请公司的老员工为他讲解了公司的历史、系统的基本操作,做足了准备工作。培训当天,小王从 ERP 的来源讲起,讲到 MRP、MRP Ⅱ,涵盖目前世界对 ERP 的使用、ERP 的成功和失败案例、本公司的成就和成功案例等,一直讲到具体的操作,讲的是眉飞色舞、口干舌燥。但是下面的用户却兴趣寥寥,不少用户下来反映,"讲那么多,跟我们的关系不大""实际操作都没听到,回去不知道怎么用系统"等。小王听到用户的意见后,很不服气,认为自己也是想让用户多了解一点 ERP 的理念,这样也有助于实施时减少抵触情绪。你觉得小王的失误在哪里? 如果你是小王,你打算怎么做?

9)培训考核

培训完成之后,必须进行成绩考核,考核成绩作为绩效考核的一部分,交给用户人事部门。考核目的主要是考察培训是否达到预期效果,了解用户对培训知识的运用情况,了解培训用户是否熟悉自己相关业务流程的运用等。

10)培训评估

培训评估是用户以不记名的方式针对此次培训做出的意见反馈。评估普遍采用培训评估表的方式,应用于培训工作完成之后。评估的内容一般包括对培训内容的评估、对培训教师的评估、意见和建议等。培训评估是了解客户满意度的有效方式,通过评估,供应商可以了解用户对于培训工作(包括培训教师)的意见,是否存在需要调整培训内容的情况,是否存在培训教师不负责任的情况。

10.1.4 实施准备

这一阶段要建立项目组织和准备一些静态数据,具体内容如下。

1.成立三级项目组织

三级项目组织包括项目领导小组、项目实施小组和项目业务/专题小组,如图10-5所示。其中,项目领导小组通常以企业的"一把手"为组长,由与ERP软件有关系的副厂长级领导(如总工程师、财务总监、企管部主管、总经办主管、计划部主管)、实施小组组长(企业实施ERP的项目常务负责人、项目经理)组成。项目实施小组是ERP项目实施的常务机构,通常以企业的CIO(首席信息官)或总工程师担任组长,由企业的业务部门主管、业务骨干、计算机系统维护人员、IT公司(或项目依托单位)的领导及技术骨干和从研究机构或高校聘请的ERP专家等构成。

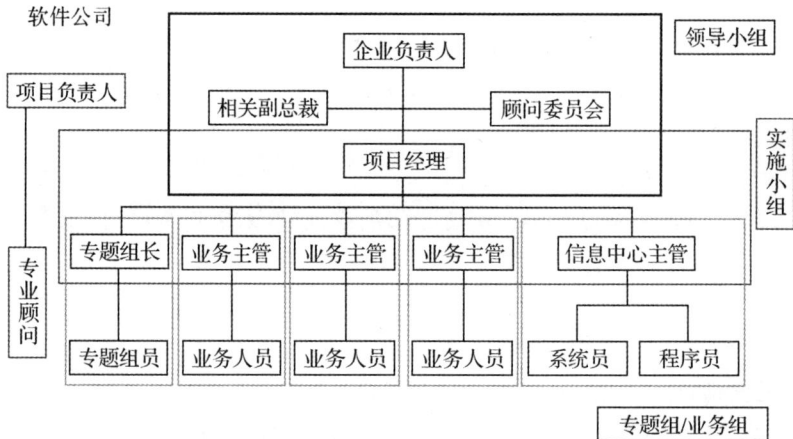

图10-5　ERP实施三级项目组织

知识拓展10-9　ERP实施管理层的作用

2.数据准备

在运行ERP之前,要准备和录入一系列基础数据,这些数据是在运用ERP之前没有或未明确规定的,故需要做大量分析研究的工作。它包括一些产品、工艺、库存等信息,还包括一些参数的设置,如系统安装调试所需信息、财务信息、需求信息等。ERP运行必须建立一系列数据,其数据环境如图10-6所示。

1)数据来源

(1)物料与产品信息。产品信息是通过物料清单描述的,物料清单中所涉及的物料,都必

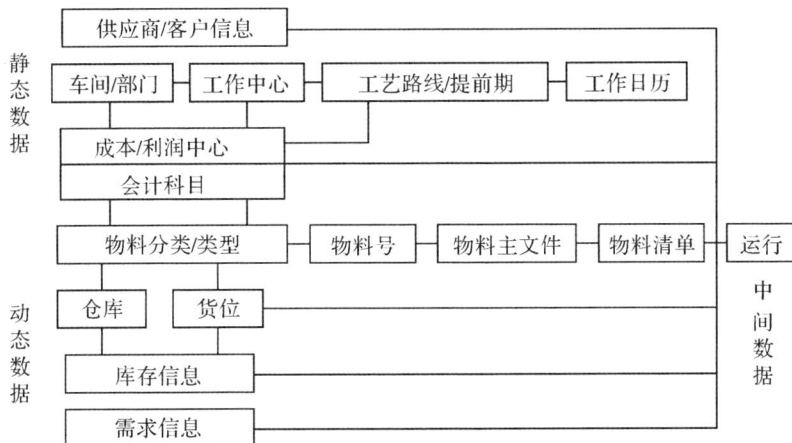

图 10 - 6　ERP 运行数据环境示意图

须建立文档,也就是物料主文件。一种物料可用于多种产品,但主文件只有一份,其中每个物料需要编码,并按照软件要求和企业特征确定类型和分类。

(2)能力信息。物料计划要与能力计划相伴运行,占用能力资源是通过工艺路线文件及其时间定额来确定的,在 ERP 中主要的能力资源是工作中心,工作中心又是属于某个车间或部门的,这些都需要事先定义。各种作业活动只能在工作日进行,因此必须设定各种用途的工作日历。

(3)库存信息。运行物料需求计划必须知道物料的可用量,各种物料按照库存管理的要求必须有存放地点,也就是仓库与货位。

(4)财务信息。要实现物流与资金流的信息集成,每种物料要有对应的会计科目。为了控制成本,要对分厂、车间、部门或工作中心设置利润中心或成本中心。

(5)需求信息。所有计划都是为了满足市场需求的,必须先有需求(包括预测、合同以及各部门之间的需求等)才能编制计划。

(6)供需方信息。ERP 执行采购作业,必须先建立供应商文档;执行销售作业,必须先有客户信息。

在这些数据类型中,多数数据属于某个基本的管理部门,但与其他部门有接口,比如物料有仓库管理,但在存货核算、成本计算中需要与财务部门相关,在运输中需要一些包装信息等。在 ERP 中通常有两种处理方式,或者将信息分为公用信息和各部门自用信息两类,在系统的不同部门处理,要么以对象方式的不同视角进行处理。

知识拓展 10 - 10　ERP 基础数据管理

2)静态数据

静态数据也叫固定信息,一般指为保障系统运行必要的存货分类编码、部门人员编码、存货档案、供应商档案等各项基础数据,这类数据的特点是不会因为业务的进行而发生快速变化。在 ERP 数据设置中,通常需要事先将静态数据输入到系统之中,在系统运行中仍需要不断地维护更新。

3)动态数据

动态数据也称流动信息,随业务进行发生及时变化的业务数据,时间不同数据也不一样。例如系统切换时点的各项库存存量、客户合同、完工报告、应收账款、应付账款、未结单据等业务数据,一旦建立需要随时维护。动态数据需定义其信息载体,比如格式、负责人等。此外,对于动态数据,如库存信息、现金量等信息,必须在系统启用之初设置初始可用量,而且通常需要定期进行结算。

4)中间数据

中间数据或称中间信息,是根据用户对管理工作的需要,由计算机系统综合静态和动态两类数据,经过运算形成各种数据或报表,供管理人员掌握经营生产状况,进行分析和决策。如生产计划和物料需求计划都是根据静态数据和动态数据加工处理后生成的中间信息。管理软件功能的强弱,往往体现在它能提供多少有用的中间信息。

在 ERP 中,静态数据和动态数据是输入数据,中间数据是经处理后的输出数据,中间数据的处理通常由系统内部程序处理和使用,对用户是透明的,也无须进行任何的设置工作。

知识拓展 10-11　不要让数据毁了 ERP

10.1.5　原型模拟

(1)原型测试。这是对软件功能的原型测试,也称计算机模拟。由于 ERP 是信息集成系统,所以在测试时是全系统的测试,各部门人员都同时参与,这样才能理解各个数据、功能和流程之间相互的集成关系。

(2)对比判断。找出原型不足的方面,提出解决企业管理问题的方案,以便接下来进行用户化或二次开发。

(3)系统设计。原型测试出现的问题和不足,要进行方案设计,如采用变通方法、改革现有流程等。

10.1.6　模拟运行及二次开发

模拟运行及二次开发要根据企业的条件来决定应采取的步骤,可以各模块平行一次性实施,也可以先实施 1~2 个模块。

(1)在基本掌握软件功能的基础上,选择代表产品,将各种必要的数据录入系统,带着企业日常工作中经常遇到的问题,组织项目小组进行实战性模拟,提出解决方案。所有最终用户必须在自己的工作岗位上使用终端或客户机操作,处于真正应用状态,而不是集中于机房。如果手工管理与系统还有短时并行,可作为一种应用模拟看待,但时间不宜过长。

(2)制定工作准则与工作规程。进行了一段时间的测试和模拟运行之后,针对实施中出现的问题,项目小组会提出一些相应的解决方案,在这个阶段就要将与之对应的工作准则与工作规程初步制定出来,并在以后的实践中不断完善。

(3)验收。在完成必要的用户化的工作、进入现场运行之前还要经过企业最高领导的审批和验收通过，以确保 ERP 的实施质量。

10.1.7　切换实施

（1）动态数据准备。动态数据库存余额、车间在制品余额、总账余额、应收账款余额、应付账款余额、未结销售订单、未结采购订单。上述这些数据要以各模块上线切换点的数据为准。比如，计划 7 月份总账管理模块上线，一般以 6 月 30 日总账余额为准。

（2）切换运行。数据准备到位后，按既定时间关闭旧系统，切换为新系统各模块运行。

（3）技术支持。由 IT 公司提供在线服务、应急响应服务等。

10.1.8　巩固提高

ERP 应用到企业后，实施的工作其实并没有完全结束，而是将转入到业绩评价和下一步的后期支持阶段。每个企业都有必要对 ERP 实施的结果作一个小结和自我评价，以判断是否达到了最初的目标，从而在此基础上制定下一步的工作方向。还有就是由于市场竞争形势的发展，将会不断有新的需求提出，再加之系统的更新换代，主机技术的进步都会对原有系统构成新的挑战，所以，无论如何，都必须在巩固的基础上，通过自我业绩评价，制定下一目标，再进行改进，不断地巩固和提高。

ERP 实施过程 6 个阶段是密切相关的，一个阶段没有做好，决不可操之过急进入下一个阶段，否则，只能是事倍功半。值得注意的是，在整个实施进程中，培训工作是贯彻始终的。因为只有员工才是系统的真正使用者，只有他们对相关的 ERP 软件产品及所要求的硬件环境有了一定的了解，才能够保证系统最终的顺利实施和应用。

10.2　ERP 实施项目管理

ERP 实施是一项企业管理与信息工程相结合的项目，其实施过程具备自身独特的特点，同时也具备项目管理中共性的知识领域。

10.2.1　项目管理内容与特点

项目是一项独特的、具有一定风险性的一次性工作，这项工作按照有限的时间、有限的资源，在预期的实施范围内来完成，并实现项目的预期整体目标，满足各方面既定的需求。根据项目管理协会 PMI 的定义，项目管理知识体系包括 9 个知识领域，即项目整体管理、项目时间管理、项目范围管理、项目人力资源管理、项目沟通管理、项目价值管理、项目质量管理、项目风险管理、项目采购管理。

ERP 实施项目的上述管理内容在 ERP 项目管理的重要性和复杂性是不同的。在 ERP 实施项目管理中，项目范围管理、时间管理、沟通管理和风险管理更为重要和复杂。

同时，按 PMI（project management institute）的定义，项目管理按照其过程又可以分为启动、计划，执行、控制和结束 5 个过程组。

（1）启动。确认和批准一个项目（或项目的一个阶段）的执行。

（2）计划。界定项目目标，确定实现目标的工作方案。

（3）执行。组织人力、协调其他资源以执行计划。

(4)控制。监控项目的实际进展与计划的偏差,并采取必要的纠正措施以确保目标实现。

(5)结束。整理和移交项目成果,确保项目有序结束。

项目由多个过程构成,一般认为过程是"产生结果的一系列行为"。过程基本可以分成两类:一类是项目管理过程,描述了如何组织、规划和完成项目的各项工作;如果抛开"工作"之间的具体差异,将工作作为"任务"看待,则项目管理过程可以适用于各种领域和各种类型的项目。另一类是产品过程,描述了如何获得或创造项目的产品,产品过程与项目的行业、类型和方法论有密切的关系。

知识拓展 10-12　企业以目标为依据对 ERP 实施模式准确定位

10.2.2　项目范围管理

对 ERP 实施项目范围的管理贯穿整个 ERP 项目实施过程。从 ERP 项目实施失败原因分析看,项目范围控制失败是很多 ERP 项目实施失败的首要原因。因此,范围管理是 ERP 实施项目管理的首要任务。

ERP 实施项目范围管理的目标包括:确保项目的总体界限和目标以及对项目的期望值是合理的和可以达到的;确保双方(企业和软件供应商)对项目实施的认识是一致的;确保双方能够保证项目实施所需要的投入;确保双方对今后项目实施过程中可能遇到困难和阻力有充分的估计并有对策。

项目范围管理在项目各个阶段主要包括如下工作内容:

(1)在 ERP 项目立项阶段,项目管理团队需要根据 ERP 实施规划及选型阶段的资料确定详细的项目范围。它包括对企业进行业务调查和需求访谈,了解用户的详细需求,据此制定 ERP 实施范围或称之为工作任务书,在项目范围文件中明确用户的现状、具体的需求和 ERP 实施的详细范围等内容。

(2)在 ERP 项目实施准备阶段,项目管理团队需要通过详细的项目计划进一步明确项目执行的内容和步骤,对项目范围进行更为详尽的定义。它包括的工作内容有:根据项目的期望和目标以及预计项目的实施范围,对企业自身的人力资源、技术支持等方面做出评估,明确需要为配合项目而采取的措施和投资的资源;通过定义项目各阶段需要递交的工作成果来明确项目交付物,包括相关的实施文档和最终上线运行的系统;通过项目计划、工作分解结构对项目需要完成的工作内容做进一步的界定。

(3)在 ERP 项目执行阶段,需要随时检查项目的范围是否在计划的范围内,是否出现项目范围失控的局面。由于需求的延伸性,绝大多数 ERP 实施项目在实施过程中都会出现一定程度的需求范围扩大。因此在执行与控制阶段,需要对 ERP 实施项目的新增需求进行评估,以确定是否需要变更项目范围。必要的范围变更,应按照项目的变更管理程序进行变更的定义、评审和审批,以避免无止境的范围变更。

在 ERP 实施项目结束阶段,需要对原定项目范围进行检查,ERP 实施项目是否已经实现规定范围的全部实施工作,并对项目的实施效果进行评测。对于未能实现的项目需求,以备忘的形式进行描述并制定处理方式。

知识拓展 10-13　王先生的困惑

10.2.3　项目时间管理

ERP 实施进度与实践控制是整个项目执行过程中的重要管理内容。ERP 实施项目时间管理的目标在于通过控制项目实施过程中各阶段投入的各种资源和达到项目各阶段目标所用的时间,使之尽可能达到项目实施计划的时间进度要求。

在 ERP 项目立项阶段,一般都会有一个完成整个 ERP 实施项目的大致的时间要求。在 ERP 项目实施准备阶段,需要完成以下几项工作:①制订项目的时间计划。在确定详细的项目范围、定义递交的工作成果和明确预计的主要风险的基础上,根据 ERP 实施的总体时间要求,编制详细的实施时间安排。②制订成本和预算计划。根据项目总体的成本和预算计划,结合实施时间安排,编制具体的系统成本和预算控制计划。③制订人力资源计划。确定实施过程中的人员安排,包括具体的实施服务公司的咨询人员和企业方面的关键业务人员以及项目管理人员,对用户方面参与实施的关键人员,需要对其日常工作做出安排以确保对实施项目的时间投入。

当一个切实可行的总体实施计划和目标被制订和批准以后,如何监督和控制就成了一个重要的问题。根据在许多项目中的实施经验,可以说,很少有一个项目计划是完全按照实施计划预定的时间来进行的,因为再好的计划也不可能预见所有的问题并事先制定出对策。所以,对实施过程的监督和控制,主要着眼于以下几个方面:①要使实施各方都明白时间计划是严肃的。②调整进度计划是必须合理并得到高层领导批准。③按每一个实施的小阶段对投入的资源和达到目标所需时间进行监督和控制。④发生问题造成时间上的调整是正常的,但发现问题不进行控制是不接受的。

在项目的实施过程中,监督和控制的依据是计划和目标,目的是使实施工作按计划进行并达到预期的目标。当有问题发生时,其直接的表现是实施结果偏离了原来的计划和目标,在这种情况下,项目负责人的工作,就是要及早发现这种偏离,并分析原因。如果是因为原来的时间计划和目标制定得不合理,或发生了预料之外的情况而又无法克服,这样就必须调整时间计划和目标。如果不是原来的计划和目标的问题,则一定是资源的问题,这里所讲的资源是指广义的资源,如时间、人力、资金、技术和工具等。企业在实施 ERP 项目时,资源发生问题是最常见的,而好的项目时间计划,可以在开始时就考虑到时间的富余量,并懂得如何分清责任,如何及时控制资源的合理投入。

10.2.4　项目沟通管理

项目沟通管理是指为了确保项目信息合理收集和传输,以及最终处理所需实施的一系列过程。由于 ERP 实施项目是一项企业的管理工程,参与项目实施的人员遍布企业的各个层面,因此良好的项目沟通是 ERP 实施项目成功的必备因素。

ERP 实施项目中沟通的主要作用包括以下内容:①为项目决策和计划提供依据。②为组织和控制管理过程提供依据和手段,有利于改善人际关系。③为项目经理的成功领导提供重要手段。

项目沟通管理贯穿项目整个生命周期,在ERP项目实施过程中经常采用的沟通机制包括以下几种:

(1)报告机制。项目组成员应在小组内部讨论解决问题,如不能解决应按照项目组织结构图所列逐级及时向项目组长、项目经理报告乃至向项目领导层汇报。所有重要问题都应有书面材料。

(2)日常沟通机制。每周提交项目状态报告。实施项目组成员于每周书面列示完成任务、存在问题及下周计划提交给实施项目组。项目经理以项目进度报告的形式每周向实施项目组成员通报项目实施的进展情况、已经开展的工作和需要进一步解决的问题,达到项目实施小组信息、资源的共享,使得整个实施项目小组成员及时了解项目的整体状况,同时根据项目主计划及项目整体进展,讨论并制订下周工作计划。

(3)项目例会制度。每1～2周举行一次项目例会,由客户方的项目领导、各相关部门的相关领导及项目实施咨询顾问参加,根本作用在于协调解决实施过程中出现的各种问题,保证项目的顺利进行。同时应对所有的项目会议与专题讨论会议等编写出会议纪要,对会议做出的各项决定或讨论的结果进行文档记录、整理,并分发给与会者和有关的项目实施人员。

(4)专项讨论。针对某一专题组织会议进行沟通。在ERP项目实施过程中,根据项目进程开展业务调研、业务分析、问题处理、解决方案讨论等专题会议,以便对项目执行过程中出现的各种问题进行沟通并制定解决方案。与项目例会类似,专项讨论会议也应对会议做出的各项决定或讨论的结果进行文档记录、整理,并分发给与会者和有关的项目实施人员。

(5)里程碑节点绩效报告。根据项目进度,向项目干系人提供有关资源如何利用来完成项目目标的信息。绩效报告一般应提供关于范围、时间计划、成本和质量的信息。一般在项目里程碑节点进行项目绩效报告的沟通。

(6)除以上沟通机制之外,ERP项目实施过程中还可以采用备忘录、电子邮件等其他方式随时进行项目信息沟通并存档。

10.2.5　项目风险管理

风险管理是项目管理最关键的管理内容。ERP实施项目的风险控制可以分为四个步骤:识别风险、衡量风险、风险监控与管理、风险处理。

(1)识别风险是确定可能影响项目实施的风险并记录风险的特征。识别风险是贯穿整个项目实施的全过程的,而不仅仅是项目的开始阶段;可能的风险包括各种内部因素和外部因素;在识别风险的同时,需要辩证地分析其负面效应(即风险带来的威胁)和正面效应(即潜在的机会)。识别风险的重要工作之一是定义风险发生的标志,即以何标准判定风险已经发生。例如,ERP实施中经常遇到一个风险是企业管理人员对项目的投入不足,但如何界定这一风险的发生还需要确定该项风险发生的标志。

(2)衡量风险主要是对识别的风险进行评估,确定风险与风险之间的相互作用以及风险发生时所带来的一系列后果,并根据风险的影响程度以及风险发生的概率来确定风险的重要性和处理风险的优先次序。衡量风险可以采用风险评估矩阵来确定风险的重要级别。按照风险发生的概率高低以及风险带来的影响大小,将风险划分为四类:发生概率高对项目危害大的风险、发生概率高但项目危害小的风险、发生概率小但一旦发生对项目危害大的风险以及发生概率和危害性都较小的风险。

（3）风险监控与管理是风险控制中最为直接，也是最为关键的一个步骤。在管理风险过程中，需要对风险的正面效应制定增强措施，对风险的负面效应制定风险应对措施。对于不同的风险，需要根据其重要性、影响大小以及已经确定的处理优先次序，采取不同的关注度，对于风险发生概率高和危害程度高的风险应密切跟踪，采取积极的措施加以控制，对负面风险的反应可以是尽量避免、努力减小或设法接收。另外，在处理风险时需要注意及时性（即在第一时间对各种突发的风险做出判断并采取措施）以及反复性（即对已经发生或已经得到控制的风险需要经常进行回顾，确保风险能够得到稳定长期的控制）。

（4）一旦发生风险需要项目管理团队对风险进行及时、妥当的处理，采取合理的措施应对风险的发生，采取重新对项目进行计划、增加投入等手段以尽可能小的成本使风险对项目带来的损失最小化。

知识拓展 10-14　ERP 实施项目管理失控的表现

10.3　ERP 运行维护管理

ERP 的实施需要付出艰苦的努力，需要投入大量的资源和关注，但企业应该认识到实施阶段完成后并不是大功告成了，在运行的过程中仍然需要持续的维护和经常地反馈信息。运行过程中的不断改进也是决定 ERP 实施成败的重要因素之一，只有当企业成功吸收并高效运行该系统时，所有的投入才会有最大的产出。可以说，企业一旦实施 ERP，运行维护管理会持续到 ERP 生命周期结束。

10.3.1　ERP 运行维护管理内容

ERP 实施是一个不断完善的过程，在实施过程中，保证最大程度上实现知识的转移，企业在此基础上就可以驾驭 ERP 来为企业服务。ERP 的实施结束对于系统来说却是刚刚开始，因为企业在实施完 ERP 之后，需要考虑的是 ERP 的长远性，需要做好持续规划的准备。ERP 的实施无疑对于业务流程、效率乃至组织结构等方面都会产生相当的影响，那么，随着市场的不断变化，企业往往会对信息系统功能提出新的需求，要进行持续优化、改进，ERP 实施企业呈现出螺旋发展的状态。

ERP 的运行维护管理是指 ERP 上线后的运行和维护保障。ERP 上线既是系统建设的结束，同时又是一个新的起点，需要付出更多的时间和精力来开展系统维护工作，维持系统的正常运行，解决系统的错误以及用户的操作失误带来的问题。ERP 的运行维护管理绝不仅仅是机房环境和设施的管理，更主要的是对 ERP 系统每天运行状况、数据输入和输出情况以及系统的安全性与完备性及时如实记录和处理。其主要工作包括与 ERP 相关的硬件、软件、网络、系统、安全、数据、用户操作等多方面的工作。要确保这些工作正常进行、不出问题，需要付出艰苦的努力。下面从系统维护、系统升级和组织变革三个方面来阐述 ERP 运行维护管理的内容。

1. 系统维护

在 ERP 实施完成后,运行期间常常会暴露出某些隐含的错误,需要及时排除。同时用户可能会提出一些新的要求,这就需要对程序进行修改或扩充,使 ERP 进一步完善。因此,系统维护的主要任务就是保证系统的正常运转,使系统的资源得到有效运用,并使系统的功能在运行中不断得到完善和扩充,以提高系统的效率、延长系统的生命周期。由于对系统的维护工作贯穿于系统整个生命周期,维护工作的质量将直接影响到系统的使用效果。

1)系统维护的类型

根据维护活动的目的不同,可以把系统维护分成以下四种类型:

(1)正确性维护。它是指改正在 ERP 系统开发阶段已发生而系统调试阶段尚未发现的错误。一般来说,这类错误是由于遇到了前所未有的某种输入数据或者是对系统的硬件和软件的不正确使用引起的,也可能是调试阶段诊断错误引起的,这就需要对错误进行诊断和改正。

(2)适应性维护。由于计算机科学技术的迅速发展,新的硬、软件不断推出,使 ERP 系统的外部环境发生了变化。外部环境不仅包括计算机硬件的配置,也包括软件和数据库、数据存储方式在内的数据环境。为了使 ERP 系统适应这种变化,满足用户的要求,就需要对系统进行相应的修改。

(3)完善性维护。它是指为了扩充功能和改善性能而进行的修改。在 ERP 系统的使用过程中,用户往往会提出增加新功能或修改已有功能的要求,为了满足这类要求就需要对系统进行完善性维护。

(4)预防性维护。它是指为减少或避免以后可能出现的前三类维护而对软件配置进行的工作,即为了减少以后的维护工作量、维护时间和维护费用而进行的 ERP 系统改进。

2)系统维护的内容

(1)程序的维护。程序维护是指修改一部分或全部程序。在 ERP 系统维护阶段,会有部分程序需要改动。根据运行记录,发现程序的错误,需要改正;或者是随着用户对 ERP 系统的熟悉,用户有更高的要求,部分程序需要修改;或者是环境的变化,部分程序需要修改。

(2)数据文件的维护。数据是 ERP 系统中最重要的资源。ERP 系统提供的数据全面、准确、及时程度是评价系统优劣的决定性指标。因此,要对 ERP 系统中的数据进行不断更新和补充,如业务发生了变化要建立新文件,或者对现有文件的结构进行修改。

(3)代码的维护。随着 ERP 系统环境的变化,旧的代码不能适应新的要求,必须进行修改,制定新的代码或修改旧的代码体系。代码维护困难不在代码本身的变更,而在于新代码的贯彻使用。当有必要变更代码时,应由代码管理部门讨论新的代码系统。确定之后用书面形式写清交由相关部门专人负责实施。

(4)机器、设备的维护。ERP 系统正常运行的基本条件之一就是保持计算机及其外部设备的良好运行状态,这是系统运行的物质基础。机器、设备的维护包括机器、设备的日常维护与管理。

(5)机构和人员的变动。ERP 系统是人机系统,人工处理也占有重要地位。为了使 ERP 系统的流程更加合理,有时有必要对机构和人员进行重组和调整。

2. 系统升级

在 ERP 系统的运行期间，由于客户新的需求的出现，不仅要对程序进行修改，有时还要进行系统的升级换代，而系统的升级一般包括软件与硬件两个方面的升级，所以 ERP 系统需要做好相应的调整和移植。

ERP 提供商会定期提供版本升级服务，企业可相应地采取一些措施接受升级服务。例如 SAP 主要提供两种类型的升级服务：一种是纠正性版本升级，SAP 针对 ERP 系统报告的问题在版本中增加了相应的补丁；另外一种是功能性版本升级，主要是在相关领域对 SAP 功能模块的拓展。企业可以采取的 SAP 升级措施包括：评估与计划升级项目的技术停工期；整体范围内各系统的全面升级；计划和执行升级后的有关事项；与升级有关的技能准备及所需的资源。

升级并不仅仅是一个技术意义上的过程，而很可能涉及企业大量的人力、物力资源。SAP 的升级很可能改变了数据表结构，增加了新的功能模块，或改变了现有业务流程，改变了代码，甚至整个 ERP 系统的外观都会发生变化。因此，在需要升级的时候，可能需要考虑一些额外的措施，例如对业务流程、报告、接口的集成测试；识别和解决由 SAP 升级所造成的报表、接口、企业高级应用编程、授权的变化与修改等问题；配置与测试在升级版本中发布的新功能模块；由升级所引起的一系列用户文档的建立和用户培训的开展。

3. 组织变革

传统的企业组织结构是金字塔式的，这种传统的组织结构在以知识经济、网络经济为背景的电子商务时代，问题日渐增多，比如：自上而下的众多管理层影响了信息传递的速度和质量，进而影响决策的准确性和时效性；企业资源被各管理层控制，完整的业务流程被人为地分散割裂，必然导致组织绩效低下、对市场反应迟钝、竞争力下降，这就迫使企业要寻求新的出路，变革组织管理，使组织结构向扁平化、网络化方向转变，变换企业业务运作模式。

ERP 的出现，实现了交易链的扁平化。与之适应的企业组织结构也应做相应的变革，变革的基本思路应当减少管理层次，增加管理幅度，企业高层领导与基层执行者直接联系，及时、全面地把握信息，灵活应变，从而使组织更具灵活性、适应性和创新性，节约人力资本，降低管理费用，增强企业市场竞争力。比如伊利集团，在实施 ERP 之前，其管理方式是金字塔式的逐级汇报，信息从代理点传到总部至少要 2～3 天；采用 ERP 后，其组织结构日趋扁平化和网络化，实现了实时数据的输入和查询，而且通过后台数据库支持，多数经营数据可以在数据库内直接查询，将事后控制变成了过程控制，有效降低了管理风险，增强了集团适应多变环境的能力。

ERP 采用软件功能模块，不同的企业可以根据需求差异选择不同的功能模块，利用 ERP 的这种灵活性与适应性构建出企业组织结构的灵活性。但在 ERP 实施中企业组织结构的设计虽是趋向于扁平化横向组织结构，仍不能忽视企业纵向结构与横向结构的合理组合。只有企业组织结构协调运作，才能使组织的有效性得到最大发挥。

企业信息化建设是一个不断完善的过程。对于企业来讲，一旦 ERP 实施工作完成，ERP 供应商的顾问就会离去，企业要有足够的受过培训的员工来保证出现问题时能够解决，也应该有专门的技术人员在必要的时候对系统功能进行加强。企业应该牢记一点，ERP 实施后的运行维护非常关键。

10.3.2　ERP 运行维护管理的三个阶段

ERP 运行维护管理一般会经历系统保障、系统优化、系统扩充三个阶段，每个阶段都是在上一阶段的基础上完成的，且前一阶段的工作也同时并行。

1. 系统保障阶段

ERP 系统上线初期，主要任务是保障系统的稳定运行，解决系统 BUG、操作类错误、权限控制等。当系统顺利经过多个月结和一个年结的考验后，系统设计中存在的错误和用户的操作错误问题已经越来越少，处于稳定运行阶段，对于大型企业而言这个阶段一般要经历 3～6 个月的时间。

2. 系统优化阶段

ERP 系统进入稳定运行阶段后，系统的设计方面多少会存在一些操作不便或未能实现的功能，需要对系统进行优化处理，使系统完全符合预期目标。对于大型企业来说，这一阶段的时间长短取决于系统实施的质量和系统优化设计的能力，如果企业有自己的开发实施团队，这一过程可能会短一些。

3. 系统扩充阶段

ERP 系统上线设计的功能经过一段时间的优化，已经完全满足了预期目标。管理层在系统前两个阶段的运行中，已经慢慢体会到 ERP 在企业管理中所起的重要作用，希望在更多的领域应用 ERP，达到优化企业资源的目的，这时开始提出新的管理需求，对 ERP 系统功能进行扩充，这个过程是持续不断的，它会随着企业管理的不断提升，一直延续下去，直到 ERP 系统生命周期结束。

知识拓展 10-15　企业 ERP 系统运营维护问题分析及对策研究

10.3.3　ERP 运行维护体系

1. 选择运维模式

ERP 运行维护（简称运维）模式可以分为集中型、分散型、混合型。集中型是指所有的运维工作统一由一个运维中心来完成，运维中心负责解决与 ERP 相关的所有问题，运维中心直接面对所有的最终用户。集中型运维模式的优点是实现了系统运维的统一管理，运维资源的统一调配，便于集中管控，问题响应速度快，运维质量有保证。缺点是对运维人员技术水平要求高，专职的运维人员数量多，运维成本较高。分散型是指总部将 ERP 的运维工作完全下放给各成员企业，由各成员企业负责自己的 ERP 运行维护。优点是运维成本较低，缺点是缺乏统一管理，各成员单位运维水平很难保持一致，运维总体质量很难保证。混合型又称层次型，既存在集中管理的部分又存在下放管理的部分，整个体系按需求分为多层。优点是既保证了集中统一管理，又实现了低成本，各层级运维组织负责不同的运维内容，避免资源浪费，又能保证运维质量。企业采用哪种运维模式，取决于企业自身的条件。如果条件允许，最好采用集中型，其次是采用混合型（多层次），不建议采用分散型。多数的外资企业采用的是集中型运维模式,国内大型企业一般采用混合型运维管理模式。混合型运维模式可以根据企业的规模和组织层级分成几级,比如有大型集团公司 ERP 运维采用三级运维模式:一级运维由实施供应商和技术专家组成,解决系统重大问题;二级运维由内部技术支持团队组成,负责操作系统、应用系统、数据库、系统配置、程序开发等需要集中管控的工作;三级运维由各地区公司在 ERP 项目建设中的关键用户组建,负责地区公司的 ERP 运维管理工作。企业采用哪种类型的运维模式取决于企业自身的实际情况,不可完全照搬其他企业的模式,相同类型的企业,其运维模式也完全可以不同。

2. 建立组织机构

企业在确定运维模式后,要选择合适的人员组建各级 ERP 运维组织机构,明确各级组织机构的职责和人员分工。企业在 ERP 实施过程中要重视人才的培养,为企业 ERP 上线后的运维工作做好人才的储备。对于人才的培养,一是可以通过参与项目建设,在项目中锻炼培养;二是可以有针对性地进行专项培训,请项目顾问或培训机构进行培训。企业除了可以自己培养人才,还可以通过引进的方式招聘企业急需的人才,但是比例不宜过大。组织机构建立后,还要制定相关的人员待遇政策。既懂业务又熟悉信息技术的复合型人才是企业的宝贵财富,也是企业 ERP 运维的中坚力量。

3. 建立规章制度

在 ERP 正式上线前,就要着手制定相关的规章制度。运维管理的规章制度主要是明确各层级运维组织的职责和各类运维工作的具体操作流程,使业务人员在运维需求提出后,各级运维组织能根据运维管理办法的规定完成自己职责范围内的工作。

另外,为规范各级业务人员的操作,还要制定明确的考核管理办法,制定相关的考核指标,每一个指标都利用程序在系统中提取,以保证考核的公平、公正、合理。考核指标包括:业务操作的及时性指标,如发票校验、凭证传输业务;业务操作准确性指标,如凭证冲销业务;业务数据完整性指标,如各类主数据的完整性。考核结果要与各级单位主管领导的经营业绩指标相关联,定期发布考核结果,每个考核记录要落实到业务操作的责任人。

建立健全 ERP 管理规章制度是企业信息化建设的重要工作。ERP 上线后,如果没有相关的管理制度的约束与规范,很难保证系统数据的准确性、业务操作的及时性和业务数据的完整性。不仅达不到提高企业管理水平的目的,还可能给企业管理造成混乱,给企业可能带来灾难性后果,甚至导致 ERP 应用失败。

4. 规范运维流程

ERP 上线后,面对大量的终端用户,每天都会发生用户权限、角色、账号变更等各种运维业务,涉及各种运维表单。按照内控管理的要求,ERP 中的任何操作都要留下痕迹,这样就要制定严格的表单审批流程,ERP 的各级管理员必须见到各级主管部门的审批后,才能在系统中进行操作。每一项运维业务的进行都要有相关的审批表单和审批流程,各种业务表单根据业务操作对系统的影响程度,设计不同的审批流程。

5. 建立运维管理平台

对于大型企业来说,ERP 上线后,有大量的运维工作要处理,一个集中统一的管理平台将会使运维工作更加顺畅和高效。运维管理平台一般具有运维表单网上审批功能、通知公告功能、问题的讨论功能、用户权限互斥判断功能、运维投诉管理功能、ERP 知识库功能、运维业务跟踪等主要功能。运维管理平台最好采用 Web 方式,便于部署和推广。如果能实现移动办公效果会更好。

6. 建立良好的沟通机制

沟通对于 ERP 运维问题的解决很重要。要在运维人员与业务人员之间建立良好的沟通渠道,并确保各种沟通渠道畅通无阻,沟通手段包括运维热线电话、邮件、即时通信、论坛、运维平台等。另外,定期的运维工作例会,也是运维沟通的有效手段,运维例会便于集中、快速地解决 ERP 运维工作中的各类问题。不定期的 ERP 运维的座谈会是运维沟通的一个有益的补充,相同岗位的业务人员、运维人员可以聚在一起共同讨论,互相交流经验,便于共性问题的解决和共同提高。

7. 建立严格的内控体系

ERP 的运维工作必须满足内控管理的要求。一是《ERP 运维管理办法》规定的流程,做好流程控制,各级系统管理员在 ERP 系统的任何操作都必须严格履行必要的审批手续,见单操作,定期检查系统中的操作记录是否都有相应的表单,并及时通报检查结果,对于违反内控要求的人员做出及时处理。二是严格控制用户权限,ERP 系统中权限控制必须得到严格控制。既要满足用户完成本职工作的需要,又不能有多余的操作权限,避免越权操作。要做好权限控制,首先要按内控管理要求,制定 ERP 系统职责分离矩阵,权限设置符合内控岗位不相容的原则,在权限赋值和变更权限时,必须确保不存在互斥的权限。另外,还要定期检查系统中权限的互斥情况,并及时进行整改。

企业 ERP 运维体系的建立是一项系统工程,涉及人才的培养与选拔、部门的组建、规章制度的建立、考核体系的建立、运维流程的规范、沟通机制的建立、内控体系的建立,同时涉及应用 ERP 的各级业务主管部门和系统操作人员,涉及的人数众多。如果不能确保 ERP 安全稳定运行,及时处理发生的各类问题,企业的生产经营将受到严重影响,ERP 不仅不能为企业带来利益,可能还会成为企业生存和发展的障碍。为此,企业在决定应用 ERP 的那天开始,就要充分考虑 ERP 上线的运维工作,科学合理地建设 ERP 运维体系,使 ERP 真正服务企业,成为提升企业竞争力的有效手段,为企业的腾飞插上信息化的翅膀。

10.4　ERP 实施评价

在企业应用 ERP 过程中,很多企业关注了 ERP 选型、ERP 实施,却往往忽视了实施后的效果评价。实际上,在 ERP 实施之后,企业仍然需要对 ERP 的实施效果进行评价。这是由于在实施之后,企业的管理流程和管理平台都发生了很大的变化,员工和管理者都有一个适应的过程,企业必须注意在应用中存在的问题,及时解决问题,并且时时注意企业产品和行业环境、社会环境的变化,在企业环境发生很大变化时,企业应及时采取措施对 ERP 进行升级或者换代,以适应环境的变化。

10.4.1　ERP 实施成功标准

自我国第一家企业实施 MRP II 以来,舆论的评价极为悲观。那么什么是"成功"?"成功"同"目标"是不可分的,没有"目标",就无法衡量"成功"。目前大多数企业在实施 ERP 之前,缺少前期论证,没有明确的目标;或虽有目标但很抽象(如提高管理水平、规范企业管理、提升企业形象等),没有预先设置考核达到目标的评价方法,很难说清怎样才算实施成功。

有人用是否达到国外的 A 级评价标准来衡量"成功"。但是,ABCD 评价包括的内容仅仅局限在 ERP 实施的效果,没有包括所有反映企业经营状况的技术经济指标。此外,评为 A 级 ERP 企业不像通过 ISO 9000 认证那样,不等于拿到进入国际市场的通行证;有些企业是分步实施 ERP 的,也不能说一次没有达到 A 级标准就不算成功。

因此,"成功"的定义不一定就是要全部达到 A 级标准提出的所有指标,从国内多数情况来看,可以参照 A 级企业所要求的标准,但就项目实施成功而言,还以是否达到预期目标来考核。

项目的成功实施用怎样的标准来验证、衡量,对实施 ERP 项目的企业是非常重要的问题。ERP 实施成功对于企业是来之不易的,需要项目组成员及全体员工在各阶段一丝不苟地对软件的功能、项目的需求及实施过程进行管理和评价。对于如何评价一个 ERP 项目是否实施成功,验证的标准是多方面的。现针对企业的具体情况对验证的几个主要依据进行阐述。

1. 系统运行集成化

企业选购的 ERP 软件已全部运转起来,成为各部门管理人员日常工作离不开的有效工具,这是 ERP 应用成功在技术解决方案方面最基本的表现。ERP 是对企业物流、资金流、信息流进行一体化管理的软件系统,其核心管理思想就是实现对"供应链"的管理。软件的应用跨越多个部门甚至多个企业,为了达到预期设定的应用目标,最基本的要求是系统能够运行起来,实现集成化应用,建立企业决策完善的数据体系和信息共享机制。一般来说,ERP 仅在财务部门应用只能实现财务管理规范化、改善应收账款和资金管理,仅在销售部门应用只能加强和改善营销管理,仅在库存管理部门应用只能帮助掌握存货信息,仅在生产部门应用只能辅助制订生产计划和物料需求计划。只有集成一体化运行起来,才有可能达到降低库存,提高资金利用率,控制经营风险,控制产品生产成本,缩短产品生产周期,提高产品质量和合格率,减少坏账、呆账金额等。

2. 业务流程合理化

业务流程合理化是 ERP 应用成功在改善管理效率方面的表现。ERP 应用成功的前提是必须对企业实施业务流程优化,也意味着企业业务流程趋于合理化,并实现了 ERP 应用的几个最终目标:企业竞争力得到了大幅度提升,企业面对市场的响应速度大大加快,客户满意度显著改善。

3. 绩效监控动态化

ERP 的应用会为企业提供丰富的管理信息,如何用好这些信息,并在企业管理和决策过程中真正起到作用是衡量 ERP 应用成功的重要标志。在 ERP 完全投入运行后,企业应根据管理需要,利用 ERP 提供的信息资源设计出一套动态监控、管理绩效变化的报表体系,以期及时反馈和纠正管理中存在的问题。这项工作一般是在 ERP 实施完成后由管理咨询公司的专业咨询顾问帮助企业设计完成的。企业未能利用 ERP 提供的信息资源建立起自己的绩效监控体系,将意味着 ERP 应用没有完全成功。

4. 管理改善持续化

随着 ERP 的应用和企业业务流程的合理化,企业管理水平会明显提高。实施 ERP 的一项重要目标是提高企业员工的素质,企业建立了一支既熟悉现代管理,又能熟练应用计算机技术的双专业职工队伍。为了衡量企业管理水平的改善程度,可以对企业管理水平进行综合评价。评价过程本身并不是目的,为企业建立一个今后可以不断进行自我评价和管理,不断改善的机制才是真正目的。这也是 ERP 应用成功后,一个经常不被重视的标志。

知识拓展 10-16   ERP 实施效果评判要素

10.4.2 ERP 实施效益评估

ERP 实施效益评估是一个长期的过程。在 ERP 实施过程中,软件商每年为客户做一次项目评估,检查现行系统运行情况,及时发现和解决项目存在的问题,结合客户的新的管理目标及管理需求,提出下一步 ERP 管理的实施建议。

1. 效益评估的意义

对于现在的企业管理者而言,任何的投入必须产生回报,否则就是利润的损失。信息化的投入,特别是 ERP 项目的投入,是一项特殊的投资。

(1)ERP 投资不是一次性的过程。除了购买硬件和软件的费用以外,随之而来的维护和服务将是一项常年的投入,特别是由信息化而引发的对企业整体人员基本素质的要求更是需要一个长期的培训投资过程。因此一般在评估 ERP 投入时,采用的是总拥有成本,它包括资源的成本、管理的成本、技术支持的成本和最终使用的成本。

(2)ERP 是一个综合性的项目。ERP 涉及企业的方方面面,很难有一个绝对化的指标来说明其产生的回报,即在信息化中只有投入没有产出,从而使得管理者不能明确要害,要么盲目投入,要么不愿意投入。

(3)ERP 的建设需要一个较长的时间周期。在这一过程中,企业会经历一个痛苦的转变过程,新旧管理模式的磨合和逐步替换使得企业的管理工作量会大大增加,其间很多没有预计的成本会不断产生。由于这种投资的特殊性,很多管理者在投资之初并没有做好充分的准备,因此往往会出现项目的拖延甚至半途而废,结果是必须增加更多的投入以弥补失败的损失,"花了很多钱造就了一个吃钱的系统"。那么,如何避免这些不良结果的发生呢?其实很简单,就是在决定投入 ERP 的时候明确企业究竟需要产生什么样的信息回报,也就是要建立一个项目的评价体系,以量化的基准来判断应该做什么。

对价值的评价或许会有多种方法,看待 ERP 也会有各种视角,然而有一点是不可否认的,那就是 ERP 代表着目前最先进的管理工具。所以实施 ERP 就意味着向最新的管理技术领域迈出了坚实的一步。

ERP 的市场需求一直在逐年递增,因为 ERP 的实施可以提高企业的商业运作性能,支持企业的发展,提供适应性强的、综合的、实时的决策支持,提高组织内部的响应速度,去除原有系统的限制,开发中型规模组织的市场解决方案。

知识拓展 10-17 西安富士达实施 ERP 取得的效益

2. 效益评估方法

实施 ERP 的企业会把 ERP 提升到战略高度来考虑,而且把 IT 战略作为企业战略的支撑体系,通过效益评估这座桥梁把企业战略、IT 战略和日常经营活动连接起来,把战略目标真正落实下去。而反过来,随着 ERP 对企业的促进、提升作用,企业进入不同的发展阶段,其战略目标也会发生变化,而先前设定的效益评估指标和体系也相应地进行动态修正。

作为企业的一项巨额投资项目,ERP 能为企业带来全方位、多方面的效益。许多学者都将 ERP 给企业带来的商业利益作为 ERP 成功评价的最重要指标,毕竟只有实现了商业利益,企业才能从巨额的 ERP 投资中获得回报,才能说 ERP 实施是成功的。然而,ERP 的应用不是一蹴而就的,其效益也不能立即体现。图 10-7 是常见的 ERP 效益曲线图。

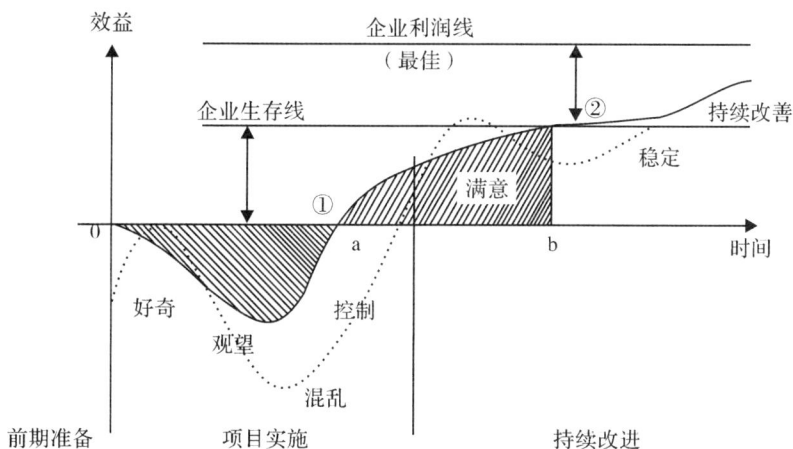

图 10-7　ERP 效益曲线图

(注:图中的效益位置考虑 ERP 实施因素,而忽略其他因素所产生的效益)

图中实线代表 ERP 的效益,虚线代表 ERP 实施过程中人员的心态变化,①②为实施 ERP 所获得的效益。ERP 实施过程中由于硬件、软件费用,咨询、实施、服务费用的增加,企业的收益实际上是减少的。当 ERP 正式开始运行后,一方面用户对系统的认同程度由原来的不知所措、抵触逐渐转为接受甚至满意;另一方面随着 ERP 的基本功能对企业的提升作用,其效益也逐渐体现出来,效益增加额表现为①部分。②部分的效益,需在企业进行持续改善的前提下,即动态地、循环地进行战略规划、效益评估与激励、计划与控制、创新与持续改进,才能有效获得。

从 ERP 效益曲线走向可以得出如下结论:ERP 的应用效益在实施、运行的各个阶段是不断变化的,应该用动态的效益评价方式来评估 ERP 的收益。本节主要介绍平衡记分卡法。

平衡记分卡(balanced score card,BSC)由 Robert Kaplan 和 David Norton 于 1992 年首次在《哈佛商业评论》上提出,它超越了传统的仅从财务角度来衡量企业绩效的评测方法,创新地从财务、客户、内部流程以及成长与学习这四个不同的视角提供了一种考察价值创造的战略方法,清楚地列出了长期的价值和竞争业绩的驱动因素。平衡计分卡从四个维度来建立关键绩效指标(KPI),可量度的 KPI 是创造企业价值的基础。

财务指标主要考核提供给股东的最终价值,即 ERP 对销售收入的增长、降低成本和提高资产利用效率等的衡量,如销售收入、应收账款周转率、坏账比率、净资产收益率、存货周转率、产成品周转率、固定资产利用率等。

客户角度是从客户的角度来看待企业的经营活动,使企业对为客户提供什么价值形成清晰的认识,如客户满意度、产品退货率、客户回头率、新客户比率、及时交货率等。

内部流程指标关注 ERP 能提升企业经营水平的关键流程或对客户满意度有最大影响的业务程序,如合格品率、产品可靠性、研发投入回报率、生产线成本、订货交货时间等。

学习和成长指标是前三个指标取得出色成果的基础,即对人力系统和组织程序的衡量,如员工培训参加率、员工满意度、员工流动率、员工生产率、员工获得提升比率等。

哈佛商学院教授卡什曾指出,IT 本身并不能够促成企业的任何优势,它只是企业运行的必要条件。同理,ERP 的应用能与企业战略、组织、流程和管理控制结合起来。企业的战略决定 ERP 应具备的能力和 ERP 在企业中的角色,绩效评估是评估 ERP 对企业效率、绩效和生产力的提升作用。从系统和战略实施的角度出发,以平衡计分卡为核心的 ERP 应用效益动态评估模型如图 10-8 所示。

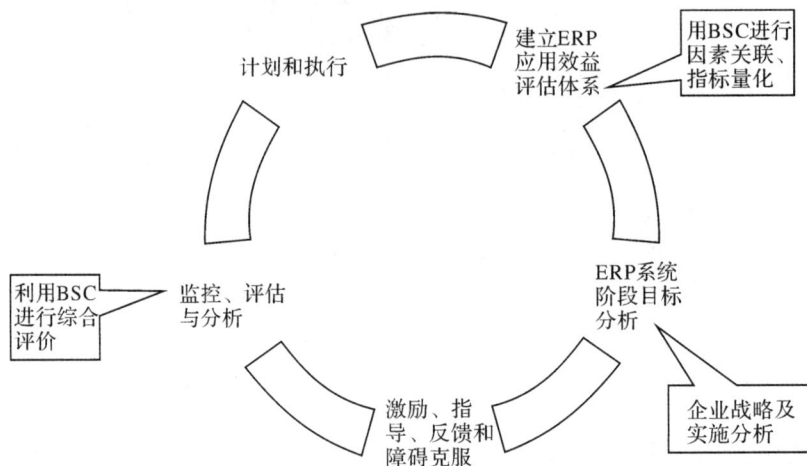

图 10-8　ERP 应用效益的动态评估模型

该模型给出了 ERP 应用效益评估的动态过程,由图看出,这是一个动态循环、闭环控制的系统过程。

知识拓展 10-18　无人值守采购收货管理系统赋能美巢集团智能供应链建设

本章小结

　　ERP 实施作为一个特殊的项目,具备项目管理的共性,也具有自身特征和相应的流程。ERP 实施后进入运行维护管理与持续优化阶段,需要企业进行长期规划,建立稳定的运行维护管理体系,不仅仅完成 ERP 的日常运行维护,更要结合企业自身发展和变革,保证企业通过 ERP 应用带来价值的提升。ERP 的实施和应用无疑会给企业带来巨大效益,总体上包括管理效益和经济效益,而大多数效益是无法用定量方法进行描述的,本章介绍了基于平衡积分卡的 ERP 应用效益的动态评估模型。ERP 效益评估的研究对企业认识 ERP 的价值有着重要的帮助。

习 题

一、选择题

　　1. ERP 实施的关键因素有哪些?(　　　)

　　A. 企业领导的决策和实施顾问的指导　　　　B. 人、数据和计算机技术

　　C. 计算机软件、硬件和网络设备　　　　　　D. 资金、厂房和机器设备

　　2. 如何选择 ERP 实施的项目负责人?(　　　)

　　A. 选用计算机技术人员

　　B. 从企业外部招聘一位懂 ERP 的专门人才

　　C. 让企业内工作量不饱满的人员来担任

　　D. 从企业内部选择一位有经验、有威信的管理人员

　　3. 在 ERP 实施过程中,为什么需要专家的指导?(　　　)

　　A. 为了节约时间　　　　　　　　　　　　B. 为了降低成本

　　C. 为了避免错误　　　　　　　　　　　　D. 以上所有原因

　　4. 企业编码方案应遵循的原则中不包括(　　　)。

　　A. 总公司应与分公司分别编码　　　　　　B. 简单性

　　C. 完整性　　　　　　　　　　　　　　　D. 一贯性

　　5. 下面哪一项关于 ERP 选型原则的陈述是正确的?(　　　)

　　A. 选择一个最好的软件产品;选择具有最新技术的软件;不应过多关注软件成本,应当当机立断,不要拖延

　　B. 选择一个实用和适用的软件产品;兼顾软件产品的功能和技术,既要满足当前的需求,又要考虑未来的发展;要选择有成功用户先例的软件产品;考虑软件产品的性能价格比;既不要操之过急,也不要拖延太久

　　C. 选择最好的软件产品;功能一定要齐全;选择最新的软件产品,敢于做"第一个吃螃蟹的人";成本要低

　　D. 自行开发软件系统,针对性强,成本也低

6.下面哪一项关于 ERP 选型做法的陈述是正确的?(　　)

A.考察软件的功能和技术,考察供应商的技术支持能力和经济实力,考察供应商的用户

B.考察软件的功能和技术,考察供应商的用户

C.考察供应商的技术支持能力和经济实力,考察供应商的用户

D.考察软件的功能和技术,考察供应商的技术支持能力和经济实力

7.选择 ERP 时,通常不考虑的指标是(　　)。

A.软件的扩展性　　　　　　　　B.软件的稳定性

C.软件的适宜度　　　　　　　　D.软件的通用性

8.ERP 软件选型时,下列哪种说法是正确的?(　　)

A.企业的规模越大越好　　　　　B.软件的功能越复杂越好

C.价格是选型时必须考虑的因素　D.实施价格越低越好

9.选择 ERP 软件供应商时,通常考虑的指标有(　　)。

A.公司员工数量　　　　　　　　B.公司销售额大小

C.企业的市场占有率　　　　　　D.企业的可持续发展能力

E.公司现有分公司的多少

10.后续服务时,通常会采用的形式是(　　)。

A.驻场服务　　　　　　　　B.电话/E-mail/QQ 售后服务系统支持响应服务

C.远程服务　　　　　　　　D.现场支持服务

E.系统培训

11.用户需求变更正确的处理方式是(　　)。

A.百分之百同意用户需求变更　　B.一律不同意用户需求变更

C.成立 CCB 控制用户需求变更　　D.与用户私下解决

12.下列关于系统的维护工作描述不正确的是(　　)。

A.改正性维护解决已发现的错误

B.适应性维护解决应用环境及流程的少量改变

C.完善性维护扩大系统应用的用户与功能

D.改正性维护解决应用环境及流程的少量改变

E.完善性维护解决已发现的错误

13.一个企业在实施 ERP 获得成功之后,应当如何做?(　　)

A.保持清醒的认识和有效的组织

B.坚持认真的检测,继续进行教育和培训,并做好软件维护工作

C.坚持改善,不满足于已有的成绩

D.以上全部

二、填空题

1.ERP 实施时数据分为三大类,分别是_____、_____和_____。

2.静态数据包括存货分类编码、_____、存货档案、_____等数据,这类数据的特点是_____根据业务的进行而发生快速变化。

3.随业务进行发生及时变化的业务数据称为_____,其主要需要定义其信息载体。

4.在 ERP 中,静态数据和动态数据是输入数据,＿＿＿＿＿＿是经处理后的输出数据。

5.PIECES 框架是对企业的 ERP 需求进行分析的工具,是一种效果显著地进行问题识别和分类的方法,各字母的英文全称分别是＿＿＿、＿＿＿、＿＿＿、＿＿＿、＿＿＿、＿＿＿。

三、判断分析题

1.ERP 项目实施成功靠的是三分技术,七分管理,十二分数据。这主要是指数量的量比较大,但是就工作量而言并不多。(　　　)

2.ERP 的基础数据指的是企业所有可见的信息。(　　　)

3.物料编码的唯一性,简单讲就是一物一码。(　　　)

4.某些物料缺乏国际标准、行业标准,虽然企业会有一些自命名的规范,但依然会给物料编码带来极大的困难。(　　　)

5.工作日历和基础数据没有关系。(　　　)

四、简答题

1.简述 ERP 实施的基本思想。ERP 实施中有哪些成本?

2.ERP 实施过程主要包括哪些步骤? 各步骤的主要任务是什么?

3.简述 ERP 选型时常用的几种方法。

4.简述决策层培训、管理层培训、操作层培训针对的人群、带来的效果、应注意的事项。

5.ERP 运行维护管理包括哪些工作?

6.ERP 效益评估的意义何在? 有哪些效益评估方法?

7.ERP 的直接效益有哪些? ERP 的间接效益有哪些? 请举例说明。

8.调查了解 ERP 软件市场的现状和发展趋势。

9.ERP 选型时主要考虑哪些因素,针对一家中小型企业,通过调查编制一份 ERP 选型报告。

10.企业实施 ERP 是改变企业现有流程以适应 ERP,还是改变 ERP 相应模块的对应流程以适应企业业务流程,你认为哪种策略更好?

五、计算题

某企业 ERP 软件选型,现在有两个可行性方案需要决策。方案 A,投资 180 万元。ERP 实施完全成功可获利 170 万元,ERP 实施不完全成功可获利 90 万元,ERP 实施失败亏损 6 万元,三种情况的概率分别为 30％、50％、20％。方案 B,投资 60 万元。ERP 实施完全成功可获利 100 万元,ERP 实施不完全成功可获利 50 万元,ERP 实施失败亏损 20 万元,三种情况的概率分别为 60％、30％、10％。请问:该企业应该选择哪一种方案?

📝 **案例分析**

从经典故事中看懂 ERP 实施

ERP 的实施上线,对于企业而言是一件非常重大的事情,可谓牵一发而动全身。从大的方面来看,包含但不限于软件、硬件、实施服务等,是一个很庞大的工程任务。从小的方面来看,项目的计划、组织、资源调配、环节把控等都是项目成功的必须条件。下面给大家讲四个故事,让大家更容易了解并熟悉 ERP 实施。

1. 分粥

从前,有七个人住在一起,每天共喝一桶粥,粥每天都不够。一开始,他们抓阄决定谁来分粥,每天轮一个。这样每周下来,他们只有一天是饱的,就是自己分粥的那一天。后来,他们开始推选出一个道德高尚的人出来分粥,大家开始挖空心思去讨好他、贿赂他,搞得整个小团体乌烟瘴气。再后来大家开始组成三人的分粥委员会及四人的评选委员会,互相攻击扯皮下来,粥吃到嘴里全是凉的。最后,大家想出来一个方法:轮流分粥,但分粥的人要等其他人都挑完后拿剩下的最后一碗。为了不让自己吃到最少的,每人都尽量分得平均,就算不平,也只能认了。大家快快乐乐,和和气气,日子越过越好。

管理的真谛在"理"不在"管"。管理者的主要职责就是建立一个象"轮流分粥,分者后取"那样合理的游戏规则,让每个员工按照游戏规则自我管理。游戏规则要兼顾公司利益和个人利益,并且要让个人利益与公司利益统一起来,实现责、权、利三者的完美结合,缺一不可。缺乏责任,公司就会产生腐败,进而衰退;缺乏权利,管理者的执行就变成废纸;缺乏利益,员工就会积极性下降,消极怠工。因此企业在实施 ERP 的过程,也要首先建立起一个"责、权、利"完美结合的平台,形成一个相对公平合理的人力资源管理机制,只有这样才能充分调动员工的积极性,各显其能。

2. 渔王的儿子

有个渔人有着一流的捕鱼技术,被人们尊称为渔王。然而渔王非常苦恼,因为他的三个儿子的渔技都很平庸。于是他经常向人诉说心中的苦恼:"我真不明白,我捕鱼的技术这么好,我的儿子们为什么这么差?我从他们懂事起就传授捕鱼技术给他们,凡是我长年辛辛苦苦总结出来的经验,我都毫无保留地传授给了他们,可他们的捕鱼技术竟然赶不上技术比我差的渔民的儿子!"一位路人听了他的诉说后,问:"他们一直跟随着你吗?""是的,为了让他们少走弯路,我一直让他们跟着我学。"路人说:"这样说来,你的错误就很明显了。你只传授给了他们技术却没传授给他们教训,对于才能来说,没有教训与没有经验一样,都不能使人成大器!"

上述寓言故事告诉我们进行员工培训时,要注意培训的内容和方式。培训内容要根据 ERP 实施不同的阶段,不同的人来培训不同的内容。在前期给决策层进行 ERP 管理思想理念的培训(同时也要对员工进行一些适当的 ERP 基本知识培训,提高其实施 ERP 的认同度),在实施过程对管理层进行一些管理和技术的培训,在试运行时对操作层培训有关系统操作方面的内容。在培训的过程以如何成功实施 ERP 的内容为基础,更应该对实施 ERP 的失败教训进行剖析,避免造成渔王培养三个儿子失败的结果。

3. 纹丝不动的炮兵

一位年轻的炮兵军官上任后,到下属部队视察操练情况,发现有几个部队操练时有一个共同的情况:在操练中总有一个士兵自始至终站在大炮的炮筒下,纹丝不动。经过询问,得到的答案是:操练条例就是这样规定的。原来,条例因循的是用马拉大炮时代的规则,当时站在炮筒下的士兵的任务是拉住马的缰绳,防止大炮发射后因后座力产生的距离偏差,减少再次瞄准的时间。现在大炮不再需要这一角色了,但条例没有及时调整,出现了不拉马的士兵。这位军官的发现使他受到了国防部的表彰。

ERP 实施项目除了咨询公司的实施顾问小组和 ERP 厂商实施人员外,企业一般要设置三个小组:ERP 项目领导小组、实施小组、业务小组。ERP 项目领导小组由老总挂帅,主要对影响项目总体进度及重大问题进行最终决策;项目实施小组在 CIO 的领导下主要由部门中层领导组成,负责 ERP 项目的日常协调,听取 ERP 项目业务小组的工作汇报,协调项目组与企业其他部门的业务关系,保证项目顺利进行;ERP 项目业务小组是项目具体工作的执行者,业务小组由 IT 部门的技术人员、业务上的管理人员和部分中层领导组成。要充分考虑 ERP 项目所处的不同阶段,对人员职责与岗位设置做不同的调整,以适应不同阶段的管理需要。

4. 猴子的食物

把 6 只猴子分别关在 3 间空房子里,每间两只,房子里分别放着一定数量的食物。第一间房子的食物就放在地上,第二间房子的食物分别从易到难悬挂在不同高度的适当位置上,第三间房子的食物悬挂在房顶。数日后,第一间房子的猴子一死一伤,第三间房子的猴子也死了,只有第二间房子的猴子活得好好的。究其原因,第一间房子的两只猴子一进房间就看到了地上的食物,于是,为了争夺唾手可得的食物而大动干戈,结果伤的伤,死的死;第三间房子的猴子虽做了努力,但因食物太高,难度过大,够不着,被活活饿死了;第二间房子的两只猴子只有协作才能取得食物,于是,一只猴子托起另一只猴子跳起取食,很好地活了下来。

企业在对岗位做好分工的基础上,还要对员工个人的能力进行充分的分析,进行合理的人员分工。针对 ERP 实施项目的不同岗位的职责需求,选择具备不同能力的员工,同时针对企业员工的不同知识结构与能力水平,将其安排到不同的岗位上,也可以在同一岗位上,不同的能力设置不同的工作难度。如果岗位难度过低,人人能干,体现不出能力与水平,选拔不出人才,反倒成了内耗式的位子争斗甚至残杀;岗位的难度太大,虽努力而不能及,甚至埋没、抹杀了人才;岗位的难度要适当,循序渐进,这样,才能真正体现出能力与水平,发挥人的能动性和智慧。

资料来源:http://blog.sina.com.cn/szwfygs

问题:

1.结合故事的点评,谈谈影响 ERP 实施的因素有哪些?

2.如果企业是制造、金融、建筑、医院的某一类型,你认为这些因素该如何排序?

第5篇　附　录

附录Ⅰ ERP 供应链综合实验

ERP 供应链综合实验具体内容详见二维码。

附录Ⅱ ERP 常用专业术语

ERP 常用专业术语具体内容详见二维码。